中国高质量发展框架下经济增长与环境改善的政策协调机制研究

The Policy Coordination Mechanism of Economic Growth and Environmental Improvement under the Framework of China's High-quality Development

张同斌　著

图书在版编目(CIP)数据

中国高质量发展框架下经济增长与环境改善的政策协调机制研究/张同斌著.—北京:北京大学出版社,2022.9
国家社科基金后期资助项目
ISBN 978-7-301-33270-2

Ⅰ.①中… Ⅱ.①张… Ⅲ.①经济增长—关系—环境质量—政策—研究—中国 Ⅳ.①F124.1②X821.2

中国版本图书馆 CIP 数据核字(2022)第 147152 号

书　　名	中国高质量发展框架下经济增长与环境改善的政策协调机制研究 ZHONGGUO GAOZHILIANG FAZHAN KUANGJIAXIA JINGJI ZENGZHANG YU HUANJING GAISHAN DE ZHENGCE XIETIAO JIZHI YANJIU
著作责任者	张同斌　著
责 任 编 辑	黄炜婷
标 准 书 号	ISBN 978-7-301-33270-2
出 版 发 行	北京大学出版社
地　　址	北京市海淀区成府路 205 号　100871
网　　址	http://www.pup.cn
微信公众号	北京大学经管书苑(pupembook)
电 子 信 箱	em@pup.cn
电　　话	邮购部 010-62752015　发行部 010-62750672 编辑部 010-62752926
印 刷 者	北京鑫海金澳胶印有限公司
经 销 者	新华书店
	730 毫米×980 毫米　16 开本　20.75 印张　361 千字 2022 年 9 月第 1 版　2022 年 9 月第 1 次印刷
定　　价	66.00 元

未经许可,不得以任何方式复制或抄袭本书之部分或全部内容。
版权所有,侵权必究
举报电话:010-62752024　电子信箱:fd@pup.pku.edu.cn
图书如有印装质量问题,请与出版部联系,电话:010-62756370

国家社科基金后期资助项目
出版说明

  后期资助项目是国家社科基金设立的一类重要项目,旨在鼓励广大社科研究者潜心治学,支持基础研究多出优秀成果。它是经过严格评审,从接近完成的科研成果中遴选立项的。为扩大后期资助项目的影响,更好地推动学术发展,促进成果转化,全国哲学社会科学工作办公室按照"统一设计、统一标识、统一版式、形成系列"的总体要求,组织出版国家社科基金后期资助项目成果。

全国哲学社会科学工作办公室

序　言

在中国工业化快速推进的过程中,依靠大量资源能源投入的粗放型增长模式引发了一系列的环境污染问题和气候变化现象,特别是在部分地区追求经济快速增长的过程中,环境保护意识淡薄,甚至以破坏生态环境为代价换取经济产出,使得环境承载能力接近或达到上限。中国,已经成为世界上环境污染较为严重的国家之一。经济生产活动是导致环境污染问题的重要因素,生态环境对经济增长的约束逐渐增强,在我国经济下行压力加大和结构性矛盾突出等背景下,经济增长与环境质量改善似乎成为了两难选择。

生态环境是一种公共品,仅依靠市场调节方式激发污染型企业治理环境的内在动机是不足的,需要政府制定和实施环境保护政策及应对气候变化措施。在当前中国的环境治理体系中,政府发挥了关键性和主导性的作用,因此关于政府环境政策的科学评价与优化组合的研究是环境经济学的重要选题。国内外许多学者对政府的环境规制政策和应对气候变化方案进行了大量的研究,对环境污染的成因、环境政策的经济效应与减排效应等多个问题进行了广泛的论述,但是受数据和方法等限制,环境政策的改革与优化研究进展相对缓慢。

环境污染和气候变化已经严重影响到人们的生产活动与生活质量,在这一背景下,原本主要研究产业经济和技术创新问题的我们,决定走一段"弯路",基于数量经济学方法的研究专长,在经济增长与环境质量改善两大目标下,针对政府环境政策的影响效应评价及其优化改革进行全面且细致的模拟研究。三年多来,我们的研究团队全身心地投入环境问题的研究,在高水平期刊上发表了多篇学术论文,取得了一定的阶段性研究成果。

中国政府和社会已经广泛意识到经济社会高质量发展的重要性,"绿水青山就是金山银山"的观念逐渐深入人心。在高质量发展框架下,对中国环境污染成因的新思考,对中国环境政策效应的正确认识,以及对环境质量发展过程中存在问题的深入研究,不仅能够为政府和相关部门提供切实可行的政策建议，而且对于推动经济发展与环境质量改善等多重红利的实现具有重要的理论和现实意义。

基于此，本书以中国高质量发展框架下经济增长与环境质量改善的政策协调机制为主题，以环境经济学理论为基础，综合运用国内外先进的数量经济学方法，从环境成因新思考、环境政策多维评价、环境政策优化改革三个依次递进的方面，合理确定中国环境质量变化的经济因素及其影响程度，评价环境规制政策和碳减排方案等对环境质量改善的有效性，从国内和国际视角考察与优化环境相关的财税政策和责任分配方案等，为我国实现有效的环境治理提供理论支持。

需要说明的是：(1)本书的部分实证检验结果为模拟值或标准化数值，没有量纲，仅相对大小有意义，因此相关图表未进行单位标识；(2)本书将"环境改善"的内涵界定为"环境质量改善"，即两者的内涵一致，书名沿用泛化词"环境改善"，方便未来围绕"环境改善"开展延伸性研究。

本书有两个突出特点：第一，梳理了国内外有关环境政策的经济理论和主要观点，从经济增长、产业结构、能源消费结构和外商直接投资等多个维度对环境经济学（特别是环境政策）的研究体系进行了完善，基于从微观到宏观、微观与宏观相结合的思路构建了环境政策的研究框架；第二，综合运用了前沿的数理经济学和计量经济学方法，如采用面板联立方程模型、面板回归模型、投入产出表与社会网络分析相结合的方法、多行业或多地区动态一般均衡模型、鞍点路径求解方法等，丰富了环境政策研究的方法体系。

在本书的写作过程中，我们得到了中央财经大学周县华教授、首都经济贸易大学范庆泉副教授的指导，东北财经大学博士研究生李媛、李金凯、刘俸奇、程立燕、陈婷玉，硕士研究生刘琳、高巍、孙静、孟令蝶、鲍昱君做了大量数据处理、模型调试和文字修改的工作，特别是当我们的研究没有获得资助时，他们也能够耐得住寂寞，不为物质条件所诱惑，表现出优秀的科研素质和很大的学术潜力。

在本书出版之际，要感谢一直以来给予我们指导、帮助和关心的老师、朋友和同学们，感谢对本书部分内容提出宝贵修改意见和建议的专家、学者和同行们，特别感谢国家社科基金后期资助项目"中国高质量发展框架下经济增长与环境质量改善的政策协调机制研究"（批准号：18FJY003）的资助。在撰写本书期间，我还有幸入选辽宁省"兴辽英才计划"青年拔尖人才（编号：XLYC1907115），学校和学院也提供了优越的科研和教学环境，特此致谢。另外，我们要感谢北京大学出版社的黄炜婷老师，黄老师的热心帮助和细致工作,有效提升了本书的出版质量。

本着严谨认真的态度,以工匠精神自我约束,不忘学术研究的初心,我们致力于在中国环境污染与气候变化相关问题的研究中有所创新,争取为环境政策的制定与改进做出微薄的贡献。然而,由于本人学识和水平有限,错误之处在所难免,恳请各位读者不吝赐教。

张同斌

2020 年 10 月

目　录

第一章　中国经济高质量发展与环境治理现状 ………………………… 1
　第一节　高质量发展的内涵 …………………………………………… 1
　第二节　中国环境污染与经济增长特征 ……………………………… 6
　第三节　环境政策的经济理论基础 …………………………………… 10
　第四节　环境政策的发展历程与存在的问题 ………………………… 21
　第五节　研究意义与研究框架 ………………………………………… 28

第二章　经济结构与增长方式对环境的时变"冲击效应" …………… 34
　第一节　基于 LMDI 方法的环境质量影响因素分解 ………………… 35
　第二节　数据来源、指标选取与变量计算 …………………………… 37
　第三节　分阶段环境质量变动特征分析与研究假设 ………………… 39
　第四节　基于 TVP-VAR 模型的环境质量时变影响特征分析 ……… 42
　第五节　小　结 ………………………………………………………… 50

第三章　外商直接投资是否具有污染光环效应 ………………………… 53
　第一节　污染光环假说和污染避难所假说 …………………………… 53
　第二节　外商直接投资与环境污染阶段转换特征的模型构建 ……… 55
　第三节　数据来源与指标选取 ………………………………………… 57
　第四节　研究设计与实证分析 ………………………………………… 59
　第五节　小　结 ………………………………………………………… 68

第四章　邻近地区间的环境污染溢出效应 ……………………………… 70
　第一节　地区间环境污染溢出效应及其成因 ………………………… 71
　第二节　模型构建与数据来源 ………………………………………… 73

第三节　城市间环境污染的时间和空间特征分析 …………… 78
第四节　城市间环境污染溢出效应的实证分析 ……………… 79
第五节　环境污染溢出效应的异质性特征分析 ……………… 85
第六节　小　结 …………………………………………………… 87

第五章　中国制造业碳排放中的网络效应特征 …………………… 89

第一节　"产出—碳排放"矩阵的构建与网络分析方法 ……… 91
第二节　数据来源、变量选取和描述性分析 …………………… 94
第三节　制造业网络结构效应对碳排放影响的实证分析 …… 97
第四节　制造业碳排放的板块特征与异质性分析 …………… 105
第五节　小　结 …………………………………………………… 110

第六章　经济与环境协调发展视角下环境保护约束目标的有效性 … 112

第一节　环境治理与经济增长的关系 ………………………… 113
第二节　地方政府环境保护约束目标 ………………………… 114
第三节　数据来源与变量选取 ………………………………… 119
第四节　环境保护约束目标对经济增长影响的实证分析 …… 121
第五节　经济与环境协调度的测算和描述性统计 …………… 131
第六节　环境保护约束目标对经济与环境协调度影响的
　　　　实证分析 ……………………………………………… 134
第七节　小　结 …………………………………………………… 141

第七章　经济增长与社会福利目标下的碳减排政策 ……………… 143

第一节　碳减排政策效应的研究进展 ………………………… 145
第二节　理论框架构建 ………………………………………… 146
第三节　不同碳减排政策减排效应的模拟 …………………… 150
第四节　不同碳减排政策经济效应的对比 …………………… 152
第五节　基于社会福利与减排成本视角的碳减排政策选择 … 156
第六节　小　结 …………………………………………………… 159

第八章　行业关联视角下碳减排政策的产业升级效应 …………… 161

第一节　碳减排与产业结构变动 ……………………………… 162
第二节　多行业动态一般均衡模型的构建 …………………… 164
第三节　不同碳强度减排方案的对比分析 …………………… 169

第四节　碳强度减排下的产业结构变动 …………………… 174
　　第五节　小　结 ……………………………………………… 179

第九章　区域关联视角下碳强度政策的减排效应差异 ………… 181
　　第一节　区域间碳排放关联效应 …………………………… 182
　　第二节　多区域动态一般均衡模型的构建 ………………… 183
　　第三节　碳减排效应模拟 …………………………………… 190
　　第四节　区域间减排效应差异解释Ⅰ：前向关联和后向关联 … 195
　　第五节　区域间减排效应差异解释Ⅱ：内部效应和外部效应 … 199
　　第六节　小　结 ……………………………………………… 203

**第十章　环境保护税政策模拟：如何有效激发企业的
　　　　　污染治理动机** ……………………………………… 205
　　第一节　环境规制与企业治理行为 ………………………… 206
　　第二节　环境规制下企业污染治理动机的理论框架构建 … 208
　　第三节　环境保护税政策效应与企业污染治理动机的模拟 … 211
　　第四节　环境规制政策组合效应的评价与比较 …………… 216
　　第五节　小　结 ……………………………………………… 219

**第十一章　财政政策优化：如何实现产业转型与环境质量改善的
　　　　　　红利** ………………………………………………… 221
　　第一节　财政收支结构变化的经济与环境效应 …………… 222
　　第二节　模型构建与参数校准 ……………………………… 224
　　第三节　财政收支结构变化效应 …………………………… 230
　　第四节　环境因素变化下的财政收支结构效应 …………… 235
　　第五节　小　结 ……………………………………………… 239

第十二章　碳市场的建设：重点行业减排下的碳泄漏问题 …… 241
　　第一节　碳排放权交易与碳泄漏 …………………………… 242
　　第二节　基于投入产出关联的理论模型构建 ……………… 243
　　第三节　重点行业减排下碳排放量的变动 ………………… 249
　　第四节　重点行业碳减排政策在各行业间的传导效应 …… 252
　　第五节　小　结 ……………………………………………… 257

第十三章　碳排放责任优化：系数优化下共同责任的合理分担 ……… 258

第一节　碳排放责任 ……………………………………………… 259
第二节　碳排放责任的测算方法与数据来源 …………………… 261
第三节　生产端责任、消费端责任与传统共同责任的碳排放 … 264
第四节　共同责任分担系数的优化与测算 ……………………… 269
第五节　经济增长与碳排放关系的国际比较 …………………… 275
第六节　小　结 …………………………………………………… 277

第十四章　多层次协同治理方案与政策协调体系 ………………… 279

第一节　在经济高质量发展中形成环境治理的有利因素 ……… 279
第二节　构建多层次协同的环境治理体系 ……………………… 285
第三节　深化政府的环境治理改革 ……………………………… 293

参考文献 ………………………………………………………………… 301

第一章　中国经济高质量发展与环境治理现状

第一节　高质量发展的内涵

一、高质量发展提出的现实背景

在2008年国际金融危机之后,随着内外部条件的变化特别是中国经济体量的增大,我国经济由高速增长阶段转向中高速增长阶段的特征十分明显。在中国经济进入"新常态"和中国特色社会主义进入"新时代"之后,经济增长模式或经济发展方式也随之变化,具体体现为原来的高速增长方式向高质量发展方式过渡,而推动高质量发展形成与深化的主要原因在于需求侧和供给侧两个方面。

（一）主要矛盾的转化

党的十九大报告中提出了当前我国社会主要矛盾的转化问题,转化体现在需求侧和供给侧两个方面:在需求侧,"物质文化需要"转变为"美好生活需要",表明此前物质文化方面的数量需求已经转变为物质、文化、制度、环境等美好生活方面的更多层面和更高质量的需求。在供给侧,"落后的社会生产"转变为"不平衡不充分的发展",意味着供给短缺和不足的现象整体上已经不复存在,取而代之的是产能过剩。供给侧的生产能力充足但结构方面不平衡、不充分的问题凸显出来,使得更加均衡和更加合理的高质量供给成为发展的方向。主要矛盾的转化,在需求侧和供给侧对发展方式提出了新的要求,发展方式也应围绕着主要矛盾的转化而进行相应的调整和优化,高质量发展的提法恰逢其时。

（二）支撑条件的改变

对于中国而言,之前经济的高速增长是建立在资源要素禀赋优势基础上的,而在新时期支撑经济高速增长的条件已经发生改变甚至不再具备,主要体现在人口、资源与环境三个方面。进入新常态之后,我国人口老龄化、出生率低和抚养比上升的特征更为突出,人口红利逐渐消失的现象在很大程度上对我国经济的快速增长形成了显著的制约。因此,推动人口红利向人才红利或人力资本红利转变,即形成知识和技能含量更高的人口红利成为支撑中国经济增长的重要力量。

在资源方面,由于很多自然资源具有不可再生的特征,加之经济发展中对资源的大量消耗导致资源的可用量逐渐减少,需求增长与供给减少的"剪刀差"使得资源的价格不断上升,致使中国长期依赖资源能源高投入的粗放型经济增长模式难以为继,从而资源能源节约型的高质量发展成为必然甚至是唯一的选择。

环境方面的问题更为突出,在中国快速工业化进程中及其伴随的资源能源大量消耗的影响下,环境污染物与二氧化碳等温室气体大量排放但无法被及时降解,环境承载能力已经接近上限。环境污染或气候变化已经对人们的生产和生活造成了负向影响,引发了生物多样性降低、农业生产效率下降和健康状况不良等一系列问题,提升环境质量、降低环境压力成为中国高质量发展特别是绿色发展不可或缺的部分。

二、高质量发展的定义

中国经济从高速增长向高质量发展的转变,顾名思义,就是由"高速"向"高质量"、由"增长"向"发展"的变化,因此高质量发展也应从这两个方面进行辨析。

(一)速度与质量

在短缺经济的条件下,当人们的物质文化基本需求都难以满足时,经济的快速增长和规模扩张是更为急迫的需求和典型特征。但是,当经济中产品的供给大于需求时,人们就会对产品质量提出更高的需求。高质量的产品通常具有更多的使用价值,具备更高的性价比与合意性,更能够满足人们美好生活的需要。换言之,在这一阶段,需求侧的重心由数量需求转向质量需求,供给侧社会再生产的重点则由数量再生产过渡到质量再生产。

(二)增长与发展

与增长相比,发展的范围更宽,除经济增长之外,还包括经济结构的优化、生产效率的提高、社会福利的增进等多个方面,可以认为是一种更严格的标准。以结构为例,在传统的增长概念中,需求侧的总需求不足是最突出的问题；而在当前经济发展中，供给侧的结构失衡则成为主要的矛盾。高质量发展集中需要解决的就是供给侧重大结构性失衡等一系列问题。

由此可见，经济高速增长与高质量发展分别对应于解决"有没有"和"好不好"的问题。在物质文化产品供给相对不足时，追求增长速度和经济体量、迅速解决商品短缺问题符合当时的国情。在新的发展阶段，以质量和效益为目标，构建更高质量、更优比例的供给体系，是解决不平衡不充分发展问题的正确途径。

三、高质量发展中的经济增长与环境质量改善

（一）理论上的矛盾与统一

在理论上，无论是环境库兹涅茨曲线还是波特假说，都对经济增长与环境质量改善双重红利实现的阶段性、可能性进行了描述。在环境库兹涅茨曲线中，只有经济发展到一定阶段之后才可能出现环境污染下降的局面。其中的一个问题是，在环境库兹涅茨曲线理论中并没有提及经济增长与环境污染之间的双向反馈机制，即环境污染产生的负外部性会对经济增长产生不利影响和反向作用，进而降低经济增长的可持续性。在波特假说中，严格的环境规制能够激发企业进行技术创新的内在动力，进而实现企业竞争优势的形成与环境质量的改善。问题在于，何种程度的环境规制是适度的——既不会因为政策的"过犹不及"而抑制经济增长，又不会因为政策力度不足而没有达到降低环境污染的目标。并且，创新具有典型的滞后性和高风险特征，企业的创新补偿能否实现、能否超过环境治理成本都犹未可知。

（二）实践中的两者兼顾

由于中国仍处于工业化和城镇化的进程中，人均国内生产总值（Gross Domestic Product，GDP）相对较低，发展是硬道理和第一要务的特征并未发生变化，维持一定的经济增长速度对于社会的稳定和福利的增进等都至关重要。然而，在经济结构转型和产业优化升级的过程中，加之全球经济增速放缓、贸易摩擦加剧，中国经济下行压力大的典型现象在一定时期内会持续存在，这使得环境质量改善的难度和阻力增大。特别是对于经济欠发达省份和地区而言，高耗能和高污染工业在经济中的占比很高，进一步加大了政府在保持经济中高速增长时进行环境治理的压力。在环境的承载能力已经接近上限的中国现实背景下，必须兼顾经济增长与环境质量改善两个目标——实现绿色增长，不可顾此失彼。因此，中国在观念上和行动

上必须保持经济与环境发展目标相统一。

(三) 高质量发展中的"绿水青山"与"金山银山"

习近平总书记提出了"改善生态环境就是发展生产力"的重要观点,并且明确指出了"绿水青山就是金山银山",这充分体现了经济与环境目标的一致性。上述观点在系统总结我国经济发展和环境保护发展历程的基础上,结合环境治理中的经验和不足,辩证地论述了经济与环境之间的深层次关系,在实践基础上完善了经济增长与环境治理的理论体系,揭示了高质量发展的一般运行规律。

根据"绿水青山就是金山银山"的论断,理论和实践都应明确高质量的生态环境与高水平的经济增长互为基础、相互支撑的基本命题,即经济增长是环境质量改善的基础,环境质量改善也会产生正外部性以促进经济增长。与此同时,也应理清生态环境与经济增长互为发展目标的思路,即生态环境质量改善的目标是更好地服务于经济增长以增进社会福利,经济发展的目标之一是实现生态环境状况的持续改善,两者是相辅相成的关系。

高质量发展,实际上是遵循新发展理念的经济社会发展模式。在高质量发展的五大发展理念"创新、协调、绿色、开放、共享"中,绿色是高质量发展的"底色",绿色发展是高质量发展的基本形态。在高质量发展的理念下,绿色发展应成为经济增长中的普遍现象。例如,在经济结构和产业结构调整中,应通过政策引导等方式逐渐提高清洁型产业在全部产业中的比重;在工业转型升级的过程中,应鼓励技术密集型和知识密集型行业的快速发展,加大高技术和清洁型产品对高耗能与高污染型产品的替代程度,同时实现经济效益、社会效益与生态环境效益。

四、高质量发展中的污染防治攻坚战

污染防治是必须打好的"防范化解重大风险、精准脱贫、污染防治"三大攻坚战之一,这一表述充分表明了污染防治的难度。为更好地推进污染治理取得显著成效,还应当充分把握和高度关注当前经济增长与环境质量改善过程中的困难和不足。

长期以来,中国依赖的高消耗和高投入的粗放型经济增长模式已经形成,短期内不能做出迅速改变或调整,即经济增长模式存在典型的惯性或路径依赖特征。以工业为例,污染型行业占比过高、以煤为主的能源消费结构固化、生产效率相对低下、资源配置扭曲严重等一系列问题十分常见。经济增长模式沿着粗放式的路径不断强化后已经较为固定,这不仅对经济

高质量发展形成较大的阻力，同时也是改善环境污染状况的障碍。在现实中，人们往往会受到之前信息和决策的影响，发展理念维持以规模扩张为主的传统思路，或者虽然试图转变发展观念，但是由于沉没成本太高，原有的发展方向和生产模式继续强化。高污染、高排放、低效率、低质量的生产活动严重损害了经济增长的基础，也加大了改善生态环境质量的难度。因此可以认为，污染防治这一攻坚战实际上也是经济发展方式转变、经济结构转型的攻坚战。

我国的环境治理体系以非垂直管理体系为主，各地环保部门主要接受地方政府的管理，中央环保部门对地方环保部门的约束能力不强。近年来我国对环保规制体系进行了一定程度的垂直化改革。并且长期以来，经济增长绩效是地方官员主要的甚至唯一的考核指标，环境保护约束性指标纳入地方考核体系的时间不长、执行力度不够，使得地方政府重经济增长和财政收入、轻环境治理的现象频发，这也是我国环境规制政策体系不健全的主要原因。

此外，资源利用和生态保护补偿机制有待完善。部分资源具有跨区域使用的特征，且污染排放物在上游与下游之间存在流动现象，使得单一地区无法高效地进行资源利用与环境治理。目前，在国家层面或者跨区域层面，对于部分自然资源的使用，由于生态保护补偿机制的法规极度缺乏，地区间出于自身利益的考虑而无法有效地协调和补偿，因此在更高层面有机组织、合理调配资源与环境公共品，可以提升资源利用的有效性与环境治理的科学性。本章后续部分将对环境规制现状、不足等问题进行详细论述。

五、经济增长与环境质量改善同时研究的必要性

党的十九大、十九届四中全会报告均指出要正确处理经济与环境的关系，实施最严格的环境保护制度、加快生态文明建设势在必行，以发挥生态文明建设对经济高质量发展的引领作用。我国已经明确将环境保护主体责任纳入地方政府官员的考核体系，坚决扭转、遏制不重视绿色 GDP 的思想观念和行为活动。但是在现实中，我国尚未健全环境保护的考核指标体系，也没有健全环境保护的责任追踪体系，即环境保护约束性指标对地方政府官员而言是"软约束""松约束"，而非"硬约束""严约束"。在很多地方政府的工作报告中，也没有明确列出环境保护约束性指标，而只是模糊地表述为完成上一级政府下达的节能减排目标。这充分表明地方政府对于环境污染治理的态度并不坚决、决心并不彻底，中央政府应深化环境监管体制改革、建立环境保护终身追责制，真正将环境保护内化为高质量发展的核心成分。

高质量发展中的质量本身有着主观性,其中包括一些不可测度的因素,如果将各类指标标准化后加权得到指数,权重的确定也存在一定的人为因素,容易引发争议。因此,我们应将多元化的高质量发展视作一个多维框架,对具体内容或关键部分进行量化评价,特别是对于其中存在矛盾或冲突的问题(如经济增长与环境质量改善问题)进行研究,这在充分体现高质量发展内涵的同时丰富了高质量发展的研究体系。高质量发展框架下有关经济增长与环境质量改善问题的研究中,对于经济与环境两个方面双向影响效应或反馈机制的关注尚不充分,尚没有形成从现象描述到理论分析再到政策优化的逻辑链条。本书将在上述方面努力探索,深化对经济增长与环境质量改善关系的认识,为实现经济与环境双重红利的政策措施的制定提供参考。

第二节 中国环境污染与经济增长特征

一、中国环境污染的现状

中国经济发展中对资源能源的过度消耗加剧了对生态环境的破坏,并且与人们的环境保护意识淡化、政府的环境规制强度不高等现象并存,这些在很大程度上使得中国成为世界上环境污染较为严重的国家之一。生态环境保护的成败,归根结底取决于经济结构和经济发展方式,经济模式与环境状况密不可分。2019年是中华人民共和国成立70周年,在全面深化改革的背景下,体现"创新、协调、绿色、开放、共享"发展理念的高质量发展已经成为当前和未来一定时期内中国经济社会发展的基本特征与主旋律。其中,在高质量发展的框架下,人们的生产和发展活动必须顺应自然、保护自然,才有可能实现经济增长与环境质量改善的多重红利。因此,加深对我国当前环境污染和气候变化状况的准确认识,实现对经济与环境之间关系的正确判断是十分必要的。

当前,我国的环境状况不容乐观。环境污染方面,许多城市空气质量超标,海洋、土地污染问题也十分突出,遏制和化解环境污染已经刻不容缓。我国被认为是全球气候变化的敏感区。二氧化碳(CO_2)是主要的温室气体,我国是年度瞬时二氧化碳排放量第一大国,减排压力很大。国际货币基金组织(IMF)发布的报告称,2017年全球碳排放量开始由降转升,相对于2016年增长1%,2018年增长2%左右。美国和欧盟正在放缓减碳步伐,应对气候变化的进程充满了不确定性。

环境污染和气候变化对经济社会各个方面的影响具有一定的滞后性,即环境污染和气候变化的危害在初期往往不容易被察觉或被重视。随着污染物的累积,环境污染程度持续上升,当污染问题发展到相当严重的地步时,环境变化对社会发展全方位、多层次和多尺度的影响开始显现,生态环境系统的稳定性受到明显破坏,人们的身体健康和日常生活受到较大影响,农业生产力降低和粮食产量下降。环境污染在一段时间内的不可逆性还使得经济和社会的可持续性受到挑战,环境污染、气候变化问题逐渐成为社会关注的焦点。

除了污染程度高,中国的环境污染还呈现污染范围广、地区差异大的典型特征。在过去的一段时间,"由东向西"的产业转移加剧了中西部地区的环境污染,同时东部地区的环境质量却没有出现明显改善。可得的数据显示,2013—2014年,中部地区、西部地区环境质量指数均值分别由82.91、82.76降至59.19、67.22,东部地区环境质量指数均值则由82.93降至62.71,全国范围内各省份的环境质量均显著下降。与环境质量指数大幅下滑形成鲜明对比的是,环境污染治理指数上升的幅度十分有限。中部地区环境污染治理指数由2013年的75.11升至2014年的80.25,而东部、西部地区环境污染治理指数分别由75.37、73.27升至78.41、77.54,环境治理程度明显低于环境污染扩散程度。其中,环境质量变动较大的代表性省份的数据如表1-1所示。①

表1-1 代表性省份环境质量、环境污染治理指数及其变动

省份	环境质量			环境污染治理		
	环境质量指数		指数变动	环境污染治理指数		指数变动
	2013年	2014年	2013—2014年	2013年	2014年	2013—2014年
河北	74.19	30.29	-43.90	64.10	79.07	14.97
山东	75.24	36.34	-38.90	70.05	71.47	1.42

---

① 《中国科技统计资料汇编(2015)》,中国科技统计网站(http://www.sts.org.cn)[2020-06-30]。在各地区环境质量改善类监测指数中,监测指标体系采用废水中氨氮排放量、废水中化学需氧量排放量、废气中二氧化硫排放量等指标编制各地区的环境质量指数,采用生活垃圾无害化处理率、固体废物综合利用率等指标编制环境污染治理指数。两个指数的参考值(即最优值)均为100,指数取值越大代表环境质量越高,环境污染治理力度越大。在可查找的范围内,环境质量指数、环境污染治理指数在2015年后不再公布。

(续表)

省份	环境质量			环境污染治理		
	环境质量指数		指数变动	环境污染治理指数		指数变动
	2013年	2014年	2013—2014年	2013年	2014年	2013—2014年
河南	79.78	50.03	−29.75	73.30	76.61	3.31
山西	83.63	58.15	−25.48	72.60	73.48	0.88
湖北	81.02	55.76	−25.26	75.22	89.86	14.64
天津	79.85	54.69	−25.16	84.23	85.97	1.74
四川	78.78	53.85	−24.93	81.73	81.79	0.06
安徽	81.29	57.42	−23.87	80.36	85.31	4.95
陕西	77.70	54.41	−23.29	74.44	78.38	3.94
湖南	86.05	63.89	−22.16	74.25	79.01	4.76
内蒙古	81.30	59.66	−21.64	82.15	83.75	1.60
重庆	86.45	64.95	−21.50	87.51	89.28	1.77
浙江	86.42	66.62	−19.80	70.03	73.86	3.83
江苏	83.57	65.08	−18.49	75.35	74.24	−1.11
北京	75.14	56.86	−18.28	81.11	82.99	1.88
新疆	69.49	51.32	−18.17	62.73	64.71	1.98

在环境污染的趋势方面，由于中国工业生产模式有着惯性特征，经济增长形成路径依赖致使大面积环境污染状况在短期内无法迅速改善，进而使得一定时期内各地区环境污染的不可逆性十分明显，环境污染状况仍将持续。在气候变化方面，其影响范围本身就是一个全国性和世界性的问题，在气候变化面前任何地区和国家都不能独善其身，对于气候变化的博弈甚至成了一个涉及各国家、各地区经济发展权的问题。

随着环境污染状况加剧，其所导致的经济和社会损失不断扩大。2009年环境退化成本和生态破坏损失成本合计为13 916.2亿元，约占当年GDP的3.8%。[①] 还有一些研究认为，中国每年的环境污染代价已经接近或超过1万亿元，环境污染损失增速超过GDP增速等。[②] 为应对环境污染等问题，中国政府已经实施了渐进趋严的环境规制政策，但是政府的环境保护投入

[①] 於方、杨威杉、马国霞：《中国环境经济核算研究报告2009—2010》，北京：中国环境出版集团，2019年版。

[②] 内地环境污染损失增速超GDP，《第一财经日报》，2012年2月1日。

仍然过少,致使环境保护基础设施相对薄弱。除应当保证环境保护投入的稳定增长,在中国环境治理的过程中,更为重要的是如何充分发挥当前环境规制政策的效果,实现环境规制政策的改进与优化,尽可能地规避"先污染,后治理"的弊端。然而,国内外学者在这一方面的研究还存在一定不足。

二、环境质量改善的困难与挑战

经济增长无疑会增进居民的效用,但是经济增长导致的环境污染会对居民的效用产生负向影响,当环境污染引起的社会健康成本大幅增加,所导致的居民效用下降超过经济增长带来的居民效用改善时,就会降低社会福利水平,经济增长也由此失去了意义。当前,大规模资源能源投入对于中国经济结构、生态环境的负向效应开始显现,环境污染引发的社会冲突和社会矛盾进入多发期。环境污染的不利影响已经引起政府、社会公众的广泛关注,现阶段我国经济发展与环境污染的现状使得缓解环境污染问题的要求十分紧迫,但真正实现存在一定的困难和挑战。

第一,如前所述,中国经济增长模式具有路径依赖特征,经济增长形成惯性使得经济结构调整的难度较大,这决定了环境污染物排放量、温室气体排放量在一定时期内仍将继续增长。并且,中国工业化尚未完成,以制造业为主体的工业依然是经济增长的重要推动力,大量消耗能源的状况还会持续。此外,中国能源消费结构中,"以煤为主"的能源消费特点短期内难以实现转变。上述因素都使得中国污染物排放下降的难度很高,在经济下行压力加大的背景下,这一点表现得更为突出。

第二,环境污染来源面广泛,本身就使得环境治理具有高度的复杂性,尤其是当前中国生态环境问题进入叠加期,废水、废气、固体废弃物"三废"均呈现快速增长,农村环境污染包围城市、生态退化叠加环境污染等新问题层出不穷。污染源不能得到有效控制、污染排放物不能得到及时处理等对自然生态、生产活动、居民生活造成了负面影响;

第三,中国环境污染以及温室气体排放所造成的影响已经从"显现期"过渡到"上升期",部分地区的环境承载能力已经超过"环境阈值",甚至达到环境容量的上限。随着污染物在环境中的进一步累积,不但环境污染治理和自然环境恢复的难度逐渐加大,而且经济社会发展的可持续性不断下降。当环境污染达到一定程度时,或许还会引发重大的社会、经济和环境危机,从而失去解决环境污染问题的可能性。

中国环境治理存在诸多问题,但也存在重要的机遇。在经济下行、结构调整和产能化解的新阶段,我国也获得了一个治理环境污染的"窗口期",使得实现经济稳定增长与环境质量提升的双重目标成为可能。规避或者解决经济增长与环境治理的矛盾性,实现两者的统一性,就要求合理地运用环境规制政策,在自然资源与生态环境可承受的范围内进行生产活动,增强经济增长的可持续性。因此,以环境政策有效性为焦点的研究十分必要。

从根本上而言,政府环境政策的协调是实现高质量发展中经济增长与环境质量改善的首要途径。科学评价现有的环境规制政策,改革与优化环境规制政策体系,是实现经济增长与环境质量改善双重目标的重要参考。在高质量发展的框架下,我们将资源消耗、环境污染等问题纳入经济增长的体系,建立体现经济、能源与环境关联特征的理论与实证模型,在社会福利等目标下研究政府环境政策的效应,服务于经济与环境、物质文明与生态文明的协调发展。

第三节　环境政策的经济理论基础

一、环境库兹涅茨曲线与脱钩理论

(一)环境库兹涅茨曲线

Panayotou(1993)将环境污染与人均收入的倒 U 形关系称为环境库兹涅茨曲线(Environmental Kuznets Curve,EKC)[①],如图 1-1 所示。

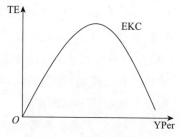

图 1-1　环境库兹涅茨曲线

注:YPer 为人均收入或人均国内生产总值,TE 为环境污染水平。

基于环境库兹涅茨曲线理论可得,虽然在经济发展和工业化的初期阶段,经济增长通常会导致环境质量下降,但是随着经济结构的调整、环境技

---

① 本章各变量的定义前后一致。

术的进步和环保投入的增加,环境质量终将得到改善。换言之,随着人均收入的增长,经济发展的初期阶段会出现环境污染水平上升的暂时现象,当人均收入或经济发展水平持续上升达到一定程度之后,环境污染水平会下降。美国、日本、英国等发达国家经济发展和环境变迁进程验证了该理论的正确性。第三章充分考虑了环境库兹涅茨曲线的倒 U 形特征,并对环境库兹涅茨曲线进行了有效的刻画。

(二) 脱钩理论

当以环境污染强度而非环境污染水平作为纵轴时,其与人均收入或人均国内生产总值的关系也呈现环境库兹涅茨曲线的形状。环境污染强度(DE)、环境污染水平(TE)分别对应的环境库兹涅茨曲线如图 1-2 所示。根据图 1-2 可得,一般而言,环境污染强度对应的环境库兹涅茨曲线拐点出现的时间先于环境污染水平对应的环境库兹涅茨曲线拐点,即前者先到达顶点并开始出现下降特征。

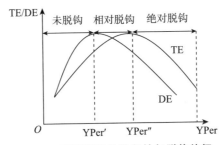

图 1-2 环境污染的阶段性与脱钩特征

根据两条环境库兹涅茨曲线对应的拐点,可以将随人均 GDP 的环境状况变化分解为三个阶段:第 I 阶段,自起点至环境污染强度顶点出现的阶段;第 II 阶段,环境污染强度顶点出现至环境污染水平顶点出现的阶段;第 III 阶段,环境污染水平顶点出现后的下降阶段。实际上,三个阶段对应的环境变量的变化态势分别为:污染强度上升+污染水平上升,污染强度下降+污染水平上升,污染强度下降+污染水平下降。

上述环境变量变化的三个阶段还与脱钩理论中差异化的脱钩状态相对应。脱钩指的是经济增长与能源消费、污染物排放之间的关联关系弱化甚至消失,并出现经济增长与环境质量改善同时存在的现象。直观上分析,第 I 阶段(环境污染的强度和水平均上升的阶段)为非脱钩或未脱钩阶段;第 II 阶段环境污染强度开始进入下降区间但环境污染水平仍处于上升区间,经济增长与环境污染之间出现一定程度的脱钩迹象,为相对脱钩或弱脱钩阶段；第Ⅲ阶段环境污染的强度和水平均开始下降，经济增长与环境污染之间实现真正的或实质上的脱钩为绝对脱钩阶段（见图1-2）。第七章模拟分析了碳总量减排目标和碳强度减排目标下经济中产出、资本、消费等变量的变化特征。

二、环境库兹涅茨曲线影响因素的分解

（一）环境库兹涅茨曲线变动的主导因素

广义上，经济增长是指包括规模、结构、技术等多个方面的经济发展，由此其对环境污染的影响可以分解为规模效应、结构效应、技术效应等。在倒U形环境库兹涅茨曲线形成的过程中，在不同时期分别由不同类型的效应发挥主导作用。借鉴 Grossman and Krueger(1995)的研究，本部分绘制了各阶段主导因素的变动特征（见图1-3）。

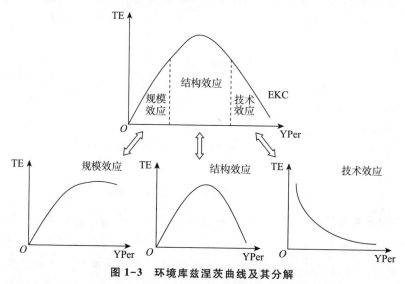

图1-3　环境库兹涅茨曲线及其分解

注：YPer为人均收入或人均国内生产总值，TE为环境污染水平。

规模效应指的是经济增长中资源能源投入增加、产出增长都会带来污染排放物增加；结构效应指的是经济结构、产业结构、要素投入结构以及能源消费结构的变动使得污染物排放量变化；技术效应方面，与经济增长相伴随的研发投入、技术进步能够提高资源能源的使用效率，清洁技术对于传统技术的替代能够降低单位产出的污染物排放量。显然，规模效应（技术效应）会增加（降低）环境污染物排放量。

在经济发展和人均收入增长的初期，产出规模、能源消费和人口数量迅速扩张，规模扩大使得环境污染水平快速上升，规模效应成为环境污染

累积的最直接和最主要因素；在工业化的中后期阶段，经济增长的速度放缓，规模效应促使环境污染水平上升的速度也随之下降并趋于稳定，而产业结构从以工业为主体转变为以服务业为主体，要素投入端的资本、劳动力要素以及清洁型能源的使用量增大、占比上升，结构效应促使环境污染水平呈现下降趋势；当结构效应和技术效应的正向效应逐渐凸显且两类效应之和超过规模效应时，环境污染水平开始进入下降期。其中，无论是清洁生产技术还是环境污染治理技术水平的提高，都能够产生更少的环境污染物或促使环境污染水平下降，进而发挥其在环境质量改善中的作用。

第二章基于环境库兹涅茨曲线分解的思想，使用对数平均迪氏指数(Logarithmic Mean Divisia Index，LMDI)方法分解经济规模、产业结构、能源消费、技术水平等因素对环境质量的贡献或影响程度，分析各因素在不同时点对环境质量影响的大小、方向和路径。

（二）规模效应

为表征规模效应，可以在理论模型中设定经济增长及能源消费产生污染排放物，即设定污染物排放函数，其中被解释变量为环境污染物排放量或碳排放量，解释变量或主要影响因素为经济产出水平或能源消费量。环境污染物排放到生态环境中时部分会被降解，未被降解部分将实现累积，形成环境污染存量或碳存量，进而得到环境污染累积方程。环境污染累积函数的形式与采用永续盘存法计算资本存量的函数形式十分类似。基于这一思想，本书第七章在构建一般均衡模型时，设置了环境污染物或温室气体的排放函数和累积方程。

经济增长无疑是环境污染产生的重要因素，然而环境污染对经济增长的反馈效应却时常被忽略。当环境污染水平或碳排放存量达到一定程度时，不但会对生态系统造成破坏，导致海平面上升、生物多样性下降，而且会使生产效率下降。因此，我们应充分考虑环境污染对经济增长的负向效应，在一般均衡模型中设定效率损失函数，分析环境污染或气候变化导致的生产效率下降，以体现经济增长与环境污染的双向影响关系，形成两者之间的闭环影响路径。

（三）结构效应

在供给侧的产出结构方面，根据产业结构变迁理论，随着人均收入或人均GDP的增长，社会分工的深化使得多层次的产业结构不断形成，产业结构的重心或主体也会逐渐由第一产业向第二产业再向第三产业转移。

伴随产业结构高度化和合理化的不断推进,以低能耗、低污染为主要特征的第三产业占据主导地位,环境污染状况会出现改善。第八章在充分考虑了行业关联的情形下,研究了碳减排约束与产业结构调整的关系。第十二章将投入产出数据与一般均衡模型充分结合,基于行业关联的视角,刻画中国碳减排政策的影响路径及传导机制。

在需求侧的需求结构方面,以消费为例,在清洁型产品、污染型产品之间的消费存在替代效应和收入效应。在清洁型产品生产的初期,前期研发成本较高、技术不成熟、技术领先的企业具有很强的市场实力等导致清洁型产品的价格较高,进而使得清洁型产品市场形成典型的垄断特征。随着清洁型产品生产技术的推广和应用范围的扩大,更多的企业通过研发或引进等方式获得了清洁型产品的生产技术,促使清洁型产品的生产成本降低、价格下降。如图1-4所示,在收入水平不变的假定下,"污染型产品—清洁型产品"生产组合中清洁型产品消费会显著增加,这一方面是清洁型产品价格下降导致消费者购买力增强的体现,另一方面是清洁型产品相对于污染型产品价格下降对其产生的替代,即收入效应和替代效应的共同作用。当消费结构或其他需求结构发生变化时,会引致生产结构发生改变,例如清洁型产品生产占比提高与环境污染物排放量下降是对应的。

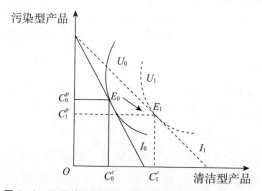

图 1-4 不同类型产品之间的收入效应和替代效应

图1-4显示,清洁型产品价格下降前后,无差异曲线分别为 U_0 和 U_1,预算线分别为 I_0 和 I_1。其中,U_0 和 I_0 相切确定均衡点 E_0,对应的污染型产品、清洁型产品的消费量分别为 C_0^p、C_0^c;类似地,U_1 和 I_1 相切确定均衡点 E_1,对应的污染型产品、清洁型产品的消费量分别为 C_1^p、C_1^c。显然,在清洁型产品价格下降后,$C_0^c < C_1^c$,即清洁型产品的消费上升。

(四) 技术效应

如前所述,技术进步产生的环境质量改善效应即为技术效应。在国内外文献中,部分学者还在内生增长理论框架下加入研发投入、人力资本等因素,分析新旧技术的替代特征或转换路径,以及由此产生的环境状况改变等问题。与环境规制下技术效应相关的经济学理论主要是波特假说,或称波特创新补偿假说。在新古典经济学中,环境规制政策一般被认为会增加私人的边际生产成本、削弱企业的市场竞争力,对经济增长产生负向影响。根据波特假说,传统的经济增长与环境污染对立的观点是从静态角度出发的。现实中,当实施渐进趋严的环境规制措施时,企业会寻求新的生产方式或者采用新的生产技术,以规避环境规制对自身生产活动的不利影响,进而实现环境研发投入增长和环境技术进步,提高产品质量和生产率水平,在宏观层面上达到经济增长与环境质量改善的双赢结果(Porter,1991)。

环境规制波特假说引入了动态创新机制,提出了环境规制下企业的创新补偿途径,这是重要的理论创新。需要注意的是,由政府主导的环境标准的合理制定与规制政策的严格执行,是激发企业主动创新的诱因,也是波特假说成立的重要前提。例如,当环境规制政策比较宽松时,企业为污染物排放或者碳排放所付出的成本很低,规制政策并不能从根本上激发企业的污染治理动机,企业会选择被动接受惩罚而非主动加大研发投入,企业本身并没有形成持续创新的动力。第六章基于环境规制波特假说,对高强度、严约束下经济增长与环境质量改善双重红利产生的原因进行了说明。

三、环境污染治理的边际分析

(一) 环境污染治理的平衡特征

在环境污染物排放和累积的过程中,环境污染越严重、累积越多,其对生态环境系统以及经济社会发展产生的损害越大。图1-5显示,环境污染物排放量(Q)越大,对应的边际损害曲线(MD)呈现斜率越大的特征。虽然边际损害曲线的形状与污染物类型、污染强度有关,但是当污染物逐渐累积时,其损害程度整体上会加速上升,对经济社会发展造成严重的甚至是不可逆的影响。

与环境污染物排放量(Q)对应的边际治理成本函数(MC)如图1-5所示。边际治理成本为减少单位环境污染物排放量所需要的投入或支出,由于减排设备的购置费用及沉没成本很高,当污染物排放量较少时,与单位污染物对应的边际减排成本或边际治理成本较高;而当减排量较大时,环境污染治理设备实现了更为充分的利用,有效分摊了固定成本,从而导致边际治理成本逐渐降低。

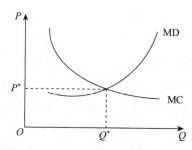

图 1-5　环境污染的边际治理成本与边际损害

注:MC 为边际治理成本曲线,MD 为边际损害曲线,P 为成本,Q 为污染物排放量。

基于市场机制的角度分析,完全没有环境污染并不是最佳的状态,应在环境污染的边际治理成本(MC)与边际损害(MD)相等的条件下确定均衡的环境污染物排放水平(Q^*)。需要再次强调的是,均衡的环境污染物排放水平是在市场机制作用下得到的,是从市场角度出发得到的有效率的环境污染水平。本书各章的理论模型构建和模拟分析广泛采用了边际分析方法,以实现对环境污染水平及其变动进行合理分析。

(二)环境污染治理的变动特征

在图 1-5 的基础上,分析外在条件变化导致的环境污染治理成本上升或者环境污染损害程度提高,即环境污染的边际治理成本曲线或环境污染的边际损害曲线移动,可以得到环境污染均衡水平的变化并进行比较静态分析,如图 1-6 和图 1-7 所示。

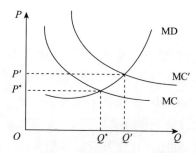 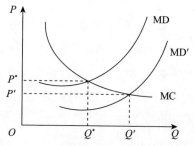

图 1-6　污染边际治理成本变动的影响效应　　图 1-7　污染边际损害变动的影响效应

注:P 为成本,Q 为污染物排放量。

在图 1-6 中,假设污染程度提高后,由于污染物的类型增多或污染治理的技术进步不充分,污染治理成本上升,环境污染的边际治理成本曲线(MC)上移至 MC′,可以根据环境污染的边际治理成本(MC′)与边际损害(MD)相等的原则,确定新的环境污染均衡水平为 Q'。显然,Q'大于 Q^*。在边际治理成本曲线上移的过程中,环境污染均衡水平也随之上升。与之相对,推动环境治理技术进步、提升治理效率是降低环境治理边际成本进而得到更低环境污染均衡水平的重要途径。

在各个国家的工业化进程中,对于资源能源的巨大消耗以及环境污染程度、气候变化速度等均超出预期,进而使得环境污染或气候变化对生产活动的影响程度不断深化,具体体现为污染的边际损害曲线(MD)移动,如图 1-7 所示。移动后的环境边际损害曲线(MD′)与环境污染的边际治理成本曲线(MC)相交确定新的环境污染均衡水平 Q'。显然,Q' 大于 Q^*。在经济增长过程中,注重提高生产技术和生产效率,更多地采用清洁能源和新能源以减少环境污染对生态系统与生产活动的不利影响,有利于降低环境污染均衡水平。

四、政府参与环境污染治理的经济学基础

(一) 环境资源使用的负外部性

环境资源作为一种公共品,其在使用过程中会产生市场失灵。具体而言,自然环境具有非竞争性、非排他性的特征且本身无法明晰产权。在市场机制下,理性的"经济人"不会主动付出环境使用成本,而是通过"搭便车"的方式利用并过度开发环境资源,相比之下就形成环境资源的有效供给不足。并且,企业向环境排放的污染物或者温室气体既没有任何额外的成本,又不影响其他企业的排放,"公地的悲剧"开始出现。本章参考 Metcalf(2003)的研究,绘制了图 1-8。

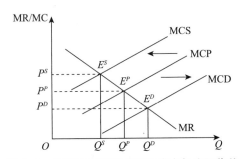

图 1-8　环境资源使用的边际成本与边际收益

注:MR/MC 为边际收益/边际成本,Q 为环境资源使用量。

图 1-8 显示,环境资源使用的边际收益为 MR,私人边际成本为 MCP,社会边际成本为 MCS。在使用环境资源的过程中,企业根据私人边际成本与边际收益相等的原则确定环境资源的使用量 Q^P。实际上,我们应充分考虑环境资源使用的社会成本,根据社会边际成本与边际收益曲线的交点确定环境资源的使用量 Q^S。显然,Q^S 小于 Q^P。由于环境污染具有负外部性

特征,私人边际成本低于社会边际成本,导致市场在环境资源配置中的作用失效。在市场经济机制下,任何人都没有动力进行环境治理和环境保护,因而环境污染物逐渐累积,环境质量持续变差。

进一步地,除了社会成本,大多数环境资源是不可再生的,考虑到环境资源稀缺性等未来成本,还应进一步减少环境资源的使用量。此外,部分环境资源(如空气、部分水源和一些森林资源等)未被合理定价和纳入资源管理的范围,致使企业对环境资源的过度使用成本(MCD)甚至低于私人边际成本(MCP),据此计算得到的环境资源消耗量Q^D大于Q^P,进一步加剧了资源的过度使用。

根据科斯定理可得,无论将初始产权赋予任何一方,市场均衡结果都是有效率的,可以解决外部性因素导致的资源配置不当问题,因此需要政府明确环境资源产权。更为重要的是,当环境治理发生市场失灵时,作为公共利益代理人的政府会加入环境治理的行列,制定环境规制政策进行污染防治、应对气候变化。这成为了实现环境质量改善的主要方式,也成为了政府需要或者必须参与环境治理的经济学理论基础。

环境的初始产权直接归属于国家与集体,政府也就成为进行自然环境产权设置的主体。在现实中,类似于环境资源的公共品存在很高的市场交易成本,政府设计环境产权制度、制定相对严格的环境标准、采取行政干预或其他环境规制措施,可以降低市场化交易的高额成本。因此,当存在环境产权的交易成本时,政府干预可以实现环境资源"从归属到利用"的转变,并成为解决环境问题的次优选择方案,同时也是有效的解决方案。

行政和命令手段、财税政策等都是政府治理环境的工具。以税收为例,依据"污染者付费原则"对污染物排放者进行征税,并对受环境污染影响者进行补偿,可以弥补污染物排放的私人边际成本与社会边际成本之间的差距,这也是环境规制政策设定的主要经济学依据。征收环境保护税的意义还在于,提高污染型产品的边际生产成本,降低污染型企业的生产利润及利润预期,可以促使污染型产品的产量减少,间接上起到降低污染水平的效果。第十章、第十一章构建了一般均衡模型,模拟了环境保护税、补贴率的变化对经济增长、环境污染以及企业内在污染治理动机的影响。

(二)不同规制情形下的环境库兹涅茨曲线

国内外学者关于环境库兹涅茨曲线的实现机制是内生还是外生的议题进行了一定的讨论。部分学者认为环境库兹涅茨曲线满足内生实现机制,其可以在不受外力的干预下自我实现,呈现典型的倒 U 形特征。与之相对,大多数学者指出,环境库兹涅茨曲线是无法自我实现的,只有政府积极参与环境治理、进行环境规制,才可能形成倒 U 形环境库兹涅茨曲线(EKC),呈现如图 1-9 所示的 EKC^R 曲线形式。

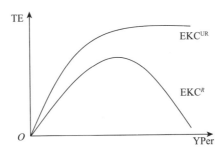

图 1-9 不同规制情形下的环境库兹涅茨曲线

在没有外在约束或政府不进行环境规制的情形下,环境库兹涅茨曲线并不会出现收敛甚至下降的特征,而可能呈现发散的形态,如图 1-9 中 EKC^{UR} 曲线所示。对比 EKC^{UR} 曲线和 EKC^R 曲线可得,在政府不进行环境治理的情形下,环境库兹涅茨曲线会出现上移和发散的特征,表明在环境治理和生态环境质量改善中政府的作用是不可或缺的,这也成为政府参与环境治理的另一个经济学理论基础。

在政府参与环境治理的情形下,环境库兹涅茨曲线也会呈现不同的变化特征,环境库兹涅茨曲线的形态(如拐点出现的时间、拐点的高低等)与政府环境规制强度紧密关联(Stern,2004)。在图 1-10 中的过度规制、正常规制和规制不足三种情形下,对应的环境库兹涅茨曲线分别为 EKC^{OR}、EKC^R 和 EKC^{LR}。

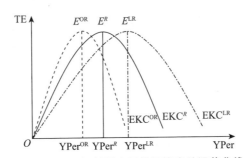

图 1-10 不同规制强度下的环境库兹涅茨曲线

对于正常规制情形下的环境库兹涅茨曲线而言,其拐点 E^R 处对应的人均收入水平为 $YPer^R$,拐点出现的时间与人均收入水平所处的阶段是合适的,在实现充分经济增长的同时完成了降低环境污染水平的目标。与之不同,在过度规制情形下,环境库兹涅茨曲线的拐点(E^{OR})过早出现,即拐点对应的人均收入水平($YPer^{OR}$)较低。环境库兹涅茨曲线拐点过早出现并不一定是好的迹象,虽然这对环境治理而言明显是更有效的,但如果再考虑经济增长或经济发展目标,就会发现其是在过度抑制资本累积或消费基础之上实现的环境污染水平的下降,经济增长低于潜在增长路径,未能实现经济增长与环境质量改善双重红利最大化的目标。在规制不足情形下,环境库兹涅茨曲线的拐点(E^{LR})延迟出现,在经济增长路径上环境污染没有得到有效抑制,是以牺牲环境为代价换取经济增长的典型表现,这同样是不可取的。第六章研究了不同强度环境保护约束目标下的经济增长效应与污染治理效应。

(三)政府调节经济增长与环境质量改善的作用框架

经济增长本身以及经济发展的各个方面(包括规模因素、结构因素、技术因素等)均会对环境污染水平产生影响,而政府在经济增长、环境质量改善中的作用是毋庸置疑的,有必要将经济增长、环境污染、政府调节置于统一的研究框架中,并考虑经济规模、人口规模、产出结构、要素结构、生产技术、环保技术等多种因素,分析经济增长、环境污染、政府调节之间的直接关系与间接作用路径,深入分析政府在调节经济增长与环境质量改善中的作用机制,如图1-11所示。

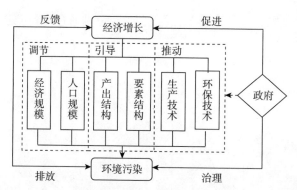

图1-11 政府在经济增长与环境污染关系中的调节作用

根据图1-11可得,经济增长会通过能源消费等途径产生环境污染物或温室气体的排放,环境污染也会通过影响生产效率、居民效用等方式反作用于经济增长。例如,第七章的模型设定了气候变化对于代表性家庭效用的影响函数。政府在经济发展中具有经济性职能和社会性职能,其可以制定和实施财税政策以促进经济增长,或者采取行政命令、市场化的环境政策治理环境污染或气候变化。

首先,政府可以充分发挥自身的作用,引导经济规模和人口规模变化,进而调节环境治理中的规模效应;其次,政府可以引导产业结构变迁,在推进产业结构高度化、合理化的同时,对生态环境质量改善产生积极的结构效应,并且纠正和改善要素配置扭曲状况,优化资源和要素的配置,促使企业在生产过程中使用更多的清洁要素,这也是实现正向结构效应的重要路径;最后,政府可以通过补贴等方式降低研发成本、提高研发收益,推动新成果和新技术的产生,使得先进生产技术和前沿环保技术获得更大范围、更多层次的应用,提高技术效应在环境质量改善中的贡献。第十章、第十一章、第十二章、第十三章分别建立了包含经济增长、产业结构、能源消费和社会福利的一般均衡模型,对于如何优化政府的环境治理方案和应对气候变化政策进行了模拟分析。

第四节 环境政策的发展历程与存在的问题

一、政府环境规制政策的类型

我国的环境规制政策大致可划分为行政命令型政策、经济激励型政策、自愿协议政策以及市场交易减排机制等,分别通过"看得见的手"和"看不见的手"(即政府调节和市场机制)来改善环境质量。每一类政策包含若干具体措施,如颁发排污许可证、征收环境保护税、建设碳排放权交易市场等。从国际环境治理经验来看,在环境治理初期,政府通常采用传统的行政管制手段。这种方式依赖于行政权力得以实施,被管制对象(即污染者)必须达到政府设定的规制目标,否则就会受到行政处罚或其他惩罚。随着环境治理政策的实践与发展,政策制定者和实施者发现行政管制手段的政策成本太高,而且效率低下、效果不好。

与行政命令型规制政策不同,政府采取的经济激励型政策主要从影响经济主体的成本收益出发,引导污染型企业或者污染型产品消费者进行选择,实现改进环境质量的目标。例如,当实施经济激励型政策时,被规制的污染者会评估环境污染成本与污染治理收益的大小,如果污染成本大于治污收益,污染型企业就会选择减少污染物排放,其生产活动会受到较大影响;反之,如果污染成本小于治污收益,企业就会进行污染治理,投入污染治理设备或者清洁型生产设备。

自愿协议政策手段也被称为"内生性的环境规制手段",这一环境规制政策与其他政策的主要区别在于,企业在环境治理中处于主动治理地位,并不承担被治理的义务。污染型企业主动承诺减少环境污染,环境治理的其他主体或利益相关者(如社会公众、社会组织等)也积极参与环境治理、监督、促进、配合企业进行自愿协议的环境管制,实现环境治理目标。自愿协议政策最大的优点在于降低了环境规制的实施成本,缺点是污染治理的效果不足。

市场是资源配置的有效方式,将环境污染物排放权作为一种产权加以明确之后,就会形成新的交易市场。例如,确定每个企业具体的排放额之后,污染物排放权配额不足、配额剩余的企业分别需要在市场上购买、出售污染物排放权,这就为不同企业间污染物排放权的交易打下了基础,各污染企业或者经济主体都会以自认为最合理的价格进行排放权交易。市场交易机制是将政府规制与自发减排相结合的环境规制方式,与其他规制政策相比,具有效率相对高、成本相对低的特征。除实现环境收益或环境红利之外,政府还会根据交易量收取费用,从中获取一些经济收益。

二、中国环境规制及应对气候变化政策的发展历程

(一)环境规制政策的演进

自20世纪70年代开始,我国先后实施了"三同时"制度、排污收费制度、环境影响评价制度等。其中,排污收费制度持续时间最长、影响范围最广,而且与经济联系最紧密,便于进行政策模拟研究。下面重点详细介绍这一制度。1978年12月,国务院首次正式提出实施排污收费制度,1979年9月,《中华人民共和国环境保护法(试行)》明确了应对污染环境或破坏环境的单位予以罚款,或者责令其赔偿损失。基于该法律,我国各地区相继开展了排污收费试点工作,这被认为是排污收费制度的开端。

1982年7月,《征收排污费暂行办法》的实施标志着排污收费制度正式确立,按照"谁污染谁付费"的原则,环境污染物排放超过规定标准的排污者,需按规定缴纳排污费用。1988年9月,《污染源治理专项基金有偿使用暂行办法》对排污费资金进行有偿使用改革,1993年8月实施的《关于征收污水排污费的通知》(计物价〔1993〕1366号)进一步充实了排污费征收的政策体系。2003年,国务院公布了《排污费征收使用管理条例》,这是排污费征收管理办法确定以来的重要调整,对排污收费制度执行不严格、排污费使用和管理不规范等问题进行了全面修正。

2003年以后,我国少数地区的环境污染状况有所改善,但生态环境总体变差的趋势没有得到遏制,一些地区的环境污染程度逐渐加重,解决排污费收费标准偏低的问题被提上议程。2007年之后,全国部分省份陆续调整了一些污染物排污费征收标准,努力提高排污费收缴率。2014年9月,《关于调整排污费征收标准等有关问题的通知》(发改价格〔2014〕2008号)规定实施差别化、阶梯式的排污收费制度,通过强化环境规制促使企业主动治污,实施多年的排污费征收标准再次得到全面调整。

为弥补行政收费制度本身的不足,改变环境规制中单一的政府直控型模式,发挥市场对环境资源配置的决定性作用,完善环境经济政策并形成治污减排的内在约束机制,我国按照"税负平移"原则再次进行环境税费制度改革,在2016年12月通过《中华人民共和国环境保护税法》,于2018年1月开始施行。环境保护税法的制定与实施,能够在较大程度上避免地方政府和行政部门执行力度不足等弊端,严格税收征管和增强执法刚性。环境保护税法还可以将政府规制与市场机制相对接,有望解决当前中国经济发展与环境治理之间的深层次矛盾。

(二)碳减排政策的制定与实施进程

不同于其他类型的污染排放物,温室气体能够吸收地面反射的太阳辐射,使得地球表面变得更温暖,产生温室效应进而引发气候变化。温室气体排放具有时空分布变化大、留存寿命长等特征,虽然其作用不容易被察觉,但对全国乃至世界的影响是全方位的。碳减排即减少二氧化碳等温室气体的排放,是我国环境规制政策实施的重要方面,是一种较为特殊的环境规制政策。

在国际碳减排的政策体系或政策目标中,各国根据自身的经济发展状况与减排潜力,采取碳总量减排、碳强度减排两种不同的减排政策。碳总量减排属于绝对量减排,目标是使得碳排放绝对量下降;碳强度减排是使得单位国内生产总值的碳排放下降,即碳强度降低,属于相对量减排政策。发达国家往往采取碳总量减排政策;而发展中国家为了兼顾推进工业化、发展本国经济和提高社会福利等需求,更倾向于采取碳强度减排政策,以平衡经济发展与碳减排之间的关系。与大多数发展中国家类似,我国目前实施的也是碳强度减排政策。

我国应对气候变化的第一部政策性文件《中国应对气候变化国家方案》于2007年6月公布,这对于应对气候变化相关规制政策和减排目标的制定都产生了重大影响。此后,我国在碳减排方面确定了 2020 年和 2030 年两个关键时点,明确到 2020 年的目标是单位国内生产总值二氧化碳排放量比 2005 年下降 40%～45%,到 2030 年左右的目标则是单位国内生产总值二氧化碳排放量比 2005 年下降 60%～65%,碳排放达到峰值并争取尽早达峰。

基于全国碳减排的总体目标,上一级政府通常采用目标责任分解的方式,将碳减排责任分配到下一级政府。如前所述,在当前的环境治理(包括碳减排)过程中,传统的"命令和控制"模式存在诸多缺陷,由于缺乏充足的信息来源和科学的评估方法,各省份或地区的二氧化碳排放额度难以实现合理分配,采用统一的标准则往往缺乏灵活性,难免导致减排过程中的低效率和差效果。

充分利用环境经济政策,尤其是以市场机制为主导的环境管理手段,以发挥市场机制的资源配置和价格引导作用,从而低成本地完成碳减排目标,是碳减排政策实施的关键点。在市场机制框架下进行碳减排的方式主要有碳税与碳排放权交易两种,两者的理论基础和作用机制显著不同。具体而言,碳税属于价格干预,是由政府定价、由市场决定碳排放数量,属于"以价定量",其理论基础为庇古税①;碳排放权交易是由政府确定碳排放数量、由市场定价,属于"以量定价",是建立在明确产权的科斯理论之上的环境规制方式。在碳减排的市场调节方式中,我国目前主要实施碳排放权交易减排。2011 年我国选取了北京、深圳、湖北、广东等七个省市进行碳排放权交易试点,2013 年正式启动碳排放权交易。以此为基础,我国于 2017 年 12 月启动全国碳排放权交易体系,开始建设全国统一的碳排放权交易市场。

如前所述,根据环境保护费改税方案,我国于 2018 年 1 月开始实施环境保护税制度,但未提及碳税。在发达国家,碳税是行之有效的减排手段,征收碳税可以促使清洁能源替代高碳能源,引导消费者选择能源密度低和碳密度低的产品,通过要素替代效应和产品替代效应有效减少二氧化碳的排放。我国应当在碳排放权交易的基础上,经过试点评估,对碳税能否成为破解能源环境保护约束的举措做出科学判断,并作为考虑开征碳税的依据。

---

① 庇古税指根据污染物排放导致的损害程度对排污者征税。

三、中国环境政策制定与实施中存在的问题

(一) 环境保护税的实施与资金的有效使用

与行政命令手段、排污费制度相比,环境保护税更具灵活性,能够使得污染型企业以最经济的方式对环境规制做出反应,企业可以根据自身边际减排成本大小选择污染物排放量并缴纳相应的环境保护税,也可以进行环境治理减少甚至避免缴税。但是,政府在实施环境保护税的过程中存在一些难点,例如如何评估污染导致的经济社会损失,如何测算社会边际成本以确定环境保护税率等。现实经济中存在的信息不完全、不对称等问题,也会对环境保护税的政策效果产生影响。

环境保护税收入应该用于环境污染的防控和治理,对环境保护税收入的有效使用可以降低环境保护税征收对经济增长的负向影响,促进减排治污内在约束机制的形成,加快促进经济结构优化和经济增长模式转变。然而,在征收环境保护税之后,如何公平合理地在地方环境、税务及其他部门之间划分环境保护税收入的归属,如何在一般公共预算中统筹使用环境保护税收入尚有待进一步的研究。此外,还有环境保护税收入在"末端治理"和"源头控制"之间的分配,环境保护税收入按照何种比例用于支持绿色低碳产品消费,将多大部分环境保护税收入用于补贴企业开发清洁生产技术或引进污染治理设备等问题。

(二) 单一化的环境治理主体

在环境治理方面,我国呈现出以政府为主导,企业、公众和环保社会组织被动参与的治理模式,或称为"政府直控型"的单主体、高成本环境治理模式。单一化的治理主体的缺陷在于:一是政府部门包括环保部门工作人员所掌握的环境污染信息有限,对企业监督不足、监管不力的问题较多,企业偷排、漏排的现象时有发生;二是由于没有充分运用市场机制进行环境资源的配置,企业、公众等其他主体认为环境治理本身就是政府的职责,参与环境治理的积极性不高;三是政府难以实现对自身环境规制行为的有效监督,监督机制流于形式,甚至出现一定的"政府失灵"现象,导致治污效果并不理想。

此外,"政府直控型"的环境治理模式会产生巨大的行政开支和执法成本,体现在环境监管机构的筹建及日常运行支出、环境质量监测设备的资金投入、环境执法人员的劳动力成本开支等多个方面。尽管如此,相对于

大量的污染型企业而言，政府的环境管理队伍的人力投入仍明显不足。在环境治理中，规制者与被规制者在数量、信息、行为、理念等多个方面存在不对称性，导致管理程序复杂、管理漏洞较多，因而环境规制成本居高不下。更为突出的是，我国环境规制的财政资金投入有限，并且参与环境治理的社会资金很少，政府的环境规制行为受到很大程度的约束。

（三）环境规制制度与生态保护补偿制度有待整合

生态保护补偿以经济学中的外部性为理论基础，指的是通过对损害生态系统功能行为进行惩罚，以实现对保护资源环境行为的补偿。根据上述定义可得，生态保护补偿本身就是一种环境规制工具，是在环境治理制度基础上的规制方式创新。将政府现行的环境规制制度与生态保护补偿制度有效结合，能够在环境规制体系中体现惩罚性和激励性两种特征，形成对环境保护的约束机制、利益驱动机制和激励机制，实现污染物排放者、环境保护者和环境受益者的良性互动。目前，我国环境规制体系中环境规制制度与生态保护补偿制度结合不充分、协同程度不高，影响了环境规制政策的实施效果。

为了规避环境规制对微观层面企业生产和宏观层面经济运行的不利影响，一种根本的、长远的解决方式就是促进环境技术创新和科技进步。环境规制能够促使企业减少污染物排放，同时约束企业的生产行为，但是约束企业生产的真正目的在于激发企业寻求更为有效、更为清洁的生产方式，也就是加大清洁生产设备引进或者增加清洁技术研发投入，以推动环境技术的创新，进而实现生产效率提升和全要素生产率增长。在实施环境规制政策的同时，如何将科技创新制度与其结合，真正激发污染型企业进行科技创新的内在动机，是实现经济增长与环境质量改善双重目标的关键。我国环境规制的作用机制以外延式为主、内涵式为辅，被动接受惩罚来实现污染物排放减少的企业居多，通过技术进步实现排污水平降低的企业较少，环境保护政策与科技创新政策的整合度较低。

（四）环境规制中缺乏成本收益分析与责任追偿制度

我国对环境规制政策效应的评价，特别是对环境规制政策的成本收益分析还远远不足。在解决环境污染问题时，要达到良好的环境治理效果，可以实施严格的环境规制政策，比如"关、停、并、转"污染型企业能够有效改进环境质量状况，但同时也会导致较高的经济成本和效率损失。在兼顾经济增长、环境质量改善与社会福利增进等多重目标下，怎样制定适宜的环境成本-收益分析制度？我国环境规制政策缺乏实践经验，环境经济学相关领域也缺乏理论研究。

除了缺乏环境成本收益分析，我国环境规制体系中还缺少责任追偿制度。在地方官员"晋升锦标赛"模式的影响下，地方政府为了保证本地经济增长目标，长期以来在经济发展过程中对于生态环境没有给予足够重视。实际上，经济绩效考核目标下的地方政府所代表的更多是本地经济利益，而不完全是社会公众利益，因此地方政府治理通常会出现"重经济、轻环境"的问题。中央和地方政府有关绩效考核的政策文件多次提到应落实生态破坏和环境污染问责制度，将经济效益、社会效益和环境收益都纳入官员的考核评价体系，但实际落实程度远远不够。原环境保护部也多次针对出现严重污染现象而约谈地方官员，但效果并不十分明显。想要改变以环境污染为代价换取经济增长的现状，政府在制度设计中应建立有效的环境责任追偿制度或环境损害责任终身追究制度，打破环境规制中政府部门对自身的"软约束"；应进一步对《生态文明建设目标评价考核办法》中的生态环境指标进行量化、细化，将其纳入官员绩效考核体系并用于建立环境责任追偿制度，推进环境规制体系的改革与优化。

（五）碳减排中"自上而下"模式的弊端凸显

如前所述，我国现行的碳减排方案主要是上一级政府对减排目标进行分解之后下达至下一级政府，即实行"自上而下"的份额分配型减排模式。这一模式的优点是任务明确、目标清晰，但与政府主导的其他命令型环境规制政策类似，分配型碳减排方案具有高成本和低效率的特点。由于我国各地区间经济发展水平、资源要素禀赋等存在很大差异，政府在下达减排任务时无法充分将上述因素考虑在内，碳减排目标的确定存在一定的主观性和盲目性。对于部分碳排放较大的地区而言，在实施碳减排时不仅难度大，而且对经济增长的制约力强，最为关键的是经济增长惯性导致的减排成本很高。

"自上而下"碳减排模式导致的低效率方面，由于碳减排是一项跨部门、跨区域的工作，虽然目前各省份均建立了应对气候变化的省内部门分工协调机制，但是由于碳减排涉及面广，行业、地区间的合作对于增进减排效果十分重要，而这一点在我国碳减排体系中还较为欠缺，仅依靠各省份内部的力量进行碳减排会导致减排过程存在低效率的问题。在理论上，减排方案的优化、减排政策的评估等明显不足；在现实中，全国范围内尚未建立碳减排的目标优化与科学分配机制。因此,实现更低成本和更高效率的碳减排还需要更多的理论探究与实践探索。

(六)统一碳排放权交易市场运行制度有待完善

2017年12月,覆盖全国的统一碳排放权交易市场(简称"碳市场")正式启动,作为基于市场机制的碳减排方案,碳排放权交易机制能够充分发挥市场调节资源配置的基础功能,降低政府的规制成本,形成合理的碳价格水平,实现良好的减排效果。在建设全国统一碳市场的过程中,碳排放权交易的制度建设是市场稳定运行的前提。碳市场制度建设存在三个关键点:

(1)碳减排的目标选择,即选择碳强度目标还是碳总量目标。碳排放权交易的目标是总量控制,但是部分试点地区在碳排放权交易中选择碳强度目标,不同的选择会导致差异化的市场交易结果。对于两种减排目标选择方案的经济效应、减排效应的科学评估和对比分析还有待进一步强化。

(2)碳排放权的分配标准问题。各试点市场结合历史排放、考虑产值能力等因素采取行政划拨的方式授予碳配额。对于其他开展碳排放权交易的地区而言,在以基准线法为主的同时,究竟选取何种初始分配制度才能保护碳排放权买卖双方的利益且实现减排幅度的最大化,这是碳排放权交易制度构建中的核心问题。

(3)碳排放权交易和履约机制设计。在实现全国统一碳排放权交易市场的有效运转、发挥碳排放权交易市场的价格发现功能和资源配置功能的过程中,还需要充分设计、优化碳市场的交易和履约机制,基于系统性和整体性的考虑,研究如何防范政府的权力寻租行为和企业的责任规避行为,分析如何防止行业间和区域间的碳泄漏,这些都是完善碳排放权交易市场运行机制不可或缺的内容。

第五节 研究意义与研究框架

一、理论意义

本书在环境经济学和数量经济学的框架下,结合经济增长理论,对以下四个问题进行理论探讨,完善政府环境规制的研究体系。

(一)研究环境污染的负外部性以及环境治理的正外部性

在政府环境规制的作用下,即对环境污染的行为进行约束,经济主体不得不考虑使用环境所付出的成本,除了模拟经济主体对环境规制政策影响下的成本收益分析等多种情形,在经济主体实现自身利益最大化目标的基本假设下,还应充分考虑环境污染的负外部性、环境治理的正外部性。本书将基于外部边际成本的视角考虑环境污染的负外部性,基于外部边际收益的视角考虑环境规制或环境保护的正外部性,在企业生产函数中加入环境污染导致的效率损失项,在居民效用函数中加入环境质量因素,分析政府规制作用下的污染水平变动和环境质量变化及其引发的一系列增长效应与福利效应,在包含外部性的理论体系中进行经济主体的优化决策和规制政策的作用分析。

(二)在理论模型中嵌入产业结构特征与环境规制政策

在传统的经济学理论和一般均衡模型中,往往仅设置一个企业部门从事生产活动,或者根据研究需要设置零散的最终产品生产部门、中间产品生产部门、能源生产部门等。实际上,环境污染与产业结构密切相关,基于新古典经济学等理论,将投入产出表与一般均衡理论有机结合,构建嵌入产业结构特征、包含多种环境规制政策的多部门动态一般均衡模型,对于环境规制政策效应研究具有一定的理论意义。基于多部门动态一般均衡模型展开研究的优势在于可以合理评价环境规制政策所导致的产业结构调整效应,包括不同产业之间的投入产出关系与前向后向关联特征分析,经济中各产业占比变动以及污染物排放特征变化等。因此,基于投入产出方法的修正新古典理论模型,可以检验与发展环境经济学中的一系列理论假说。

(三)在鞍点路径上探索中国环境政策效应的分析框架

在构建理论模型之后,现有的国内外文献一般是求解模型的稳态,然后调整环境规制政策变量并求解新的稳态,进行比较静态分析。然而,经济学中的稳态指的是经济增长率为零或者恒定不变的状态,基于稳态的经济分析没有充分考虑我国经济发展的阶段性特征及其污染环境的累积影响,不符合中国经济增长的现实情形。因此,应对鞍点路径上的经济增长阶段、稳态经济阶段进行区分,重点关注鞍点路径上环境规制政策对经济和环境的短期、长期影响。另外,基于理论模型求解鞍点路径时,计算出从初始状态到稳态的过程中鞍点路径上每一点的均衡解,进而可以尝试对比分析在不同阶段或各个时期环境规制政策对社会福利、经济增长、资本累积、污染水平的影响效应,构建环境规制政策效应研究的新框架。

二、实际意义

本书研究的实际意义在于,在环境规制理论研究的基础上结合中国经济增长的事实与环境规制的实践进行政策模拟、对比与评价,找出切实可行的"利当前"并"惠长远"的环境政策。

(一)探索高质量发展框架下经济增长与环境质量改善的路径

基于环境政策模拟的研究方法,在高质量发展的框架下,以经济增长、社会福利增进、生态环境质量改善等为目标,本书拟对环境规制政策双重红利产生的条件、原因、机制和路径进行分析。例如,如何通过加大环境研发投入促进生产效率提升、推动需求结构变化、引致经济结构优化,以创造收益从而抵消环境规制政策的成本等。此外,在中国 21 世纪中叶长期温室气体低排放发展战略目标下,控制碳排放驱动因子,分类模拟碳排放权交易等政策效应,优化碳排放责任系数等,进行不同规制政策边际成本与边际收益的对比,分析环境规制政策对于污染型企业内在污染治理动机的激励效应,在保证经济稳定增长与社会福利增进的同时,为走出一条更早达到更低碳峰值、更快实现更优生态环境的发展路径进行积极探索。

在环境规制政策制定中必须考虑力度、时点等多方面因素。在环境政策实施力度方面,严格的环境规制政策是否会产生经济大幅下滑的问题?宽松的规制政策对污染物排放的遏制是否不足?在政策实施时点方面,规制政策实施过晚会不会导致污染物过度累积和减排成本升高?政策实施过早会不会压制资本累积进而影响经济增长?本书拟回答上述问题。此外,单一的环境治理政策往往难以达到最佳的治理效果,在我国环境公共治理框架不断形成和完善的背景下,本书还将研究政府如何对多种环境规制政策进行优化组合,以实现更好的经济增长效应与环境治理效果。

(二)推进"自上而下"与"自下而上"治理模式的结合

多主体的环境治理模式,即包含公众、环境保护社会组织、企业、政府四类主体在内的治理模式,已经成为环境治理的新趋势。政府"自上而下"进行环境治理时,受到信息、知识的限制,可能会出现对企业排污的处罚与环境治理成本不一致的现象;公众和社会组织参与是"自下而上"监督政府实施环境治理的重要方式,但是没有明确参与的途径、方式,缺乏相应的执行机制。通过环境规制政策的理论与实证研究,可以明确各主体在环境治理中的角色定位,实现"自上而下"与"自下而上"有机结合的环境规制体系，形成各主体相互影响和相互促进的有效机制。其中，本书将重点研究如何优化政府环境规制的政策组合，充分激发污染型企业进行污染治理的内在动机，实现多主体协同的环境治理。

（三）助力全国统一碳排放权交易市场的建设、运行与完善

作为政府积极应对气候变化的市场调节方式，统一碳排放权交易市场的建立与运行将对我国经济社会发展的各个方面产生深远影响。本书将主要从行业中间投入结构、能源和资本要素流动等角度，关注碳减排影响下经济整体及各行业的生产成本上升、产品价格变化等方面，分析碳减排政策的传导路径与传导效果。除了发电行业，由于全国统一碳市场第一阶段将陆续涵盖部分高耗能、高污染的重点行业而非全部行业，分析重点行业碳减排是否会导致行业间"碳泄漏"的问题，即对重点行业进行碳减排约束是否会引致非减排约束行业的碳排放增长，都将有助于全国统一碳市场的顺利运行和不断完善。此外，对于碳排放中的责任进行科学、合理的分配，能够发扬生产者和消费者共同进行碳减排的主动性；对于碳排放成因的路径进行识别，有助于政府更精准地制定碳减排政策和目标，实现有效的碳减排。

三、研究方法

本书的研究综合采用四种方法。

（一）数理经济模型

本书构建了多部门或多行业动态一般均衡模型、中国能源—环境一般均衡模型、统一碳市场一般均衡模型等多种数理模型，在每个模型中均设置了环境污染模块并加入了环境规制政策，采用了包括射击（Shooting）方法在内的多种方法求解模型，完善了环境规制政策的理论研究框架。

（二）情景模拟方法

为了进行不同类型、不同程度环境规制政策效应的研究，在环境规制政策的模拟中，本书将环境保护税政策、污染治理补贴等组合为多种情景，分别进行模拟研究与对比分析。

（三）经济计量模型

经济增长与环境污染存在双向影响关系，采用传统的经济计量方法建模会产生内生性等问题，本书基于多变量、多方程的视角，建立时变参数向量自回归（Time-Varying Parameter Vector Auto-Regression，TVP-VAR）模型、

面板联立方程模型来较好地描述经济与环境的内在关联,构建面板平滑转换回归模型来充分体现经济发展阶段变迁对环境污染的影响,采用广义矩估计、两阶段最小二乘估计以及与网络分析相结合等方法得到相对稳健的实证结果和相对可靠的研究结论。

(四)投入产出分析

中国投入产出表包含了大量有关经济结构、产业结构的信息,体现了产业间的关联特征、能源产品的分配流向,是研究环境规制政策效应,特别是高污染和高耗能行业的环境规制对经济的作用的重要工具。在投入产出数据的基础上,本书进行了理论模型的参数校准、环境政策的冲击分析等。

四、研究框架

本书的研究框架如图 1-12 所示。本书共分环境污染成因分析、环境政策效应评价、政策改革与优化三个模块,按照"原因→问题→方法→改进"的逻辑顺序依次推进。在国内外文献和环境经济学理论的基础上,综合采用各种前沿的数理经济学和计量经济学方法,分析环境政策作用下的宏观经济运行特征与微观主体优化决策机制,对我国现行的环境规制政策和应对气候变化政策进行全面、系统的评价,对环境政策改革领域的热点进行深入、科学的分析。

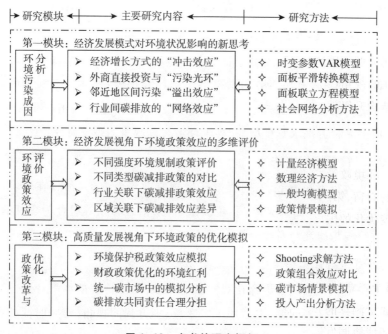

图 1-12 本书的研究框架

根据研究框架,本书各模块、各部分研究内容之间的关系如图1-13所示。中国经济发展与环境污染、碳排放之间关系的新思考是本书的第一模块,也是环境政策效应研究和政策改革与优化的出发点。第一模块详细阐述了经济增长模式对于环境污染及碳排放影响的冲击效应(第二章)、转换特征(第三章)、溢出效应(第四章)和网络效应(第五章),这些论述不但能够实现对环境污染和碳排放驱动因素的准确认识,而且为提高环境规制政策和碳减排方案制定、实施及研究的针对性打下了基础。

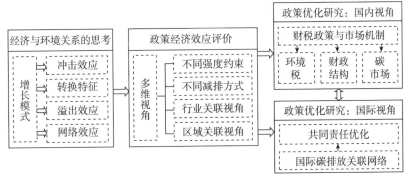

图1-13 本书各模块之间的关系

第二模块对环境政策经济效应的科学评价既是环境规制理论的实际检验,也是政策优化改革的现实依据,因此第二模块是连接第一模块与第三模块的桥梁。具体而言,以经济增长、社会福利增进、环境质量提升和碳强度下降等为目标,从多个维度对于不同强度的环境保护约束(第六章)、不同类型的碳减排政策(第七章)的经济效应进行了科学评价,从我国行业关联的视角(第八章)、区域间关联的视角(第九章)对我国碳减排政策的产业结构升级效应、不同区域间减排效应的差异等进行验证和对比,进而对环境规制政策与碳减排方案的优势与不足形成更为清晰的判断和更为深刻的认识。

环境政策的改革与优化是最终目标,因此第三模块政策优化研究是本书的归宿,第一模块和第二模块都是为第三模块服务的。在第三模块环境政策优化的国内视角中,既需要对环境保护税改革的效应进行模拟(第十章),也需要对如何优化财政收支结构以推动产业结构转型与环境质量改善的目标进行论证(第十一章),以及对统一碳市场等改革方案进行模拟(第十二章)。此外,由于碳排放是一个国际问题,本书还将就如何优化碳排放量测算的共同责任(第十三章)等问题进行分析,构建有利于实现经济与环境协调发展的政策体系,助力中国经济社会的高质量发展。

第二章　经济结构与增长方式对环境的时变"冲击效应"

随着生态文明建设首次列入中国经济社会发展的"十三五"规划,环境质量成为可持续发展中不可回避的问题,更成为高质量发展与绿色发展所关注的核心内容。近年来,在促进经济增长的同时,我国一直致力于加大环境保护投入。以环境污染治理投入为例,据可得数据计算,中国环境污染治理投资总额由 2000 年的 1 014.9 亿元增加到 2017 年的 9 539 亿元,增长了 9 倍多。[①] 然而,在环境污染治理投资快速稳定增长的同时,环境污染严重、生态系统退化,经济发展与资源环境之间的矛盾日益突出,部分地区甚至出现"越污染越治理、越治理越污染"的环境治理悖论。

国内外学者一般从技术进步、能源消费、产业结构、经济增长四个方面解释环境质量变化的原因。将这四个方面原因与我国经济社会发展现实相结合,可以在一定程度上给出环境质量变化的解释。

技术进步方面,大多数研究认为技术进步有利于减少污染物排放(齐志新和陈文颖,2006;Levinson,2009;Acemoglu et al.,2012)。由于我国大多数企业注重资源消耗型生产技术水平的提升而忽略节能减排型的技术进步,导致技术进步方向偏差并未有效减少环境污染物排放。若现阶段技术进步方向不变,则难以实现经济发展与环境保护的相容发展(丁继红和年艳,2010;董直庆等,2014)。

能源因素对环境影响的研究可分为能源消费强度与能源消费结构两类。Soytas et al.(2007)、Bilgen(2014)和 Nnaji et al.(2014)指出,能源消费强度与碳排放具有显著的正相关关系,降低能源消费强度有利于发挥减排效应。Shi and Zhang(2010)通过分析发现,改变能源消费结构能够实现环境效益。在对中国减排问题的研究中,王锋和冯根福(2011)发现优化能源消费结构对实现碳强度目标的贡献度最大,将达到 45% 左右。与之相对,

---

① 国家统计局,网址:http://www.stats.gov.cn/。

林伯强等(2010)构建可计算一般均衡(CGE)模型,发现中国通过改变能源消费结构实现碳减排的效果不明显。

产业结构与经济增长对环境质量的影响方面,国内外学者的研究结论较为一致。赵新华等(2011)、原毅军和谢荣辉(2014)认为随着工业化进程的不断加深,即随着第二产业占比的上升,环境污染物排放随之增加,环境质量持续下降。与之相对,优化产业结构、发展高新技术产业及清洁环保产业则有利于提升环境质量(Wan and Dong,2012;高宏霞等,2012)。经济发展与环境污染之间一般符合环境库兹涅茨曲线特征。Stern et al.(1996)、Azomahou et al.(2006)、符淼和黄灼明(2008)、杨洁等(2010)通过实证分析均验证经济发展水平与环境污染水平呈倒U形关系。

在国内外研究的基础上,本章首先根据对数平均迪氏指数(LMDI)方法分解技术水平、能源消费、产业结构、经济增长等因素对环境质量的贡献度或影响程度,找出中国环境质量变化的主要影响因素;然后基于时变参数向量自回归(TVP-VAR)模型分析各因素在不同时点、不同提前期对环境质量影响的大小、方向和路径,深入考察各变量对环境质量的动态影响机理和演化机制。在深入探究影响经济结构、增长方式与环境质量内在关联的基础上,本章的研究对我国构建"经济—环境"良性互动系统、推动经济社会发展与生态文明建设的协同进步、优化自然生态环境、提升经济发展质量具有重要意义。

第一节 基于 LMDI 方法的环境质量影响因素分解

本章基于 Ang(2004)提出的 LMDI 方法测算环境污染排放系数、能源消费结构、能源消费强度、产业结构和经济规模对环境污染物排放量的贡献效应。

首先,基于环境污染物排放驱动因素分解构造卡亚(Kaya)恒等式:

$$\mathrm{pl} = \frac{\mathrm{pl}}{\mathrm{pe}_M} \times \frac{\mathrm{pe}_M}{\mathrm{pe}} \times \frac{\mathrm{pe}}{\mathrm{gdp}_I} \times \frac{\mathrm{gdp}_I}{\mathrm{gdp}} \times \mathrm{gdp} \quad (2.1)$$

其中,pl 为环境污染物排放量,pe_M 为煤炭消耗量,pe 为能源消费总量,gdp_I 为第二产业增加值,gdp 为国内生产总值。

令 $\mathrm{edc} = \dfrac{\mathrm{pl}}{\mathrm{pe}_M}$ 表示环境污染排放系数,即单位煤耗产生的污染物排放

量；$ccr = \dfrac{pe_M}{pe}$ 表示能源消费结构；$ei = \dfrac{pe}{gdp_I}$ 表示能源消费强度；$indr = \dfrac{gdp_I}{gdp}$ 表示产业结构。将式(2.1)简化为：

$$pl = edc \times ccr \times ei \times indr \times gdp \qquad (2.2)$$

LMDI 分解理论存在加法和乘法两种分解方法，二者之间可以相互转化，在测算各变量贡献度时采用其中一种即可。为不失一般性，本章采用加法进行分解。设 pl_t 和 pl_{t-1} 为第 t 期和第 $t-1$ 期的环境污染物排放量，则环境污染物排放量的变动为：$\Delta pl_t = pl_t - pl_{t-1}$。

令 Δpl_t^{edc}、Δpl_t^{ccr}、Δpl_t^{ei}、Δpl_t^{indr}、Δpl_t^{gdp} 分别表示第 t 期环境污染排放系数效应、能源消费结构效应、能源消费强度效应、产业结构效应和经济规模效应。

逐年测算各因素效应可得：

$$\Delta pl_t^{edc} = L(pl_t; pl_{t-1}) \times \ln \dfrac{edc_t}{edc_{t-1}} \qquad (2.3)$$

$$\Delta pl_t^{ccr} = L(pl_t; pl_{t-1}) \times \ln \dfrac{ccr_t}{ccr_{t-1}} \qquad (2.4)$$

$$\Delta pl_t^{ei} = L(pl_t; pl_{t-1}) \times \ln \dfrac{ei_t}{ei_{t-1}} \qquad (2.5)$$

$$\Delta pl_t^{indr} = L(pl_t; pl_{t-1}) \times \ln \dfrac{indr_t}{indr_{t-1}} \qquad (2.6)$$

$$\Delta pl_t^{gdp} = L(pl_t; pl_{t-1}) \times \ln \dfrac{gdp_t}{gdp_{t-1}} \qquad (2.7)$$

总效应为各因素效应之和：

$$\Delta pl_t = pl_t - pl_{t-1} = \Delta pl_t^{edc} + \Delta pl_t^{ccr} + \Delta pl_t^{ei} + \Delta pl_t^{indr} + \Delta pl_t^{gdp} \qquad (2.8)$$

而且

$$L(pl_t; pl_{t-1}) = \begin{cases} \dfrac{pl_t - pl_{t-1}}{\ln(pl_t) - \ln(pl_{t-1})} & pl_t \neq pl_{t-1} \\ pl_t \text{ 或 } pl_{t-1} & pl_t = pl_{t-1} \end{cases} \qquad (2.9)$$

其中，$t = 1981, 1982, \cdots, 2013$。

至此，本章分解出影响环境污染物排放量变化的五个因素。由于环境污染排放系数变化率较小及技术测度较难等问题（郭朝先，2010），本章选取资本生产率（cp_t）作为环境污染排放系数的替代变量，记为技术效应。

第二节 数据来源、指标选取与变量计算

本章关注中国改革开放以来经济增长方式、产业结构变迁等因素与环境质量的关系,采用1980—2013年共34年的时间序列数据,若无特别说明,则数据来自《新中国65年统计资料汇编》[①]。

一、环境污染物排放量

环境污染排放物主要指工业"三废",即工业废水、工业废气和工业固体废弃物。参照国内外文献中有关污染物排放量的核算方法,本章选取工业废水排放量($X_{1,t}$)、工业废气排放量($X_{2,t}$)、工业固体废物产生量($X_{3,t}$)三个指标,分别对每个指标进行线性标准化,以解决量纲不同导致的不可相加问题。工业"三废"的数据来自《新中国65年统计资料汇编》以及各年度的《中国环境年鉴》和《中国环境统计年鉴》,标准化公式为:

$$\widetilde{X}_{i,t} = \frac{X_{i,t} - \min(X_{i,t})}{\max(X_{i,t}) - \min(X_{i,t})} \quad (2.10)$$

其中,$\max(X_{i,t})$ 和 $\min(X_{i,t})$ 分别为 i 类污染物排放量在所有年份中的最大值和最小值,i 代表污染物类型($i=1, 2, 3$),t 代表年份($t=1981, 1982, \cdots, 2013$)。

与其他文献方法类似,本章采取等权加和平均方法将标准化后的三个污染物排放变量($\widetilde{X}_{1,t}$、$\widetilde{X}_{2,t}$ 和 $\widetilde{X}_{3,t}$)加总作为污染物排放总量,记为 pl_t。

二、技术效应

资本生产率是指单位资本带来的产出量。一方面,资本生产率是技术水平的重要代表,与污染排放系数紧密相关;另一方面,资本生产率是投资过度、产能过剩与经济失衡的体现。例如当资本生产率过低时,资本的高度浪费与能源的过度消耗也是导致环境恶化的主要原因之一。本章计算了GDP平减指数(1980年为基期,数值为100)与固定资产投资价格指数(1980年为基期,数值为100),分别对名义GDP变量、资本存量变量进行

---

① 国家统计局网站,网址:http://www.stats.gov.cn/ztjc/ztsj/201502/P020150212308266514561.pdf。

平减以去除价格因素,得到实际产出(RGDP$_t$)与实际资本(RK$_t$)后,采用两者的比值作为资本生产率变量(cp$_t$)以刻画技术效应,即

$$cp_t = RGDP_t/RK_t \qquad (2.11)$$

价格指数数据、GDP数据来自《新中国65年统计资料汇编》和各年度的《中国统计年鉴》,资本存量数据借鉴张军和章元(2003)对资本存量的估算方法并扩展至2013年。

三、能源因素

能源消费是导致污染物排放的主要途径。在能源消费结构方面,煤炭等非清洁能源占能源消费总量的比重过高,一直是中国环境污染问题凸显的重要原因。因此,能源消费结构是环境污染的重要影响因素,本章采用煤炭占能源消费总量的比重作为能源消费结构的代表变量,记为 ccr$_t$。能源数据来自中国经济信息网统计数据库和各年度的《中国能源统计年鉴》。

在能源消费强度方面,本章收集了能源消费总量数据 EN$_t$,计算了各年份的实际国内生产总值 RGDP$_t$(基于1980年不变价),两者相比得到单位GDP能耗(吨标准煤/万元)作为能源消费强度的代表,记为 ei$_t$,计算公式为:

$$ei_t = EN_t/RGDP_t \qquad (2.12)$$

四、产业结构

在工业化初期和中期,第二产业在经济中的地位十分重要,但是第二产业消耗的能源较多,污染物排放量更大,因此第二产业占比越大,环境质量可能越差。随着经济增长方式转变和产业结构优化,污染物排放问题在一定程度上会得到缓解。本章采用第二产业增加值占GDP的比重(简称第二产业占比)代表产业结构变量,记为 indr$_t$。数据来自《新中国65年统计资料汇编》和中国经济信息网统计数据库。

五、规模效应

随着经济的不断发展,经济规模持续扩大,更多的经济活动带来了更大的污染物排放量。在研究污染问题时,一般将RGDP作为规模效应的重要变量。此外,研究RGDP变量对污染物排放量的影响,还能够揭示在不同的经济发展阶段污染物排放量的变化特征。如前所述,本章计算了各年份实际RGDP$_t$后取对数,作为经济发展阶段和规模效应的代表变量,记为lngdp$_t$。

第三节 分阶段环境质量变动特征分析与研究假设

为了能够准确、具体地反映不同时期各因素的贡献度,本章根据计算得出的污染物排放量数据绘制了环境污染物排放量曲线,如图 2-1 所示。

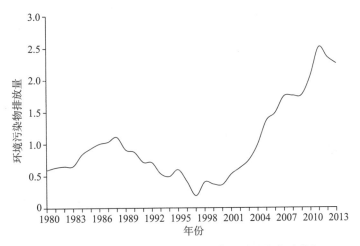

图 2-1 1980—2013 年中国环境污染物排放量变动特征

由图 2-1 可得,环境污染物排放量在 1988 年出现峰值,1997 年达到谷底;此外,受国际金融危机的影响,环境污染物排放量在 2008 年左右出现短暂的下降。因此,本章选取 1988 年、1997 年和 2008 年作为转折点,将 1980—2013 年划分为四个阶段,分别为 1980—1988 年(时期Ⅰ)、1989—1997 年(时期Ⅱ)、1998—2008 年(时期Ⅲ)和 2009—2013 年(时期Ⅳ)。基于 LMDI 方法分别计算四个时期各因素对环境质量的累积效应,如表 2-1 所示。

表 2-1 1981—2013 年四个时期环境污染物排放各因素的累积效应

		技术效应	能源消费结构	能源消费强度	产业结构	规模效应
时期Ⅰ	1980—1988 年	0.3081	0.0396	-0.2994	-0.0577	0.0765
	符号	+	+	-	-	+
时期Ⅱ	1989—1997 年	0.4642	-0.0296	-0.2578	0.0350	0.0532
	符号	+	-	-	+	+

（续表）

		技术效应	能源消费结构	能源消费强度	产业结构	规模效应
时期Ⅲ	1998—2008年	-0.0720	0.0028	-0.2362	0.0292	0.0912
	符号	-	+	-	+	+
时期Ⅳ	2009—2013年	-0.4662	-0.1359	-0.3633	-0.1844	0.0791
	符号	-	-	-	-	+
全部	1980—2013年	0.2341	-0.1231	-1.1567	-0.1779	0.3000
	符号	+	-	-	-	+

在经济快速发展初期（时期Ⅰ和时期Ⅱ）只注重生产技术而忽略环保技术，导致技术水平对环境污染物排放量的影响不显著，没有起到减少污染物排放的作用。随着我国不断加强环境规制、制定清洁生产标准等，鼓励和促使企业使用环保技术、加大环保投入，使得环保技术水平快速提升，并带动生产技术的快速增长，使得技术效应在1998—2008年（时期Ⅲ）和2009—2013年（时期Ⅳ）得以发挥，有效减少了环境污染物排放。就整个时期（1980—2013）而言，技术水平的提升并没有使得环境污染物排放量下降，但是时期Ⅲ和时期Ⅳ中技术水平对环境污染物排放的"抑制效应"已经充分显现，技术水平的影响越来越大。基于此，本章提出技术水平对环境质量影响的研究命题。

命题1：技术水平尤其是环保技术提升可以减少环境污染物排放

中国是煤炭产量和消费量大国，长期以来以煤炭为主的能源消费结构较为单一，随着石油、天然气和电能时代的来临，煤炭占能源的比重将会越来越小，能源消费结构将越来越趋于合理化。据测算，表2-1中时期Ⅰ的能源消费结构年均增速为0.6%，时期Ⅱ、时期Ⅲ和时期Ⅳ的年均增速分别为-0.8%、-0.1%和-0.1%，能源消费结构中煤炭占比逐渐减小，能源消费结构优化对环境质量提升具有积极作用。但是，1998—2008年（时期Ⅲ）我国处于工业化加快推进时期，能源消费结构波动较大，其对环境污染的影响不稳定。据测算，时期Ⅲ中1998—2002年能源消费结构增速每年下降1%，而2003—2008年能源消费结构增速年均上升0.6%。[①] 总体而言，表2-1中能源消费结构对环境污染的影响方向与能源消费结构的变化方

---

① 《新中国65年统计资料汇编》，以及各年度的《中国环境年鉴》和《中国环境统计年鉴》。

向一致,在时期Ⅰ和时期Ⅲ能源消费结构在不同程度上加重了环境污染,在时期Ⅱ和时期Ⅳ能源消费结构有利于污染物减排。因此,优化能源消费结构有助于缓解环境压力,这是本章的命题2。

命题2:优化能源消费结构能够提升环境质量

作为评价能源利用效率的重要指标,能源消费强度表示单位GDP消耗的能源量,可以较准确地反映不同时期经济发展所付出的环境代价。随着经济的不断发展以及技术水平的不断提高,我国的能源消费强度不断降低,1980—2013年能源消费强度年均下降3.78%。[①] 由表2-1可得,四个时期能源消费强度均减少了"三废"污染物排放量,这表明我国能源利用率的不断提升减缓了环境压力。基于我国现实情形,本章提出命题3。

命题3:提升能源利用效率有助于缓解环境压力

表2-1显示,除时期Ⅱ和时期Ⅲ之外,产业结构显著地提升了环境质量。不难发现,时期Ⅱ、时期Ⅲ为我国工业快速发展阶段,处于第二产业占比较高阶段,从而加剧了环境污染。经计算可得,我国在1980—2013年四个不同时期的第二产业占比均值分别为44.5%、44.93%、46.38%和45.69%,显然,时期Ⅲ中第二产业占比最大。[②] 因此,产业结构是影响环境污染物排放的关键因素,产业结构优化对于环境质量改善可以发挥积极作用。基于此,本章提出命题4。

命题4:降低第二产业占比有利于实现环境减排效应

根据库兹涅茨曲线理论,经济发展对环境污染具有双面效应。一方面,经济规模的扩大需要消耗更多的资源能源,导致污染物排放增加,对环境质量产生负向影响;另一方面,随着经济的不断发展和人均收入水平的持续提高,消费者会对环境提出更高的要求,对环保节能、无污染、绿色产品的需求增加,促使政府加大环境规制强度及提高产品环境标准等,对环境质量产生正向影响。由此,经济发展对环境质量的影响最终取决于上述两种效应的相对大小。由表2-1可得,四个时期规模效应都对环境污染物排放的影响均为正,这表明我国经济规模的扩大是以牺牲环境质量为代价的。结合中国经济发展的现实可知,将GDP作为考核地方政府绩效的重要指标,使得地方政府产生"唯GDP论"思维,没有考虑到环境的承载能力和可持续发展能力。基于此,本章提出命题5。

---

① 作者基于各年度《中国能源统计年鉴》的数据计算得到。
② 作者基于中国经济信息网统计数据库计算得到。

命题 5："唯 GDP 论"使得规模效应加剧了环境污染

本章将基于时变参数向量自回归(TVP-VAR)模型对上述命题进行验证。

第四节 基于 TVP-VAR 模型的环境质量时变影响特征分析

一、TVP-VAR 模型估计结果

在运用 TVP-VAR 模型估计参数之前,需要确定模型滞后阶数。本章利用赤池(AIC)和施瓦茨(SC)两种信息准则进行判断,最终选择滞后 1 阶的 TVP-VAR 模型,采用马尔科夫链蒙特卡洛模拟(MCMC)方法进行 10 000 次抽样得到参数估计结果,抽样结果如表 2-2 和图 2-2 所示。

表 2-2 TVP-VAR 模型参数抽样和估计结果

参数	均值	标准差	95%置信区间下限	95%置信区间上限	Geweke 收敛诊断值(CD)	非有效因子
s_{b1}	2.0896	1.5057	0.4952	6.2266	0.787	116.15
s_{b2}	1.8556	1.1554	0.4910	4.9109	0.525	86.83
s_{a1}	0.1500	0.4002	0.0419	0.5832	0.567	14.96
s_{a2}	0.1276	0.3190	0.0419	0.4909	0.863	18.15
s_{h1}	0.2416	0.1844	0.0562	0.7351	0.719	103.72
s_{h2}	0.1836	0.1620	0.0517	0.5915	0.390	55.60

注：s_{b1}、s_{b2}、s_{a1}、s_{a2}、s_{h1}、s_{h2} 分别表示后验分布前两个对角线元素估计结果,其余对角线元素结果类似。

表 2-2 给出了后验分布的均值、标准差、95%置信区间上下限、Geweke 收敛诊断值(CD)和非有效因子。其中,Geweke 收敛诊断值(CD)是验证抽样样本是否收敛的指标;非有效因子是反映得到不相关样本的抽样次数的指标。表 2-2 显示,Geweke 收敛诊断值(CD)均小于 1,未达到显著性水平(5%)的临界值 1.96,因此收敛于后验分布的零假设不能被拒绝,抽样样本最终收敛。非有效因子均较低,其中最大值为 116.15,基于 MCMC 方法的 10 000 次抽样意味着至少可以得到 86 个(10 000/116.15)不相关样本。

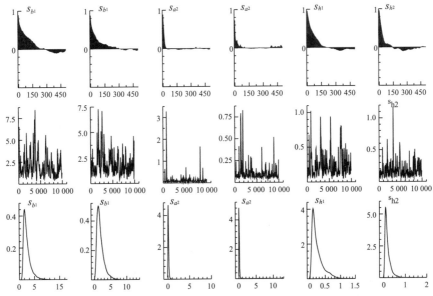

图 2-2 样本自相关系数（上图）、样本取值路径（中图）和后验分布（下图）

图 2-2 为样本自相关系数（上图）、样本取值路径（中图）和后验分布（下图）的密度函数。由图 2-2 可得，样本自相关系数的密度函数缓慢趋于平稳，样本取值路径显示抽样样本比较稳定，均围绕中间值上下波动取值。因此，本章的 TVP-VAR 模型参数估计得到了平稳、有效的样本。

二、经济结构、发展方式对环境质量的时变冲击效应分析

图 2-3 至图 2-13 分别描述了 TVP-VAR 模型中不同时点冲击的脉冲响应函数和不同提前期冲击的脉冲响应函数。在不同时点冲击的脉冲响应函数中，选取 1988 年、1997 年和 2008 年三个转折时点作为代表，分析这三个不同时点上各解释变量对环境污染物排放量的影响。不同提前期的脉冲响应函数反映的是提前 1 期（短期）、提前 2 期（中期）和提前 3 期（长期）脉冲响应分析。

（一）技术效应具有减少环境污染物排放量的作用

由图 2-3 可得，在 1988 年、1997 年和 2008 年三个不同时点施加的三次冲击中，技术水平对环境污染物排放量的冲击效应均为负值，这表明技术水平的提高对减少环境污染物排放量具有积极作用。随着我国经济的快速发展，人们对环境质量的要求越来越高，对清洁环保产品的需求也逐渐增大。

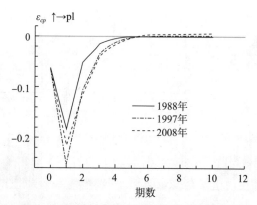

图 2-3 不同时点技术冲击的脉冲响应函数

注:图 2-3 以及本章后续图示(图 2-7 除外)的纵轴均为系数值,没有量纲。

例如,我国人均煤炭消费量由 2005 年的 77 千克下降到 2012 年的 67.8 千克,年均下降 0.18%;与之相对,2005—2012 年作为清洁能源代表的人均电力生活消费量和人均天然气生活消费量年均增速分别为 11.14% 和 20.11%。此外,清洁技术专利申请授权量由 2003 年的 180 项上升为 2013 年的 4 030 项,年均增长率达 38.48%,固体废料处理专利申请授权量年均增长率也达到 28.04%。① 清洁能源对高污染能源的替代以及清洁技术的发展正是消费需求拉动的结果。另外,绿色环保技术进步具有提高企业生产率、及提升企业产品清洁度的双重效果,对未来市场需求的预期促进企业加大技术创新、减少污染物排放,降低产品价格、提升环保技术水平;不仅能够减少排污税负担,还可以降低政府规制减排压力,进而产生"创新补偿效应"。因此,提升技术水平尤其是环保技术,有利于减少污染物排放并改善环境质量。

图 2-3 还显示,三个不同时点冲击的变化趋势基本一致,滞后 1 期产生的影响最大,随后逐渐减小,到滞后 4 期时脉冲响应函数值衰减为 0;但是,三个时点冲击的响应函数值大小存在一定差异,1997 年最大,2008 年次之,1988 年最小,这表明 1997 年左右技术效应对环境污染物排放量的抑制程度最高。其主要原因是,1980—1997 年在我国环保技术进步具有"技术后发优势",环保企业通过模仿学习、消化吸收国外先进技术使得技术水平显著提升。1997 年我国首次明确提出可持续发展战略,强调提高资源利用效率,确定长期坚持环境保护的基本国策,落实环境污染与保护的责任制,迫使企业提高环保技术水平、加大环保设施投入以减少污染物排放。

---

① 国家统计局网站。

随后,1997—2013 年我国与领先国家的技术差距不断收窄,技术模仿空间不断缩小,创新成本持续上升,创新趋向可能性边界;同时,随着不断引进外资及资本积累,创新难度不断加大,技术进步速度减缓,其对环境质量的改善作用有所下降。

图 2-4 中三次不同提前期冲击中显示,提前 1 期(短期)、提前 2 期(中期)和提前 3 期(长期)技术水平对污染物排放均具有负向影响,说明技术水平上升会抑制环境污染物的排放;反之,技术水平下降会促进污染物排放。而且,技术效应的短期影响程度呈现逐渐增强的趋势,1980—1998 年影响程度较低,1998—2013 年影响程度较高且趋于稳定,这与技术水平所处阶段有关。在技术进步的初始阶段,技术进步速度较慢,随着环保投资的增大,资本生产率稳步提高,环保投资进入边际收益递增阶段,技术因素对环境质量改善的贡献度提高。随着资本的进一步累积,环保投资的边际收益稳定甚至出现一定的递减,加之环境污染存量逐渐累积,环境治理边际成本上升,技术水平对环境质量的影响趋于稳定。

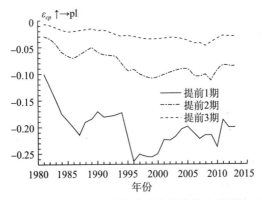

图 2-4 不同提前期技术冲击的脉冲响应函数

(二)能源消费结构对环境污染物排放量具有正向冲击作用

图 2-5 显示,1988 年、1997 年和 2008 年三个不同时点能源消费结构冲击下,环境质量的三个脉冲响应函数曲线基本重合,即三个时点的冲击效应大小、趋势几乎一致,这说明能源消费结构对环境污染物排放量的影响均在当期达到最大值,至第 2 期冲击效应逐渐减小为 0,没有显著的时变特征。由于能源消费结构对环境质量的冲击效应都为正值,因此在三个时点上,煤炭占能源消费总量的比重越小,污染物排放量越少且冲击效果持续期越短。

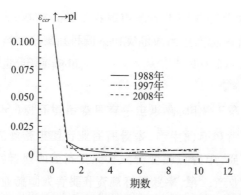

图 2-5 不同时点能源消费结构冲击的脉冲响应函数

三个不同时点的冲击效应没有显著的时变特征,主要原因在于我国以煤炭为主的能源消费结构仍未出现根本性改变,煤炭消费结构单一、占比较大。据测算,1988 年、1997 年和 2008 年我国能源消费总量中煤炭所占比重分别为 76.24%、71.41% 和 70.30%,虽然逐期略有下降,但基本维持在 70%~76%,变化幅度很小。[①] 另外,我国动力用煤以及煤炭一次燃烧比重较大,煤炭作为一种能够产生较多污染物的能源,使得我国污染物排放中较大部分为烟煤型污染且不容易实现累积。因此,能源消费结构引致的污染效应在当期表现得最为明显,持续期较短。

图 2-6 中能源消费结构提前各期冲击下,环境质量的脉冲响应函数值基本为正,这与不同时期能源消费结构的冲击效应一致。具体而言,1980—1988 年、2001—2008 年能源消费结构的冲击效应呈增大趋势,为上升期;1989—2000 年、2009—2013 年能源消费结构的冲击效应逐渐减弱,为下降期。因此,能源消费结构对环境质量的影响呈现"双峰"特征,峰值分别位于 1988 年和 2008 年左右。

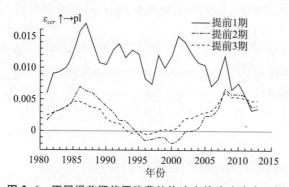

图 2-6 不同提前期能源消费结构冲击的脉冲响应函数

---

① 1980 年至 2014 年的《中国能源统计年鉴》。

为了分析"双峰"特征出现的原因,本章绘制了 1980—2013 年中国能源消费结构(煤炭占能源消费总量的比重)的变化趋势,如图 2-7 所示。对比图 2-6 和图 2-7 可得,不同提前期能源消费结构冲击效应与能源消费结构变化趋势基本一致,不但上升期和下降期呈现高度的相关性,而且能源消费结构序列在 1988 年和 2008 年左右也出现峰值。这表明能源消费结构对环境质量的影响取决于自身的大小,能源消费结构中煤炭占比越大,其对环境质量的冲击就越大。此外,图 2-6 中能源消费结构对环境质量的短期冲击效应大于中期冲击效应、长期冲击效应,这也与煤炭消耗产生的污染物不容易累积的特征有关,与不同时点冲击产生的效应一致。

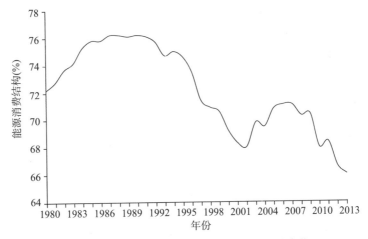

图 2-7　1980—2013 年中国能源消费结构的变化

(三) 能源消费强度对环境污染物排放量具有负向效应

由图 2-8 可得,1988 年、1997 年和 2008 年三个时点的能源消费强度对环境质量的冲击效应基本为负,而且具有明显的时变性,即 1988 年时点冲击当期为负向影响且影响最大,随后逐渐减弱,至第 4 期脉冲响应值基本衰减为 0。能源消费强度对环境质量的冲击效应为负且持续期较短,这与我国能源利用效率的提升有较大关联。具体而言,1991—2013 年,我国能源加工转换效率由 65.9% 升至 72.96%,单位 GDP 能耗由 4.74 吨标准煤/万元降至 0.67 吨标准煤/万元,实现了能源的相对高效利用,减弱了能源消耗对环境污染的压力。

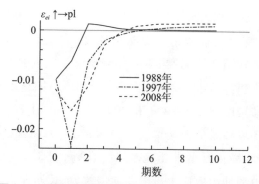

图 2-8　不同时点能源消费强度冲击的脉冲响应函数

不同提前期能源消费强度冲击对环境质量的影响方面,如图 2-9 所示,能源消费强度对环境污染物的脉冲响应值基本为负,但在 2003 年之后,提前 1 期能源消费强度冲击对环境质量的影响减弱,能源消费强度对污染物排放呈现一定的"反弹效应",从而部分地反映实现能源效率减排效应的内在约束不足,即能源效率提升会在一定程度上降低能源消费的同时,还会通过降低能源产品价格等促进能源消费,进而加重环境污染。

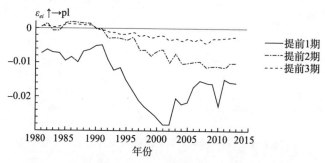

图 2-9　不同提前期能源消费强度冲击的脉冲响应函数

(四)产业结构对环境污染物排放量具有差异化的影响

产业结构对环境质量的冲击方面,如图 2-10 所示,1988 年、1997 年和 2008 年三个不同时点产业结构对环境污染物排放量的影响均为负,并且三个时点冲击效应的趋势一致,均是当期负向影响最大,第 1 期开始迅速减弱,第 4 期左右减弱为 0。但是,三个时点产业结构冲击大小存在明显差异,1988 年产业结构对环境质量的冲击效应最弱,2008 年的冲击效应最强。再结合图 2-11 中不同提前期冲击效应的结果可得,随着时间的推移和环境污染存量的增加,产业结构对环境质量的影响逐渐增强。

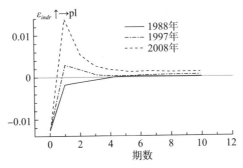

图 2-10 不同时点产业结构冲击的脉冲响应函数

1988年第二产业占GDP的比重较低,且工业中重工业占比较小,使得产业结构对污染物排放的影响不显著,1988年第二产业占比为43.79%,产业结构中重工业与轻工业之比为1.12。随着我国工业化进程的加快推进,工业占比呈现上升趋势,特别是工业化初期和中期,重工业占比快速上升,1997年我国第二产业占比达47.54%,重工业与轻工业之比为1.34。[①] 2008年国际金融危机之后,为实现"稳增长"的目标,我国实施了一系列大规模的经济刺激政策,产业结构失衡问题更加凸显。如图2-11所示,2009—2010年,产业结构冲击对环境质量的影响达到最大值。

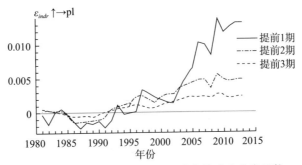

图 2-11 不同提前期产业结构冲击的脉冲响应函数

需要指出的是,2011—2014年,随着我国加快促进经济结构调整和产业结构升级,第二产业增加值占GDP的比重由46.14%降至42.72%,并且GDP中第三产业占比开始超过第二产业。由图2-11可得,2011年之后产业结构不断优化使得其对环境质量的冲击效应开始小幅下降。

(五) 规模效应与环境污染物排放量呈正相关关系

观察图2-12可得,由于规模效应在1988年、1997年和2008年三个时点上污染物排放均有所加大,基本变化趋势表现为:三个时点冲击在当期

---

① 历年的《中国统计年鉴》。

和第 1 期影响较大,随后缓慢减弱,至第 10 期左右衰减为 0。这表明规模效应对环境质量的冲击具有较强的持续性,也表明中国经济增长和经济规模的扩大是环境质量难以实现根本改善的重要原因。

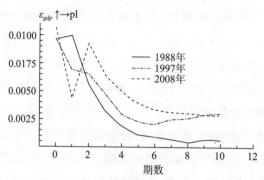

图 2-12　不同时点规模效应冲击的脉冲响应函数

观察图 2-13 可得,三个不同提前期冲击中,规模效应对环境污染物排放的影响系数均为正,虽然脉冲响应函数呈现高度波动的特征,但也呈现逐步上升的趋势。这表明 1980—2013 年我国仍处于环境库兹涅茨曲线上升阶段,尚未达到转折点。进一步对不同提前期冲击分析发现,在 1980—2008 年,提前 1 期规模效应冲击的短期效应主要围绕 0.010 上下波动,提前 2 期的中期冲击效应、提前 3 期的长期冲击效应均持续上升,中长期影响越来越大,时滞越来越长。因此,合理控制规模因素对污染物排放的影响成为缓解环境污染问题、提升环境质量的重要环节。

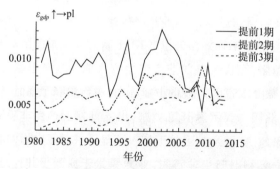

图 2-13　不同提前期规模效应冲击的脉冲响应函数

第五节　小　结

本章基于对数平均迪氏指数(LMDI)方法分解影响环境质量的经济结构、发展方式等因素,在此基础上利用时变参数向量自回归(TVP-VAR)模型分析各因素在不同时点、不同提前期对环境污染物排放量的时变特征，得到主要结论如下：

技术水平对环境污染物排放量的冲击效应均为负向，绿色环保型技术进步具有提高企业生产率及提升企业产品清洁度的双重效果，进而产生"创新补偿效应"。我国以煤炭为主的能源消费结构仍未出现根本改变，不同时点能源消费结构对环境质量的冲击效应均为正向，没有显著的时变特征，且煤炭消耗排放污染物中大部分是不容易实现累积的烟煤型污染物，因此能源消费结构引致的污染效应在当期最明显、持续期较短。

我国能源利用效率的大幅提升有效改善了环境质量，但能源消费强度对污染物排放也呈现了一定的"反弹效应"，这表明实现能源效率减排效应的内在约束不足。第二产业占比提高不利于环境质量的改善，且产业结构对环境质量的影响逐渐增强。规模效应对环境质量的冲击具有较强的持续性，是环境质量难以实现根本改善的重要原因。合理控制规模因素和结构因素对污染物排放的影响，成为缓解环境污染问题、提升环境质量的重要环节。

根据本章的研究发现，我们得到以下政策启示：

第一，发展清洁技术，提高绿色产业占比。政府应该将"市场调节"与"行政干预"进行有机结合，充分利用清洁生产标准、财政补贴、税收优惠、征收排污费等方式，引导企业偏向使用清洁技术开展生产活动。政府还应当根据企业实际情况，比如创新难易程度、要素禀赋和创新成本，采用"因地制宜""多层次、多元化"的方案，循序渐进、逐步加强清洁生产技术引进或自主研发，鼓励企业间通过交流学习、共建环保技术研发中心等构建环保技术协同创新网络，实现企业间的要素整合、优势互补，更应鼓励企业适时适度地引进国外绿色高端技术并加以学习、消化吸收，实现模仿创新、集成创新和自主创新。

第二，"富煤、贫油、少气"的国情使得我国在短期内难以改变以煤炭为主的能源消费结构，在对煤炭利用进行技术改造的同时，也注重对煤炭进行洗选清洁处理。同时，我国已经成为利用新能源、可再生能源第一大国，在这一机遇的背景下，我国应构建太阳能、生物质能、风能和核能等可再生能源体系，占领新能源领域的制高点，具体措施包括促进可再生能源市场化、打通新能源与资本市场的通道、降低新能源企业的融资成本等。

第三，打破原有产业结构的"惯性效应"，淘汰落后、过剩产能，实行严格的产业进入标准,优化产业结构以助力环境质量提升是当前和未来一段时间内改善环境质量的重要方式。构建以新兴战略性产业和高新技术产业为主并带动绿色产业发展的产业结构体系,打造我国制造业的绿色升级版;在此基础上,构建绿色消费机制,倒逼绿色生产机制,培育绿色产业链,促使绿色产业集聚,通过发展循环经济等形成绿色消费与绿色生产的双向动态影响机制。最终,以绿色发展理念为核心,形成政府主导、企业实施与公众参与的良性互动机制,推动我国的生态文明建设和经济文明进步。

第三章 外商直接投资是否具有污染光环效应

绿色发展理念已经成为"新常态"下中国经济社会高质量发展的重要内容。多年以来,我国政府一直高度重视生态文明建设并致力于提升环境质量,但是环境质量的改善效果并不十分理想。因此,深入分析环境污染的成因以制定有针对性的环境治理政策,是政府和学术界关注的焦点问题。国内外学者对于经济增长、工业化进程、产业结构、能源消费等传统因素在环境污染形成中的作用进行了大量验证。除此之外,一些学者还认为外商直接投资(Foreign Direct Investment, FDI)也是导致我国环境污染的主要原因之一。

第一节 污染光环假说和污染避难所假说

有关 FDI 是否引致并加剧环境污染的问题一直存在较大争议,并逐渐形成两种对立的假说,即污染光环假说和污染避难所假说。污染光环假说认为,FDI 能够给发展中国家带来先进的设备和领先的技术,并通过"溢出效应""示范效应"和"竞争效应"提升发展中国家整体的技术水平,进而实现资源投入和要素投入的节约,并提升环境质量。与之相对,污染避难所假说认为,随着发达国家环境规制的不断完善以及人们环境保护意识的逐步增强,企业面临的环境成本压力越来越大,与此同时包括中国在内的大多数发展中国家因经济发展的需要而纷纷引进 FDI,发达国家中环境成本较高的企业则将产业链中高污染、高能耗的部分转移至发展中国家,导致发展中国家的污染物排放大幅增加。

在污染光环假说和污染避难所假说提出以后,国内外学者对此进行了广泛而深入的讨论,并采用不同的估计方法、不同的数据集进行了理论分析和实证检验。比如,Eskeland and Harrison(2003)使用科特迪瓦、墨西哥、摩洛哥、委内瑞拉四个发展中国家数据均发现了跨国企业并没有集中在污染行业,同时对比跨国企业和本土企业能源和高污染燃料消耗数据发现跨国企业具有更高的能源使用效率并且更有可能采用清洁能源,从而支持了污染光环假说。同样,Liang(2008)采用中国城市层面数据研究 FDI 与空气污染的关系,发现跨国企业能够挤出低效率的本土企业并优化产业结构,进而对环境产生改善作用。Asghari(2013)采用中东和北非数据得出类似的结论。孟庆雷等(2016)分时段、分地区检验 FDI 对生态效益的影响,指出中国加入 WTO(World Trade Organization,世界贸易组织)以后,FDI 对生态效益具有显著的地区异质性,东部和中部地区的 FDI 能显著提升生态效益,但西部地区因 FDI 累积较少等而使得二者关系不显著,整体上 FDI 能产生一定的生态效益,进而提升当地的环境质量。

一些学者支持污染避难所假说。Wagner and Timmins(2009)使用德国对 100 个国家的 FDI 制造业各行业数据进行研究,发现化学化工行业存在明显的污染避难所效应,即化学化工行业的转移使得东道国环境发生恶化。需要说明的是,由于误差项施加的约束过于严格,以至于必须对两个污染密集型行业进行差分以获取一致估计量,这也是污染避难所假说只在化学化工行业得到验证的原因。在此基础上,Chung(2012)、Bu and Wagner(2016)指出污染密集型行业以及环保水平较低行业更有可能到环境规制宽松的国家或地区进行投资,致使东道国环境质量下降;同时指出环保技术水平较高的跨国企业往往到环境规制严格的区域投资。因此,环境规制宽松国家或地区会成为"污染避难所"。史青(2013)基于政府廉洁度视角发现 FDI 在一定程度上增加了当地的环境污染物排放量。邓玉萍和许和连(2013)则从政府分权的角度解释了我国西部地区 FDI 导致环境污染的原因。

部分学者更细致地将两种假说进行了融合,认为针锋相对的两种假说之间并非无法调和。盛斌和吕越(2012)、张宇和蒋殿春(2014)指出,FDI 通过规模效应、结构效应和技术效应三种渠道在东道国分别扮演了"魔鬼"和"天使"的双重角色,FDI 既会通过产业转移或资本输出向发展中国家转移高污染产业致其环境污染加剧,又会通过先进的技术、较高的标准提升发展中国家的环保水平,而 FDI 最终作用于环境污染的程度取决于各种效应的相对大小。总体而言,现有研究对于两种假说的检验并不充分,特别是关于不同情形下或者不同阶段中 FDI 对环境质量影响的研究还比较少见。

在国内外既有文献的基础上,本章首先将影响环境污染的产业集聚、人均收入水平、产业结构变量置于统一的分析框架内,建立 FDI 对环境污染阶段转换特征的理论分析机制。与大部分文献中 FDI 对环境污染影响非正即负的观点不同,本章构建了面板平滑转换回归(Panel Smooth Transition Regression,PSTR)模型,研究了 FDI 随着不同经济发展和自身累积量的阶段转换对环境污染的非对称影响,即假设 FDI 对环境污染的影响系数具有时变性、个体异质性。基于此,本章不仅回答了 FDI 是否导致我国环境污染的主要因素,而且描述了其影响环境污染的轨迹特征,这将对我国现阶段环境污染成因分析等现实问题给出新的观点和参考。本章其余部分的结构如下:第二节是 FDI 对环境污染阶段转换特征的模型构建;第三节是数据来源与指标选取;第四节是研究设计与实证分析;第五节是小结。

第二节 外商直接投资与环境污染阶段转换特征的模型构建

基于 Copel and Taylor(1994)、盛斌和吕越(2012)的环境污染影响理论,本章将环境污染的影响因素分为经济规模、产业结构和技术水平三种机制,表达式为:

$$\text{poll} = \text{gdp} \times \text{indr} \times \text{tech} \tag{3.1}$$

其中,poll 表示环境污染水平,gdp 表示经济规模,indr 表示产业结构,tech 表示技术水平。

在开放经济体中,技术水平受到研发投入(rd)、国外技术溢出(一般采用 fdi 表示)、产业集聚(aggin)等因素的影响,由此可以将技术水平方程设定为:

$$\text{tech} = f(\text{rd}, \text{fdi}, \text{aggin}) \tag{3.2}$$

将式(3.1)两侧分别除以人口规模(pop),得到

$$\frac{\text{poll}}{\text{pop}} = \frac{\text{gdp}}{\text{pop}} \times \text{indr} \times f(\text{rd}, \text{fdi}, \text{aggin}) \tag{3.3}$$

令 ppoll = poll/pop 表示环境污染强度,pgdp = gdp/pop 表示人均收入水平。对式(3.3)两侧取自然对数,可得

$$\text{lnppoll} = \text{lnpgdp} + \text{lnindr} + \text{lnrd} + \text{lnfdi} + \text{lnaggin} \tag{3.4}$$

进一步将式(3.4)改写为计量经济学模型:

$$\text{lnppoll}_{it} = c_i + \alpha \text{lnpgdp}_{it} + \beta \text{lnindr}_{it} + \chi \text{lnrd}_{it} + \theta \text{lnfdi}_{it} + \varphi \text{lnaggin}_{it} + u_{it} \tag{3.5}$$

式(3.5)是考虑个体异质性的固定效应模型,i 表示个体,t 表示时间,c_i 为

固定效应项,u_{it} 为随机扰动项。

根据环境库兹涅茨曲线假说,人均收入水平与环境污染呈现倒 U 形关系。同理,根据李子豪和刘辉煌(2012)的研究,FDI 对环境污染的影响也会随着人均收入水平、自身累积量的变动而呈现差异化。基于此,本章根据 Hastie and Tibshirani(1993)提出的泛函系数模型拓展方程(3.5),假定人均收入水平的系数 α 以及 FDI 的影响系数 θ 均受到人均收入水平、FDI 自身累积量的影响,可以将系数向量分别表示为:

$$\begin{bmatrix} \alpha \\ \theta \end{bmatrix} = \begin{bmatrix} \alpha_0 \\ \theta_{10} \end{bmatrix} + \begin{bmatrix} \alpha_1 \\ \theta_{11} \end{bmatrix} \times \ln pgdp_{it} \quad (3.6)$$

$$\begin{bmatrix} \alpha \\ \theta \end{bmatrix} = \begin{bmatrix} \alpha_0 \\ \theta_{20} \end{bmatrix} + \begin{bmatrix} \alpha_1 & 0 \\ 0 & \theta_{21} \end{bmatrix} \times \begin{bmatrix} \ln pgdp_{it} \\ \ln fdi_{it} \end{bmatrix} \quad (3.7)$$

将式(3.6)和式(3.7)代入式(3.5),得到:

$$\ln ppoll_{it} = c_i + \alpha_0 \ln pgdp_{it} + \beta \ln indr_{it} + \chi \ln rd_{it} + \theta_{10} \ln fdi_{it} + \varphi \ln aggin_{it} + \alpha_1 (\ln pgdp_{it})^2 + \theta_{11} (\ln pgdp_{it} \times \ln fdi_{it}) + u_{it} \quad (3.8)$$

$$\ln ppoll_{it} = c_i + \alpha_0 \ln pgdp_{it} + \beta \ln indr_{it} + \chi \ln rd_{it} + \theta_{20} \ln fdi_{it} + \varphi \ln aggin_{it} + \alpha_1 (\ln pgdp_{it})^2 + \theta_{21} (\ln fdi_{it} \times \ln fdi_{it}) + u_{it} \quad (3.9)$$

式(3.8)和式(3.9)分别表示 FDI 随人均收入水平、自身累积量变动的非线性方程。为了不失一般性,本章将式(3.8)和式(3.9)中交叉项表示为人均收入变量($\ln pgdp_{it}$)和 FDI($\ln fdi_{it}$)的函数,即 $G(\ln pgdp_{it})$ 和 $G(\ln fdi_{it})$,并采用 Gonázlez et al.(2005)提出的面板平滑转换回归(PSTR)模型中的转换函数将其改写为 $G(\gamma, c, \ln pgdp_{it})$ 和 $G(\gamma, c, \ln fdi_{it})$,可以得到 PSTR 模型:

$$\ln ppoll_{it} = c_i + \alpha_0 \ln pgdp_{it} + \beta \ln indr_{it} + \chi \ln rd_{it} + \theta_{10} \ln fdi_{it} + \varphi \ln aggin_{it} + \alpha_1 (\ln pgdp_{it})^2 + \theta_{11} \ln fdi_{it} \times G(\gamma, c, \ln pgdp_{it}) + u_{it} \quad (3.10)$$

$$\ln ppoll_{it} = c_i + \alpha_0 \ln pgdp_{it} + \beta \ln indr_{it} + \chi \ln rd_{it} + \theta_{20} \ln fdi_{it} + \varphi \ln aggin_{it} + \alpha_1 (\ln pgdp_{it})^2 + \theta_{21} \ln fdi_{it} \times G(\gamma, c, \ln fdi_{it}) + u_{it} \quad (3.11)$$

为简化起见,将式(3.10)和式(3.11)改写为矩阵形式:

$$\ln ppoll_{it} = c_i + \boldsymbol{\alpha}' \times \boldsymbol{X}_{it} + \theta_{11} \ln fdi_{it} \times G(\gamma, c, \ln pgdp_{it}) + u_{it} \quad (3.12)$$

$$\ln ppoll_{it} = c_i + \boldsymbol{\alpha}' \times \boldsymbol{X}_{it} + \theta_{21} \ln fdi_{it} \times G(\gamma, c, \ln fdi_{it}) + u_{it} \quad (3.13)$$

其中,$\boldsymbol{X}_{it}$ 表示解释变量向量,$\boldsymbol{X}_{it} = (\ln pgdp_{it}, \ln indr_{it}, \ln rd_{it}, \ln fdi_{it}, \ln aggin_{it}, \ln pgdp_{it} \times \ln pgdp_{it})'$,$\boldsymbol{\alpha}'$ 表示系数向量。$G(\cdot)$ 为转换函数,主要包括转换变量 q_{it}(在本章中分别为 $\ln pgdp_{it}$ 和 $\ln fdi_{it}$)、斜率参数 γ(表示两种区制之间的

转换速度,$\gamma \to 0$ 时 PSTR 模型退化成线性模型,$\gamma \to \infty$ 时 PSTR 模型变为门限面板回归(Panel Threshold Regression,PTR)模型和位置参数 c(表示 $G(q_{it},\gamma,c)=1/2$ 时对应的转换变量值),通常情况下,转换函数 $G(\cdot)$ 是一个广义逻辑函数:

$$G(q_{it},\gamma,c) = \frac{1}{1+\exp(-\gamma(q_{it}-c))}, \text{其中 } \gamma>0 \quad (3.14)$$

第三节 数据来源与指标选取

本章采用的数据均来自历年的《中国城市统计年鉴》和《中国区域经济统计年鉴》,选取 2003—2013 年共 11 年 285 个地级市的年度平衡面板数据($i=1,2,\cdots,285;t=2003,2004,\cdots,2013$)。

(一) 环境污染物排放量

参照国内外文献的一般做法,本章将环境污染物排放量由工业废水排放量($X_{1,it}$)、工业二氧化硫排放量($X_{2,it}$)和工业烟粉尘排放量($X_{3,it}$)经过标准化后合成,以避免单位或量纲不同而导致不能相加的现象,标准化公式为:

$$\widetilde{X}_{j,it} = \frac{X_{j,it}-\min(X_{j,it})}{\max(X_{j,it})-\min(X_{j,it})} \quad (3.15)$$

其中,$j=1,2,3$ 分别表示三种不同的环境污染物,i 表示个体,t 表示时间。在此基础上,采用线性相加得到环境污染物排放量。

本章选取年末总人口作为城市人口总数变量,将人口单位调整为亿人,将环境污染物排放量除以人口总数得到人均环境排放量,记为 ppoll_{it}。

(二) 外商直接投资

本章采用当年实际使用外资金额(UFC_{it})这一流量指标计算外商直接投资 FDI 存量并加入模型,为了便于分析和对比,实际操作中将单位调整为亿美元。FDI 存量的测算主要采用永续盘存法,取 FDI 折旧率 $\delta=5\%$,计算方程以及初始值计算方法为:

$$\text{FDI}_{it} = (1-\delta)\text{FDI}_{it-1} + \text{UFC}_{it} \quad t=2004,\cdots,2013 \quad (3.16)$$

$$\text{FDI}_{i2003} = \text{UFC}_{i2003}/(g_i+\delta) \quad (3.17)$$

其中,FDI_{it} 表示 FDI 存量,UFC_{it} 表示 FDI 流量,g_i 为 2003—2013 年各城市实际使用外资金额的平均增长率。

(三) 人均收入水平

根据 Grossman and Krueger(1995)提出的环境库兹涅茨曲线假说,人均收入与环境污染呈现倒 U 形关系。在人均收入较低时期,我国以劳动密集型和能源密集型为主的经济发展方式导致能源的过度使用以及环境质量的快速下降;然而随着人均收入水平不断提高,人们对环境质量的要求越来越高,对环境友好型、资源节约型产品的需求越来越大,导致污染物排放量减少,环境质量提升。因此,人均收入水平应当是影响我国环境污染的重要因素。基于此,本章采用人均地区生产总值作为人均收入的替代变量,研究不同经济发展阶段人均收入水平变化导致的环境变化,记为 $pgdp_{it}$,单位为万元。

(四) 产业集聚程度

产业集聚主要从两个方面对环境污染产生影响:一是产业集聚主要表现为产业规模扩张,且在规模扩张的过程中伴随着大量的能源投入与能源消费,产生和排放污染物,导致环境质量恶化(Frank, 2001);二是产业集聚通过竞争效应、研发溢出效应、资源配置效应等降低企业的研发成本和研发风险,加大研发投入以提升能源的利用率,进而降低企业的边际治污成本,提升环境质量(Zeng and Zhao, 2009;原毅军和谢荣辉, 2015)。因此,产业集聚对环境污染产生一定影响,但影响方向有待检验。

本章采用 Haggett and Chorley(1969)提出的区位熵法测算地级市层面的产业集聚程度,具体测算公式为:

$$\mathrm{aggin}_{kit} = \frac{Y_{kit} / \sum_{k} Y_{kit}}{\sum_{i} Y_{kit} / \sum_{i} \sum_{k} Y_{kit}} \tag{3.18}$$

其中,k 表示产业,且 $k=1, 2, 3$ 分别指第一、第二、第三产业;i 表示地区;t 表示时间;Y_{kit} 一般采用产出、从业人员人数等表示,但考虑到我国就业数据受到劳动力过剩等问题的影响,本章采用第 k 产业总产出数据进行度量。此外,考虑到第二产业是环境污染的主要来源,本章主要考察第二产业集聚程度。

(五) 产业结构

大多数文献将产业结构作为影响环境污染的因素。一般而言,当经济中第二产业占比较大并逐渐上升时,环境加剧恶化;当经济结构由以第二产业为主转变为以第三产业为主时,环境污染会得到一定改善。考虑到我国产业结构目前所处的阶段以及各行业的污染物排放特征等,采用各城市第二产业占 GDP 的比重表示产业结构（$indr_{it}$）。

（六）研发投入

根据袁鹏和程施（2011）的做法，本章采用全市科学事业支出作为研发投入的指标，同样采用永续盘存法测算研发投入存量（rd_{it}）。由于研发投入具有高折旧率的特征，参考张同斌等（2016a）的做法，研发资本的折旧率选取 15%，测算方法与 FDI 资本存量类似，不再赘述，单位调整为亿元。

第四节 研究设计与实证分析

一、模型设定形式检验

如第二节所示，本章分别采用人均收入水平（$lnpgdp_{it}$）、外商直接投资自身累积量（$lnfdi_{it}$）作为转换变量，分析在经济发展阶段转换下及 FDI 累积过程中 FDI 对环境污染的非对称效应。在进行面板平滑转换回归（PSTR）估计之前，需要对模型进行非线性检验和转换函数个数检验，以避免模型形式设定错误导致的结果偏误，检验结果如表 3-1 所示。

表 3-1 模型的线性与非线性检验

检验类别	Talor 展开阶数	统计量	模型(3.12) $lnpgdp_{it}$	模型(3.13) $lnfdi_{it}$
原假设：线性模型 备择假设：非线性模型	$m=1$	LM	5.166**	11.407***
		F	4.702**	10.404***
		pseudo LRT	5.170**	11.428***
	$m=2$	LM	14.754***	23.371***
		F	6.733***	10.695***
		pseudo LRT	14.789***	23.458***
	$m=3$	LM	15.469***	41.259***
		F	4.706***	12.656***
		pseudo LRT	15.508***	41.533***
	$m=4$	LM	16.334***	41.702***
		F	3.726***	9.592***
		pseudo LRT	16.377***	41.982***

（续表）

检验类别	Talor 展开阶数	统计量	模型(3.12) lnpgdp_{it}	模型(3.13) lnfdi_{it}
原假设:存在 1 个转换函数 备择假设:至少存在 2 个转换函数	$m=1$	LM	0.008	0.948
		LMF	0.007	0.860
	$m=2$	LM	1.050	4.027
		LMF	0.475	1.827
	$m=3$	LM	10.006**	4.187
		LMF	3.031**	1.266
	$m=4$	LM	10.259**	5.506
		LMF	2.330**	1.248
原假设:存在 2 个转换函数 备择假设:至少存在 3 个转换函数	$m=1$	LM	1.402	—
		LMF	1.271	—
	$m=2$	LM	2.944	—
		LMF	1.335	—
	$m=3$	LM	3.986	—
		LMF	1.204	—
	$m=4$	LM	6.157	—
		LMF	1.396	—

注:Talor 展开是采用函数在某一点处的各阶导数值为系数构建多项式来近似表达该函数的方法。**、***分别表示系数在 5%和 1%的显著性水平。采用 Winrats7.0 软件计算,估计结果经作者整理得出。

（一）非线性检验

表 3-1 中非线性检验的基本原理是,将模型(3.12)和模型(3.13)中转换函数 $G(\gamma, c, q_{it})$ 在 $\gamma=0$ 处进行 m 阶 Talor 级数展开,得到辅助回归方程为:

$$\text{lnppoll}_{it} = u_i + \boldsymbol{\alpha}' X_{it} + \theta_{j11}\text{lnfdi}_{it} \times q_{it} + \theta_{j12}\text{lnfdi}_{it} \times q_{it}^2 + \cdots + \theta_{j1m}\text{lnfdi}_{it} \times q_{it}^m + u_{it}^*$$
$$j=1,2 \quad (3.19)$$

其中,$j=1,2$ 分别表示模型(3.12)和模型(3.13),$u_{it}^* = u_{it} + R_m\text{lnfdi}_{it} \times q_{it}$,$R_m$ 为 Talor 级数展开残差余项。在原假设 $H_0: \theta_{j11}=\theta_{j12}=\cdots=\theta_{j1m}=0$ 成立的情形下,$\{u_{it}^*\}=\{u_{it}\}$,因此不会影响扰动项的渐进分布,对系数估计不会产生影响。

在此基础上,对式(3.19)进行普通最小二乘(Ordinary Least Squares,OLS)估计,采用 LM、F 和 pseudo LRT 三种统计量检验原假设 H_0 是否成立,若拒绝原假设则证明存在非线性关系,反之则不存在非线性关系。如表 3-1 所示,$m=1$ 至 $m=4$ 的三种统计量均在 5% 的显著性水平上拒绝原假设,表明随着经济发展阶段或 FDI 累积阶段的不同,FDI 均对环境污染产生非线性影响,可以采用面板平滑转换回归方法对模型(3.12)、(3.13)进行估计和分析。

(二)转换函数个数检验

在非线性检验的基础上,需要确定 PSTR 模型的转换函数个数。首先假设存在 1 个转换函数,则要考虑有 2 个转换函数的模型形式为:

$$\ln ppoll_{it} = u_i + \boldsymbol{\alpha}' \boldsymbol{X}_{it} + \theta_{j1} \ln fdi_{it} \times G(q_{it}^{(1)}, \gamma_1, c_1) + \theta_{j2} \ln fdi_{it} \times G(q_{it}^{(2)}, \gamma_2, c_2) + u_{it} \quad (3.20)$$

然后,对式(3.20)中第二个非线性部分进行 m 阶 Talor 级数展开,得到:

$$\ln ppoll_{it} = u_i + \boldsymbol{\alpha}' \boldsymbol{X}_{it} + \theta_{j1} \ln fdi_{it} \times G(q_{it}^{(1)}, \gamma_1, c_1) + \theta_{j21} \ln fdi_{it} \times q_{it} + \theta_{j22} \ln fdi_{it} \times q_{it}^2 + \cdots + \theta_{j2m} \ln fdi_{it} \times q_{it}^m + u_{it}^* \quad (3.21)$$

在式(3.21)基础上,通过 LM 和 LMF 统计量检验假设 $H_0: \theta_{j21} = \cdots = \theta_{j2m} = 0$,若接受原假设则证明存在 1 个转换函数,若拒绝原假设则表明至少存在 2 个转换函数。这时,再假设存在 2 个转换函数,则要对有 3 个转换函数的模型的 m 阶 Talor 展开进行检验。反复进行上述过程,直到确定转换函数个数。因此,以 $\ln pgdp_{it}$ 和 $\ln fdi_{it}$ 为转换变量的 PSTR 模型分别存在 2 个转换函数和 1 个转换函数。

二、PSTR 模型估计结果与分析

在非线性检验和转换函数个数检验的基础上,采用非线性最小二乘(Nonlinear Least Squares,NLS)估计方法对 PSTR 模型(3.12)、(3.13)进行估计,得到估计系数如表 3-2 所示。

表 3-2 PSTR 模型估计结果

转换变量		模型(3.12) $\ln pgdp_{it}$	模型(3.13) $\ln fdi_{it}$
线性部分	$\ln fdi_{it}$	-0.230^{***} (-6.099)	-0.013 (-0.561)
	$\ln aggin_{it}$	0.109 (0.323)	0.195^{*} (1.774)

（续表）

	转换变量	模型(3.12) $lnpgdp_{it}$	模型(3.13) $lnfdi_{it}$
线性部分	$lnpgdp_{it}$	0.243***	0.117*
		(3.289)	(1.779)
	$lnindr_{it}$	0.018	0.046
		(0.367)	(0.926)
	$lnrd_{it}$	0.080***	0.086***
		(6.176)	(6.712)
	$lnpgdp_{it} \times lnpgdp_{it}$	-0.115***	-0.097***
		(-5.464)	(-4.947)
非线性部分1	$lnfdi_{it}$	0.114***	-0.116***
		(3.301)	(-8.815)
非线性部分2	$lnfdi_{it}$	-0.053***	—
		(-5.827)	
转换斜率	r_1	11.116***	12.374***
		(14.516)	(946.445)
	r_2	67.999***	
		(91.710)	
位置参数	c_1	0.527***	1.999***
		(2.314)	(83.178)
	c_2	1.027***	
		(25.140)	
检验统计量	AIC	-2.380	-2.392
	SC	-2.357	-2.375
	Log Likelihood	-710.413	-688.827

注：*、**、***分别表示系数在10%、5%和1%的显著性水平。

根据表3-2可得，在以人均收入水平（$lnpgdp_{it}$）为转换变量的模型(3.12)和以FDI自身累积量（$lnfdi_{it}$）为转换变量的模型(3.13)中，人均收入水平与环境污染均呈现倒U形关系，满足环境库兹涅茨曲线假说。研发投入并没有抑制环境污染的降低，这可能是因为虽然研发投入提高了整体生产技术水平，但对偏向环保类技术的提升作用有限。另外，资本替代现象的存在使得本应用于研发的支出用在了生产规模的扩张，并没有真正用于研发投入,进而加剧了环境污染。

产业结构对环境污染的影响系数为正但不显著,因为随着我国工业行业的转型升级,产业结构与环境污染的关联程度逐渐减弱,根据产业结构对数值与污染物排放数据绘制了图3-1所示。此外,我国是通过控制高耗能、高污染行业的增长来实现产业结构转型的,即使在第二产业占比相对稳定的前提下,第二产业的内部结构也可能已经发生了较大转变。据测算,近年来以采选业为主的资源密集型行业产出增长率持续大幅下降。比如,煤炭采选业产出增长率由2004年的42.28%下降到2013年的11.62%,下降了72.52%;黑色金属矿采选业产出增长率甚至由2004年的83.70%下降到2013年的3.42%。① 因此,第二产业占比对环境污染的影响呈现不显著的特征。

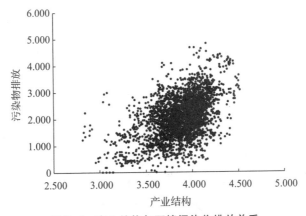

图3-1　产业结构与环境污染物排放关系

在模型(3.12)中,产业集聚对环境污染的影响不显著;而在模型(3.13)中,产业集聚对环境污染的影响在10%的显著性水平。总体而言,产业集聚对环境污染的影响为正但显著性较弱。主要原因是我国大部分城市政府推动的产业集聚以经济发展为首要目标,产业集聚以重工业为主,产业集聚的规模效应得以快速显现,产能迅速扩张、资源大量消耗引致污染物排放量持续迅速上升。但是,产业集聚亦使得政府通过建立公共治污设备,对清洁生产技术和设备进行补贴,促使企业对污染排放物进行专业化、集约化和规模化处理,降低边际治污成本,使得产业集聚对环境污染的影响程度有所降低。此外,产业集聚的规模外部性还会吸引"分解者"进入,实现"循环经济"效益,对产业集团内部分企业产生的副产品或污染物进行

---

① 中国经济信息网统计数据库。

循环利用,形成产业链条或产业网络,延伸了产业集团内的生态链,在一定程度上抑制了环境恶化趋势。因此,产业集聚带来的"好处"和"坏处"相互叠加,导致产业集聚对环境污染影响的显著性较弱。

在模型(3.12)和模型(3.13)中,FDI 对环境污染的影响均呈现非对称性特征,本章对此进行详细分析。

(一)转换函数分析

为了分析不同经济发展阶段、不同 FDI 累积阶段的转换特征,本章绘制了转换函数值与转换变量之间的关系图,如图 3-2 和图 3-3 所示。

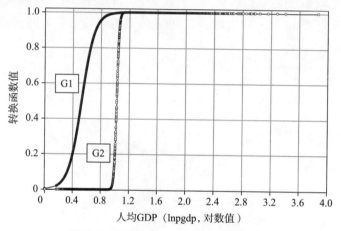

图 3-2　转换函数($lnpgdp_{it}$ 为转换变量)

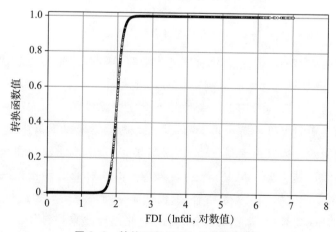

图 3-3　转换函数($lnfdi_{it}$ 为转换变量)

根据图 3-2 的转换函数和表 3-2 的 PSTR 模型结果可得,在以 $lnpgdp_{it}$ 为转换变量时,FDI 对环境污染的影响程度随经济发展阶段的变迁存在 2 种转换机制,本章分别称之为机制 1(G1)和机制 2(G2)。机制 1 的位置参数为 0.527，机制 2 的位置参数为 1.027，但两种机制的转换斜率差异较大，机制 1 的转换速度明显小于机制 2 的转换速度。这表明在不同经济发展阶段，FDI 对环境污染的影响系数存在 2 次结构变化，第一次转换比较平缓，第二次转换较快且迅速实现均衡。同理，图 3-3 是 FDI 随自身累积量 $\ln fdi_{it}$ 不同对环境污染呈现的变动特征，其影响效应在 $\ln fdi_{it} = 1.999$ 处实现低区制往高区制的转变，且转换速度适中。

（二）FDI 对环境污染影响系数的阶段转换特征分析

FDI 对环境污染的总效应等于表 3-2 中非线性部分系数与转换函数值的乘积加上线性部分系数，基于此，本章计算得到 FDI 对环境污染的总效应，如图 3-4 和图 3-5 所示。图 3-4 表示 FDI 随 $\ln pgdp_{it}$ 阶段转换系数的动态特征，图 3-5 表示 FDI 随 $\ln fdi_{it}$ 阶段转换系数的动态特征，为了直观、清晰地显示 FDI 对环境污染的影响程度（即总效应），本章对图 3-4 和图 3-5 纵坐标的函数值做了逆序处理。

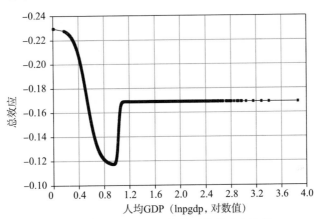

图 3-4　FDI 随 $\ln pgdp_{it}$ 转换系数的动态特征

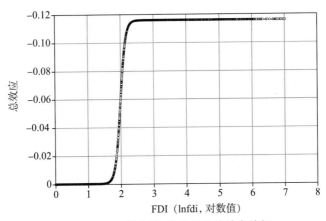

图 3-5　FDI 随 $\ln fdi_{it}$ 转换系数的动态特征

1. FDI 对环境污染的影响符合污染光环假说

图 3-4 和图 3-5 显示,FDI 对环境污染物的排放具有抑制作用,整体上支持污染光环假说。产生这种现象的主要原因为:一是跨国公司决定将制造端从发达国家转移到发展中国家,环保成本并不是唯一要考虑的因素,甚至不是主要考虑的因素,其在全球配置资源时除环保成本外,还会综合考虑制度条件、基础设施建设和劳动力成本等多个方面。以制度变量为例,Millimet and Roy(2016)研究表明环境规制只会对污染密集型行业的 FDI 进入产生抑制作用,对其他行业的影响并不显著。Tang(2015)将环境规制内生化,发现与跨国公司所在国的严格环境规制相近而不是宽松环境规制的东道国能够吸引更多的 FDI。

二是相对于发展中国家企业而言,通过外商投资转移的、难以适应发达国家环保标准的企业也可能拥有高于本国企业的环保技术,即发达国家环保标准>发达国家企业技术>发展中国家企业技术>发展中国家环保标准。如前所述,转移产业的发达国家企业通过"示范效应""溢出效应"和"竞争效应"等反而促进了发展中国家的环保技术水平,进而降低了发展中国家的环境污染,即 FDI 具有较强的技术外溢效应。

具体而言,跨国企业通过相对较强的技术领先优势获得超额利润,引致国内有一定实力的企业竞相模仿,攫取部分超额经济利润,更多的资金被投入企业内部研发,通过不断的技术累积逐步实现自主创新,显著提升了环保技术水平;外资的进入打破了东道国企业的生态,加剧了企业间竞争,优化了资源配置效率并减少了污染物排放。为了节约成本,跨国企业还往往在东道国国内采购中间产品,但要求国内生产的中间产品达到相应的质量认证标准,然而内资企业由于技术落后,其生产的产品难以满足跨国企业的质量要求。此时,跨国企业会向内资企业提供技术支撑,协助技术培训和设备引进,使东道国实现技术追赶甚至跨越;外资企业也会将产品或设备出售给内资企业并提供技术服务,提高东道国的技术效率和技术水平。

2. FDI 对环境污染的影响随经济发展阶段变迁呈现非线性关系

虽然整体上 FDI 抑制了环境污染,但是随着经济发展阶段的不同,FDI 对环境污染的影响呈现出非对称关系。随着人均收入的提高,FDI 对环境污染的影响程度先缓慢下降,后迅速上升,最终稳定在 0.165 附近。这主要是由 FDI 规模效应与结构效应、技术效应间的平衡所导致。

FDI 对环境污染的影响可以从规模效应、结构效应和技术效应三个视角进行分析,FDI 通过规模效应加剧环境污染,通过结构效应和技术效应抑制环境污染物排放,而技术效应一般占据主导地位。由于技术效应与环境污染呈现倒 U 形关系,而我国与外国的技术差距正在不断缩小,FDI 技术溢出难度越来越大,使得我国已经越过技术效应的门限值,处于技术效应的下降区间(盛斌和吕越,2012),规模效应相对凸现,使得 FDI 对环境污染的综合影响减弱。

根据环境库兹涅茨曲线假说,当人均收入水平达到一定门限值时,人们对环境质量的要求逐渐提高,对绿色环保无污染型产品的需求明显上升,使得规模效应减弱,进而使得 FDI 对环境污染的抑制作用迅速减弱,最终稳定于一定水平。因此,在人均收入较低时期,随着人均收入的提升,技术效应的相对下降使得 FDI 对环境污染的影响程度出现一定程度的下降;随后,当人均收入达到特定门限值后,规模效应也开始减弱,FDI 对环境污染的影响又出现一定程度的上升。

整体上看,随着我国人均收入水平的提高,FDI 对环境污染的抑制作用呈现一定的减弱态势。这主要是因为随着经济发展,我国企业的技术水平也得到显著提升,与跨国企业的技术差距进一步缩小,我国企业对外资企业技术扩散的吸收难度不断加大,外商投资对我国环境质量的提升作用得到一定程度的减弱,即 FDI 的技术效应减弱。例如,2003—2013 年,我国劳动生产率的年均增长率为 9.6%,而同期世界以及美国和欧洲的劳动生产率的年均增长率分别为 1.3%、1.4%、0.5%,发展中大国的印度劳动生产率的年均增长也仅为 6.5%。[①] 因此,我国劳动生产率的快速增长显著缩小了我国与世界、发达国家的技术差距,促使 FDI 的技术效应和对环境污染的抑制作用减弱。

3. FDI 对环境污染的影响随自身变化产生非对称效应

根据图 3-5 可得,FDI 对环境污染的影响随 FDI 投入量的不同呈现显著的阶段性变化。在 FDI 投入较少的时期,FDI 对环境污染没有显著影响;但是一旦 FDI 投入超过门限值,FDI 对环境污染的负向影响便显现出来。也就是说,在 FDI 投入较少的地区或时点,FDI 对环境污染的影响不显著;直到 FDI 累积到一定程度,FDI 对环境污染的抑制作用才得以发挥。

在 FDI 投入较少阶段,我国引入外资的流向中虽然以人均污染物排放多、污染密集程度高的行业或企业为主,比如能源密集型行业、化学化工行业等,但是由于投资规模小、污染物排放少,其对环境质量的负向影响十分有限。同时,外资企业的进入会挤压内资企业的市场份额,促使内资企业

---

① 国家统计局网站。

提高生产技术水平和产出效率,而技术水平的提高降低了环境污染物的排放,使得 FDI 对环境污染的正负影响相互抵消,进而使得 FDI 对环境污染的影响不显著。

当 FDI 投入逐渐累积时,外商直接投资参与经济增长的广度、深度均得到进一步加强,其清洁生产技术和设备投入力度加大,环境友好型的投资特征十分明显。据测算,2005—2015 年,我国外商投资项目中第二产业占比出现明显下降,第三产业占比则显著上升。例如,外商投资项目中以批发零售业、租赁服务业为主的第三产业占比由 24.21% 上升到 77.17%,其中批发零售业由 5.91% 上升到 34.45%,年均增长率达 15.93%;而第二产业占比则由 73.37% 下降到 20.51%,其中制造业占比年均下降 15.86%。因此,FDI 投资结构升级是导致 FDI 实现环境污染物排放抑制效应的重要原因。

第五节 小 结

本章基于污染光环和污染避难者两种对立的假说,构建了 FDI 对环境污染阶段转换的理论模型,采用 PSTR 模型研究了 FDI 随着经济发展阶段、FDI 自身累积量转换对环境污染的非对称效应,研究结论如下:

(1)人均收入水平与环境污染呈现倒 U 形关系,满足环境库兹涅茨曲线假说。"资本替代"现象的存在使得研发投入对环保技术提升的贡献不足,由此加剧了环境污染物的排放。随着我国工业行业的转型升级,产业集聚带来的"好处"和"坏处"叠加。FDI 并不是引起我国环境恶化的主要原因,我国吸引 FDI 的优势并不是缘于较为宽松的环境规制。此外,转移产业的发达国家企业往往通过"示范效应""溢出效应"和"竞争效应"等技术外溢机制促进我国环保技术水平的提高,进而降低我国的环境污染水平,支持了污染光环假说。

(2)由于规模效应、结构效应和技术效应间的平衡,随着人均收入的提高,FDI 对环境污染的抑制程度先缓慢减弱后迅速上升。在我国人均收入水平提高的情形下,FDI 的技术效应不断减弱,FDI 对环境污染的抑制作用也随之减弱。在 FDI 累积较少阶段,FDI 对环境污染的影响不显著;但当 FDI 累积量超过门限值时,FDI 投资结构的进一步升级促使其对环境污染的抑制效果开始显现。

根据本章的研究,提出以下政策建议:

第一,持续引进 FDI,发挥 FDI 对环境污染的抑制作用,但是应该打破原有 FDI 引入结构的"惯性效应",实行严格的 FDI 进入标准,优化 FDI 投资结构,吸引"三高"(高技术、高环保、高标准)及"三低"(低消耗、低排放、低污染)跨国企业入驻,充分发挥 FDI 对环境污染的改善功能。在吸引高质量 FDI 的过程中,一条有效途径就是提高服务水平以不断降低跨国企业进入成本。例如,提高城市的生产性服务业、公共服务业的发展水平及集聚程度,降低跨国企业进入的信息成本,为高质量 FDI 的进入提供有效土壤。但要避免城市间为吸引 FDI 而陷入恶性竞争的怪圈,由中央政府建立制度性的协调机制,使地方政府树立"富邻"意识,切实根据城市自身禀赋特征吸引符合城市可持续发展的 FDI。

第二,根据 FDI 随自身累积量变动对环境污染的非对称影响发现,FDI 累积量只有达到一定程度,其对环境污染的抑制作用才能显现。由于我国城市间 FDI 存在严重失衡现象,"东多西少"现象十分突出,因此各级政府应该适时适度地调整 FDI 引入政策,引导过剩 FDI 在城市间、产业间合理流动,实现 FDI 在不同城市间与不同产业间的科学分布和优化配置。基于此目标,政府可以采用财政补贴、税收优惠等,降低跨国企业到中西部地区投资的成本,以制度优势促进 FDI 的合理流动。

第三,环境质量随经济发展而自发调节、改善并不是最优路径,而仅仅是一些国家发展过程中总结出的一条客观规律,不应该成为"先污染、后治理"的借口。政府应弱化对倒 U 形的环境库兹涅茨曲线假说的盲目推崇,相机选择市场调节与行政干预并加强二者的有效衔接,对企业加强环境规制,并引导企业偏向采用清洁技术;同时,充分考虑当地企业的现实情况,如创新难易程度、要素禀赋和创新成本等,采用"因地制宜""多层次、多元化"的方案扶持提升企业技术水平。在部分自主创新能力有限的地区,政府应鼓励企业积极引进国外绿色技术并加以学习、消化吸收,实现模仿创新、集成创新,最后再进行自主创新,走出一条"谁污染,谁治理"和"高技术、低排放"式的经济发展与环境保护并重的可持续发展道路。

第四章 邻近地区间的环境污染溢出效应

在中国经济发展过程中,快速工业化、城镇化和以要素投入为主的经济驱动模式使得环境污染带来的压力持续加大,致使中国已经成为世界上环境污染最为严重的国家之一。耶鲁大学和哥伦比亚大学等联合推出的《2016年全球环境绩效指数报告》显示,中国在参评的180个国家中列第109名。[①] 2013—2014年,我国东部地区、中部地区、西部地区环境质量指数均值分别由82.93、82.91、82.76降至59.19、67.22、62.71,全国范围内各省份的环境质量均显著下降。[②] 环境污染治理问题不仅是重大民生工程,也是倒逼中国产业结构调整和经济发展方式转变升级进而实现高质量发展的重要途径。然而,在经济发展水平、产业结构等多重因素的共同作用下,环境污染呈现明显的空间相关、空间集聚和空间溢出特征(Hosseini and Kaneko,2013)。例如,污染物二氧化硫(SO_2)可以很容易地越过城市边界对周边地区产生溢出效应,出现受污染地区并不一定是产生污染地区的现象。在此背景下,研究环境污染是否存在空间溢出效应,探寻溢出效应的来源与形成机制,对于环境污染的跨区域协同治理具有重要的现实意义。

空间关系的概念在20世纪50年代末被提出并得到广泛应用,但被纳入环境经济学仅有十几年的时间。Stern(2004)、Mcpherson and Nieswiadomy(2005)、Maddison(2006)均通过环境库兹涅茨曲线(EKC)证明了空间关系在环境经济学中的存在性。一个地区的风向、地理特征和水流等客观特征会使得该地区受到周边地区环境污染物排放的影响,且对邻近地区产生溢出效应,而经济活动的集聚特征、公共政策(如环境规制)的外部性等会进一步加强环境污染的空间相关性(Poon et al.,2006;Costantini et al.,2013)。

---

① 《2016年全球环境绩效指数报告》(Environmental Performance Index:2016 Report),耶鲁大学环境法律与政策中心。

② 2015年的中国科技统计资料汇编,中国科技统计网,网址:http://www.sts.org.cn。

许和连和邓玉萍(2012)研究发现,我国省际环境污染在地理分布上具有明显的路径依赖特征并形成集聚区域。

需要说明的是,上述研究主要基于空间计量经济模型设置的0-1矩阵刻画相邻城市间的空间相关性,而地理邻近矩阵以1表示两地区相邻、0表示两地区不相邻,通过这样的设置研究环境污染的空间溢出效应是否合理值得商榷,原因在于:其一,不相邻但距离较近的两地区间是否也存在环境污染溢出效应,0-1矩阵并不能刻画;其二,一个城市与相邻地区的边界线长度并不一致,比如,北京周边城市中廊坊与北京交界的长度远远小于张家口与北京交界的长度,且廊坊和张家口的面积也不一样,0-1矩阵均不能刻画;其三,中心—外围地区间环境污染的溢出效应仅在一定距离范围内存在,超过一定距离这种溢出效应可能会大大减弱。也就是说,仅距离中心城市一定范围内的外围地区受到中心城市环境污染的影响;同理,距离中心城市一定范围之内的外围地区环境污染才会影响到中心城市的环境质量。

基于此,本章采用 China Geo-Explorer[①] 地理信息系统数据库,提取距离城市半径200公里内作为外围地区(同时,本章也采用150公里半径和300公里半径进行异质性分析和稳健性检验)对应的数据集合形成新指标进行研究和分析,提高了数据的精准性。在刻画城市间环境污染的相互作用方面,本章采用面板联立方程方法,构建中心—外围环境污染溢出模型,并在此基础上测算各传导渠道的方向和大小,使得溢出效应的估计结果更加准确、可靠。本章的结构如下:第一节梳理了环境污染溢出效应领域的相关文献;第二节为研究设计,包括面板联立方程模型构建、数据来源和指标选取等;第三节是城市间环境污染的时空特征分析,为城市间环境污染溢出效应的检验提供初步证据;第四节是城市间环境污染溢出效应的实证分析;第五节为中心城市与不同距离范围内外围地区间环境污染溢出效应的异质性分析和稳健性检验;第六节是小结。

第一节 地区间环境污染溢出效应及其成因

近年来,环境污染空间相关性问题以及环境污染的边界效应受到许多学者的关注。Helland and Whitford(2003)、Kahn(2003)发现边界处有毒化

[①] China Geo Explorer,网址:http://chinageoexplorer.org/。

学物质排放量明显偏高。类似地,Sigman(2005)利用联合国全球环境监测项目数据研究了美国的跨国河流水质,发现跨国河流边境处的污染物含量增加了40%。Catik et al.(2016)采用土耳其 1990—2001 年的省域面板数据及空间计量经济模型,考察该国省份间环境污染溢出效应的存在性,指出环境污染与人均收入的关系受到地理位置因素的影响,不考虑环境污染空间溢出效应会导致模型出现偏误。Wang et al.(2013)等学者也进行了类似的研究。在梳理国内外相关文献之后,本章从地理特征、环境规制和生产要素流动三个方面就环境污染溢出效应的形成机制进行阐述。

(一)地理特征导致地区间环境污染存在溢出效应

一个地区的环境污染从根本上看是受到当地污染源的影响,但在污染源固定的情形下,该地区的风向、地理特征或大气活动等会使得污染物向周边地区扩散,从而产生溢出效应。例如,污染物会从上风向地区往下风向地区转移,从高气压地区往低气压地区转移,等等。即使不存在风力、大气活动等外在冲击,随着时间的推移,环境污染物也会从高浓度地区往低浓度地区转移(潘慧峰等,2015)。同样,河流上下游地区也存在跨界环境污染的问题。Sigman(2005)指出美国河流上游地区的环境污染导致河流下游地区的水质量退化4%。因此,地理特征等客观因素是环境污染溢出效应的重要成因之一。

(二)环境规制导致地区间环境污染存在溢出效应

很多文献已经证明环境规制(包含环境行政规制、环境经济规制和政府污染监管)会导致地区间环境污染溢出效应(Konisky,2009;王文普,2013),这也是导致地区间环境竞次竞争行为的主要原因。不同城市间选择环境标准或环境规制强度的策略性行为类似于"公地的悲剧",即实行较严格环境规制的城市或地区不仅无法获得环境规制带来的全部好处,还可能使得本地区失去产业竞争优势。因此,某一地区为了保持产业竞争优势,会竞相采用较宽松环境规制标准。Gray and Shadbegian(2004)采用美国各州数据研究发现,当一州采取严格环境规制措施时,该地区企业反而倾向于排放更多的环境污染物;马丽梅和张晓(2014)指出,环境污染溢出的存在,使得环境规制严格的城市(如北京、天津等)并不能获得环境规制带来的全部好处;Hosseini and Kaneko(2013)采用 129 个国家 1980—2007 年的面板数据研究发现,一个国家的制度质量会影响邻国的二氧化碳(CO_2)排放,证明了制度空间溢出效应的存在性。因此,中心地区环境规制宽松以致环境污染严重,其外围地区也会采取与中心城市近似强度甚至更低强度的环境规制,导致整体环境质量下降。

(三) 生产要素流动导致地区间环境污染存在溢出效应

产业集聚和人口集聚的存在使得环境污染促使生产要素流动而产生溢出效应(王晓硕和宇超逸,2017)。如果中心城市以重工业为主,环境污染程度往往比较严重,根据产业集聚理论,这会使得外围地区的重工业产业向中心地区集聚,产业转移使得环境污染也随之转移,进而产生溢出效应(马丽梅和张晓,2014)。在其他变量不变的情况下,人口会从环境污染严重地区向环境质量高的地区集聚,而人口集聚又是促使产业结构重心从第二产业向第三产业转移的主要动力,使得环境质量变得更高(陆铭和冯皓,2014)。与之相对,人口迁出地由于环境恶化,劳动力数量急剧减少,劳动力成本上升,当劳动力上升的成本与产生环境污染带来的收益相等时,二者便会达到均衡,生产要素流动带来的溢出效应就不存在,而在非均衡状态下生产要素流动就会产生溢出效应。因此,生产要素流动也是导致环境污染溢出效应形成的重要因素。

第二节 模型构建与数据来源

一、面板联立方程模型构建

大部分文献采用的空间计量经济模型均通过构建单方程进行分析和建模,为了分析中心—外围地区间环境污染的双向溢出效应,本章构建了多方程或结构方程的面板联立方程模型,分析整个经济系统及其内部传导机制。考虑到对联立方程模型采用普通最小二乘(OLS)方法进行估计得到的系数有偏且非一致,本章主要采用三阶段最小二乘(3SLS)方法对模型进行系统的估计和识别,以便更好地解决忽略中心—外围城市双向溢出效应导致的内生性偏差。本章还采用标准化处理技术,分解出城市间环境污染的直接、间接影响渠道,具体如式(4.1)—(4.2)所示。将中心城市与外围地区环境污染变量加入对方的方程中,既可以研究外围地区经济增长、产业结构、投资和政府财政支出对中心城市环境污染的溢出效应和影响路径,也可以研究中心城市经济增长、产业结构、投资和政府财政支出对外围地区环境污染的溢出效应和影响路径。

$$CE: \text{poll}_{it} = \alpha_0 + \alpha_1 \text{wpoll}_{it} + \alpha_2 \text{pgdp}_{it} + \alpha_3 \text{str}_{it} + \alpha_4 \text{invest}_{it} + \alpha_5 \text{ge}_{it} + \mu_{1,it} \quad (4.1)$$

$$WE: \quad wpoll_{it} = \beta_0 + \beta_1 poll_{it} + \beta_2 wpgdp_{it} + \beta_3 wstr_{it} + \beta_4 winvest_{it} +$$
$$\beta_5 wge_{it} + \mu_{2,it} \quad (4.2)$$

其中,α_0 至 α_5、β_0 至 β_5 为待估参数,i 表示城市,t 表示年份,$poll_{it}$ 表示环境污染水平,$pgdp_{it}$ 表示人均收入水平,str_{it} 表示产业结构,$invest_{it}$ 表示投资水平,ge_{it} 表示政府财政支出,$\mu_{1,it}$ 和 $\mu_{2,it}$ 为随机扰动项。方程(4.1)为中心城市环境污染方程(用 CE 表示),方程(4.2)为外围地区环境污染方程(用 WE 表示),w 是外围地区对应变量的标志,如 $wpoll_{it}$ 为外围地区环境污染水平,如前所述,本章选取中心城市 200 公里半径范围内作为外围地区。

二、面板联立方程模型估计方法

为了充分利用面板数据的信息,反映面板数据在时间和空间上的异质性,本章在式(4.1)和式(4.2)的基础上加入表征个体与年份异质性的虚拟变量,在普通联立方程的基础上构建面板联立方程模型。

(一)联立方程模型中的变量类型

联立方程模型中的变量分为内生变量和外生变量。内生变量是指由模型系统本身决定的变量,它在某个方程中可能属于被解释变量,在另外某个方程中可能属于解释变量,结构方程的数量和内生变量的数量相等,所以本章模型中有 2 个内生变量,即中心城市污染水平($poll_{it}$)和外围地区污染水平($wpoll_{it}$)。外生变量是指影响模型中内生变量而不受其他变量影响的变量。本章模型中的外生变量为:中心城市人均收入水平($pgdp_{it}$)、产业结构(str_{it})、投资水平($invest_{it}$)和政府财政支出(ge_{it}),外围地区的人均收入水平($wpgdp_{it}$)、产业结构($wstr_{it}$)、投资水平($winvest_{it}$)和政府财政支出(wge_{it}),以及 217 个个体虚拟变量和 6 个年份虚拟变量。

(二)面板联立方程的识别

对于式(4.1)和式(4.2)所示的联立方程模型,如果系统中全部方程的任意线性组合所构成的方程不再具有原方程的形式,那么原方程就是可识别的。在可识别的秩条件中,第 i 个方程可以识别的条件为:当且仅当方程排斥的所有变量在其他方程中的系数所构成矩阵的秩等于模型中内生变量的个数减 1,根据加入虚拟变量后的式(4.1)和式(4.2),得到本章模型的秩条件成立。进一步地,分析面板联立方程模型是过度识别还是恰好识别,根据联立方程的阶条件可得,本章构造的结构方程为过度识别。

(三)面板联立方程的估计

由于联立方程模型存在内生性问题,即中心城市污染水平($poll_{it}$)和随

机扰动项 $\mu_{2,it}$、外围地区污染水平(wpoll_{it})和随机扰动项 $\mu_{1,it}$ 存在同期相关性,因此用 OLS 得到的估计参数有偏且非一致。因此,处理和解决联立方程中的内生解释变量问题十分重要,解决方法有单方程估计法和系统估计法两类。

单方程估计法是指每次只估计模型系统中的一个方程,然后逐次估计,主要方法有间接最小二乘法(ILS)和两阶段最小二乘法(2SLS)。间接最小二乘法的基本原理为:由于简化方程中的解释变量均为外生的,因此联立方程中不存在内生解释变量问题,可以利用普通最小二乘法得到简化参数的一致估计量。间接最小二乘法仅适用于恰好识别的情形,以本章为例,将式(4.1)和式(4.2)分别代入式(4.2)和式(4.1)(为简便起见,省略虚拟变量),得到原面板联立方程的简化形式为:

$$\text{poll}_{it} = \pi_{10} + \pi_{11}\text{pgdp}_{it} + \pi_{12}\text{str}_{it} + \pi_{13}\text{invest}_{it} + \pi_{14}\text{ge}_{it} +$$
$$\pi_{15}\text{wpgdp}_{it} + \pi_{16}\text{wstr}_{it} + \pi_{17}\text{winvest}_{it} + \pi_{18}\text{wge}_{it} + \cdots + v_{1,it}$$
$$(4.3)$$

$$\text{wpoll}_{it} = \pi_{20} + \pi_{21}\text{wpgdp}_{it} + \pi_{22}\text{wstr}_{it} + \pi_{23}\text{winvest}_{it} + \pi_{24}\text{wge}_{it} +$$
$$\pi_{25}\text{pgdp}_{it} + \pi_{26}\text{str}_{it} + \pi_{27}\text{invest}_{it} + \pi_{28}\text{ge}_{it} + \cdots + v_{2,it} \quad (4.4)$$

直观上看,简化方程的解释变量不再含有内生变量,间接最小二乘法解决了内生性问题,但由于利用简化方程估计得到的参数值能够求得结构方程待估参数的多组解,因此间接最小二乘法对于过度识别的方程是无效的。

两阶段最小二乘法能够兼顾内生性和过度识别问题,其主要思想是:模型的前定变量和随机误差项均同期不相关,其线性组合也与随机误差项不相关,因而可以把利用普通最小二乘法估计简化方程(4.3)和式(4.4)得到的内生解释变量 poll_{it} 和 wpoll_{it} 的拟合值 $\widehat{\text{poll}}_{it}$、$\widehat{\text{wpoll}}_{it}$ 作为中心城市污染水平和外围地区污染水平的工具变量。

第一阶段:利用普通最小二乘法估计简化方程式(4.3)和式(4.4),分别得到内生解释变量 poll_{it} 和 wpoll_{it} 的拟合值 $\widehat{\text{poll}}_{it}$、$\widehat{\text{wpoll}}_{it}$。

第二阶段:用 $\widehat{\text{wpoll}}_{it}$、$\widehat{\text{poll}}_{it}$ 分别替换加入虚拟变量后的结构方程式(4.1)和式(4.2)中的 wpoll_{it} 和 poll_{it},得到方程

$$\text{poll}_{it} = \alpha_0 + \alpha_1 \widehat{\text{wpoll}}_{it} + \alpha_2 \text{pgdp}_{it} + \alpha_3 \text{str}_{it} + \alpha_4 \text{invest}_{it} + \alpha_5 \text{ge}_{it} + \cdots + \mu_{1,it}$$
$$(4.5)$$

$$\text{wpoll}_{it} = \beta_0 + \beta_1 \widehat{\text{poll}}_{it} + \beta_2 \text{wpgdp}_{it} + \beta_3 \text{wstr}_{it} + \beta_4 \text{winvest}_{it} +$$
$$\beta_5 \text{wge}_{it} + \dots + \mu_{2,it} \tag{4.6}$$

再次利用普通最小二乘法估计该方程,得到结构方程式(4.1)和式(4.2)中参数的两阶段最小二乘法估计量。

虽然单方程估计法能够有效解决内生解释变量问题,但在估计过程中,这种方法并不考虑其他方程的结构信息以及各结构方程误差项之间的相关性信息,由此得到的估计量可能不是有效的。为了解决这一问题,本章在两阶段最小二乘法的基础上,采用系统估计方法,对面板联立方程中所有方程同时进行估计,得到所有参数的估计量。因此,本章在估计时主要采用三阶段最小二乘法(3SLS)。

三阶段最小二乘法的主要思想为:先用单方程模型表示联立方程中的所有方程,采用广义最小二乘法(GLS)将模型变换为有同方差和无自相关的模型,再利用两阶段最小二乘法解决模型存在的内生解释变量问题,同时得到所有结构参数的估计量。

假定结构方程中第 m 个随机方程的矩阵表达式为:

$$Y_m = X_m \gamma_m + u_m \tag{4.7}$$

其中,Y_m、X_m、γ_m 分别为被解释变量样本值构成的 $i \times t$ 维列向量 $[Y_{m,11} \ Y_{m,12} \ Y_{m,13} \cdots Y_{m,it-1} \ Y_{m,it}]'$、解释变量样本值构成的矩阵(包含个体和年份虚拟变量)和参数列向量,u_m 为各观测点的随机误差项构成的列向量 $[u_{m,11} \ u_{m,12} \ u_{m,13} \cdots u_{m,it-1} \ u_{m,it}]'$,那么,面板联立方程可以写为:

$$\widetilde{Y} = X\gamma + \widetilde{u} \tag{4.8}$$

其中,

$$\widetilde{Y} = \begin{bmatrix} \text{poll} \\ \text{wpoll} \end{bmatrix}, \; X = \begin{bmatrix} X_1 & 0 \\ 0 & X_2 \end{bmatrix}, \; \gamma = \begin{bmatrix} \alpha \\ \beta \end{bmatrix}, \; \widetilde{u} = \begin{bmatrix} u_1 \\ u_2 \end{bmatrix}$$

为了解决内生性问题,根据前面所述的两阶段最小二乘法,寻找联立方程中解释变量 X 的工具变量 $\overline{X}$,得到工具变量矩阵。为了解决各个方程随机误差项之间的自相关和异方差,同时求得残差向量 $e_m = Y_m - X_m \widehat{\gamma}_m^{2SLS}$。

假定式(4.8)中 $\widetilde{u}$ 的协方差矩阵为:

$$\text{cov}(\widetilde{u}) = \begin{bmatrix} \sigma_{11}^2 I & \sigma_{12} I \\ \sigma_{21} I & \sigma_{22}^2 I \end{bmatrix} = Z \otimes I \tag{4.9}$$

其中,I 为 $i×t$ 阶单位矩阵,$Z⊗I$ 为 Z 与 I 的直积,有:

$$Z = \begin{bmatrix} \sigma_{11}^2 & \sigma_{12} \\ \sigma_{21} & \sigma_{22}^2 \end{bmatrix} \quad (4.10)$$

由于 Z 是未知的,利用两阶段最小二乘法得到随机误差项的估计量 e_m,计算 Z 的估计量 $\hat{Z}$。然后利用广义最小二乘原理,令 $\hat{Z}⊗I=AA'$,采用两阶段最小二乘法得到解释变量 X 的工具变量 $\overline{X}$,将式(4.8)变为:

$$A^{-1}\widetilde{Y} = A^{-1}\overline{X}\gamma + A^{-1}\widetilde{u} \quad (4.11)$$

至此已解决原联立方程式(4.8)的内生性问题和各方程随机误差项的自相关、异方差问题,利用普通最小二乘法估计式(4.11)可得:

$$\hat{\gamma}^{3SLS} = (\overline{X}'\hat{Z}^{-1}\overline{X})^{-1}\overline{X}'\hat{Z}^{-1}\widetilde{Y} \quad (4.12)$$

三、数据来源和变量选取

本章中心城市数据来自各年度《中国城市统计年鉴》和《中国区域经济统计年鉴》,外围地区数据来自 China Geo Explorer 地理信息系统数据库,并提取距离地市级单位半径 200 公里内对应数据,集合形成新指标作为中心城市的外围地区变量。鉴于数据的可得性,本章选取 2003—2009 年 218 个地级市组成的平衡面板数据,个体变量 $i=1,2,\cdots,218$;年份变量 $t=2003,2004,\cdots,2009$,具体的变量选取与测算方法如下:

1. 城市环境污染

在可得数据的基础上,本章收集了各城市的二氧化硫排放量作为城市环境污染的替代指标,考虑到城市规模因素,将各城市的 SO_2 排放量除以该市总人口得到人均污染物排放水平,记为 $poll_{it}$。

2. 经济发展水平

人均 GDP 作为经济发展水平的衡量指标,对环境污染具有显著影响。在经济发展水平较低阶段,经济以粗放式增长为主,导致能源的过度使用,环境污染越来越严重;当经济发展到一定阶段,人们的环保意识逐步增强,迫使政府加强环境规制,企业生产方式以资源节约型和环境友好型为主,环境质量不断改善(Grossman and Krueger,1995)。虽然理论上经济发展阶段与环境污染之间具有非线性关系,但是中国经济发展过程"唯 GDP 论"现象仍然存在(张同斌等,2016b),人均收入与环境污染的倒 U 形关系还没有出现,考虑到现阶段中国各城市人均 GDP 普遍较低和大部分文献的做法(邵帅等,2016),本章并没有将人均 GDP 的平方项加入模型,以免出现过度拟合现象。因此,本章收集了各城市地区生产总值数据,对其进行平减后再与年末总人口数求比值得到人均实际地区生产总值变量,作为经济发展水平的替代变量,记为 $pgdp_{it}$。

3. 产业结构

产业结构(str_{it})对环境污染具有一定影响,相对于第一产业和第三产业,第二产业中能源密集型行业往往较多,产生的环境污染物排放量也较多;但在产业结构转型和经济发展方式转变的过程中,促使要素资源从第二产业向第三产业流动或者提升资源利用效率,第二产业占比过大带来的环境污染问题将会得到不断改善,环境污染物排放量也会逐渐减少。因此,本章在变量选取的过程中,与大多数文献一致,计算各城市第二产业增加值与地区生产总值的比值作为产业结构变量,记为 str_{it}。根据前文分析,本章认为第二产业占比越大,环境质量越差。

4. 投资水平

作为经济增长的"三驾马车"之一,投资无疑仍是中国经济发展的主要动力之一。投资在促进经济快速扩张的同时,不可避免会对当地生态环境造成不利影响,同时先进环保设备引进与更新方面的投资反而会抑制环境污染。因此,投资与环境污染的关系整体上呈现不确定性,本章引入各城市固定资产投资总额作为投资对环境污染的影响变量,记为 $invest_{it}$。

5. 财政支出

一方面,中国特色的"政治集权和财政分权"治理模式,使得地方政府为了经济增长的单目标激励而降低对环境污染型企业的监管、治理力度,导致环境质量不断恶化(蔡昉等,2008;Farzanegan and Mennel,2012;Halkos and Paizanos,2013);另一方面,地方政府的非生产性财政支出(如"三同时"环境污染治理项目、科教文卫支出等)对环境污染具有抑制作用,有利于提升环境质量(余长林和杨惠珍,2016)。因此,地方政府的财政支出对环境污染的综合影响具有不确定性,符号有待检验。本章将财政支出变量引入污染方程,记为 ge_{it}。

第三节 城市间环境污染的时间和空间特征分析

在分析环境污染时,判别环境污染的时间演变特征和空间集聚特征十分重要。因此,在建立实证模型之前,本章首先对城市间环境污染在时间和空间维度上予以描述性统计,直观地给出中国城市间环境污染的时空特征分析。

本节采用 2003 年、2005 年、2007 年和 2009 年的城市环境污染(SO$_2$ 排放量)核密度函数曲线刻画中国城市间环境污染随时间的演变特征,如图 4-1 所示。结果显示,各年份环境污染核密度函数曲线的形状几乎相同,仅仅峰值略有差别,中国城市间环境污染在时间维度上并没有呈现显著的变动特征;但是,这些核密度曲线呈现显著的右偏特征。

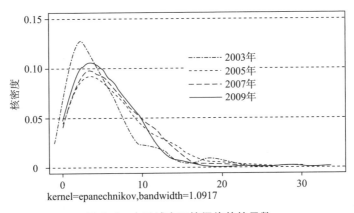

图 4-1　中国城市环境污染的核函数

此外,通过对环境污染数据的分析可得,中国城市间环境污染在空间上呈现显著的扎堆集聚现象,主要有以下两个特征:一是从全国整体层面上来看,SO$_2$ 排放在空间分布上呈现东高西低、北高南低的空间分布格局;二是从地区层面来看,中国高污染物排放城市呈现明显的空间邻近特征。这表明在东部沿海城市以及北部部分城市形成相连的区域,环境污染空间集聚现象较为突出,可以初步认为中国城市间的环境污染具有一定的空间溢出效应。进一步地,本章将通过面板数据计量经济模型,分析不同城市间环境污染的溢出特征与传导渠道。

第四节　城市间环境污染溢出效应的实证分析

一、面板联立方程模型估计结果

本章采用三阶段最小二乘法(3SLS)对面板联立方程模型(4.1)—(4.2)进行估计,得到的结果如表 4-1 所示。

表 4-1 中心城市与 200 公里外围地区环境污染溢出效应的估计结果

CE: $\widehat{poll}_{it} = \hat{\alpha}_0 + \hat{\alpha}_1 wpoll_{it} + \hat{\alpha}_2 pgdp_{it} + \hat{\alpha}_3 str_{it} + \hat{\alpha}_4 invest_{it} + \hat{\alpha}_5 ge_{it}$, $F = 116.24$					
变量	$wpoll_{it}$	$pgdp_{it}$	str_{it}	$invest_{it}$	ge_{it}
系数	$\hat{\alpha}_1$	$\hat{\alpha}_2$	$\hat{\alpha}_3$	$\hat{\alpha}_4$	$\hat{\alpha}_5$
估计值	0.541***	4.407***	6.758***	-0.142***	-0.127
(标准误)	(0.087)	(0.544)	(0.619)	(0.021)	(0.115)
WE: $\widehat{wpoll}_{it} = \hat{\beta}_0 + \hat{\beta}_1 poll_{it} + \hat{\beta}_2 wpgdp_{it} + \hat{\beta}_3 wstr_{it} + \hat{\beta}_4 winvest_{it} + \hat{\beta}_5 wge_{it}$, $F = 113.59$					
变量	$poll_{it}$	$wpgdp_{it}$	$wstr_{it}$	$winvest_t$	wge_{it}
系数	$\hat{\beta}_1$	$\hat{\beta}_2$	$\hat{\beta}_3$	$\hat{\beta}_4$	$\hat{\beta}_5$
估计值	0.108***	4.677***	6.560***	-0.126***	-0.624***
(标准误)	(0.024)	(0.532)	(0.529)	(0.021)	(0.136)

注:***表示在 1% 的显著性水平。

根据表 4-1 的估计结果可得,外围地区环境污染对中心城市环境污染的影响系数 $\hat{\alpha}_1$ 为 0.541,中心城市环境污染对外围地区环境污染的影响系数 $\hat{\beta}_1$ 为 0.108,均在 1% 的显著性水平,这表明外围地区对中心城市、中心城市对外围地区的环境污染均具有正向影响,即中心—外围地区间的环境污染存在溢出效应。如前所述,地理特征等客观因素、环境规制和生产要素流动是导致中国城市间产生双向溢出效应的主要原因。

(1)在地理特征方面,由于大气污染物扩散不受行政边界的束缚,具有较大的负外部性。中心城市和外围地区的大气污染物溢出规律由气压因素和扩散效应决定。一方面,当两地气压不同时,大气污染物会随着风从一个地区传送到另一个地区,大气环流恶化了气压较低地区的环境质量;另一方面,即使两地气压相同,当中心城市和外围地区的大气污染物浓度不同时,污染物也会从高浓度地区扩散到低浓度地区,致使地区间产生污染溢出效应。一般而言,城市圈层的相互影响受"距离衰减规律"的制约,距离中心城市越远的地区受其影响越不明显。大气污染溢出范围也是影响地区间双向溢出效应的显著性的关键因素。当距离较远时,地区间的污染溢出效应逐渐减弱,但地理距离在 0—750 公里范围内的环境污染存在显著的空间溢出效应(刘华军等,2015),因此中心城市与 200 公里外围地区间环境污染的双向溢出效应较为明显。

(2)在环境规制方面,相邻地区的环境规制与污染物排放存在明显的空间溢出效应,较宽松的环境规制政策能够引发地区间的竞次。例如,较低的环境保护税等规制政策能够暂时提高本地区企业的竞争优势,或者增强本地区招商引资的能力,使得本地区具有较大的比较优势,政府担心周边地区采取更低的环境标准而导致本地区失去产业发展的竞争优势,从而具有进一步削弱环境规制的意愿。因此,从引致污染的政策角度而言,中心城市和外围地区表现出"一荣俱荣,一损俱损"的特征,由此引发的竞次关系也会对污染物排放产生明显的空间溢出效应。

(3) 在生产要素流动方面,中心城市和外围地区生产要素的双向流动也会产生环境污染的溢出效应。例如,中心城市与外围地区间存在回流—扩散效应,中心城市拥有自然条件或要素禀赋等初始优势,能够实现快速发展,其与外围地区经济发展的"势差"也成为空间相互作用产生和强化的前提条件。在回流—扩散理论中,生产要素从外围向中心集聚,使得两者经济差距扩大,产生回流效应;生产要素等从中心向外围扩散,促使经济差距缩小,形成扩散效应。在现实中,回流效应与扩散效应一般同时存在,当外围地区"高污染、高排放"企业为实现规模报酬递增的产业聚集效应而向中心城市迁移时,外围污染物随着要素流动对中心城市产生溢出效应;当中心城市的要素集聚达到一定程度时,边际收益递减规律的作用开始凸显,拥挤效应致使集聚边际成本不断上升,要素过度配置和冗余现象突出,中心城市就会充分发挥"辐射效应",产生要素向外围流动的离心力,导致环境污染由中心向外围的空间溢出。

在考察环境污染的其他影响因素中发现,中国的经济发展是以牺牲环境质量为代价的。在中心城市环境污染的 CE 方程中,经济发展对环境污染的影响系数 $\hat{\alpha}_2$ 在1%的显著性水平上为4.407;同理,在外围地区环境污染的 WE 方程中,相应的系数 $\hat{\beta}_2$ 也显著为4.677。污染物排放与经济发展密切相关,在经济发展水平较低时,经济规模的扩大需要消耗更多的资源能源,尤其是中国以煤炭为主的能源消费结构以及粗放的经济增长方式导致污染物排放量增加;地方政府偏爱传统的"唯 GDP 论",没有充分考虑环境的承载能力和可持续发展能力,甚至以牺牲环境为代价促进经济增长,导致污染物排放量显著增加;此外,人均收入较高的地区一般属于人口密集区,大量机动车等产生的尾气排放直接加剧了环境污染,且密集的建筑物不利于空气流通,更易于形成污染物的累积。

由于中国目前所处工业化阶段的产业结构仍以第二产业为主,且第二产业中高污染、高排放企业占比较大,使得产业结构对环境污染的影响为正。在中心城市和外围地区的环境污染方程中,产业结构对环境污染的影响系数分别为 6.758 和 6.560。在我国经济增长的过程中,工业化往往会加剧环境污染,尤其是房地产业的繁荣拉动了建筑业的发展,导致上游的钢铁、水泥和电解铝等高污染行业迅速发展,这种粗放式的工业化发展进一步使环境质量恶化。

在可持续发展和科学发展观念的指导下,中国企业逐年加大在绿色、环保方面的投资,投资结构得到调整,投资对环境污染的影响显著为负,影响系数分别为 -0.142 和 -0.126。一方面,我国的环境规制政策日益严格,企业不仅增加了污染物处理设备投资,而且更新了现有的"高耗能、高排放、高污染"设备,降低了生产过程中的污染物排放水平;另一方面,政府对清洁型行业投资采取了税收减免、补贴等优惠政策,对投资流向产生了引导性,产业结构逐渐转型升级,污染型行业占比逐渐减小,有利于环境质量的改善。

政府财政支出对环境污染的影响整体上呈现出不确定性。在中心城市环境污染的方程中,政府财政支出对环境污染的影响系数 $\hat{\alpha}_5$ 不显著;但在外围地区环境污染的方程中,相应的系数 $\hat{\beta}_5$ 显著为负。政府财政支出本身会产生规模效应,政府财政支出会增加社会总需求,产出增加进而伴随着污染物排放加剧。同时,政府财政支出也具有结构效应,政府的生产性财政支出和非生产性财政支出结构会对环境污染产生一定影响,当政府财政支出中非生产性财政支出占比逐渐增大时,地区清洁型行业发展迅速,使得环境质量得到改善。因此,政府财政支出对环境的影响是规模效应和结构效应综合作用的结果。在基于 GDP 增长的政府绩效考核中,中心城市政府通过补贴、基建等方式加大对生产企业的扶持力度,推动了当地污染型行业的发展,加剧了环境污染;中心城市也是人力资本集聚地,增大了环境、教育、医疗等非生产性财政支出,减少了环境污染。因此,政府财政支出对环境污染的影响系数并不显著。对于外围地区而言,政府财政支出的规模效应不足,且其更倾向于发展农业、进行非生产性财政支出项目或者直接进行污染治理支出活动等,所以外围地区政府财政支出对污染物排放具有负向影响。

二、中心—外围环境污染的传导路径

(一)标准化联立方程的估计结果

为发挥联立方程模型的优势,本章在表 4-1 的基础上,将变量标准化处理后再次采用三阶段最小二乘法对式(4.1)和式(4.2)进行估计,得到中心—外围环境污染的标准化回归结果,如表 4-2 所示。标准化[①]回归模型中变量和系数均加上标,以便与表 4-1 的估计结果相区别。

表 4-2 中心城市与 200 公里外围地区环境污染溢出效应的标准化估计结果

CE:	$\widehat{poll}_{it}^* = \widehat{\alpha}_0^* + \widehat{\alpha}_1^* wpoll_{it}^* + \widehat{\alpha}_2^* pgdp_{it}^* + \widehat{\alpha}_3^* str_{it}^* + \widehat{\alpha}_4^* invest_{it}^* + \widehat{\alpha}_5^* ge_{it}^*$				
变量	$wpoll_{it}$	$pgdp_{it}$	str_{it}	$invest_{it}$	ge_{it}
系数	$\widehat{\alpha}_1^*$	$\widehat{\alpha}_2^*$	$\widehat{\alpha}_3^*$	$\widehat{\alpha}_4^*$	$\widehat{\alpha}_5^*$
估计值	0.287***	0.290***	0.287***	−0.289***	−0.049
(标准误)	(0.046)	(0.035)	(0.026)	(0.042)	(0.044)
WE:	$\widehat{wpoll}_{it}^* = \widehat{\beta}_0^* + \widehat{\beta}_1^* poll_{it}^* + \widehat{\beta}_2^* wpgdp_{it}^* + \widehat{\beta}_3^* wstr_{it}^* + \widehat{\beta}_4^* winvest_{it}^* + \widehat{\beta}_5^* wge_{it}^*$				
变量	$poll_{it}$	$wpgdp_{it}$	$wstr_{it}$	$winvesr_{it}$	wge_{it}
系数	$\widehat{\beta}_1^*$	$\widehat{\beta}_2^*$	$\widehat{\beta}_3^*$	$\widehat{\beta}_4^*$	$\widehat{\beta}_5^*$
估计值	0.204***	0.401***	0.332***	−0.306***	−0.259***
(标准误)	(0.045)	(0.046)	(0.027)	(0.050)	(−0.056)

注:***表示在 1%的显著性水平。

根据表 4-2 可得,在中心城市环境污染的 CE 方程中,外围地区环境污染增加 1 个标准差,中心城市环境污染也随之增加 0.287 个标准差,与中心城市人均收入水平和产业结构的影响程度较为近似;同理,在外围地区环境污染的 WE 方程中,中心城市对外围地区环境污染的影响系数为 0.204,基本上为外围地区经济发展和产业结构对环境污染的影响程度的 1/2 和 2/3,进一步佐证了中心城市与外围地区间环境污染溢出效应的存在性,且溢出效应程度不容忽视。

需要注意的是,外围地区对中心城市环境污染的溢出效应大于中心城市对外围地区环境污染的溢出效应,一个可能的解释是根据回流—扩散理论,外围地区生产要素向中心城市的产业聚集占主导地位,而生产要素流动一般导致污染物排放随之转移。另外,外围地区对中心城市环境污染的溢出以圈层的形式呈现包络型、多方向影响,而中心城市对外围某一区域环境污染仅仅呈现单方向影响,忽略了外围内部、外围圈层之外区域对外围地区环境污染的溢出效应,使得中心与外围的相互溢出具有非对称性,

---

① 标准化公式为: $X_{it}^* = \dfrac{X_{it} - \overline{X}_{it}}{se(X_{it})}$,其中 se(·)指标准误函数。

从而导致外围地区对中心城市环境污染的溢出效应大于中心城市对外围地区环境污染的溢出效应。

（二）中心—外围环境污染的传导路径及影响程度

本章进一步基于表 4-2 的结果，分离、测算中心—外围城市间环境污染的传导路径和影响程度，以深入挖掘中心—外围城市间环境污染相互影响的内在机理，各条路径的测算结果如表 4-3 所示。

表 4-3 200 公里外围地区对中心城市环境污染的传导路径及影响程度

	传导路径	效应测算	测算结果	综合效应
直接效应	$wpoll_{it} \to poll_{it}$	$\widehat{\alpha}_1^*$	0.287	0.575
	$pgdp_{it} \to poll_{it}$	$\widehat{\alpha}_2^*$	0.290	
	$str_{it} \to poll_{it}$	$\widehat{\alpha}_3^*$	0.287	
	$invest_{it} \to poll_{it}$	$\widehat{\alpha}_4^*$	-0.289	
	$ge_{it} \to poll_{it}$	$\widehat{\alpha}_5^*$	—	
间接效应	$wpgdp_{it} \to wpoll_{it} \to poll_{it}$	$\widehat{\alpha}_1^* \times \widehat{\beta}_2^*$	0.115	0.197
	$wstr_{it} \to wpoll_{it} \to poll_{it}$	$\widehat{\alpha}_1^* \times \widehat{\beta}_3^*$	0.095	
	$winvesr_{it} \to wpoll_{it} \to poll_{it}$	$\widehat{\alpha}_1^* \times \widehat{\beta}_4^*$	-0.087	
	$wge_{it} \to \to wpoll_{it} \to poll_{it}$	$\widehat{\alpha}_1^* \times \widehat{\beta}_5^*$	0.074	

注："—"表示估计系数在 10% 的统计水平上仍不显著。

在表 4-3 中，直接效应为表 4-2 中标准化变量对应的回归结果，间接效应则采用外围地区环境污染 WE 方程中对应变量的估计系数与中心城市环境污染 CE 方程中 $wpoll_{it}$ 估计系数的乘积得到。在间接效应中，外围地区经济发展对中心城市环境污染的影响程度最大。当外围地区的经济活动密度较高时，必然伴随着产出规模的扩张和能源消费的增加，进而产生更多的污染物排放，通过地理邻近渠道影响中心城市的环境质量。具体而言，外围地区经济发展增长 1 个标准差，中心城市环境污染水平也随之上升 0.115 个标准差；外围地区第二产业占比下降 1 个标准差，中心城市环境污染程度随之下降 0.095 个标准差；外围地区投资、政府财政支出提高 1 个标准差，对应中心城市环境污染程度分别下降和上升 0.087 和 0.074 个标准差。综合对比可得，直接效应约为间接效应的 3 倍，因此环境污染还是以直接效应为主，但外围地区通过溢出效应对中心城市环境污染的影响也不可忽视。

第五节 环境污染溢出效应的异质性特征分析

一、不同距离外围地区间环境污染联立方程模型

为了深入分析中心城市与不同距离外围地区间环境污染溢出效应的异质性特征,在前文分析的基础上,本章分别利用城市周边 150 公里和 300 公里以内地区作为外围地区,对中心—外围环境污染溢出效应的存在性、异质性和传导机制进行检验,同时也作为稳健性检验。由此,本章构建面板联立方程模型如下:

$$\text{CE}: \quad \text{poll}_{it,d} = \alpha_{0,d} + \alpha_{1,d}\text{wpoll}_{it,d} + \alpha_{2,d}\text{pgdp}_{it,d} + \alpha_{3,d}\text{str}_{it,d} + \alpha_{4,d}\text{invest}_{it,d} + \alpha_{5,d}\text{ge}_{it,d} + \mu_{it,d} \quad (4.13)$$

$$\text{WE}: \quad \text{wpoll}_{it,d} = \beta_{0,d} + \beta_{1,d}\text{poll}_{it,d} + \beta_{2,d}\text{wpgdp}_{it,d} + \beta_{3,d}\text{wstr}_{it,d} + \beta_{4,d}\text{winvest}_{it,d} + \beta_{5,d}\text{wge}_{it,d} + \mu_{it,d} \quad (4.14)$$

其中,$d=1,2$ 分别代表 150 公里和 300 公里。

二、模型估计结果与差异化特征

本章同样采用三阶段最小二乘法对模型(4.13)和模型(4.14)进行估计,得到不同距离的中心—外围环境污染联立方程的估计结果如表 4-4 所示。

表 4-4 中心城市与不同距离外围地区环境污染溢出效应的估计结果

CE		150 公里($d=1$)	300 公里($d=2$)
外围污染(wpoll$_{it}$)	$\hat{\alpha}_{1,d}$	0.412***	0.652***
		(0.073)	(0.087)
经济发展(pgdp$_{it}$)	$\hat{\alpha}_{2,d}$	3.982***	4.520***
		(0.531)	(0.530)
产业结构(str$_{it}$)	$\hat{\alpha}_{3,d}$	7.094***	6.526***
		(0.585)	(0.612)
投资(invest$_{it}$)	$\hat{\alpha}_{4,d}$	-0.136***	-0.136***
		(0.020)	(0.020)
财政支出(ge$_{it}$)	$\hat{\alpha}_{5,d}$	-0.096	-0.141
		(0.110)	(0.113)
F 值		127.79	123.91

（续表）

WE		150公里($d=1$)	300公里($d=2$)
城市污染($poll_{it}$)	$\hat{\beta}_{1,d}$	0.158***	0.097***
		(0.029)	(0.021)
经济发展($wpgdp_{it}$)	$\hat{\beta}_{2,d}$	0.278***	0.675***
		(0.048)	(0.058)
产业结构($wstr_{it}$)	$\hat{\beta}_{3,d}$	7.025***	6.651***
		(0.536)	(0.543)
投资($winvesr_{it}$)	$\hat{\beta}_{4,d}$	−0.104***	−0.145***
		(0.022)	(0.023)
财政支出(wge_{it})	$\hat{\beta}_{5,d}$	0.204	−0.966***
		(0.133)	(0.148)
F值		107.57	142.68
样本量		1 526	1 526

注：***表示在1%的显著性水平，括号内为标准误。

表4-4的估计结果显示，分别采用城市周边150公里和300公里作为外围地区，中心—外围环境污染双向溢出效应仍然存在，与200公里范围的结果类似，双向溢出效应均显著为正，这也验证了表4-1估计结果的稳健性。考虑不同距离情形下中心—外围地区环境污染溢出效应的异质性，外围地区范围越大，对中心城市环境污染的影响程度越大。比如150公里和300公里范围内，外围地区对中心城市环境污染的影响系数分别为0.412和0.652，而200公里范围对应的系数为0.541，恰好介于二者之间。相反，中心城市对外围地区的影响系数随距离范围的扩大呈现递减的特征。这一结果也符合现实。上述特征可归纳为：中心城市周边环境污染的范围越大，对中心城市环境污染的溢出效应也越大，但中心城市对外围地区环境污染的溢出效应随距离衰减规律逐渐减小。

为了准确分析中心—外围地区环境污染的溢出效应及其传导路径，与表4-1的测算方法类似，本章将变量标准化后采用三阶段最小二乘法再次对模型(4.2)进行估计，得到不同外围地区环境污染联立方程模型的标准化回归结果。基于该结果测算得到不同外围地区情形下中心—外围地区环境污染的影响程度和各条传导路径上的影响效应，然后进行对比分析，测算结果如表4-5所示。虽然中心城市周边环境污染的范围越大，对中心城市的溢出效应也越大，但是标准化后不同外围地区环境污染的溢出效应系数范围仅从 0.269 变动到 0.310,变动幅度仅为 0.041。这说明距离引致的溢出效应略有差别但十分近似,再一次说明了结果的稳健性。不同的是,综合效应中的间接效应从 0.090 变动到 0.262,增长近 2 倍。因此,间接效应对距离的变化更为敏感。

表4-5 不同外围地区对中心城市环境污染的传导路径及影响程度

	传导路径	150公里($d=1$)	300公里($d=2$)
直接效应	$wpoll_{it} \to poll_{it}$	0.269	0.310
	$pgdp_{it} \to poll_{it}$	0.262	0.297
	$str_{it} \to poll_{it}$	0.302	0.278
	$invest_{it} \to poll_{it}$	-0.277	-0.276
	$ge_{it} \to poll_{it}$	—	—
间接效应	$wpgdp_{it} \to wpoll_{it} \to poll_{it}$	0.061	0.178
	$wstr_{it} \to wpoll_{it} \to poll_{it}$	0.093	0.100
	$winres_{it} \to wpoll_{it} \to poll_{it}$	-0.064	-0.112
	$wge_{it} \to wpoll_{it} \to poll_{it}$	—	-0.128
综合效应	直接效应	0.556	0.609
	间接效应	0.090	0.262

注:"—"表示估计系数在10%的统计水平上仍不显著。

第六节 小 结

本章采用中国 218 个城市及外围地区数据,构建面板联立方程模型研究了中心—外围地区间环境污染的溢出效应,并通过标准化分析导致城市环境污染的直接效应和间接效应,主要研究结论如下:

中心城市与外围地区间存在双向溢出效应,且经济发展、产业结构等因素显著加剧了环境污染物的排放,但投资对中国环境污染的总体影响为负,政府财政支出对环境污染的影响不确定,其估计系数不显著。对变量标准化处理后发现,外围地区对中心城市环境污染具有显著影响,且与中心城市经济发展、产业结构等核心解释变量的影响程度近似,即中心城市与外围地区间存在溢出效应,也进一步说明城市环境污染方程遗漏外围地区环境污染因素会导致结果出现偏误。间接效应测算结果说明外围地区通过溢出效应对中心城市环境污染的影响也不可忽视,中心城市环境污染有近 1/3 是由外围地区环境污染所导致的。

在异质性分析中,中心城市周边环境污染的范围越大,对中心城市环境污染的溢出效应越大,但中心城市对外围地区环境污染的溢出效应随距离增大而逐渐减小。在综合效应方面,不同距离外围地区的直接效虽略有差别但基本相同,而间接效应对距离的变化更为敏感。

基于上述研究,本章提出以下政策启示:

(1)联防联控、协同治理,推动环境规制由局部转向全局。运用科学的顶层设计,在考虑不同地区经济发展水平和能源消费结构的基础上,因地制宜地制定治污政策,既要防止地方政府在制定环境规制时"向底线竞争",又要防止其他地方政府制定环境规制时存在的"搭便车"行为,根据"联防联控、协同治理"原则进行统一检测、联合执法,或者探讨设立统筹的环境治污基金,协调不同地区间的合作治污。地方政府也要深刻认识到环境治理工作的系统性、全局性和连贯性,制定并实施合理的环境规制标准,对高污染企业形成倒逼机制,实现经济发展方式转变和产业结构优化升级,不断提升环境质量。

(2)引导生产要素合理流动。从人口流入地层面,利用人口集聚效应推动服务业发展,挤出高污染产业,降低人口流入地的环境污染水平;从人口流出地层面,环境污染导致的人口流出地应利用成本上升倒逼高污染企业开展环保技术创新,提升能源利用率,降低企业的边际治污成本,进而降低人口流出地的环境污染水平。针对高污染产业集聚地区,应鼓励高污染物排放企业在进行科技创新的同时大幅提升高污染产业集聚区的环境规制水平,加快促进产业转型升级,推动中心城市与外围地区间的绿色、协调发展。

第五章 中国制造业碳排放中的网络效应特征

控制和减少二氧化碳等温室气体的排放,是应对气候变化的主要途径,而当前国际碳减排形势却不容乐观。2017年,全球二氧化碳排放量达到325亿吨的历史新高,同比增长1.4%,打破二氧化碳排放量连续3年持平的状态。其中,中国二氧化碳排放量约为91亿吨,占全球总量的28%,是世界主要的碳排放国。[①] 考察中国各行业能源消费与碳排放特征的研究发现,自2000年以来碳排放绝大部分是由工业能源消费引致的,制造业能源消费占工业能源消费的80%以上并呈现逐渐上升的趋势(唐晓华和刘相锋,2016)。因此,制造业作为我国主要的碳排放行业,其减排效果在很大程度上决定了总体碳减排目标的实现进程。

产业规模的扩大为专业化的分工和协作提供了条件,致使各行业间中间产品的投入量和使用量增大,行业间的关联效应不断强化。在中间产品流动的过程中,碳排放也随之在行业间发生转移。随着制造业各子行业间的关联逐渐增强,中间产品使用产生的间接碳排放在碳排放总量中的比重逐年上升,隐含碳已经成为行业碳排放的重要组成部分(Lenzen,1998)。如果只考虑制造业的直接碳排放,并针对直接碳排放量较高的行业进行减排,就会忽视行业间碳转移的问题,导致制造业各子行业间出现碳泄漏现象。这不但会减弱碳减排的效果,而且会对碳减排政策的制定产生一定的误导,无法从根本上进行有效的碳减排。

现有文献对制造业碳排放问题的研究主要集中于两个方面:

一是研究制造业碳排放的影响因素,如行业产值、能源消费强度、能源消费结构等。大多数研究发现经济发展和终端能源消费强度是推动二氧化碳排放变化的主要因素(Ang et al.,1998;Lise,2006;Liu et al.,2007;

[①] 《全球能源和二氧化碳现状报告2017》(Global Energy and CO2 Status Report 2017),国际能源署,网址:http://www.iea.org/。

Mahony et al.,2012)。由于制造业各子行业的发展特征不同,碳排放各驱动因素对不同类型行业的碳排放量呈现差异化的影响。例如,能源消费规模对重工业碳排放的"促增效应"显著高于轻工业(邵帅等,2017),金属制品业能源消费结构变动对碳排放的影响效应高于其他行业(李新运等,2014)。因此,制造业不同类型行业碳排放影响因素及其影响效应的异质性特征突出,应在多维视角下对制造业各子行业的碳排放进行差异化的研究。

二是从行业间碳排放关联的视角进行分析。在国内外文献中,对于地区间碳转移的存在性及其测度的研究较为常见(Mizobuchi and Kakamu,2007;Meng et al.,2013;潘安,2017;王安静等,2017),对于行业间碳转移问题的研究相对较少但有逐渐增多的趋势。例如,部分学者的研究表明,绝大多数工业部门的引致碳排放远高于直接碳排放,部门间碳转移是构成工业部门完全碳排放的主要部分(陈红敏,2009;徐盈之等,2011;杨顺顺,2015),而且工业部门为非工业部门提供了较多的中间产品(Guo et al.,2012),非工业部门将碳排放转移到工业部门(张为付等,2014)。在行业间碳转移驱动因素的研究中,李新运等(2014)认为各行业产出变动和碳排放强度变动是造成间接碳排放变化的主要原因;孙立成等(2018)指出碳排放强度效应是产业碳转移减少的关键因素,而中间生产技术效应和投入规模效应则是碳转移增加的因素。

综合上述文献可得,有关制造业碳排放问题的研究虽然已经较为全面,但仍存在一定的研究空间:在碳转移问题的研究中,仅对各行业之间碳转移量进行测算,会忽略制造业碳排放系统内部结构特征对行业碳排放的影响;在不同制造业子行业碳排放问题的研究中,针对产业特征对行业进行合理分类,进而考察碳排放异质性的研究还不充分。本章基于投入产出表构建"产出—碳排放"矩阵,采用网络分析方法研究中国制造业碳排放的整体结构特征,检验制造业碳排放网络结构对碳排放的影响效应。在此基础上,本章采用面板校正标准误估计方法,从生产要素异质性和板块分布异质性两个角度探究制造业不同类型子行业碳排放影响效应的异质性,为推动实体经济高质量发展提供实证支持(高巍,2018;张同斌等,2019)。

本章的结构安排为:第一节介绍"产出—碳排放"矩阵的构建方法,以及基于碳排放矩阵的网络分析方法;第二节是数据来源、变量计算和制造业碳排放关联网络特征的描述性分析;第三节分别对我国制造业整体、劳动密集型行业和资本密集型行业的网络特征变量对碳排放的影响效应进行实证分析;第四节基于块模型分类方法,考察受益板块类型和溢出板块类型行业的网络特征对碳排放的影响效应;第五节是小结。

第一节 "产出—碳排放"矩阵的构建与网络分析方法

一、制造业"产出—碳排放"矩阵的构建

投入产出表是行业之间中间产品投入和使用关系的重要体现形式,将其与碳排放数据相结合,能够合理地测度制造业系统行业内的碳排放量和行业间的碳转移量。本章从最终需求的角度对制造业各子行业的碳排放量进行测度,包括直接碳排放和间接碳排放两部分。直接碳排放(即自给碳排放)指的是制造业各子行业在生产过程中为满足自身单位最终需求而产生的碳排放量;而间接碳排放(即引致碳排放)指的是为满足本行业单位最终需求所消耗的其他行业产品生产过程所产生的碳排放量。

制造业各子行业之间的直接消耗系数矩阵 $\mathbf{A}$ 为:

$$\mathbf{A} = \begin{bmatrix} a_{11} & a_{12} & \cdots & a_{1n} \\ a_{21} & a_{22} & \cdots & a_{2n} \\ \vdots & \vdots & \ddots & \vdots \\ a_{n1} & a_{n2} & \cdots & a_{nn} \end{bmatrix}$$

$$a_{ij} = \frac{x_{ij}}{X_j}, \ i,j = 1,2,3,\cdots,n \tag{5.1}$$

其中,a_{ij} 为直接消耗系数,表示行业 j 生产单位产品所要投入的行业 i 产品数量;x_{ij} 表示行业 i 提供给行业 j 的中间产品量;X_j 为行业 j 的总产出;n 为制造业子行业个数。

式(5.1)表明,制造业各子行业之间的联系呈现错综复杂的"网状"结构,但这只是生产关系的体现。如前所述,在基于投入产出表对制造业碳转移问题进行分析时,必须充分结合各行业的碳排放数据,考察行业在碳排放网络中的位置等结构特征对碳排放的影响。为了科学地表述制造业各子行业之间的碳排放关联,本章参考 Leoncini and Montresor(2003)、Montresor and Marzetti(2009)的方法,在投入产出表的基础上构建"产出—碳排放"矩阵为:

$$\mathbf{P} = \widehat{\mathbf{C}} \widehat{\mathbf{X}}^{-1} (\mathbf{I} - \mathbf{A})^{-1} \widehat{\mathbf{Y}} \tag{5.2}$$

其中，对角矩阵 $\widehat{C}$ 的元素表示制造业各行业的碳排放量；矩阵 $\widehat{X}$ 表示制造业各行业的总产出；矩阵 $\widehat{Y}$ 表示制造业各行业的最终需求；矩阵 $(I-A)^{-1}$ 为列昂惕夫逆矩阵即完全需求系数矩阵，其中第 i 行第 j 列的元素表示行业 j 单位最终需求引致的行业 i 的全部产品投入。各矩阵的具体形式分别为：

$$\widehat{C} = \begin{bmatrix} C_1 & 0 & \cdots & 0 \\ 0 & C_2 & \cdots & 0 \\ \vdots & \vdots & \ddots & \vdots \\ 0 & 0 & \cdots & C_n \end{bmatrix} \quad \widehat{X} = \begin{bmatrix} X_1 & 0 & \cdots & 0 \\ 0 & X_2 & \cdots & 0 \\ \vdots & \vdots & \ddots & \vdots \\ 0 & 0 & \cdots & X_n \end{bmatrix} \quad \widehat{Y} = \begin{bmatrix} Y_1 & 0 & \cdots & 0 \\ 0 & Y_2 & \cdots & 0 \\ \vdots & \vdots & \ddots & \vdots \\ 0 & 0 & \cdots & Y_n \end{bmatrix}$$

矩阵 P 中的元素 p_{ij} 表示满足行业 j 单位最终需求所引致的行业 i 生产过程产生的碳排放。当 $i=j$ 时，表示行业 j 的直接碳排放或自给碳排放；当 $i \neq j$ 时，表示行业 j 生产过程对行业 i 产品使用所导致的间接碳排放或引致碳排放。

二、门限值的选取

为了便于对制造业碳排放关联矩阵的网络结构特征进行分析，本章将"产出—碳排放"矩阵转化为二值矩阵。如果行业 i 生产中间产品供给行业 j 使用的过程中引致行业 i 的碳排放量在总碳排放量中的占比很低，行业 i 与行业 j 之间的碳排放关联就相对微弱，可以忽略。因此，本章设定门限值 t，当"产出—碳排放"矩阵中的元素大于门限值时，保留行业之间的碳排放关联；当"产出—碳排放"矩阵中元素小于门限值时，舍弃行业之间的碳排放关联，"产出—碳排放"矩阵 P 成为二值矩阵 D，矩阵中的元素为 d_{ij}：

$$d_{ij} = \begin{cases} 1, & p_{ij} \geq t \\ 0, & p_{ij} < t \end{cases} \tag{5.3}$$

显然，选取不同的门限值会得到不同的研究结果。本章参考 Leoncini and Montresor(2000)提出的门限值选取方法，利用网络密度图确定合适的门限值。其中，网络密度能够揭示制造业碳排放网络关联的紧密程度，网络密度越大，各行业碳排放关联越紧密，制造业碳排放网络结构对制造业碳排放的影响效应越明显。门限值选取的基本原则为：与行业关联逐渐增强的现实一致，网络密度应逐年增大且波动程度不能太高，同时还应保证各年份制造业碳排放网络的结构特征显著和结构稳定性等，最终确定门限值 $t = 0.2783$。

三、制造业碳排放网络结构特征的测度

本章将制造业视为一个网络系统，制造业各行业构成"产出—碳排放"

网络系统中的各个节点,行业之间的碳排放关联采用节点与节点之间的连接线段表示。在此基础上,可以计算碳排放的网络结构特征变量,对制造各行业之间的碳排放关联特征进行量化分析。

1. 点入度、点出度和度数中心度

在制造业碳排放关联网络中,行业 i 的点入度(Ind_i)表示其他行业为行业 i 提供中间产品而产生碳排放的行业个数,反映其他行业为行业 i 承担碳排放的程度。与之相对,行业 i 的点出度($Outd_i$)表示将行业 i 产品作为中间投入进行生产并产生碳排放的其他行业个数,反映行业 i 的碳排放溢出程度。

第 i 行业的度数中心度(De)衡量与行业 i 存在碳排放影响关系的行业个数之和,测度行业 i 与其他行业之间碳排放直接关联程度的大小。某一行业的度数中心度越高,说明该行业在制造业碳排放关联网络中与其他行业之间的联系越多,即该行业更趋近于网络的中心位置。第 i 行业度数中心度为制造业碳排放关联网络中与行业 i 直接相连的行业个数与最大可能直接相连的行业个数之比:

$$De = \frac{Ind_i + Outd_i}{2(n-1)} \quad (5.4)$$

2. 中间中心度

中间中心度由 Freeman(1978)提出,测度一个行业在多大程度上处于其他行业的"中间"位置,即其他行业之间的碳排放关联通过该行业间接连接的程度。若制造业关联网络中某一行业拥有较高的中间中心度,则表明该行业在很大程度上控制着其他行业之间的碳排放关联,在制造业碳排放关联网络中起着重要的"中介"或"桥梁"作用。行业 i 中间中心度 C_{ABi} 的计算公式为:

$$C_{ABi} = \sum_{j}^{n} \sum_{k}^{n} \frac{g_{jk}(i)}{g_{jk}}$$

$$j \neq k \neq i \text{ 且 } j < k, i, j, \quad k = 1, 2, 3, \cdots, n \quad (5.5)$$

其中,g_{jk} 表示行业 j 与行业 k 相连接的捷径条数,$g_{jk}(i)$ 表示行业 j 和行业 k 之间经过行业 i 建立碳排放关联的捷径条数,n 表示制造业碳排放网络中的总节点数。

3. 接近中心度

接近中心度是刻画中心度的另一个指标,可用于测度一个行业的碳排放在多大程度上不受其他行业中间产品流动的影响(刘军,2014)。一个行业的接近中心度越高,意味着该行业在制造业碳排放关联网络中越能够快速地通过行业间的前后向联系与其他行业产生关联,其碳排放越不容易受其他行业的影响。第 i 行业接近中心度 C_{APi} 的计算公式为:

$$C_{APi} = \frac{\sum_{j}(f_{ji} + f_{ij})}{2(n-1)}$$

$$i,j = 1,2,3,\cdots,n \tag{5.6}$$

其中, f_{ij} 表示行业 i 与行业 j 相连接的捷径距离。

上述网络指标不仅从直接联系的角度测度了制造业各子行业间产出与碳排放关联的方向和程度,而且从间接联系的角度刻画了行业碳排放不受其他行业影响的程度以及行业对其他行业碳排放关联的控制程度,实现了对制造业碳排放关联网络结构特征的全面描述。本章使用 UCINET 软件计算网络特征变量。

第二节 数据来源、变量选取和描述性分析

投入产出表是构建"产出—碳排放"矩阵的基础,本章采用的投入产出表来自世界投入产出数据库(Word Input-Output Database,WIOD)公布的中国投入产出数据。WIOD 数据库公布了 1997—2014 年 18 年的中国投入产出表,由于 WIOD 投入产出表中的行业分类与中国国民经济行业分类中制造业的划分标准不一致,本章以国际标准行业分类(ISIC Rev 4.0)为基准,将制造业各子行业归并为 13 个行业。[①]

一、制造业碳排放数据来源

在计算制造业各行业碳排放量变量(Carbon)时,与大多数文献一致,本章参照联合国政府间气候变化专门委员会(Intergovernmental Panel on Climate Change,IPCC)提出的碳排放测算方法,采用行业各类能源的消耗量、能源转换系数和能源碳排放因子的乘积之和作为行业碳排放量的近似值。鉴于数据的可得性,本章选取具有代表性的煤、焦炭、原油、天然气等 9 种能源测度各行业的碳排放量,其中各种能源的折标准煤系数(能源转换

---

① 制造业子行业名称为:食品、饮料和烟草,纺织品、皮革和鞋类,木材和软木产品,纸张、印刷和出版,焦炭、精炼石油和核燃料,化工产品,橡胶和塑料,其他非金属矿物,基本金属和制造金属,机械,电气和光学设备,运输设备,其他。

系数)来自历年的《中国能源统计年鉴》,各能源的碳排放因子参考 2007 年 IPCC 第四次评估报告的结果。

二、控制变量的选取

固定资产投资是中国经济增长的重要推动力之一,其中相当一部分投资引致了大量的以化石能源为主的能源消费和相应的碳排放激增,致使中国经济陷入了"产业投资—经济增长—能源消费—碳排放"的发展模式(邵帅等,2017)。参考国内外文献有关碳排放影响因素的研究设计,本章选取行业规模、行业投资和能源消费结构作为影响制造业碳排放的控制变量。

行业总产值指标:当前中国大多数制造业子行业的发展尚未从根本上摆脱对化石能源的依赖,行业产出规模的扩张会导致碳排放量的增加。并且,基于经济增长与环境污染之间存在倒 U 形环境库兹涅茨曲线的假说,部分制造业子行业产值与碳排放之间也可能存在类似的关系,因此本章在模型中加入行业总产值的二次项。行业总产值数据来自历年的《中国工业统计年鉴》中的工业总产值,记为 Y。

人均固定资产投资指标:投资的增长能够在一定程度上通过行业生产规模的扩大促进能源消费量的增加,进而引致碳排放量的增加。人均投资水平用行业固定资产投资除以全部从业人员年平均人数来度量,记为 $Pinv$,数据来自历年的《中国工业统计年鉴》和作者计算。

能源消费结构指标:在工业生产中,煤炭消耗是产生二氧化碳的直接来源,在总能源消费量中煤炭占比的上升将加大行业的碳排放量。本章采用制造业各子行业的煤炭消费量与该行业总能源消费量的比值表示能源消费结构,记为 Str,数据来自历年的《中国能源统计年鉴》。

三、制造业碳排放网络结构的描述性分析

为了清楚地描述中国制造业各行业间的碳排放关联,本章根据转化后的"产出—碳排放"二值矩阵构建制造业碳排放关联网络,描绘了 1997 年和 2014 年两个代表性年份制造业碳排放关联网络。如图 5-1 和图 5-2 所示,我国制造业碳排放关联网络系统呈现较为典型的网络结构形态。

1997 年,制造业中的机械行业、电气和光学设备行业、运输设备行业基本上处于产业链的下游,上述行业将其他行业生产的大量产品作为中间投入以满足自身需求,对其他行业产出具有较强的拉动作用。与此同时,随着其他行业的中间产品流入机械行业、电气和光学设备行业、运输设备行业,引致其他行业产生大量的碳排放,即上述行业生产过程的隐含碳排放

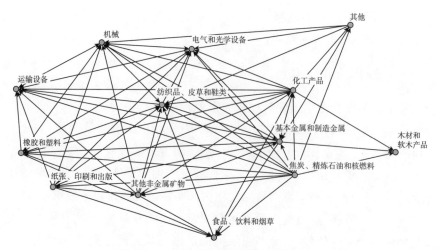

图 5-1　1997 年制造业碳排放关联网络

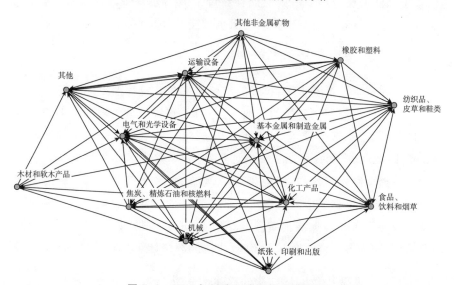

图 5-2　2014 年制造业碳排放关联网络

量相对较高,属于产品流入和碳排放流出行业。并且,机械、运输设备等在产出规模和能源消费上都是增长较快的行业,引致其他行业的碳排放也呈现快速增长特征。与之相对,精炼石油和核燃料、化工产品、基本金属和制造金属等能源行业和原材料工业在产业链中处于中上游环节,生产的产品多用于其他行业的中间环节,属于主要的碳排放流入行业。

与 1997 年相比,2014 年中国制造业中主要的碳排放流出行业和流入行业基本保持不变,这表明各行业在碳排放关联网络中的位置较为稳定。不同之处在于,2014 年制造业碳排放网络体系中各行业之间的关联程度更加紧密。一个可能的解释是,制造业各行业规模的扩大在促使生产专业化水平提升和生产成本降低的同时,制造业各行业间分工协作的关系深化,行业间生产关联不断增多,行业间碳转移量也随之增加,碳排放关联逐渐增强。例如,随着机械、电气和光学设备、运输设备、基本金属和制造金属等核心行业对木材和软木产品,以及纸张、印刷和出版等边缘行业的引领作用越来越明显,行业关联增强导致的碳排放溢出效应越突出。行业产值高、能源消费量大的制造行业凭借自身的发展优势逐步吸引边缘行业向其接近,而行业产值水平低、生产规模较小的边缘行业向处于核心位置的行业输出原材料和能源等(刘华军和刘传明,2017)。

第三节 制造业网络结构效应对碳排放影响的实证分析

一、制造业整体网络特征变量对碳排放的影响效应

(一) 模型构建与估计方法

本章选取 1997—2014 年制造业 13 个行业的平衡面板数据,构建面板计量经济模型进行分析。具体而言,本章以中国制造业各行业的碳排放量($Carbon_{it}$)为研究对象,选取行业总产值(Y_{it})及其平方项(Y_{it}^2)、行业人均固定资产投资($Pinv_{it}$)、能源消费结构(Str_{it})作为控制变量,将网络特征变量点入度(Ind_{it})、点出度($Outd_{it}$)、度数中心度(De_{it})、中间中心度(C_{ABit})、接近中心度(C_{APit})逐一加入模型,(将网络结构变量依次引入模型还可以避免产生高度的多重共线性问题)分析制造业碳排放网络的结构特征对行业碳排放的影响,模型形式为:

$$Carbon_{it} = \beta_0 + \beta_1 Ind_{it} + \beta_2 Outd_{it} + \beta_3 De_{it} + \beta_4 C_{ABit} + \beta_5 C_{APit} + \beta_6 Y_{it} + \beta_7 Y_{it}^2 + \beta_8 Pinv_{it} + \beta_9 Str_{it} + \mu_{it} \quad (5.7)$$

由于面板数据模型的回归结果对样本数据的方差较为敏感,特别是在以中国制造业各行业为研究样本时,面板数据会因不同行业之间规模存在较大差异而产生严重的异方差问题,而且面板序列相关现象也不容忽视。为了得到准确的回归结果,本章采用面板校正标准误(Panel-corrected Standard Error, PCSE)方法对模型(5.7)进行估计。

当面板数据模型存在复杂的误差结构(如序列相关、异方差等)时,会导致采用普通最小二乘法得到的估计量无偏、一致且非有效,此时统计检验将会失效。Beck and Katz(1995)提出了面板校正标准误估计方法,在对模型的标准误差进行校正后,继续使用普通最小二乘法就可以得到有效的

估计量,在小样本量的情形下效果也十分显著。

本章对 PCSE 估计方法的基本原理进行简要说明,以一个矩阵形式表示的面板数据模型为例。

$$Y = X\beta + U \tag{5.8}$$

模型(5.8)的展开形式为:

$$\begin{bmatrix} y_{1t} \\ y_{2t} \\ \vdots \\ y_{nt} \end{bmatrix} = \begin{bmatrix} X_{1t} & & & \\ & X_{2t} & & \\ & & \ddots & \\ & & & X_{nt} \end{bmatrix} \begin{bmatrix} \beta_1 \\ \beta_2 \\ \vdots \\ \beta_n \end{bmatrix} + \begin{bmatrix} u_{1t} \\ u_{2t} \\ \vdots \\ u_{nt} \end{bmatrix} \tag{5.9}$$

采用最小二乘估计法对模型(5.8)进行估计,得到参数估计量及其方差为:

$$\hat{\beta}_{OLS} = (X'X)^{-1}X'Y \tag{5.10}$$

$$\text{var}(\hat{\beta}_{OLS}) = (X'X)^{-1}\{X'\Omega X\}(X'X)^{-1} \tag{5.11}$$

其中,Ω 为随机扰动项的方差—协方差矩阵,$\Omega = \Sigma \otimes I_T$,为块对角矩阵,$\Sigma$ 为 $N \times N$ 同期协方差矩阵,矩阵中的元素值不随时间变化,即

$$\Omega = \begin{bmatrix} \Sigma_1 & 0 & 0 & 0 \\ 0 & \Sigma_2 & 0 & 0 \\ \vdots & \vdots & \ddots & \vdots \\ 0 & 0 & \cdots & \Sigma_t \end{bmatrix}$$

$$\Sigma_t = \begin{bmatrix} \sigma_1^2 & \sigma_{(12)t} & \cdots & \sigma_{(1n)t} \\ \sigma_{(21)t} & \sigma_2^2 & \cdots & \sigma_{(2n)t} \\ \vdots & \vdots & \ddots & \vdots \\ \sigma_{(n1)t} & \sigma_{(n2)t} & \cdots & \sigma_n^2 \end{bmatrix}$$

$$\Sigma_1 = \Sigma_2 = \cdots = \Sigma_t \tag{5.12}$$

在模型(5.8)中,当扰动项 U 存在组间异方差或组间同期相关时,即 $\text{cov}(\mu_{it}, \mu_{jt}) = \sigma_{(ij)t}$,$\text{var}(\mu_{it}) = \sigma_i^2$,$\sigma_i^2 \neq \sigma_j^2$,普通最小二乘(OLS)估计量是一致但非有效的。

使用"组间异方差、组间同期相关"稳健的标准误差,也称面板校正标准误,可以保证统计量的有效性。由于同一时期不同个体之间的协方差是未知的,为了得到 β 的方差—协方差矩阵估计量,需要利用样本数据对矩阵 Σ 进行估计。在模型(5.8)中,由于 OLS 估计量仍然是一致的,因此可以基于残差项 e_{it} 估计随机扰动项 u_{it},相应地采用 $\hat{\Sigma}_{ij}$ 估计随机扰动项的方差:

$$\widehat{\Sigma}_{ij} = \frac{\sum_{t=1}^{T} e_{it} e_{jt}}{T} \tag{5.13}$$

将式(5.13)代入式(5.11),得到面板数据模型校正后的标准误差,这一处理方法保证了当存在异方差和相关性时 OLS 估计量的有效性(Beck and Katz,1995)。

(二) 模型估计结果与分析

本章基于 1997—2014 年中国制造业全部行业样本,采用面板校正标准误方法对模型(5.7)进行估计,得到制造业整体行业网络结构特征对碳排放影响效应的估计结果,如表 5-1 所示。

表 5-1 网络结构特征对制造业行业碳排放影响效应的估计结果

变量	被解释变量(Carbon)(全部行业样本)					
点入度(Ind)	−0.9410***					
	(−4.22)					
点出度(Outd)		1.2780***				
		(6.09)				
度数中心度(De)			0.7765**			
			(2.53)			
中间中心度(C_{AB})				0.5701**		
				(2.08)		
接近中心度(C_{AP})					0.1763***	
					(2.65)	
行业产值(Y)	0.7237***	1.0620***	0.5800***	0.5791***	0.5333***	0.7913***
	(4.72)	(4.87)	(4.46)	(4.19)	(3.87)	(5.24)
行业产值平方(Y^2)	−0.0028***	−0.0044***	−0.0022***	−0.0022***	−0.0020**	−0.0031***
	(−3.31)	(−4.05)	(−3.21)	(−2.78)	(−2.55)	(−3.71)
人均投资(Pinv)	3.8175***	3.7441***	3.1943***	3.5656***	3.4782***	3.7428***
	(19.17)	(18.35)	(17.39)	(16.86)	(15.47)	(18.12)
能源消费结构(Str)	10.8591***	1.5035	2.1302	12.1918***	12.5631***	10.4547***
	(6.79)	(0.58)	(1.20)	(6.83)	(6.45)	(6.47)
常数项	−5.8698***	2.6458*	−8.1150***	−13.1428***	−20.6003***	−6.6551***
	(−5.00)	(1.69)	(−5.35)	(−3.90)	(−3.42)	(−5.05)
R^2	0.7499	0.7674	0.8236	0.7608	0.7643	0.7593
样本量	228	228	228	228	228	228

注:***、**、* 分别表示在 1%、5% 和 10% 的显著性水平;括号内是估计系数对应的 t 值。

由表5-1的结果可得,在制造业碳排放系统中,网络特征变量对行业碳排放量存在显著影响。其中,点入度、点出度对制造业碳排放影响的估计系数分别为-0.9410、1.2780,且在1%的显著性水平。点入度的提高会导致制造业碳排放量减少,而点出度的提高会导致行业碳排放量增加,这主要是中间产品流动导致的碳转移对制造业碳排放影响效应的体现。如前所述,在制造业生产网络中,下游行业通过引进中间产品减少了本行业的生产环节,进而减少了自身的碳排放量;上游行业为中下游行业提供的中间产品主要是原材料及能源密集型产品,其生产过程中消耗的大量能源导致本行业碳排放量增加。根据碳排放量的测算数据以及构建的"产出—碳排放"矩阵计算可得,2014年我国制造业碳排放总量达到2 321.90百万吨(Mt),较1997年增长196.52%,同期制造业行业关联导致的隐含碳排放量增长幅度达到252.56%。由此可见,制造业内部隐含碳的增长幅度明显高于制造业碳排放总量的增长幅度,并且1997—2014年我国制造业间接碳排放量约为直接碳排放量的1.49倍,这表明中间产品流动及碳转移对制造业碳排放的影响效应十分显著。

在中心度的影响效应方面,度数中心度、中间中心度和接近中心度的回归系数分别为0.7765、0.5701和0.1763且均显著,这表明制造业各行业的中心性特征对行业碳排放具有正向影响,即制造业中心度增强会导致行业碳排放量增加。在制造业碳排放关联网络中,度数中心度提高意味着行业与其他行业之间建立了更为广泛的联系,行业关联和碳排放关联增强,行业间的碳转移量增加;较高的中间中心度表明行业对其他制造行业碳排放流动方向和数量的引导力、控制力提高,行业间存在的碳排放间接联系逐渐增强;接近中心度的提高使得制造业碳排放关联网络中各子行业之间的相互联系更加密切,甚至促使处于相对边缘位置的行业与其他行业之间建立起碳排放关联,从而行业间碳排放关联进一步加强。

制造业整体网络中心性的提高促使各行业间的直接、间接碳排放关联增强,行业总体碳排放量增加。根据"产出—碳排放"矩阵计算可得,1997—2014年我国制造业碳排放关联网络中行业间碳排放关联由70个增加到91个,制造业隐含碳排放量占制造业碳排放总量的比重由49.31%升至58.63%,提高超过9个百分点,行业间的碳排放关联与碳排放量均呈现上升趋势。

在制造业碳排放关联网络中,某一行业与其他行业之间的直接联系越多,越能发挥其作为中间行业为其他行业建立碳排放间接联系的"桥梁"作用,拥有较高度数中心度的行业,一般而言其中间中心度也较高。此外,拥有广泛的直接联系是行业与其他行业之间建立间接联系的前提,度数中心度高行业的接近中心度通常也越高。因此,度数中心度、中间中心度和接近中心度的行业排名基本一致,三种中心度对制造业碳排放影响效应的方向也相同。

二、分行业类型网络特征变量对行业碳排放的影响效应

在制造业生产体系中,不同类型行业网络特征对碳排放的影响效应也不尽相同。本章参考王栋等(2012)的行业分类标准,将制造业划分为劳动密集型行业和资本密集型行业两大类。① 其中,劳动密集型行业以劳动力为主要投入要素,大多属于传统的制造业;而资本密集型行业的投资规模一般较大,与其他行业的联系相对紧密。

(一)劳动密集型行业网络特征变量对行业碳排放的影响

本章基于劳动密集型制造业行业的样本数据,采用面板校正标准误方法对模型(5.7)进行估计,检验网络结构特征对碳排放的影响效应,估计结果如表5-2所示。

表5-2 网络结构特征对劳动密集型行业碳排放影响的估计结果

变量	被解释变量(Carbon)(劳动密集型行业样本)
点入度(Ind)	0.0877*
	(1.75)
点出度(Outd)	0.1594***
	(4.31)
度数中心度(De)	0.2593***
	(6.93)
中间中心度(C_{AB})	0.5716***
	(4.07)
接近中心度(C_{AP})	0.0643***
	(7.31)

---

① 劳动密集型行业为:食品、饮料和烟草,纺织品,皮革和鞋类,木材和软木产品,纸张、印刷和出版。资本密集型行业为:焦炭、精炼石油和核燃料,化工产品,橡胶和塑料,其他非金属矿物,基本金属和制造金属,机械,电气和光学设备,运输设备,其他。此外,资本密集型行业还可以进一步划分为资源密集型行业和技术密集型行业。

（续表）

变量	被解释变量（Carbon）（劳动密集型行业样本）					
行业产值（Y）	1.6866***	1.5348***	1.4679***	1.1361***	1.0556***	1.6950***
	(11.92)	(9.23)	(10.19)	(7.95)	(7.27)	(13.77)
行业产值平方（Y^2）	−0.010***	−0.092***	−0.080***	−0.0590***	−0.0558***	−0.1029***
	(−6.70)	(−5.86)	(−5.29)	(−4.29)	(−4.10)	(−7.16)
人均投资（Pinv）	−0.748***	−0.588***	−0.801***	−0.5485***	−0.4275***	−0.5713***
	(−5.27)	(−3.55)	(−6.66)	(−5.43)	(−4.31)	(−5.02)
能源消费结构（Str）	4.8830***	4.8579***	3.9806***	3.8834***	3.7069***	4.5860***
	(7.43)	(7.79)	(7.63)	(8.73)	(8.70)	(9.71)
常数项	−0.815***	−1.195***	−0.780***	−2.0142***	−4.8345***	−1.1878***
	(−2.66)	(−3.24)	(−3.71)	(−10.91)	(−10.08)	(−5.15)
R^2	0.8416	0.8476	0.8873	0.9142	0.9199	0.8701
样本量	72	72	72	72	72	72

注：***、*分别表示在1%和10%的显著性水平；括号内是估计系数对应的 t 值。

表5-2显示，劳动密集型制造行业点入度、点出度对碳排放的影响系数分别为0.0877、0.1594且均显著，说明点入度或点出度增大会导致相应类型行业的碳排放量上升，点出度对碳排放的影响效应更为显著。点出度对碳排放的影响为正，与全部制造业样本回归的影响方向一致；与之不同，点入度对行业碳排放存在正向影响，与整体回归结果相反。原因在于，劳动密集型行业的主要投入为能源产品和原材料等，在其他中间产品对原材料等产品的替代性较弱的情形下，要素价格上升引发的生产成本上升导致劳动密集型行业的竞争优势减弱、技术进步缓慢，由此设备的更新速度放缓，碳排放量没有得到有效控制而出现上升。

更为重要的是，部分劳动密集型行业自身的生产特征决定了点入度增大导致碳排放量增加的特征，以纸张、印刷和出版行业为例。由于该行业为高污染和高排放行业，当点入度上升（即其他行业为其提供更多的中间产品）时，产品流入一方面会减少自身的碳排放，另一方面会促使产出规模扩大、能源消费增长和碳排放量增加，碳排放量的变动取决于两种效应的大小关系。当生产规模扩大对碳排放的促进作用超过产品流入对碳排放的抑制作用时，碳排放量呈现上升趋势。

劳动密集型行业的度数中心度、中间中心度和接近中心度对碳排放的影响系数均显著为正。当度数中心度提高时，劳动密集型行业与其他行业之间的联系增多,行业关联带来的规模效应推动行业产出增长和碳排放量增加。中间中心度和接近中心度的提高在一定程度上也是劳动密集型行业直接关联效应增强的体现,因此两者对劳动密集型行业碳排放的影响方向与度数中心度一致。由表5-2可得,与度数中心度和接近中心度相比,中间中心度对行业碳排放的影响效应最大。这是由于劳动密集型行业主要从事加工、组装、制造等活动,处于产业链的中间环节,与产业链分工地位相对应的中间中心度对行业生产活动和碳排放的影响效应十分显著。由于中间中心度对碳排放的控制作用明显,在劳动密集型行业的碳减排中,针对重点行业施加更多约束能够达到更好的减排效果。

(二) 资本密集型行业网络特征变量对行业碳排放的影响

与劳动密集型行业类似,本章选取资本密集型行业样本,采用面板校正标准误方法对模型(5.7)进行估计,检验网络结构特征对碳排放的影响效应,估计结果如表5-3所示。

表5-3 网络结构特征对资本密集型行业碳排放影响的估计结果

变量	被解释变量(Carbon)(资本密集型行业样本)					
点入度(Ind)	-1.6229***					
	(-5.20)					
点出度(Outd)		1.4589***				
		(8.14)				
度数中心度(De)			0.1991			
			(0.28)			
中间中心度(C_{AB})				0.0870		
				(0.42)		
接近中心度(C_{AP})					0.0232	
					(0.21)	
行业产值(Y)	1.4377***	1.8558***	1.1152***	1.4011***	1.4093***	1.4396***
	(6.57)	(6.81)	(6.60)	(6.00)	(5.94)	(6.61)
行业产值平方(Y^2)	-0.0061***	-0.0081***	-0.0047***	-0.0060***	-0.0060***	-0.0060***
	(-5.59)	(-6.24)	(-5.72)	(-5.30)	(-5.27)	(-5.62)
人均投资(Pinv)	2.8033***	2.8059***	2.6331***	2.7816***	2.7857***	2.8164***
	(11.81)	(10.89)	(12.11)	(10.29)	(10.21)	(12.18)
能源消费结构(Str)	25.9721***	7.4166**	9.2966***	25.8540***	25.8900***	25.6151***
	(7.22)	(2.54)	(3.34)	(7.20)	(7.21)	(7.36)

（续表）

变量	被解释变量（Carbon）（资本密集型行业样本）					
常数项	-9.3001***	6.6914***	-11.3608***	-11.2304	-11.2617	-9.4023***
	(-5.28)	(2.88)	(-5.79)	(-1.54)	(-1.19)	(-5.21)
R^2	0.8053	0.8401	0.8691	0.8055	0.8054	0.8055
样本量	156	156	156	156	156	156

注：***、*分别表示在1%、5%的显著性水平；括号内是估计系数对应的 t 值。

根据表5-3可知，资本密集型制造行业点入度、点出度的回归系数分别为-1.6229和1.4589，均在1%的显著性水平，与全部样本回归中的出入度对碳排放影响的方向一致、程度近似。原因在于：资本密集型制造行业是制造业中间生产活动的主体，其中间产品使用量占制造业中间产品使用总量的87.19%，从而成为主要的碳排放行业，较大程度地反映了制造业整体的碳排放特征。根据碳排放量的测算结果可得，1997—2014年我国制造业碳排放量增长的1 685.61百万吨中，劳动密集型行业和资本密集型行业的碳排放量分别增加121.82百万吨和1 563.79百万吨，对制造业碳排放量增长的贡献率分别为7.23%和92.77%；并且，资本密集型行业与其他行业之间的前后向关联效应较强，在碳排放关联网络中易受到中间产品流动的影响。

与出入度不同，度数中心度、接近中心度和中间中心度对资本密集型行业碳排放的影响系数均不显著，资本密集型行业稳定和分散的网络结构减弱了中心度对碳排放的影响。可能的解释是：第一，基于生产结构视角，结合中国投入产出表的计算可知，1997—2014年资本密集型行业自身的中间使用和中间投入分别占全部中间使用和全部中间投入的88.22%、88.77%，"自给自足"特征十分突出，这类行业内部的生产网络结构关系十分稳定，碳排放受到其他行业控制或控制其他行业碳排放的程度较低。

第二，基于"产出—碳排放"矩阵的计算结果，1997—2014年我国资本密集型行业的三种中心度在整个制造业碳排放网络中的位置靠前，并且几乎没有发生变化。资本密集型行业中的化工产品，焦炭、精炼石油和核燃料，基本金属和制造金属，机械等，其中心性均大于制造业的平均水平。此外，资本密集型行业中各个子行业的中心性差距较小，这说明在资本密集型行业碳排放子网络中，不存在地位突出的主导型行业，进而导致中心度对碳排放的影响效应不足。

第三，资本密集型行业中心度对碳排放的影响作用微弱，这主要还是由产业分工或行业在产业链中所处位置决定的。对资本密集型行业的分析发现,这类行业可以进一步划分为资源密集型行业和技术密集型行业。一般而言,资源密集型行业、技术密集型行业分别处于产业链的上游和下游环节,即位于产业链的两端,加之产业链长度的影响,致使在资本密集型制造业碳排放子网络中,中间中心度、接近中心度的影响效应不显著。

需要注意的是,对比表5-2和表5-3可得,与劳动密集型行业相比,资本密集型行业点入度、点出度两种网络结构特征变量对碳排放的影响效应更大且更显著,这部分取决于两类行业的生产规模和行业关联特征的差异。在投入规模上,中国投入产出表的计算结果表明,1997—2014年资本密集型行业的中间使用、中间投入分别为劳动密集型行业的10.95倍和6.49倍,这表明资本密集型行业在制造业生产网络中的参与程度远高于劳动密集型行业,且资本密集型行业的中间使用和中间投入增长幅度接近劳动密集型行业的2倍。从行业关联角度分析,资本密集型行业的前向和后向产业关联系数均大于劳动密集型行业(王岳平和葛岳静,2007),其生产活动与其他行业生产活动之间的相互影响更为显著,因而更容易发生碳转移和碳溢出现象,点入度和点出度对碳排放的影响程度更高。

第四节 制造业碳排放的板块特征与异质性分析

一、制造业子行业的板块划分与特征分析

为了进一步从网络结构的角度研究不同类型制造业子行业碳排放的异质性,本章通过块模型揭示制造业各行业在碳排放关联网络中的聚类特征。借助UCINET软件,本章采用社会网络分析中的CONCOR(Convergent Correlation,迭代相关收敛)方法,将最大分割深度设定为2、收敛标准设定为0.2,得到制造业各行业的板块分类结果。参考Girvan and Newman(2002)的研究方法,依据板块内部关系与板块间关系的数量特征,可以将制造业板块划分为四种类型:主受益板块、主溢出板块、双向溢出板块和经纪人板块。

各类板块的特征为:主受益板块中的制造业行业接收来自板块外部行业的碳排放关系明显多于对其他板块的碳排放溢出关系,主要表现为碳排放的接收;主溢出板块中的制造业行业对其他板块发出的碳排放关系明显多于接收其他板块的碳排放关系,典型特征为碳排放溢出;双向溢出板块、

经纪人板块中的制造业行业既发出关系也接收其他板块的关系,两者的区别在于板块内部行业之间的碳排放关系较多还是较少。

本章根据块模型方法对制造业各行业进行归类,得到1997—2014年13个制造业子行业所在的板块及其类别。经过整理发现,除个别年份外,制造业各行业主要分布在主受益板块和双向溢出板块,两类板块的明显特征分别为碳排放关系的接收和溢出。为简化起见,本章分别将主受益板块、双向溢出板块称为受益板块和溢出板块。①

对受益板块和溢出板块中行业的特征进行分析可得,受益板块中的制造业行业生产规模较大,但其中间产品主要由其他行业供给,来自本行业的中间产品占比较小。溢出板块中的制造业行业多属于能源行业或原材料行业,主要生产能耗高、附加值低的初级产品,在制造业生产系统和碳排放关联网络中处于核心位置,与其他产业具有较强的前向和后向关联,该类行业的碳排放水平较高。

二、不同板块行业碳排放的异质性分析

(一)受益板块行业网络特征变量对行业碳排放的影响

本节基于受益板块行业样本,采用面板校正标准误估计方法对模型(5.7)进行估计,得到行业网络特征变量对碳排放的影响效应,估计结果如表5-4所示。

表5-4 网络结构特征对受益板块行业碳排放影响的估计结果

变量	被解释变量(Carbon)(受益板块行业样本)
点入度(Ind)	−0.2437***
	(−4.44)
点出度(Outd)	0.3823***
	(11.35)
度数中心度(De)	0.2485**
	(2.54)
中间中心度(C_{AB})	−0.2175*
	(−1.74)

---

① 受益板块类型行业为:食品、饮料和烟草,纺织品、皮革和鞋类,机械,电气和光学设备,运输设备,其他。溢出板块类型行业为:木材和软木产品,纸张、印刷和出版,焦炭、精炼石油和核燃料,化工产品,橡胶和塑料,其他非金属矿物,基本金属和制造金属。

(续表)

变量	被解释变量(Carbon)(受益板块行业样本)					
接近中心度(C_{AP})						0.037**
						(2.20)
行业产值(Y)	0.961***	1.0108***	0.6485***	0.8491***	0.8597***	0.9423***
	(11.35)	(12.44)	(13.48)	(8.91)	(8.84)	(12.23)
行业产值平方(Y^2)	-0.0388***	-0.0406***	-0.0203***	-0.0332***	-0.0339***	-0.0376***
	(-5.63)	(-6.16)	(-5.88)	(-4.59)	(-4.57)	(-6.06)
人均投资(Pinv)	-0.5955***	-0.5142***	-0.4273***	-0.602***	-0.6048***	-0.6031***
	(-5.67)	(-5.64)	(-7.42)	(-5.55)	(-5.52)	(-5.64)
能源消费结构(Str)	4.9301***	2.5152***	4.2065***	6.3149***	6.1819***	4.2011***
	(13.55)	(3.52)	(10.98)	(7.94)	(7.41)	(8.45)
常数项	-0.0704	2.5151***	-0.6135***	-2.7047***	-3.4054**	0.4188
	(-0.38)	(3.93)	(-3.94)	(-2.58)	(-2.24)	(1.39)
R^2	0.7855	0.8122	0.9060	0.8079	0.8023	0.7954
样本量	102	102	102	102	102	102

注:***、**、* 分别表示在1%、5%和10%的显著性水平;括号内是估计系数对应的 t 值。

由表5-4中的估计结果可知,在受益板块制造业行业碳排放的影响因素中,点入度和点出度的回归系数分别为-0.2437和0.3823,且均在1%的显著性水平,即点入度的提高、点出度的降低能够减少行业碳排放量。根据投入产出表和"产出—碳排放"矩阵的计算结果,受益板块中机械、运输设备等行业对焦炭、精炼石油和核燃料及化工产品等能源密集型行业中间产品的使用量较多,1997—2014年受益板块行业使用中间产品引致的碳排放量占制造业隐含碳排放量的比重高达84.97%,因此受益行业在中间产品消耗的过程中的碳转移量较大。此外,当点入度提高时,除了输入产品减少了行业的碳排放量,受益板块行业(包括部分高技术行业)的生产技术更新速度快,能够实现对输入产品的优化配置,也在一定程度上减少了碳排放量,充分体现了该类行业在碳排放关联网络中的"受益"特征。

表5-4的数据还显示,度数中心度、接近中心度对受益板块制造业行业碳排放的影响效应显著为正,而中间中心度对碳排放的影响系数为-0.2175且仅在10%的显著性水平。由于受益板块行业大多为技术密集型行业和消费品工业,处于产业链的下游,如前所述,产业分工导致中间中心

度对该类行业碳排放的影响程度有限。并且,受益板块行业中间中心度的提高对其他行业碳排放的控制作用增强,其可以充分利用自身的先进技术实现对生产过程中碳排放的有效控制,使得碳排放量呈现略微下降的趋势。

(二)溢出板块行业网络特征变量对行业碳排放的影响

本小节基于溢出板块行业样本,采用面板校正标准误方法对模型(5.7)进行估计,得到行业网络结构特征变量对碳排放的影响效应,估计结果如表5-5所示。

表5-5　网络结构特征对溢出板块行业碳排放影响的估计结果

变量	被解释变量(Carbon)(溢出板块行业样本)					
点入度(Ind)	1.1494***					
	(2.89)					
点出度(Outd)		0.8261***				
		(6.35)				
度数中心度(De)			0.888***			
			(6.40)			
中间中心度(C_{AB})				0.6487***		
				(3.65)		
接近中心度(C_{AP})					0.2231***	
					(7.73)	
行业产值(Y)	2.5741***	2.1127***	2.244***	2.3669***	2.2966***	2.6984***
	(8.69)	(6.54)	(9.04)	(9.48)	(9.49)	(9.95)
行业产值平方(Y^2)	-0.0114***	-0.0093***	-0.0099***	-0.0104***	-0.0101***	-0.0119***
	(-8.32)	(-6.25)	(-8.63)	(-9.07)	(-9.10)	(-9.54)
人均投资(Pinv)	3.1045***	3.1854***	2.9033***	2.8909***	2.7864***	3.0472***
	(15.94)	(16.48)	(15.52)	(15.38)	(14.88)	(13.51)
能源消费结构(Str)	10.2667***	16.0311***	6.3752***	9.4945***	9.2832***	9.199***
	(5.84)	(6.12)	(3.29)	(5.29)	(5.08)	(5.12)
常数项	-5.1652***	-11.197***	-8.8566***	-12.423***	-22.517***	-6.1037***
	(-3.65)	(-4.83)	(-5.86)	(-6.69)	(-8.41)	(-4.42)
R^2	0.8742	0.8790	0.8892	0.8881	0.8945	0.8877
样本量	126	126	126	126	126	126

注:***表示在1%的显著性水平;括号内是估计系数对应的t值。

根据表 5-5 的结果可得,点入度、点出度对溢出板块制造业行业碳排放的影响系数分别为 1.1494 和 0.8261 且在 1% 的显著性水平,这表明溢出板块行业点入度、点出度的提高都会增加行业的碳排放量。点入度对溢出板块行业碳排放的影响为正,与行业自身的生产特征紧密相关。通过对溢出板块行业的分析可得,该板块内部的大部分行业(如纸张、印刷和出版,精炼石油和核燃料,化工产品,橡胶和塑料等行业)为高污染和高排放行业。据测算,1997—2014 年溢出板块制造业行业的能源消费量约占制造业能源消费总量的 85.02%,当点入度提高时,其生产规模扩大会导致行业碳排放量显著增长。

基于投入产出表的数据可得,1997—2014 年溢出板块行业供给的中间产品数量是其需求的中间产品数量的 1.8 倍。这进一步说明,与其他行业中间产品输入减少的碳排放量相比,溢出板块行业生产规模扩大引致的碳排放量占主要地位,即生产扩张的引致碳排放量高于产品输入的转移碳排放量,总体表现为点入度提高导致溢出板块行业碳排放量增加。点出度提高表明溢出板块制造业子行业为其他行业承担的碳排放量增多,行业碳排放量增加。

在溢出板块行业碳排放的影响因素中,度数中心度、接近中心度和中间中心度的回归系数均显著为正。其中,度数中心度对行业碳排放的影响效应最大,这与整体制造业的估计结果类似。溢出板块行业主要输出能源产品、高碳产品,属于基础性行业。在板块外部,溢出板块制造业行业与其他行业的直接关联强度、对其他行业碳排放的控制程度均较高;在板块内部,溢出板块行业高度依赖于自身的资源能源投入,当溢出板块行业的中心度提升时,将直接和间接地导致其他行业对其中间产品需求的增长,进而能源产品、高碳产品消耗量的增长使得行业碳排放量增加,碳排放的溢出效应十分明显。

对比表 5-4 和表 5-5 中受益板块、溢出板块的估计结果可以得出,溢出板块行业的网络结构特征对碳排放的影响效应高于受益板块行业,这是由于两类板块所包含行业的类型不同。如前所述,受益板块行业大多为技术密集型行业、消费品工业等,这类行业在制造业碳排放关联网络主要产生引致碳排放,在碳排放网络控制中处于主动地位,可以实现由自身向其他行业的碳转移,减缓网络结构对行业碳排放的影响;与之相对,溢出板块行业主要是高碳排放行业和能源密集型行业,为其他行业提供高碳产品的同时承担了过多的碳排放责任,相较于受益板块行业,溢出板块行业在制造业碳排放关联网络中处于相对被动的位置,受到碳排放网络结构的约束较大。

第五节 小 结

本章基于投入产出表构建"产出—碳排放"矩阵,采用网络分析方法考察中国制造业碳排放的网络结构特征;在此基础上,采用面板校正标准误估计方法,从要素密集和板块分布角度,探究不同类型制造业行业碳排放影响效应的异质性。

在制造业碳排放系统中,网络结构特征对碳排放存在显著影响,中间产品流动导致的碳转移对制造业碳排放的影响效应得到充分体现。在制造业产业链中,下游行业通过引进中间产品减少了本行业的生产环节,降低了自身的碳排放量;上游行业为中下游行业提供原材料和能源密集型中间产品,致使自身碳排放量增加。制造业的中心性特征对碳排放具有正向影响,行业之间的行业关联和碳排放关联增强或行业对其他制造业行业碳排放流动的控制力提高,都会使得制造业总体碳排放量增加。

分行业类型的估计结果显示,劳动密集型行业主要从事加工和组装等活动,处于产业链的中游水平,与其产业链分工地位相对应的中心度对行业生产活动和碳排放的影响效应显著。资本密集型行业是制造业中间生产活动的主体和主要的碳排放行业,各行业基本位于产业链的两端,其中心性差距较小,因此中心度对碳排放的影响效应不足,碳排放受到其他行业控制或控制其他行业碳排放的程度较低。

本章通过块模型将制造业划分为受益板块和溢出板块。估计结果表明,受益板块行业大多为制造业网络中的碳排放引致行业,通过引入其他行业的中间产品实现碳转移,能够在一定程度上主导碳排放关联网络结构的变化并减弱对自身碳排放的影响。溢出板块行业为其他行业提供高能耗和高排放中间产品,在制造业碳排放网络中处于"产品输出、碳输入"的相对被动位置,受到碳排放关联网络结构的影响程度较高。

在不同类型制造业行业特征的基础上,从碳排放网络的视角分析中国制造业子行业间的碳转移和碳溢出现象,有助于对制造业采取合理且有针对性的分类减排控制措施,实现有效的碳减排。对于直接碳排放量较高或碳排放主要由自身生产行为决定的行业,加快淘汰落后的生产技术和更新先进的机械设备,是提高能源使用效率、降低高碳产品供给水平进而减少碳排放的直接途径。除此之外,还可以综合运用财税政策和市场调节方式,考虑对部分高碳排放行业征收碳税,尽快将其纳入全国统一的碳排放权交易体系等。针对大量高排放、高能耗中间产品流入的制造业行业,加大对清洁生产技术研发和引进的支持力度,促使其减少高碳中间产品的使用需求、优化生产结构,才能从根本上抑制输入型碳排放,并通过行业关联实现由产业链中下游向上游的逆向技术溢出,倒逼高碳行业转型升级。

第六章　经济与环境协调发展视角下环境保护约束目标的有效性

党的十九大报告提出建设人与自然和谐共生的现代化强国目标,既要创造"金山银山"以满足人民对美好生活的需要,又要保护"绿水青山"以满足人们对优质生态环境的需求,协调好经济增长和环境保护的关系是实现这一目标的关键。改革开放以来,粗放式的工业生产模式和"经济增长至上"的发展思路导致我国环境质量持续恶化(洪大用,2012)。与此同时,自2015年开始我国国内生产总值增长率降至7%以下,2019年GDP增速为6.1%,经济下行压力增大,环境污染对经济增长的负外部性凸显。环境污染已成为制约经济高质量发展的瓶颈,如何实现"稳增长"与"治污染"的双赢成为亟待解决的现实问题。

在处理经济发展和环境保护关系的过程中,环境的公共品属性导致仅依靠市场手段难以达到理想效果,政府干预显得尤为重要。通常情况下,政府会对环境污染物排放设定约束目标以完成环境治理任务。在国家层面,"九五"计划首次提出了污染物排放总量控制要求,"十一五"计划明确设定了主要污染物排放约束性指标。从地方政府层面分析,自2003年起,各级地方政府陆续将污染物排放约束目标写入政府工作报告。例如,2006年,抚顺、洛阳、珠海等13个城市公布了环境保护约束目标;2008年,包括新增的重庆,以及成都、遵义等82个城市明确了削减环境污染物的具体规模;2017年,十堰、青岛、太原等72个城市对工业污染物排放量或空气质量优良天数施加了约束。环境保护约束目标体现了地方政府治理环境的决心和努力,是促使政府提高环境规制强度、实现环境质量改善的有效途径。

第一节 环境治理与经济增长的关系

根据国内外学者的研究,影响环境质量的因素可以分为政府性因素和市场性因素。政府性因素强调政府在环境污染治理中应发挥积极作用,例如,地方政府用于污水废气处理等方面的环境治理投资(郑思齐等,2013)、对污染型企业征收排污费或环境保护税等环境规制手段(Chirinko and Wilson,2017),以及国家制定的各项环境保护法规等。市场性因素是指经济系统中能够对环境污染产生影响的因素,包括产业结构(Grossman and Krueger,1995;Jalil and Feridun,2011;李子豪和毛军,2018)、要素配置(阚大学和吕连菊,2016)、对外贸易(包群等,2010)等。需要指出的是,在上述政府性因素中,国内外学者主要研究环境治理效应和环境规制效果,考察政府环境保护约束目标对经济增长影响的文献尚不多见。

近年来,随着经济增长和环境保护的矛盾日益突出,越来越多的学者证实环境污染和经济发展具有紧密的相关性(张成等,2011;陈诗一和陈登科,2018)。一些学者认为,政府的环境规制是一把"双刃剑",尽管降低了污染物排放水平或达到了"降污"效果,但同时约束了污染型企业的生产活动,制约了经济增长(Boyd and McClelland,1999;Feichtinger et al.,2005;Popp and Newell,2012)。例如,Popp and Newell(2012)认为环境规制导致的全要素生产率的损失大于企业进行清洁生产获得的收益,即环境规制的经济效应为负。与之不同,于斌斌等(2019)指出环境规制能够降低污染物排放,但对经济增长无显著影响。

相反,部分学者基于波特假说(Porter and Linde,1995)的实证检验认为,合理的环境规制有利于刺激技术革新,能够有效提高企业的生产率和竞争力,从而抵消环境规制所产生的经济成本,提高企业产出水平并达到促进经济增长的效果(Hamamoto,2006;Becker,2011;Jorge et al.,2015;祁毓等,2016;张同斌,2017)。例如,Hamamoto(2006)认为政府严格的环境规制政策将刺激污染型企业改进生产技术,从而促进整体研发水平和经济产出水平的提升。祁毓等(2016)也认为从长期看政府的环境规制有助于同时实现经济增长和环境保护的目标。

除了讨论环境治理对经济增长的影响方向,一些学者还研究了环境治理对经济增长的作用路径。例如,涂正革和肖耿(2009)、Jalil and Feridun(2011)发现环境保护约束有助于优化产业结构并提高全要素生产率,进而抑制其对经济增长的负向影响；Currie and Walker（2009）、Zivin and Neidell（2013）认为优质的生态环境有助于提升劳动者的健康水平，进而提高劳动者的生产效率并促进经济增长；Tombe and Winter（2015）、韩超等（2017）认为约束性污染控制指标的设定有助于优化资源配置，从而推动经济高质量发展。

综合上述文献可得，有关环境治理与经济增长关系的研究较为充分完善，但有关环境保护约束目标对经济增长影响的研究还存在一定的不足，且较少文献提及环境治理对经济与环境协调度的影响。参考余泳泽和潘妍（2019）、刘淑琳等（2019）的研究方法，本章逐一收集并整理了2003—2017年我国283个地级市政府工作报告中的环境保护约束目标，分析不同环境保护约束目标的经济增长效应，以及政府在经济增长和环境污染两个方面发挥的调节作用，为地方政府深入把握环境保护约束目标与环境治理效果的内在关联以处理好经济发展和环境保护的关系提供新思路与新参考。

第二节　地方政府环境保护约束目标

一、环境保护约束目标的定义

环境污染物排放规模或增长水平是衡量环境治理成效的显性指标。为了完成上级政府下达的环境保护任务并表达治理污染的决心，地方政府通常在政府工作报告中公布下一年度的环境污染物排放目标——环境保护约束目标。不同城市环境保护约束目标的设定方式存在一定差异。例如，大连2010年政府工作报告中要求"二氧化硫排放量控制在3.96万吨以内"，秦皇岛在2014年政府工作报告中确定"二氧化硫和氮氧化物分别削减2.1%、1.5%"的目标，延安在2013年政府工作报告中提出"确保城区空气优良天数达到312天以上"，漯河在2017年政府工作报告中明确"PM 2.5浓度均值控制在每立方米67微克以下"的任务。

本章根据各地方政府是否对二氧化硫（SO_2）、氮氧化物（NO_x）等污染物设定明确的排放指标，将环境保护约束目标划分为直接约束目标、间接约束目标和无约束目标三种类型。其中，若有明确的二氧化硫、氮氧化物排放约束性指标，制定了详细的污染物削减量或下降百分比，则认为是直接约束目标，如大连2010年的约束目标和秦皇岛2014年的约束目标均属于直接约束目标;若无明确的二氧化硫、氮氧化物排放约束性指标,但有细颗粒物(如 PM 2.5)、可吸入颗粒物(如 PM10)浓度指标或空气质量优良天数指标,则认为是间接约束目标,如延安 2013 年的约束目标和漯河 2017 年的约束目标均属于间接约束目标;若无任何环境污染物约束性指标,则为无约束目标。

在有明确约束目标的城市里,部分城市会对环境保护约束目标"加码"或"减码"。以重庆为例,重庆 2008 年政府工作报告要求二氧化硫排放量下降 3.5%;2009 年公布的环境保护约束目标是二氧化硫排放量下降 4%,较 2008 年设定的目标高 0.5 个百分点;2010 年重新确定二氧化硫排放量削减 1.5%,较 2009 年设定的目标下降 2.5 个百分点。本章根据本年目标减去上一年目标的差值确定是"加约束"还是"减约束":若本年目标高于上一年目标,则为"加约束";若本年目标低于上一年目标,则为"减约束"。显然,重庆 2009 年的环境目标属于加约束,2010 年则属于减约束。

除了对约束目标"加约束",在有明确约束性目标的城市中,各城市对不同年份环境目标的表述有所不同,以朔州为例。2009 年朔州市政府确定"二氧化硫排放量下降至 14.5 万吨"的目标,2010 年环境保护约束目标的描述变为"二氧化硫排放量控制在 13.8 万吨以内"。本章将政府工作报告中修饰约束目标的副词作为判别标准:若采用"以内"或"上下"等副词修饰,则为软约束;若无副词修饰,直接采用"削减至""下降至"或"削减"等字样描述,则为硬约束。据此可得,朔州 2009 年采用硬约束方式设定环境保护目标,而 2010 年的环境目标属于软约束。各类环境保护约束目标的定义如表 6-1 所示。

表 6-1 环境保护约束目标的设定方式

目标类型		约束定义
直接约束		有明确的二氧化硫、氮氧化物约束性指标,制定详细的污染物削减量或下降百分比
细分类型	加约束	本年目标高于上一年目标
	减约束	本年目标低于上一年目标
	硬约束	无副词修饰,直接采用"削减至""下降至"或"削减"等字样描述
	软约束	采用"以内"或"上下"等副词修饰
间接约束		无明确的二氧化硫、氮氧化物指标,但有 PM 2.5、PM 10 或空气质量优良天数指标
无约束		无任何环境污染物约束性指标

二、环境保护约束目标的描述

本章手工收集了 2003—2017 年全国 283 个地级市的政府工作报告,逐一查阅了各城市各年度工作报告中关于环境保护约束目标的描述,并根据前文所述的目标设定方式,对约束目标进行归纳整理,如表 6-2 所示。

表 6-2　283 个地级市政府工作报告中关于环境保护约束目标的描述

年份	约束情况			调整幅度		约束强度		
	直接约束(有明确二氧化硫约束性指标)	间接约束(有 PM 2.5、空气质量优良天数性指标)	无约束(无环境污染物约束性指标)	加约束	减约束	硬约束(无副词修饰)	软约束(采用"以内"用语修饰)	软约束(采用"上下"用语修饰)
2003	0	3	280	—	—	—	—	—
2004	0	5	278	—	—	—	—	—
2005	0	5	278	—	—	—	—	—
2006	1	12	270	0	1	1	0	0
2007	36	10	237	0	36	33	2	1
2008	92	3	188	11	81	82	9	1
2009	85	8	195	21	64	74	8	3
2010	87	6	190	23	64	58	20	9
2011	25	21	237	9	16	25	0	0
2012	25	17	241	9	16	25	0	0
2013	17	15	251	7	10	16	1	0
2014	19	22	242	8	11	19	0	0
2015	13	30	240	3	10	13	0	0
2016	7	45	231	6	1	7	0	0
2017	2	70	211	2	0	1	0	1

基于表 6-2,本章得到了地方政府在环境目标设定中普遍存在的三个统计规律,具体而言:

(1) 大部分城市没有公布环境保护目标,无环境保护约束目标的情况居多。2017 年,在可查阅范围内的 283 个城市中,仅太原和济宁公布了明确的二氧化硫、氮氧化物等污染物约束性指标,占比仅为 0.71%;有 70 个城市公布了空气质量优良天数或 PM 2.5 浓度控制指标,占比为 24.73%;有

211个城市未公布环境保护约束指标,占比高达74.56%。从时间上分析,设定直接约束目标的年份集中在2008年、2009年和2010年,三个年度中设定直接约束目标的城市占比分别为32.51%、30.04%和30.74%。在约束类型方面,2014—2017年,设定环境保护间接约束目标的城市由22个增至70个,说明越来越多的城市选择设定环境保护间接约束目标。

(2)在有明确环境保护约束目标的城市中,约束目标"加码"现象并不多见。例如,2008年,在设定直接约束目标的92个城市中,仅有11.96%的城市对环境保护约束目标"加码",其余88.04%的城市均采用与上一年度持平或"减码"的方式设定环境保护约束目标。2010年,在设定直接约束目标的87个城市中,约有26.44%的城市选择对污染物排放指标"加码"。2015年之后,经济下行压力加大,坚持设定直接约束目标且"加码"的城市数量不断减少。2016年,仅有7个城市设定了直接约束目标,其中有6个城市提高了约束目标;2017年,仅有2个城市采用直接约束目标且全部选择加约束方式设定污染物排放目标。

(3)多数城市倾向于采用硬约束方式设定环境保护目标。例如,2009年85个城市设定了大气污染物排放约束指标,其中多达87.06%的城市明确表述各类污染物的削减目标;2016年,7个设定直接约束目标的城市全部采取硬约束目标形式。在设定软约束目标的城市中,相对于采用"上下"副词修饰,多数城市选择规定污染物排放总量上限,如2010年29个设定软约束目标的城市中,多达20个城市利用"以内"用语限制二氧化硫排放规模。

三、环境保护约束目标的制度特征

本章结合各地方政府环境保护约束目标的设定情况,分析环境保护约束目标对经济增长、环境质量以及两者协调度的影响机制,如图6-1所示。

本章将从制定情况、调整幅度和约束强度三个方面对约束目标的制度特征展开讨论。在制定情况方面,全国有不到40%的城市选择公布环境保护约束目标,低于35%的城市设定关于二氧化硫等工业污染物的直接约束目标。与之相对,几乎所有城市均会在政府工作报告中确定下一年度的经济增长目标。导致这一现象的原因在于,长期以来,我国实行以经济增长为主的地方政府官员绩效考核机制,地方经济增长速度直接影响政府官员的晋升。经济增长和环境保护之间具有非协调性,在"晋升锦标赛"制度下,多数地方政府将"保增长"作为首要目标,在面对经济增长和环境保护的选择时会优先考虑地方经济发展,尽可能避免提及环境保护约束目标或者仅设定环境保护间接约束目标。

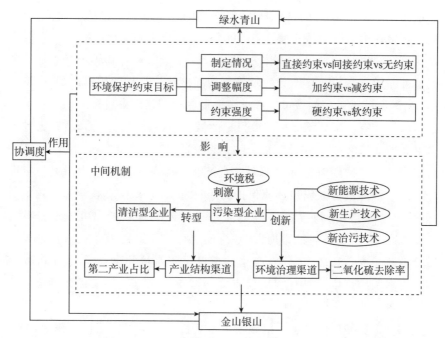

图 6-1　环境保护约束目标对经济增长、环境保护以及两者协调度的影响机制

基于调整幅度视角的分析可得,当环境污染问题日益严峻时,地方政府的环境目标"加码"行为是体现环境保护责任的直接方式。然而,在经济增长考核目标的压力下,地方政府往往不会对环境治理目标"加码",而是以上一年度目标和 GDP 增长情况为基准,谨慎设定本年度的环境保护约束目标。中国经济增长存在"要素驱动"和"路径依赖"特征(范庆泉等,2016),若政府对环境保护约束目标"加码",则易于导致政府无法完成 GDP 增长目标。

从约束强度来看,各级政府充分意识到环境治理的紧迫性和艰巨性,已经将保护环境放在突出位置,环境治理也开始实行"行政首长负责制",环境保护约束目标完成情况开始与官员绩效考核挂钩,这使得地方政府倾向于采取硬约束方式确保减排任务的完成。同时,我国环境保护约束目标的制定呈现"自上而下"层级式结构,地方政府设定环境保护硬约束,不但向上级释放了"能力信号",而且向公众发送了"责任信号",更是向自身释放了"压力信号"以激励加大环境治理力度,从而改善了经济与环境的协调程度以实现"既要金山银山,又要绿水青山"的目标。

地方政府环境保护约束目标可以通过影响产业结构、环境治理等途径作用于经济增长与环境质量改善,即产业结构与环境治理是中间机制或影响渠道。一方面,改革开放以来,中国经济的高速增长离不开工业化进程的加快推进,尤其以重工业的快速发展为典型特征(郝寿义和曹清峰,2019),产业结构与经济增长、环境污染之间存在紧密联系;另一方面,二氧化硫、氮氧化物等污染物是重工业企业经营活动产生的附属品,政府严格控制此类污染物规模,等同于约束重工业企业的污染物排放行为,将产生遵循成本效应和创新补偿效应,两者的大小会决定经济产出的变动方向。

第三节 数据来源与变量选取

一、数据来源

为全面考察各地方政府的环境保护约束目标对经济增长的影响,本章根据2003—2017年中国283个地级市的政府工作报告,分年度、分城市逐一收集政府工作报告公布的环境保护约束目标并进行归纳整理。[①] 其他数据来自EPS中国城市数据库和各城市统计年鉴。

二、变量描述

(一) 被解释变量

经济增长变量:本章收集并计算了各城市的地区生产总值实际增长率,作为经济增长的代理变量,记为$Rgdp_{it}$。

(二) 核心解释变量

环境保护目标制定情况为:若有明确的二氧化硫、氮氧化物排放量的约束性指标,则认为是直接约束($D1$),$D1$取值为1,其他情况$D1$取值为0;若无明确的二氧化硫、氮氧化物排放量的约束性指标,但有PM2.5、PM10约束性指标或空气质量优良天数指标,则认为是间接约束($D2$),$D2$取值为1,其他情况$D2$取值为0;若无任何环境保护约束性指标,则认为是无约束($D3$),$D3$取值为1,其他情况$D3$取值为0。

环境保护目标调整幅度:当本年度环境保护约束目标高于上一年度时,即为加约束($D4$),$D4$取值为1,其他情况$D4$取值为0。

环境保护目标约束强度:当环境保护约束目标无副词修饰,直接采用"削减至"或"下降至"等词时,则认为是硬约束($D5$),$D5$取值为1,其他情

[①] 鉴于儋州、毕节、铜仁、嘉峪关、金昌、海东、拉萨等城市的数据缺失较为严重,故在实证分析中予以删除。

况 D5 取值为 0。

（三）机制变量

对经济增长方程的中间机制进行检验,有助于厘清地方政府环境保护约束目标对经济增长的作用途径,结合第二节中环境保护约束目标的制度特征,本章将产业结构和环境治理作为机制变量。

1. 产业结构

产业结构是影响经济增长和环境质量的重要因素,本章选取第二产业增加值占 GDP 比重作为产业结构的代理变量,记为 Str_{it}。

2. 环境治理

二氧化硫去除率是环境治理成效的外在表现,与经济增长和环境质量高度相关。本章采用二氧化硫去除量除以二氧化硫产生量计算得到二氧化硫去除率,作为环境治理的代理变量,记为 $Elimrate_{it}$。由于 2011 年之后不再报告二氧化硫去除量,本章利用二氧化硫产生量与排放量的差值替代。

（四）其他控制变量

1. 城市化程度

城市化进程的稳步推进标志着产业结构由农业向工业和服务业方向调整,随之而来的既有经济总量的扩张,又有二氧化硫、氮氧化物等工业污染物排放量的增加,即城市化直接影响经济增长规模和生态环境质量。本章利用非农业人口数与年末总人口数的比值代表城市化程度,记为 $Urban_{it}$。需要说明的是,自 2009 年起,部分城市的非农业人口数统计数据出现缺失,本章利用线性插值法加以补充。

2. 城市经济发展程度

经济增长通常伴随着经济周期的转换,在研究经济增长问题时,有必要控制经济发展程度。此外,经济发展程度的变动会影响产业结构从而间接影响经济增长速度和环境污染水平。本章计算各城市人均实际地区生产总值(以 1978 年为不变价),表示城市经济发展程度,记为 $Pgdp_{it}$。

3. 投资率

长期以来,各地方经济增长遵循"投资驱动型"模式,投资是影响经济增长的直接因素,本章利用固定资产投资额与地区生产总值之比代表投资率,记为 $Invest_{it}$。

4. 对外开放程度

对外开放程度一方面能够体现国际贸易的经济效应,即国际间贸易往来对经济增长的影响;另一方面能够体现国际贸易的环境效应,比如国际贸易影响环境污染型企业活动的所在地选择和中间产品投入等。本章按当年平均汇率对实际使用外资金额进行折算,并计算当年实际使用外资金额与地区生产总值的比值代表对外开放程度,记为 $Open_{it}$。

5. 政府干预

财政支出对于地方经济发展具有十分重要的影响,并且政府的环境治理投资很大一部分来自财政支出,因此财政支出同时影响经济增长和环境质量。本章以财政支出占 GDP 的比重代表政府对经济的干预程度,记为 $Fiscal_{it}$。

第四节 环境保护约束目标对经济增长影响的实证分析

一、模型构建与估计结果

为了考察地方政府环境保护约束目标对经济增长的影响,本章构建以下计量模型:

$$\text{Rgdp}_{it} = \alpha_0 + \alpha_1 D_{it} + \sum_{j=2}^{m} \alpha_j \text{Control}_{it}^{j} + \delta_t + \mu_i + \varepsilon_{it} \quad (6.1)$$

其中,i 和 t 分别代表城市和年份;D_{it} 代表环境保护约束目标情况,分别采用直接约束目标($D1_{it}$)、间接约束目标($D2_{it}$)和无约束目标($D3_{it}$)进行度量;$Control_{it}$ 代表城市化程度、城市经济发展程度、投资率、对外开放程度及政府干预等一系列控制变量;δ_t 代表年份固定效应;μ_i 代表城市固定效应;ε_{it} 是随机扰动项。

为了缓解模型中的内生性问题,本章将内生变量的滞后项作为工具变量,采用两阶段最小二乘法(2SLS)对模型(6.1)进行估计,得到地方政府环境保护约束目标对经济增长影响的回归结果(见表6-3)。

表 6-3 环境保护约束目标对经济增长影响的实证结果

变量	全样本(2003—2017)			第I阶段(2003—2009)			第II阶段(2010—2017)		
	Rgdp	Rgdp	Rgdp	Rgdp	Rgdp	Rgdp	Rgdp	Rgdp	Rgdp
$D1$	1.120**			-4.078***			3.690***		
	(0.460)			(0.585)			(1.199)		
$D2$		-3.351***			2.273**			-2.529***	
		(0.946)			(1.131)			(0.925)	

(续表)

变量	全样本(2003—2017)			第Ⅰ阶段(2003—2009)			第Ⅱ阶段(2010—2017)		
	Rgdp	Rgdp	Rgdp	Rgdp	Rgdp	Rgdp	Rgdp	Rgdp	Rgdp
D3			0.669*			2.909***			1.118*
			(0.405)			(0.528)			(0.603)
Pgdp	-2.487***	-2.463***	-2.566***	0.761**	0.171	0.595*	-1.363***	-1.399***	-0.899***
	(0.219)	(0.202)	(0.204)	(0.365)	(1.131)	(0.359)	(0.211)	(0.207)	(0.184)
Fiscal	-11.220***	-12.018***	-12.549***	-9.740***	-9.794***	-9.735***	-7.320***	-7.101***	-6.005***
	(1.459)	(1.407)	(1.422)	(1.919)	(1.94)	(2.903)	(1.205)	(1.221)	(1.141)
Invest	-0.587*	-0.307	-0.458	6.189***	5.473***	6.027***	0.614	0.588	1.699***
	(0.341)	(0.330)	(0.333)	(0.527)	(0.489)	(0.521)	(0.408)	(0.396)	(0.408)
Open	0.431***	0.499***	0.483***	-0.048	-0.054	-0.004	0.307***	0.350***	0.319***
	(0.078)	(0.071)	(0.078)	(0.178)	(0.160)	(0.170)	(0.064)	(0.059)	(0.057)
城市固定效应	控制	控制	控制	控制	控制	控制	控制	控制	控制
年份固定效应	控制	控制	控制	控制	控制	控制	控制	控制	控制
观测值	3 396	3 962	3 962	1 698	1 698	1 698	1 981	1 981	1 698
R^2	0.167	0.169	0.174	0.035	0.091	0.057	0.027	0.050	0.049

注：***、**、*分别表示在1%、5%和10%的显著性水平；括号内是估计系数对应的标准误。常数项并不是本章分析重点，未列出该结果。

（一）对二氧化硫等污染物的直接约束目标显著促进了经济增长

表6-3显示,针对工业污染物的直接约束目标($D1$)对经济增长的影响系数显著为1.120,说明设定环境保护直接约束目标有利于经济增长。政府环境保护约束目标对经济增长的影响方向取决于遵循成本效应和创新补偿效应的相对大小。遵循成本效应是指通过将企业环境污染的外部成本内部化,增加企业减排的经济成本从而抑制污染物排放(Barbera and McConell,1990),但同时将迫使企业调整原有的要素投入结构,致使其无法获得最大化利润,最终抑制经济增长。创新补偿效应是指合理的环境保护约束目标有助于倒逼污染型企业进行技术创新、提高全要素生产率并完善污染物减排方案,由此产生的技术创新红利足以弥补前期的环境遵循成本,这也是波特假说的重要内容(Porter and Linde,1995)。根据新古典经济增长理论,技术进步是实现经济可持续发展的源泉(Romer,1990),因而

环境治理将推动技术进步并促进经济的长期增长。表 6-3 中环境保护直接约束目标对经济增长的影响效应为正,说明与遵循成本效应相比,创新补偿效应对经济增长的作用更加显著。

为了全面考察环境保护直接约束目标的经济效应,本章以 2010 年为时间节点进行分段检验。如表 6-3 所示,2003—2009 年和 2010—2017 年两个时段直接约束目标变量($D1$)前的估计系数分别为-4.078 和 3.690,直接约束目标对经济增长的作用由负转正,体现了在污染存量"消化期"和污染流量"控制期"的叠加作用下,经济效应由"短期损失"到"长期收益"的转变。在现实中,设定环境保护直接约束目标城市的 GDP 增速也呈现上升态势,2003—2017 年在设定直接约束目标的 159 个城市中,120 个城市的 GDP 也实现了加速增长。例如,朔州自 2007 年起连续五年设定直接约束目标,2010 年其经济增速回升至 13.8%,2011 年上升至 16.4%,在一定程度上表明创新补偿效应占据主导地位,直接约束目标的产出红利逐渐释放。除朔州以外,在直接约束目标下,晋中、舟山等 GDP 增速均表现出稳中有升的增长趋势。

(二) 关于空气质量等的间接约束目标对经济增长的影响由正转负

由表 6-3 中的实证结果可以得出,针对空气质量优良天数、PM 2.5 和 PM10 的间接约束目标($D2$)对经济增长的影响系数显著为负,表明间接约束目标设定方式对经济增长产生一定的消极影响。分时段检验结果显示,2003—2009 年环境保护间接约束目标对经济增长的影响系数为正,2010—2017 年这一系数为负,说明间接约束目标对推动经济发展呈现短期收益明显、长期贡献不足的特征。结合地级市经济增长的事实可得,在设定间接约束目标的 133 个城市中,73.68% 的城市的经济增速出现下降。

如前所述,波特假说很好地解释了环境保护直接约束目标经济效应的合理性,与之相对,在环境保护间接约束目标下,创新补偿效应并未得到释放。相比于直接约束目标,间接约束目标仅对空气质量优良天数、颗粒物浓度提出要求,未将矛头明确指向工业污染物排放规模,导致政府对制造业、重工业等部门的管制力度不足。换言之,环境保护间接约束目标对污染型企业的弱约束性不足以刺激其改进生产技术,导致企业生产效率难以显著提升。因此,间接约束目标下的经济增长不具有可持续性。

(三) 无环境保护约束目标下经济增长可持续性逐步降低

无约束目标变量($D3$)对经济增长影响的估计系数显著为正,说明政府并未对高污染排放企业实行严格监管或监管力度较小,此类企业仍采用原有的生产模式获得最大化产出。对于经济发展严重依赖第二产业的城市而言,传统工业占比过大将导致产业转型困难,政府减小对污染型企业的治理力度,有助于维持经济的高速发展;对于经济欠发达地区而言,经济增长目标的强约束性使得政府避免提及明确的污染物减排要求,通常允许污染型企业向本地迁移,甚至提供税收优惠或财政补贴以吸引外地企业投资,从而提高地区经济增长水平,这也为污染型企业"污而不倒"现象提供了合理的解释(徐志伟和李蕊含,2019)。

需要注意的是,无环境保护约束目标下的经济增长与环境保护直接约束目标下的产出红利不同。无约束下的经济增长本质上仍依靠能源消费拉动经济增长,而直接约束目标倒逼企业实现生产率的大幅提升,创新补偿效应得到充分发挥。根据表6-3可得,无约束目标变量($D3$)对经济增长影响的估计系数为0.669,低于直接约束目标($D1$)的影响系数1.120。尤其是与2003—2009年相比,2010—2017年无约束目标对经济增长的影响系数由大变小,再次验证相比于直接约束目标,无约束目标仅能产生短期经济增长效应,并不能实现经济可持续发展的事实。

二、中间机制检验

不同的环境保护约束目标对经济增长的影响存在明显差异,为进一步揭示差异产生的原因,本章将验证环境保护约束目标对经济增长影响的中间机制。参考潘彬和金雯雯(2017)的研究方法,构建以下回归模型:

$$\text{Rgdp}_{it} = \alpha_0 + \alpha_1 D_{it} + \sum_{j=2}^{m} \alpha_j \text{Control}_{it}^j + \delta_t + \mu_i + \varepsilon_{it} \qquad (6.2)$$

$$X_{it} = \alpha_0 + \alpha_1 D_{it} + \sum_{j=2}^{m} \alpha_j \text{Control}_{it}^j + \delta_t + \mu_i + \varepsilon_{it} \qquad (6.3)$$

$$\text{Rgdp}_{it} = \alpha_0 + \alpha_1 D_{it} + \alpha_2 X_{it} + \sum_{j=3}^{m} \alpha_j \text{Control}_{it}^j + \delta_t + \mu_i + \varepsilon_{it} \qquad (6.4)$$

其中,X_{it}代表机制变量,本章依次选择第二产业增加值占GDP比重(Str)和二氧化硫去除率(Elimrate)作为代理变量,以产业结构为中间机制的估计结果如表6-4所示。①

---

① 受篇幅限制和基于突出主要估计结果的考虑,中间机制检验部分每个方程中详细的控制变量及其估计结果并未列出,有需要可向作者索取。

表 6-4 环境保护约束目标对经济增长影响的中间机制检验:第二产业占比

变量	直接约束目标组			间接约束目标组			无约束目标组		
	Rgdp	Str	Rgdp	Rgdp	Str	Rgdp	Rgdp	Str	Rgdp
D1	1.120**	0.068***	−0.095						
	(0.460)	(0.012)	(0.433)						
D2				−3.351***	0.017	−3.476***			
				(0.946)	(0.022)	(0.932)			
D3							0.669*	0.115***	1.095***
							(0.405)	(0.027)	(0.405)
Str			7.330***			7.432***			7.668***
			(0.773)			(0.754)			(0.405)
控制变量	控制	控制	控制	控制	控制	控制	控制	控制	控制
城市固定效应	控制	控制	控制	控制	控制	控制	控制	控制	控制
年份固定效应	控制	控制	控制	控制	控制	控制	控制	控制	控制
观测值	3 396	3 962	3 962	3 962	3 962	3 962	3 962	3396	3 962
R^2	0.167	0.224	0.201	0.169	0.229	0.195	0.174	0.026	0.197

注:***、**、* 分别表示在1%、5%和10%的显著性水平;括号内是估计系数对应的标准误。常数项并不是本章分析重点,未列出该结果。

表 6-4 的结果显示,第二产业占比对经济增长的影响系数为正,表明工业发展是实现经济增长的重要推动力。我国正处于工业化中后期阶段,今后很长一段时间内仍要依靠工业拉动经济增长。环境保护间接约束目标对污染型企业要求较为宽松,其作用对象包括但不限于污染型企业,并未对工业的生产规模产生明显的约束作用。环境保护直接约束目标对第二产业占比影响的估计系数是 0.068,无环境保护约束目标情形下该系数为 0.115,表明两种约束目标均通过产业结构机制影响经济增长。需要注意的是,无约束目标对第二产业的促进作用明显强于直接约束目标情形,但是其对经济增长的拉动能力弱于直接约束目标,再次验证了无约束目标下粗放式经济增长以污染环境为代价,低效率的生产模式导致其对经济增长的拉动能力有限。

中国经济已经由高速增长阶段转向高质量发展阶段,优化要素配置结构、提高资源利用效率是供给侧结构性改革的内容之一。在无环境保护约束目标情形下,污染型企业沿用传统的生产模式,尽管产出增长成效显著,但背离了高质量发展方向;相反,环境保护直接约束目标促使政府利用环境规制手段倒逼污染型企业创新生产技术、提高生产效率,从而产生了创新补偿效应。相比于重在"稳增长"的无环境保护约束目标而言,环境保护直接约束目标将增加企业的减排经济成本,导致短期内其对第二产业增加值的促进作用弱于无环境保护约束目标情形。但是从长远角度分析,环境保护直接约束目标下企业的创新补偿收益高于减排经济成本,进而可以保证"稳增长"与"治污染"双重目标的实现。

地方政府环境保护约束目标影响经济增长的另一个重要机制是环境治理。对二氧化硫等污染物施以约束,实际上是要求工业企业在各个环节利用多种方式控制污染物的产生和排放,提高二氧化硫去除率是实现约束目标的有效办法,而约束目标的差异性将影响二氧化硫去除率的水平。进一步地,提高二氧化硫去除率意味着企业减排经济成本的增加,进而影响企业产出规模和宏观经济增长。以二氧化硫去除率为中介变量,重新估计式(6.2)、式(6.3)和式(6.4),结果如表6-5所示。

表6-5 环境保护约束目标对经济增长影响的中间机制检验:二氧化硫去除率

变量	直接约束目标组			间接约束目标组			无约束目标组		
	Rgdp	Elimrate	Rgdp	Rgdp	Elimrate	Rgdp	Rgdp	Elimrate	Rgdp
$D1$	1.120**	0.347	0.921**						
	(0.460)	(0.029)	(0.418)						
$D2$				−3.351***	0.220***	−2.361***			
				(0.946)	(0.059)	(0.893)			
$D3$							0.669*	−0.146***	−0.020
							(0.405)	(0.028)	(0.389)
Elimrate			−4.736***			−4.502***			−4.704***
			(0.250)			(0.256)			(0.251)
控制变量	控制	控制	控制	控制	控制	控制	控制	控制	控制
城市固定效应	控制	控制	控制	控制	控制	控制	控制	控制	控制
年份固定效应	控制	控制	控制	控制	控制	控制	控制	控制	控制
观测值	3 396	3 679	3 962	3 962	3 962	3 962	3 962	3 962	3 962
R^2	0.167	0.134	0.259	0.169	0.195	0.252	0.174	0.193	0.255

注:***、**、*分别表示在1%、5%和10%的显著性水平;括号内是估计系数对应的标准误。常数项并不是本章分析重点,未列出该结果。

一般而言,工业二氧化硫从产生到排放需要经历前端、中端和后端三个阶段。前端是二氧化硫产生端,中端是二氧化硫去除端,后端则是二氧化硫的排放端。提高二氧化硫去除率属于中端减排方式,相比于前端减排,中端减排更容易实现。由表6-5可得,环境保护直接约束目标通过提高二氧化硫去除率途径促进经济增长的效果并不明显。这一结果反映出在环境保护直接约束目标下,中端减排途径并不成立,地方政府主要从前端和后端两个环节入手,严格控制工业污染物的排放,引导污染型企业调整清洁型要素的投入规模,减少二氧化硫的产生量,既保证了环境保护约束目标的完成,又实现了经济的可持续增长。

与环境保护直接约束目标不同,环境保护间接约束目标对二氧化硫去除率产生了显著的正向影响,说明环境保护间接约束目标显著提高了二氧化硫去除率。一个可能的解释是:环境保护间接约束目标并未对企业的污染物排放提出明确要求,企业偏向选择更易于操作的减排方式,在中端提高二氧化硫去除率。无环境保护约束目标对二氧化硫去除率的影响系数为-0.146且显著,这表明约束不足导致二氧化硫去除率降低,与现实情形相符。然而,表6-5的估计结果还显示,不管是在何种类型的环境保护约束目标(包括无环境保护约束目标)下,二氧化硫去除率对经济增长的影响系数均显著为负,这充分表明提高二氧化硫去除率对企业而言是一种紧约束,能够在较高程度上约束企业的生产活动,进而对经济增长产生不利影响。

三、分组检验和异质性分析

本章将283个地级市分成沿海城市和内陆城市、南方城市和北方城市两种情况,分组进行实证检验。表6-6显示了各种类型城市环境保护约束目标对经济增长影响的估计结果。显然,不同类型城市环境保护约束目标的经济增长效应呈现出典型的异质性。

表6-6　不同城市环境保护约束目标对经济增长影响的实证结果

变量	沿海城市			内陆城市		
	Rgdp	Rgdp	Rgdp	Rgdp	Rgdp	Rgdp
$D1$	-0.681			1.310**		
	(0.741)			(0.556)		
$D2$		-5.361			-3.075***	
		(6.167)			(0.968)	

(续表)

变量	沿海城市			内陆城市		
	Rgdp	Rgdp	Rgdp	Rgdp	Rgdp	Rgdp
D3			0.928			1.853**
			(0.784)			(0.855)
控制变量	控制	控制	控制	控制	控制	控制
城市固定效应	控制	控制	控制	控制	控制	控制
年份固定效应	控制	控制	控制	控制	控制	控制
观测值	616	616	616	2 868	3 346	3 107
R^2	0.253	0.235	0.255	0.171	0.171	0.145

变量	南方城市			北方城市		
	Rgdp	Rgdp	Rgdp	Rgdp	Rgdp	Rgdp
D1	1.876***			1.662**		
	(0.592)			(0.733)		
D2		−3.311**			−2.840**	
		(1.592)			(1.201)	
D3			−0.911			1.271**
			(0.594)			(0.590)
控制变量	控制	控制	控制	控制	控制	控制
城市固定效应	控制	控制	控制	控制	控制	控制
年份固定效应	控制	控制	控制	控制	控制	控制
观测值	2 128	2 128	2 128	1 441	1 834	1 834
R^2	0.156	0.149	0.151	0.157	0.201	0.196

注：***、**分别表示在1%、5%的显著性水平；括号内是估计系数对应的标准误。常数项并不是本章分析重点，未列出该结果。

由表6-6可得，环境保护约束目标对内陆城市经济增长的影响与全国的情况一致，沿海城市直接约束目标、间接约束目标和无约束目标对经济增长的影响系数均不显著。相对于内陆城市，沿海地区优越的地理位置决定了其具有更高的对外开放水平和更自由的经济发展环境，而国际贸易和外商直接投资是对外开放影响经济增长的主要渠道（毛其淋和盛斌，2011）。国际贸易方面，我国已经形成从内陆到沿海的垂直分工结构，即内陆地区向沿海地区输入初级产品，由沿海地区进行加工后输出至其他国家。在垂直分工体系下，内陆地区的国际贸易参与度不高，导致出口对其经济增长的拉动作用有限。张少军和李善同（2017）的研究发现，1978—

2007年出口对内陆地区经济增长的贡献度仅维持在4%左右,而出口对沿海地区经济增长的贡献度由8.3%提高至17.4%。在外商直接投资层面,外商直接投资通过促进沿海地区产业结构升级,进而加速其经济增长(张建辉和靳涛,2011;张翠菊和张宗益,2015);外商直接投资还有助于提高第三产业占比,从而降低制造业、重工业对环境的损害。因此,沿海城市经济增长进程中受环境因素的影响较小,政府的环境保护约束目标对沿海地区经济发展影响的显著性不足。

南方城市和北方城市经济增长方程的回归结果显示,环境保护直接约束目标将促进南方和北方城市的经济增长,且对南方城市的促进作用更明显。这一点可以从产业结构差异方面加以解释。我国南北方工业整体上呈现"南轻北重"的格局(周良民,2000),同时北方城市的工业发展具有轻重失衡的特点,即北方城市仍未走出依靠高投入获得高产出的工业生产模式。对于经济长期依赖工业的北方城市而言,传统工业占比过大导致市场经济缺乏活力,企业转型面临体制、技术、资金等多重阻碍,政府对二氧化硫等污染物的直接管制将放大污染型企业的减排成本效应(吴伟平和何乔,2017)。与北方城市不同,南方城市经济体制改革较早且市场环境更灵活,环境治理政策的实施能够有效引导污染型企业向清洁化方向转型,激发创新补偿效应的形成与累积,如表6-6所示,相比于北方城市,环境保护直接约束目标对南方城市经济增长的正向影响程度更高。

四、进一步讨论

本章以有明确的二氧化硫、氮氧化物排放限制等直接约束目标的城市为样本,从环境保护目标调整幅度、约束强度等方面展开研究。在调整幅度方面,如果本年度约束目标高于上一年度,则为加约束,其他情况为减约束;在约束强度方面,若约束目标无副词修饰则为硬约束,若采用"上下""以内"等副词修饰方面则为软约束。不同幅度和强度的环境保护约束目标对经济增长影响的实证结果如表6-7所示。

表6-7 不同环境保护约束目标特征对经济增长影响的实证结果

变量	Rgdp
D4	−7.672**
	(3.876)
D5	−3.743**
	(1.495)

（续表）

变量	Rgdp		
D4×D5			0.268
			(11.284)
Pgdp	0.648	-0.863	-2.371***
	(0.697)	(0.796)	(0.527)
Fiscal	-30.908***	-4.075	-11.107
	(11.402)	(10.246)	(8.526)
Open	-1.198**	1.154***	0.539
	(0.581)	(0.341)	(0.581)
Invest	-3.806	1.832	0.167
	(3.176)	(2.695)	(4.110)
城市固定效应	控制	控制	控制
年份固定效应	控制	控制	控制
R^2	0.091	0.181	0.113

注：***、**分别表示在1%、5%的显著性水平；括号内是估计系数对应的标准误。常数项并不是本章分析重点，未列出该结果。

约束目标的调整幅度反映了地方政府治理污染的信心和决心，对环境目标加码表明政府治理污染的决心增强。在表6-7中，地方政府的环境保护加约束（D4）对经济增长的估计系数为-7.672，说明约束目标加码不利于经济增长。可能的原因在于，政府为了达到既定的高约束目标，将加大对工业污染物排放的惩罚力度，过度的惩罚不仅会高度约束企业的生产行为，而且无法刺激企业的技术创新，易导致企业形成生产惰性的同时还会放大企业治理环境的遵循成本效应，因此加约束对经济增长的作用呈现"过犹不及"的特点。由此可得，环境保护约束目标"加码"会加大政府治理环境压力，尤其是在经济增长与环境保护尚未实现协调发展的情形下，一味追求环境治理成效将阻碍地方经济的发展。

表6-7的结果显示，当政府采用硬约束的方式设定环境保护约束目标时，硬约束（D5）的估计系数为-3.743，说明硬约束对经济增长也具有显著的负向影响。如前所述，创新补偿效应的获得并非一蹴而就，企业在前期须付出较高的减排经济成本。在环境保护硬约束目标压力下，政府加大对污染型企业的整治力度，导致企业为了在短时间内完成政府下达的排污指标而不得不缩减生产规模，造成产出水平下降。此外，尽管在地方政府工作报告公布的多项指标中经济指标是最为核心的目标，但是环境保护硬约

束目标一旦公布就会面临沉重的考核压力。因此,相对于硬约束而言,采用"上下""以内"等副词修饰的环境保护软约束目标,为政府的环境治理行为"留有余地",给予地方政府更多的环境治理自主权且有助于经济增长目标的实现。

第五节 经济与环境协调度的测算和描述性统计

一、经济与环境协调度的测算

本章借鉴徐盈之和吴海明(2010)的研究,选取地区生产总值(gdp)和工业二氧化硫排放量(em)计算各城市经济与环境协调度。

首先,针对每个指标进行标准化处理,地区生产总值是正指标,工业二氧化硫排放量是逆指标,计算公式为:

$$\text{正指标：} \quad \text{gdp}'_{it} = \frac{\text{gdp}_{it} - \min(\text{gdp}_{it})}{\max(\text{gdp}_{it}) - \min(\text{gdp}_{it})} \tag{6.5}$$

$$\text{逆指标：} \quad \text{em}'_{it} = \frac{\max(\text{em}_{it}) - \text{em}_{it}}{\max(\text{em}_{it}) - \min(\text{em}_{it})} \tag{6.6}$$

其中,i、t 分别代表城市和年份,$\max(\text{gdp}_{it})$ 和 $\min(\text{gdp}_{it})$ 分别代表第 i 个城市所有年份中 gdp 指标的最大值和最小值,$\max(\text{em}_{it})$ 和 $\min(\text{em}_{it})$ 分别代表第 i 个城市全部年份中 em 指标的最大值和最小值。

其次,分别建立经济综合效益函数和环境综合效益函数。本章采用归一法确定经济指标和环境指标的待定权数。由于经济综合效益函数中仅包括 gdp 指标,环境综合效益函数仅包括 em 指标,即待定权数均为 1,因此经济综合效益函数 $f(\text{gdp})$ 等于 gdp,环境综合效益函数 $g(\text{em})$ 等于 em。

最后,建立协调度模型为:

$$C_{it} = \left\{ \frac{f(\text{gdp}) \times g(\text{em})}{[f(\text{gdp}) + g(\text{em})]^2} \right\}^{\frac{1}{2}} \tag{6.7}$$

其中,C_{it} 代表各子系统之间的协调度。由于 C_{it} 无法反映整体上各系统间协调发展水平的高低,本章计算协调发展度 Develop_{it} 以进一步精确测算经济与环境的协调程度,计算公式为:

$$\text{index}_{it} = \alpha \times f(\text{gdp}) + \beta \times g(\text{em}) \tag{6.8}$$

$$\text{Develop}_{it} = \sqrt{C_{it} \times \text{index}_{it}} \tag{6.9}$$

其中,index_{it} 代表经济和环境两个系统的综合评价指数;α 和 β 为待定系数,表示相对重要程度,若认为经济增长和环境保护同等重要则可设置 $\alpha = \beta = 0.5$;Develop_{it} 代表经济与环境协调发展度,简称经济与环境协调度。

二、经济与环境协调度的描述性统计

参考谢炳庚等(2016)对协调度的划分,本章依据 283 个地级市的经济与环境协调度划分为低度协调、中度协调、良好协调和高度协调四个阶段,具体划分依据和各阶段主要特征如表 6-8 所示。

表 6-8 协调阶段的划分及各阶段主要特征

协调度	协调阶段	主要特征
[0, 0.4]	低度协调阶段	经济快速增长,但环境质量较差,经济和环境矛盾突出
(0.4, 0.5]	中度协调阶段	经济快速增长,环境开始得到保护,经济和环境矛盾有所缓解
(0.5, 0.8]	良好协调阶段	经济高速增长,环境质量得到有效提升,经济和环境矛盾大幅缓解
(0.8, 1]	高度协调阶段	经济中高速增长,环境质量优良,经济和环境实现协调发展

本章计算了 2003—2017 年我国 283 个地级市的经济与环境协调度,并根据表 6-8 的划分标准进行整理,得到表 6-9。

表 6-9 经济与环境协调度的描述性统计

年份	低度协调阶段 [0,0.4]	中度协调阶段 (0.4,0.5]	良好协调阶段 (0.5,0.8]	高度协调阶段 (0.8,1]
2003	283	0	0	0
2004	280	3	0	0
2005	254	25	4	0
2006	178	88	17	0
2007	123	89	71	0
2008	63	79	140	1
2009	40	51	192	0
2010	41	25	213	40
2011	87	29	153	14

(续表)

年份	低度协调阶段 [0,0.4]	中度协调阶段 (0.4,0.5]	良好协调阶段 (0.5,0.8]	高度协调阶段 (0.8,1]
2012	61	30	151	41
2013	45	26	151	61
2014	34	16	146	87
2015	18	14	127	124
2016	3	2	17	261
2017	2	3	11	267

由表6-9可得,在时间维度上,2003—2005年,有超过80%的城市处于低度协调阶段,处于中度协调阶段和良好协调阶段的城市较少,没有城市实现经济增长与环境保护的高度协调。这一时期,我国的工业技术水平仍处于落后阶段,多数工业企业采用粗放式生产模式,高投入、高耗能、高污染的问题并未得到根治,工业化需求与环境承载力矛盾突出(魏后凯和王颂吉,2019)。

2006—2011年,中度协调的城市数量有所增加,良好协调的城市数量大幅增加,其中处于良好协调阶段的城市数量由17个提高到153个,处于高度协调阶段的城市数量也逐渐增多。随着经济增长与环境保护的非协调性日益凸显,政府对环境保护的重视程度不断提升。2006年,国家"十一五"规划明确提出建立以低消耗、少排放、能循环、可持续等为主要特征的绿色经济体系;2011年,"十二五"规划明确要建设"资源节约型、环境友好型"社会。各级政府环境治理力度逐渐增强,经济增长与环境保护的协调性有所改善。

2012—2017年,超过2/3的城市处于良好协调和高度协调阶段,尤其是2017年,仅有2个城市处于低度协调阶段,这充分反映了政府的环境治理成效显著,经济增长与环境保护协同发展势头强劲。2012年以来,环境保护工作被提高到前所未有的高度。2007年,党的十七大首次提出"建设生态文明";2012年,党的十八大将生态文明纳入"五位一体"总体布局,并提出绿色发展的新理念。与此同时,我国相继颁布包括《大气污染防治法》和《固体废物污染环境防治法》等在内的多项环境法规,尤其是2014年重新修订的《中华人民共和国环境保护法》明确了环境立法的法律地位。一系列政策措施的出台既体现了我国环境治理体系的日益完善,又体现了政府在环境保护上付出的努力,保证了经济增长与环境保护的协同发展。

第六节 环境保护约束目标对经济与环境协调度影响的实证分析

一、模型构建与估计结果

为了考察地方政府环境保护约束目标对经济与环境协调度的影响,本章构建以下计量经济模型:

$$\text{Develop}_{it} = \alpha_0 + \alpha_1 D_{it} + \sum_{j=2}^{m} \alpha_j \text{Control}_{it}^{j} + \delta_t + \mu_i + \varepsilon_{it} \quad (6.10)$$

其中的变量设置及含义均与经济增长模型相同,不再赘述。

本章同样采用两阶段最小二乘法对模型(6.10)进行实证估计,将内生变量的滞后项作为工具变量。表6-10 显示了地方政府环境保护约束目标对经济与环境协调度影响的实证结果。

表6-10 环境保护约束目标对经济与环境协调度影响的实证结果

变量名	全样本(2003—2017)			第Ⅰ阶段(2003—2009)			第Ⅱ阶段(2010—2017)		
	Develop	Develop	Develop	Develop	Develop	Develop	Develop	Develop	Develop
D1	0.055*			0.204***			−0.093		
	(0.029)			(0.034)			(0.063)		
D2		0.284***			−0.058			0.248***	
		(0.063)			(0.095)			(0.062)	
D3			−0.126***			−0.154***			−0.111**
			(0.027)			(0.031)			(0.044)
Pgdp	0.206***	0.196***	0.204***	0.143***	0.179***	0.154***	0.048***	0.075***	0.035***
	(0.015)	(0.015)	(0.015)	(0.018)	(0.018)	(0.018)	(0.010)	(0.011)	(0.009)
Fiscal	0.931***	0.850***	0.909***	0.563***	0.609***	0.569***	0.192***	0.308***	0.036
	(0.074)	(0.073)	(0.073)	(0.119)	(0.119)	(0.117)	(0.061)	(0.067)	(0.065)
Open	−0.024***	−0.025***	−0.026***	−0.043***	−0.045***	−0.046***	−0.003	−0.0006	−0.0003
	(0.005)	(0.005)	(0.005)	(0.009)	(0.010)	(0.009)	(0.003)	(0.003)	(0.003)
Urban	−0.046*	−0.060**	−0.056**	−0.055*	−0.066**	−0.066**	0.062**	0.030	0.077***
	(0.027)	(0.027)	(0.027)	(0.029)	(0.030)	(0.030)	(0.021)	(0.033)	(0.029)
城市固定效应	控制	控制	控制	控制	控制	控制	控制	控制	控制

（续表）

变量名	全样本(2003—2017)			第Ⅰ阶段(2003—2009)			第Ⅱ阶段(2010—2017)		
	Develop	Develop	Develop	Develop	Develop	Develop	Develop	Develop	Develop
年份固定效应	控制	控制	控制	控制	控制	控制	控制	控制	控制
观测值	3 962	3 962	3 962	1 698	1 698	1 698	1 698	1 981	1 132
R^2	0.233	0.223	0.232	0.098	0.104	0.108	0.030	0.027	0.038

注：***、**、*分别表示在1%、5%和10%的显著性水平；括号内是估计系数对应的标准误。常数项并不是本章分析重点，未列出该结果。

（一）环境保护直接约束目标显著提高了经济与环境的协调度

由表6-10可得，针对二氧化硫等污染物排放的直接约束目标($D1$)对经济与环境协调度影响的估计系数为0.055且显著，表明政府的环境保护目标能够显著提高经济与环境协调度。正如同经济增长不能以损害环境质量为代价，环境治理也不能以阻碍经济发展为牺牲，因此协调好经济增长和环境保护的关系是地方政府完成环境质量目标任务的重中之重。对于设定环境保护直接约束目标的城市而言，政府在经济建设过程中努力提升环境治理能力，缓解污染对经济增长的抑制作用，使得生态环境能够满足经济发展需求，从而提升两者的协调水平。结合表6-3和表6-10的估计结果可得，直接约束目标能够显著促进经济增长，政府各项环境规制方案的实施能够持续优化经济发展质量，良好的经济环境为环境污染治理工作提供了保障。

2003—2017年在设定直接约束的159个城市中，136个城市的经济与环境协调度呈上升趋势，这说明在现实中，环境保护直接约束目标下经济增长和环境保护呈现相辅相成、相互促进的特点。在公布环境保护直接约束目标的城市中，昆明2008—2010年的经济与环境协调度由0.54升至0.69，威海2007—2013年的协调度由0.31升至0.68，青岛2007—2010年的协调度由0.48升至0.60，嘉兴、济宁、益阳、深圳、宝鸡等其他城市经济与环境协调度均出现不同程度的上升，再次证实了政府对工业污染物制定明确约束目标的方式对提升经济与环境协调度具有重要的推动作用。

（二）环境保护间接约束目标逐渐提高了经济与环境协调度

如表6-10所示，针对PM 2.5或空气质量优良天数等的环境保护间接约束目标($D2$)对经济与环境协调度的影响显著为正，说明间接约束目标也有助于促进经济增长与环境保护的协调发展。分时段检验结果显示，2003—2009 年间接约束目标对经济与环境协调度无显著影响，2010—2017 年间接约束目标对经济与环境协调度的影响显著为正。基于各城市的协调度情况可以得出，在设定环境保护间接约束目标的 133 个城市中，84.21%的城市的经济与环境协调度有所提升。主要原因在于：环境保护间接约束目标并未针对二氧化硫、氮氧化物等做出明确排放要求，"旁敲侧击"的目标设定方式使得政府可以适度放宽对污染物排放的治理力度，因而间接约束目标方式对协调度的影响存在不确定性。2010 年以后，随着经济发展重心由"速度"向"质量"转变，各级政府充分意识到环境保护的紧迫性，环境保护间接约束目标对经济与环境协调度的作用开始显现。

（三）无环境保护约束目标不利于经济与环境的协调发展

2003—2017 年，无环境保护约束目标（$D3$）对经济与环境协调度的影响系数为 -0.126 且显著，说明无约束目标显著加剧了经济增长和环境保护的矛盾。2003—2009 年和 2010—2017 年，无环境保护约束目标对经济与环境协调度影响的估计系数分别为 -0.154 和 -0.111 且显著，体现了在经济发展的各个阶段，当政府没有环境保护约束目标的压力时，经济增长和环境保护的非协调性持续凸显。当环境治理目标的完成情况与官员政绩考核挂钩时，地方政府官员向上级和公众做出污染物减排承诺的同时，肩负着完成相应目标任务的责任和压力。在无环境保护约束目标情形下，地方政府的污染治理压力明显下降，对污染型企业的污染物排放要求适当放宽，易导致经济增长与环境保护关系的失衡（即协调性降低）。

二、中间机制检验

本章同样从第二产业占 GDP 比重（Str）和二氧化硫去除率（Elimrate）两个维度进行中间机制的检验，其中以第二产业占比为中间机制的检验结果如表 6-11 所示。

表 6-11　环境保护约束目标对经济与环境协调度影响的中间机制检验：第二产业占比

变量	直接约束目标组			间接约束目标组			无约束目标组		
	Develop	Str	Develop	Develop	Str	Develop	Develop	Str	Develop
$D1$	0.055*	0.072***	0.075*						
	(0.029)	(0.012)	(0.041)						

(续表)

变量	直接约束目标组			间接约束目标组			无约束目标组		
	Develop	Str	Develop	Develop	Str	Develop	Develop	Str	Develop
D2				0.284***	−0.048**	0.288***			
				(0.063)	(0.022)	(0.062)			
D3							−0.126***	0.120***	−0.135***
							(0.027)	(0.028)	(0.028)
Str			−0.107			−0.101**			−0.013***
			(0.077)			(0.046)			(0.047)
控制变量	控制	控制	控制	控制	控制	控制	控制	控制	控制
城市固定效应	控制	控制	控制	控制	控制	控制	控制	控制	控制
年份固定效应	控制	控制	控制	控制	控制	控制	控制	控制	控制
观测值	3 962	3 962	3 962	3 962	3 962	3 962	3 962	3396	3 962
R^2	0.233	0.194	0.176	0.226	0.043	0.226	0.232	0.012	0.232

注:***、**、*分别表示在1%、5%和10%的显著性水平;括号内是估计系数对应的标准误。常数项并不是本章分析重点,未列出该结果。

表6-11显示,直接约束目标($D1$)对第二产业占比的影响系数为0.072且在1%的显著性水平上通过了检验,再次证明了产业结构中间机制的存在性。在环境保护直接约束目标下,政府为完成环境治理任务,在对污染型企业加强规制、优化产业结构的同时,实现了经济增长和环境保护的双重目标。间接约束目标($D2$)对第二产业占比的影响系数为−0.048且显著,表明环境保护间接约束目标也会通过推动高污染企业的转型以提高经济与环境协调度。无约束目标($D3$)对第二产业占比的估计系数为0.120且显著,即无约束目标下第二产业特别是高耗能、高污染行业的产出没有受到约束,说明无环境保护约束目标不足以刺激污染型企业向清洁化方向转型,企业仍以牺牲环境为代价换取高产出,经济增长与环境保护的协调性降低。

以二氧化硫去除率为中间机制的检验结果如表6-12所示。

表 6-12　环境保护约束目标对经济与环境协调度影响的中间机制检验:二氧化硫去除率

变量	直接约束目标组			间接约束目标组			无约束目标组		
	Develop	Elimrate	Develop	Develop	Elimrate	Develop	Develop	Elimrate	Develop
$D1$	0.055*	0.123***	0.005						
	(0.029)	(0.031)	(0.026)						
$D2$				0.284***	0.284***	0.173***			
				(0.063)	(0.064)	(0.052)			
$D3$							−0.126***	−0.176***	−0.056**
							(0.027)	(0.029)	(0.024)
Elimrate			0.406***			0.390***			0.399***
			(0.015)			(0.016)			(0.015)
控制变量	控制	控制	控制	控制	控制	控制	控制	控制	控制
城市固定效应	控制	控制	控制	控制	控制	控制	控制	控制	控制
年份固定效应	控制	控制	控制	控制	控制	控制	控制	控制	控制
观测值	3 962	3 962	3 962	3 962	3 962	3 962	3 962	3 962	3 962
R^2	0.233	0.157	0.217	0.226	0.150	0.381	0.232	0.151	0.384

注:***、**、*分别表示在1%、5%和10%的显著性水平;括号内是估计系数对应的标准误。常数项并不是本章分析重点,未列出该结果。

表 6-12 的估计结果显示,直接约束目标、间接约束目标对二氧化硫去除率的影响系数均显著为正,分别为 0.123 和 0.284。在环境保护直接和间接约束目标下,地方政府将目标分配至高排放企业,有效提高了企业的二氧化硫去除率。二氧化硫去除率对经济与环境协调性影响的估计系数均显著为正,进一步验证了环境保护约束目标还可以通过污染治理途径改善经济增长与环境保护的协调水平。与直接约束目标和间接约束目标相比,无约束目标不能提高经济增长和环境保护的协调性,不利于实现经济的绿色可持续发展,这与产业结构作用机制的结果是一致的。

三、分组检验

本章将样本划分为沿海城市和内陆城市、南方城市和北方城市,进行环境保护约束目标对经济与环境协调度影响的分组检验,结果如表 6-13 所示。

表 6-13 不同城市环境保护约束目标对经济与环境协调度影响的实证结果

变量	沿海城市			内陆城市		
	Develop	Develop	Develop	Develop	Develop	Develop
D1	0.078			0.066*		
	(0.053)			(0.034)		
D2		0.818			0.246***	
		(0.503)			(0.064)	
D3			−0.117**			−0.130***
			(0.055)			(0.031)
控制变量	控制	控制	控制	控制	控制	控制
城市固定效应	控制	控制	控制	控制	控制	控制
年份固定效应	控制	控制	控制	控制	控制	控制
观测值	616	616	616	3 346	3 346	3 346
R^2	0.283	0.108	0.282	0.238	0.234	0.237
变量	南方城市			北方城市		
	Develop	Develop	Develop	Develop	Develop	Develop
D1	0.021			0.094**		
	(0.045)			(0.039)		
D2		0.455***			0.216***	
		(0.159)			(0.069)	
D3			−0.116**			−0.141***
			(0.050)			(0.035)
控制变量	控制	控制	控制	控制	控制	控制
城市固定效应	控制	控制	控制	控制	控制	控制
年份固定效应	控制	控制	控制	控制	控制	控制
观测值	2 128	2 128	2 128	1 834	1 834	1 834
R^2	0.248	0.209	0.243	0.224	0.225	0.226

注：***、**、*分别表示在1%、5%和10%的显著性水平；括号内是估计系数对应的标准误。常数项并不是本章分析重点，未列出该结果。

由表6-13可得，政府的环境保护约束目标并未影响沿海城市的经济与环境协调度，但是会显著提高内陆城市经济与环境协调度。徐盈之和吴海明(2010)的研究发现，一个地区的经济增长水平和经济与环境协调度呈现正向关系。沿海地区良好的经济建设水平和较快的经济增长速度为环境治理提供了物质基础，实现了经济增长与环境保护的协调发展。此外，沿海城市坚持走集约型发展道路，经济增长模式多为人力资本驱动型，对环境消耗程度较低;而内陆城市的经济增长更多地依赖物质资本投入(张建辉和靳涛,2011)。因而,政府的环境保护约束目标将改变内陆地区的要素投入和配置情况,从而影响当地的经济与环境协调度,而对沿海城市的经济与环境协调度的影响并不明显。

南方城市和北方城市经济与环境协调度的回归结果显示,环境保护直接约束目标对南方城市的经济与环境协调度无显著影响,对北方城市经济与环境协调度的影响系数显著为 0.094,说明环境保护直接约束目标将促进北方城市经济与环境协调度的提升。如前所述,我国的产业布局呈现"南轻北重"的特征,且南方的高新技术产业、互联网经济等正稳步推进,新兴经济对资源和环境的依赖程度较低,使得政府的环境保护直接约束目标对北方城市经济与环境协调度的作用尤为显著。无环境保护约束目标抑制了南方城市和北方城市经济增长与环境保护的协调发展,与全国的情况一致。

四、进一步讨论

本章从环境保护约束目标的调整幅度和约束强度两方面,考察不同的约束目标特征对经济与环境协调度的影响,实证结果如表 6-14 所示。

表 6-14　不同环境保护约束目标特征对经济与环境协调度影响的实证结果

变量	Develop		
D4	−0.464**		
	(0.231)		
D5		−0.198***	
		(0.044)	
D4×D5			0.142
			(0.150)
Pgdp	0.388*	0.275***	0.274**
	(0.220)	(0.078)	(0.112)
Fiscal	1.391	0.804	2.434***
	(1.013)	(0.623)	(0.720)
Open	−0.114*	0.014	0.217**
	(0.059)	(0.021)	(0.087)
Urban	−0.628	−0.520***	0.191
	(0.694)	(0.182)	(0.243)

（续表）

变量	Develop		
城市固定效应	控制	控制	控制
年份固定效应	控制	控制	控制
R^2	0.316	0.259	0.517

注：***、**、*分别表示在1%、5%和10%的显著性水平；括号内是估计系数对应的标准误。常数项并不是本章分析重点，未列出该结果。

在调整幅度层面，加约束($D4$)对经济与环境协调度影响的估计系数显著为负，说明环境保护约束目标"加码"并不利于经济与环境协调度的提高。对于严重依赖重工业发展的城市而言，加强对二氧化硫等工业污染物的减排要求，很可能会增大企业的环境遵循成本并限制企业的技术创新，难以刺激污染型企业转型升级，加剧经济增长与环境保护的非协调性（吴伟平和何乔，2017）。对于经济欠发达地区而言，即使设定了明确的环境目标，GDP考核的强制性也会导致地方政府仍优先发展经济，在这种情形下，通过加约束方式提高经济与环境协调度是无效的。

在约束强度层面，硬约束($D5$)对经济与环境协调度的估计系数为-0.198且高度显著，说明这种目标设定方式并不能促进经济增长与环境保护的协调发展。硬性规定工业污染物的减排额度或削减幅度，将增大地方政府的环境治理压力。为了达到环境保护目标，地方政府官员往往会增大环境规制强度（如加大污染处罚力度、提高环境保护税征收标准等），导致环境治理的短期成效明显但会对经济产生一定的损害，出现"欲速则不达"的效果，经济与环境协调度难以提升。与之相对，软约束为政府的环境治理预留了适度空间，将有助于同时促进经济增长和环境保护双重红利的实现。

第七节 小 结

本章收集了2003—2017年全国283个地级市的政府工作报告，逐一整理了各年度、各城市的环境保护约束目标，并将约束目标分为对二氧化硫和氮氧化物等工业污染物的直接约束目标、关于空气质量优良天数或PM 2.5浓度等的间接约束目标、未对任何环境污染物设定排放目标的无约束目标三种情况，系统考察了各类环境保护约束目标对经济增长影响的差异性，并分析了政府在协调经济增长和环境保护关系中发挥的作用。

在经济增长方面,针对污染物排放的直接约束目标短期内将增加企业技术创新成本和污染治理成本,然而随着环境保护约束红利逐渐释放,短期成本被逐步抵消,创新补偿效应高于遵循成本效应,经济实现可持续增长,这符合波特假说的基本内容。相对于直接约束目标,间接约束目标不足以刺激污染型企业转型升级,因而不利于经济长期发展;无约束目标将产生正向经济增长效应,但经济的高产出是以高投入、高污染为主要特征的,同样不具有可持续性。

除了分析环境保护约束目标对经济增长的影响方向,本章还分别以产业结构和环境治理作为中介变量,实证检验各类约束目标对经济增长影响的传导路径。结果显示,直接约束目标通过激发企业改进生产效率来实现了产业结构优化,从而促进经济增长;间接约束目标通过提高二氧化硫去除率的中端减排方式,增加了减排的经济成本并对经济增长产生了负向影响;在未针对任何环境污染物设定目标(即无约束目标)的情况下,则通过产业结构重型化,实现了总产出的增加。此外,本章从目标的调整幅度和约束强度两方面对环境保护直接约束目标的经济效应展开分析,结果发现约束目标"加码"会显著抑制经济增长;相比于严格规定减排规模的硬约束目标设定方式,软约束目标设定方式更有利于发挥经济增长效应。

在经济与环境协调度方面,政府的环境保护约束目标的设定能够显著改善经济增长和环境保护的协调水平。具体而言,针对环境污染物设定约束目标有助于促进经济增长和环境保护的良性循环,即经济增长能够为环境治理提供充足的物质保障,优良的生态环境反过来能够满足经济发展需求。与之相对,在无环境保护约束目标的情形下,政府减排压力较小且对污染型企业的治理力度较小,导致经济增长仍以环境污染为代价,经济增长和环境保护的矛盾愈加突出。

为了确保经济增长和环境保护双重目标的顺利实现,政府应在环境保护约束目标设定方面进行改革。环境保护约束目标的设定应以针对污染物排放的直接、明确约束为主,并规定必须将环境保护约束目标纳入政府工作报告,从而形成对政府的有效激励。同时,注重政府的外在环境保护约束对企业内在技术革新的作用,强化环境治理与技术创新的紧密联系,充分发挥技术创新效应并提高绿色生产效率。在环境保护约束目标设定的过程中,对于产业结构重型化较为突出的部分北方城市和内陆城市而言,还应遵循"循序渐进"原则,重视经济增长与环境保护的协调发展,避免对经济运行产生较大冲击,稳步推进环境治理和产业转型,进而实现经济高质量发展。

第七章　经济增长与社会福利目标下的碳减排政策

随着经济的持续发展和能源的大量消耗,二氧化碳等温室气体过度排放所导致的全球气候变化问题逐渐成为人们关注的焦点。气候变化不仅会破坏生态系统的稳定性,还会对经济增长与社会稳定产生不利影响,进而成为可持续发展的严重障碍。在控制和减少碳排放方面,各国根据自身的经济发展状况与减排潜力,采取两种减排政策,即碳总量减排政策与碳强度[①]减排政策。其中,碳总量减排政策要求实现碳排放量绝对值下降,而碳强度减排政策的目标是碳强度下降。一般而言,发达国家往往采取碳总量减排政策,而发展中国家受自身所处发展阶段与减排水平的限制,其碳排放量短期内难以呈现下降趋势,因此,包括中国在内的大多数发展中国家采取碳强度减排方式,在经济发展受限较小的同时进行碳减排活动。

与其他发展中国家不同,中国应对气候变化问题更重要且难度更大。一方面,作为发展中大国和能源消费大国,中国的年度瞬时碳排放量持续上升,2013 年中国碳排放量已达 100 亿吨,超过欧盟和美国的排放量之和。[②] 据估计,至 2035 年,中国的二氧化碳排放量仍将占世界总量的 28%。[③] 在实现经济稳定增长的路径上,城市化与工业化进程仍在继续,在资源、能源消费所产生的高度路径依赖等情形下,中国在气候变化问题上面临巨大的压力。另一方面,中国地域广阔、人口众多、气候条件较复杂,

---

[①] 碳强度即单位国内生产总值的二氧化碳排放量,计算公式为:碳强度 = 二氧化碳排放量(CO_2)/国内生产总值(GDP)。与发达国家采取碳排放总量控制方法不同,中国根据自身的经济发展阶段,选取基于碳排放强度的控制目标。

[②] 世界银行世界发展指标数据库(WDI),网址:http://data.worldbank.org/。

[③] 《BP 世界能源展望》(2016 年版),网址:http://www.bp.com/。

是极易遭受气候变化不利影响的国家之一,且全国各地区经济发展不平衡、不协调的问题依然突出,气候变化加剧与能源紧缺问题并存,碳减排难度持续增大。

尽管困难重重,但中国一直积极努力进行碳减排活动,并提出以2005年为基准,至2020年单位国内生产总值二氧化碳排放减少40%～50%;到2030年减少60%～65%,且二氧化碳排放达到峰值并争取尽早达峰的减排目标[1],形成重要的碳强度标准和方案。基于上述碳强度减排目标,中国一直积极推行"自上而下"的行政命令式碳强度减排政策,并取得显著成效。与2005年相比,2014年中国的碳排放强度下降33.8%[2],2015年碳排放强度下降38%左右,超额完成"十二五"规划确定的目标[3]。

自2013年开始,我国在北京、上海、广东、湖北等7个省市陆续开展碳排放权交易市场的试点。碳排放权交易指的是将二氧化碳排放权作为一种商品投入市场进行交易,企业生产活动中若超出排放量指标,则需要购买减排配额,而未进行排放的部分则可以通过市场将配额卖出。由于碳排放权交易配额大多采取碳排放绝对量的形式,在政府部门确定碳排放配额之后,碳排放权交易实际上是利用市场机制进行碳总量减排的一种方式。因此,在2017年12月全国碳排放权交易体系启动之后,全国统一碳排放权交易市场建设进入新阶段,我国将进入碳强度与碳总量两种减排政策并行的阶段。

中国目前仍处于工业化进程中,保持经济稳定增长、增进社会福利并改善人民生活水平的任务还十分紧迫。同时,能源的大量投入以及"以煤为主"的能源消费结构尚未发生根本改变,粗放型经济增长模式导致碳排放强度居高不下。既要保证经济发展,又要促使碳强度下降,就需要对不同碳减排政策的减排效应进行模拟和对比,挖掘各类碳减排政策影响经济的作用机理和运行机制,优化组合碳减排政策以充分发挥减排政策的有效性,实现经济社会的高质量发展。

---

[1] "强化应对气候变化行动——中国国家自主贡献",中国政府网,网址:http://www.gov.cn/。

[2] "2014年中国单位GDP二氧化碳排放比2005年下降了33.8%",《经济日报》,2015年7月6日。

[3] "积极引导全球气候治理进程 中国碳排放强度大幅下降",中国新闻网,网址:http://www.chinanews.com/。

第一节 碳减排政策效应的研究进展

国内外学者对碳强度减排政策在碳排放控制方面的有效性进行了验证,并在减排效应方面达成了共识,但是在碳强度减排政策的经济影响方面却存在分歧。其中,很多学者认为碳强度政策在实现减排目标的同时,会对经济增长造成一定程度的负向影响。代表性的研究如张友国和郑玉歆(2014)指出,碳强度减排政策的实行会导致能源产品和碳密集型产品价格上升,碳排放量与能源投入大幅减少,从而降低中国国内需求以及多个部门的产出水平。与之不同,部分学者的研究发现,碳强度减排政策具有双重红利。例如,Wang et al.(2009)、杨翱等(2014)基于可计算一般均衡(Computable General Equilibrium,CGE)模型和动态随机一般均衡(Dynamic Stochastic General Equilibrium,DSGE)模型的模拟结果显示,碳强度减排政策下的技术变革可以实现对生产要素的替代,提高能源效率并促进经济增长。类似地,范庆泉等(2015)研究认为,碳强度减排政策使得污染型资源成本上升、低碳要素需求增加、生产要素优化配置,同时实现了环境质量改善与经济增长的双重目标。

在碳总量减排政策方面,碳排放权交易市场是实施这一政策的重要途径之一。与碳强度减排政策类似,关于碳排放权交易方式的总量减排方案对经济增长的影响存在多种观点。吴兴弈等(2014)在统一碳排放市场框架下进行碳总量减排政策模拟,发现在长期统一碳排放市场的建立使得环境质量得到改善,但其对经济总产出的影响并不显著。汤铃等(2014)、Tang et al.(2015)通过多主体碳排放权交易机制的仿真模拟,发现碳排放权交易机制能够有效减少碳排放量,但会对经济产生一定的负向冲击效应。任松彦等(2015)、Cheng et al.(2015)和李薇等(2016)分析得出,建立健全的碳排放权交易机制,在减少温室气体排放量的同时,能够减弱气候变化或环境污染对经济的损害甚至创造经济效益,发挥支持经济发展和实现节能减碳的作用。

在现有文献中,将碳总量减排与碳强度减排等政策进行对比分析的研究并不是很多。Fischer(2003)、Fischer and Springborn(2011)对比了碳总量约束、碳强度目标、碳税等政策对环境状况和宏观经济影响的差异,发现碳税与碳总量约束可以产生相同的减排效果,而碳强度目标则能够以较低的成本维持较高的产出水平。张友国(2013)在要素能源替代不确定情形下比较了碳强度约束和碳总量限制的绩效,发现当未来经济增长水平低于预期水平时,与碳总量限制方案相比,碳强度约束能够更有效地控制碳排放,但其边际减排成本和经济产出损失更大。

综合上述文献可得,关于碳减排政策的研究主要是就单一减排政策的减排效应和经济增长效应进行模拟,或者是对多种减排政策进行对比分析,有关碳减排政策作用机理的研究还不够深入。特别是,碳减排政策对经济的影响的研究,基本上是从相对价格变动等直接影响角度进行阐述的,但实际上,从经济结构间接变化的角度进行减排政策效应的分析更为重要(Minihan and Wu,2012)。因此,本章将构建包含能源消费、碳排放、碳强度与碳总量减排政策的动态一般均衡模型,从能源投入、资本累积等多个方面进行碳减排政策影响环境与经济的机制模拟与途径分析,讨论碳减排政策如何有效平衡经济增长与碳强度下降的双重目标,并且基于福利收益和减排成本视角进行碳强度与碳总量减排两种政策的优化选择(刘琳,2017;张同斌和刘琳,2017)。

本章其余部分的结构安排如下:第二节讨论碳排放与碳减排模块的动态一般均衡模型的构建与参数校准;在此基础上,第三节、第四节进行碳强度减排政策和碳总量减排政策的减排效应与经济效应的模拟与对比;第五节从成本—收益角度对不同的碳减排政策进行评价;第六节是小结。

第二节 理论框架构建

本节在 Fischer and Springborn(2011)的基础上,进行碳减排理论框架的构建。与传统的动态一般均衡模型不同的是,本章将碳存量导致的产出效率损失加入企业生产函数,同时将碳存量的负外部性纳入家庭部门的效用函数,充分体现了碳排放累积引发的气候变化对企业生产活动和居民生活方式的影响。

一、模型设定

(一)生产部门与碳排放

除了传统的生产要素资本(K_t)与劳动力(L_t),能源(E_t)也是重要的中间投入之一。本章假定企业生产过程需要上述三种投入,设定规模报酬不变的柯布-道格拉斯生产函数为:

$$Y_t = [1 - D(X_t)]A_t K_t^\alpha E_t^\beta L_t^{1-\alpha-\beta} \tag{7.1}$$

其中，Y_t 为第 t 期企业的总产出，A_t 为生产技术水平，α 为资本产出弹性，β 为能源产出弹性。$D(X_t)$ 为效率损失项，如前所述，代表第 t 期的碳存量 (X_t) 对企业生产效率的负向影响，一般而言，$D'(X) > 0$ 且 $D''(X) > 0$。参考 Heutel(2012) 的设定方法，本章将效率损失项 $D(X_t)$ 设为二次函数的形式：$D(X_t) = dX_t^2$，其中 d 为效率损失系数。

效率损失项体现了气候变化对经济增长的反馈机制。反馈路径主要有两条：一是经济生产活动对自然资源和环境有着一定的依赖性，当二氧化碳存量上升导致气候变化时，生态系统对温室气体的吸收不充分，环境容量的缩小等外部条件会导致企业生产活动受到限制；二是当二氧化碳存量增加时，生态系统遭到破坏，为恢复生态系统功能的稳定性，需要作为减排主体的企业投入大量的人力物力，进而会约束企业的生产行为。

企业生产过程需要消耗能源，由此产生碳排放。为简化起见，本章将碳排放函数设定为：

$$EM_t = \theta E_t \tag{7.2}$$

其中，EM_t 为第 t 期企业的碳排放量，θ 为能源消费的碳排放系数。

生态系统具有一定的自降解能力，企业的碳排放物能够被生态系统部分降解。但是，生态系统的自降解能力是有限的，仍有剩余的二氧化碳留存在大气中，逐渐累积形成碳存量并引发气候变化。因此，碳排放的累积过程或者碳存量的形成过程可以表述为：

$$X_t = \xi X_{t-1} + EM_t \tag{7.3}$$

其中，ξ 为生态系统的跨期自降解系数，$0<\xi<1$，系数值越大，表明生态系统的自降解能力越弱，累积的碳排放量越多，碳存量水平越高。

企业通过生产活动追求利润最大化，其利润函数为：

$$\Pi_t = Y_t - R_t K_t - Q_t E_t - W_t L_t \tag{7.4}$$

其中，R、Q 和 W 分别代表资本利息、能源价格和劳动力工资。

对资本、能源和劳动力分别求导，得到企业实现利润最大化的一阶条件为：

$$\alpha \frac{Y_t}{K_t} = R_t \tag{7.5}$$

$$\beta \frac{Y_t}{E_t} = Q_t \tag{7.6}$$

$$(1 - \alpha - \beta) \frac{Y_t}{L_t} = W_t \tag{7.7}$$

(二) 代表性家庭

不失一般性,假定经济中有一个永续生存的代表性家庭,该家庭追求效用最大化,其效用最大化函数为:

$$\max\left\{ E_0 \sum_{t=0}^{\infty} \eta^t [\ln C_t + \chi\ln(1 - L_t) - v(X_t)] \right\} \quad (7.8)$$

其中,η 为效用贴现因子且 $\eta>0$,C_t 为第 t 期的消费水平,L_t 为劳动时间,$1-L_t$ 代表闲暇。χ 为消费与闲暇的替代系数,$v(X_t)$ 为二氧化碳存量引发的气候变化对于代表性家庭效用的影响函数。根据 Barrage(2012)的方法,本章将 $v(X_t)$ 设定为 $v(X_t) = \rho X_t^2$,ρ 为累积的碳存量对居民效用的影响系数。

二氧化碳的过度排放会导致温室效应,使得生态系统遭到破坏,不仅表现为海平面上升、洪涝灾害等极端天气事件,而且体现在生物多样性减少、农产品数量和质量下降以及病虫害更易传播等方面。这些都对人们的生活环境和生活方式产生了不利影响,降低了代表性家庭的效用。

代表性家庭将收入用于消费和投资,其预算约束为:

$$C_t + I_t \leq Y_t \quad (7.9)$$

其中,I_t 为第 t 期代表性家庭的投资。

资本的动态累积方程为:

$$K_{t+1} = (1 - \delta)K_t + I_t \quad (7.10)$$

其中,δ 为资本的折旧率,K_t 为第 t 期的资本存量。

在预算约束下,代表性家庭通过选择每期的消费、劳动和投资来实现终生福利最大化目标。因此,可以构造代表性家庭最优化问题的拉格朗日函数为:

$$L = \sum_{t=0}^{\infty} \eta^t [\ln C_t + \chi\ln(1 - L_t) - \rho X_t^2 + \lambda_t(Y_t - C_t - K_{t+1} + (1 - \delta)K_t)]$$

$$(7.11)$$

其中,λ_t 表示影子价格。分别对 C_t、L_t 和 K_{t+1} 求导,得到一阶条件分别为:

$$\frac{1}{C_t} = \lambda_t \quad (7.12)$$

$$\frac{\chi}{1 - L_t} = \lambda_t W_t \quad (7.13)$$

$$\lambda_t = \eta\lambda_{t+1}(R_{t+1} + 1 - \delta) \quad (7.14)$$

(三) 碳减排政策

根据中国的现实情形,本章理论框架主要设置了碳总量减排、碳强度减排两种政策。如前所述,碳总量减排政策一般要求企业生产活动所排放的二氧化碳绝对量不能超过额定排放量,碳强度减排政策则要求企业的碳排放强度低于约束值。

1. 碳总量减排政策

在碳总量减排政策下,整体的碳排放量是确定的且与经济产出无关。设定碳排放总量的上限为 EM_0,则得到碳总量减排约束为:

$$EM_t \leqslant EM_0 \tag{7.15}$$

碳总量减排政策的实现机制一般为碳排放权交易。假定在碳排放权交易市场上,政府设定整体的碳排放总量或排放配额为 EM_0,则各企业生产过程中实际产生的碳排放量 EM_t 不得超过限定的碳排放配额。

2. 碳强度减排政策

本章采用 int 表示碳排放强度,即

$$int_t = \frac{EM_t}{GDP_t} \tag{7.16}$$

其中,GDP_t 采用企业的增加值表征,其形式为:

$$GDP_t = Y_t - Q_t E_t \tag{7.17}$$

碳强度约束为:

$$int_t \leqslant int_0 \tag{7.18}$$

$$EM_t \leqslant int_0 \times GDP_t \tag{7.19}$$

假设给定的碳强度约束为 int_0,如果实际的碳强度小于设定的碳强度,即 $int_t \leqslant int_0$,那么碳强度减排政策不会对经济活动产生影响。如果 $int_t > int_0$,那么碳强度减排政策就会增加企业的生产成本,体现在利润函数中。

将式(7.15)加入模型,对企业部门施加约束,相当于政府实行了碳总量减排政策;将式(7.18)或式(7.19)加入模型再求解,代表政府实施了碳强度减排政策;若不将各约束加入模型,则代表无减排政策的基准状态。

二、重要参数校准

在生产函数中各类投入的产出弹性方面,资本产出弹性(α)取值一般为 0.3~0.8(范庆泉等,2016),本章参考计量经济模型的估计结果,最终将资本产出弹性系数设定为 $\alpha=0.4$;在能源产出弹性方面,本章根据 2012 年中国投入产出表中煤炭采选行业、石油和天然气采选行业对其他行业的投入数据,将不同部门进行归并,计算得到 $\beta=0.04$。

在碳排放系数的设定中,本章依据中国国家标准《综合能耗计算通则》(GB/T2589—2008)给出的各能源产品的平均低位发热量与折标准煤系数,结合国家发展和改革委员会、清华大学等单位于 2011 年联合编制的《省级温室气体清单编制指南(试行)》中的单位热值含碳量与碳氧化率数据,计算得出不同能源的碳排放系数,再按其消耗量加权求均值作为本章模型中能源的排放系数,确定 $\theta = 2.56$。

在其他参数的校准方面,本章主要借鉴国内外文献中的取值,其中李成等(2011)估算得到我国的季度效用贴现率值为 0.993;关于环境自降解系数的设定,根据 Heutel(2012)的方法,选取自降解能力系数(ξ)为 0.8。

本章使用 Matlab R2014a 软件进行程序设计与模型求解。

第三节 不同碳减排政策减排效应的模拟

在本章第二节理论模型的基础上,本节对碳总量与碳强度两种政策的减排效应进行了模拟,对比了在相同的减排目标下两者减排效果的差异。换言之,调整约束式(7.15)中的 EM_0 和式(7.18)中的 int_0,使得其减排目标一致、碳强度下降幅度相同,然后对比分析碳排放量的差异,模拟结果如图 7-1 所示。其中,横坐标代表碳强度下降幅度,该值越大,表示碳减排政策强度越高。

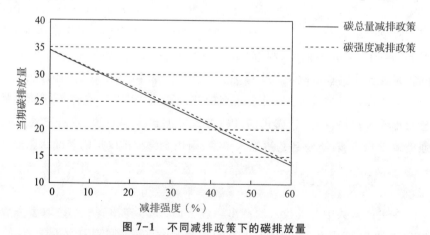

图 7-1 不同减排政策下的碳排放量

一些学者认为,碳强度减排政策只不过是发展中国家逃避减排责任的借口(Dudek and Golub, 2003),并不能达到减排目标,只有碳总量减排政策才能真正缓解碳排放问题。然而,根据图 7-1 的结果可得,在达到相同的碳强度目标时,碳总量减排与碳强度减排两种政策下碳排放量的曲线十分接近,这表明两种政策的减排效果相当、减排效应近似,也佐证了中国一直以来采取的碳强度减排政策的有效性。因此,从减少二氧化碳排放的意义上看,碳强度指标与碳总量指标是统一的(孙传旺等,2010)。

图7-1还显示,当碳减排强度下降幅度较小时,两种减排政策作用下碳排放量曲线几乎重合;但随着碳减排强度的不断增加,不同减排政策作用下碳排放量之间的差距越来越明显,其中碳总量减排政策对碳排放量的控制效果更好,减排力度相对更大。原因在于,碳总量减排政策的目标设定较碳强度减排政策更为严格。具体而言,碳总量减排政策确定具体的排放配额,即规定碳排放量不能超过某一数值。仅以碳排放量单一指标衡量减排程度,这是进行碳减排最直接的约束方式,是一种以环境质量为首要考虑因素的减排政策。

与之相对,碳强度减排政策则通过限制碳排放量与国内生产总值的比值来间接对碳排放量进行限制。作为一种相对的减排政策,碳强度实际上是对碳排放总量的"软性"约束(王金南等,2010),企业可以通过减少碳排放与增加产出两种途径使碳强度下降到既定的减排强度目标(林伯强和孙传旺,2011)。只要碳排放量的增长速度低于经济增长率,那么整体的碳强度就是逐渐下降的,因而其对碳排放绝对量的约束力略微弱一些。换言之,在碳强度减排政策下,通过经济增长促使碳强度下降这一路径削弱了政策对碳排放量的约束力,从而导致碳强度政策的减排力度相对较小。

由于碳排放的主要来源是企业生产过程投入的能源,本章对碳总量和碳强度两种减排政策下能源投入量的变化进行了模拟,以能源消费变动反映碳排放量变化,结果如图7-2所示。由图7-2可得,不同碳减排政策下企业能源投入的变动特征与碳排放量的变化趋势一致,随着碳减排强度的逐渐增大,两种政策下的能源投入量均呈现下降趋势。政府实行碳减排政策会提高企业的碳排放成本,即能源使用或投入的成本加大。由于企业追求利润最大化,其会选择污染曲线上成本较低的能源投入组合,增加清洁型产品或者资本、劳动力要素的使用来替代能源投入,导致能源使用量下降。

在相同的碳强度减排目标下,实施碳总量减排政策时的能源投入量要略小于实施碳强度减排政策时的使用量。基于供给侧的视角分析,在碳总量方案下,能源消费量必须不断减少以满足碳总量约束条件。然而,在碳强度减排政策下,当碳减排约束越来越强时,能源预期需求的减少会使得能源的即期价格相对于远期价格有所上升,因而能源采掘者会增加当前供应量或其开采动机会增强,其供给量在整个时间路径上向前移动,导致能源供给量上升与能源价格下降,在一定程度上减弱了碳强度减排政策的效

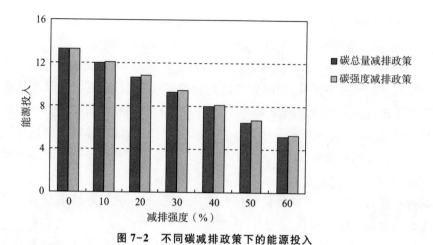

图 7-2　不同碳减排政策下的能源投入

果,能源消费量相对较高导致碳排放量较多,引发了越治理越排放的"绿色悖论"效应(Sinn,2012;谌莹和张捷,2016)。

因此,将碳总量政策、碳强度政策的减排效应进行对比可得,两种政策均能够有效降低碳排放量,实现碳强度减排目标。同时,碳总量减排政策对企业生产活动的约束更严格,能够更有效地控制能源消费与碳排放,在减排效应方面具有相对优势。

第四节　不同碳减排政策经济效应的对比

除了实现碳减排目标,碳减排政策还会通过对能源消费、碳排放的约束作用传导至整个经济,对产出、投资和消费等多个方面产生影响。本节基于不同减排强度下各主要经济变量的变化趋势,对比分析碳减排政策的经济效应。

一、碳减排政策对经济产出的影响

模拟在碳总量减排与碳强度减排政策下,经济总产出与经济增加值的变化曲线,结果如图 7-3 和图 7-4 所示。

图 7-3 显示,在两种减排政策影响下,经济总产出随着减排强度的增加均呈现下降特征。如前所述,减排政策的实施会限制企业的生产行为,促使其减少能源投入,进而对经济产出起到抑制作用。碳减排政策本质上是一种资源约束,通过对碳排放进行限制,达到对企业生产活动中能源投入的控制与能源消费结构的调整,进而产生"阻尼效应",即资源约束会限

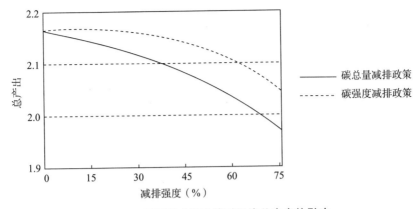

图7-3 不同碳减排政策对经济总产出的影响

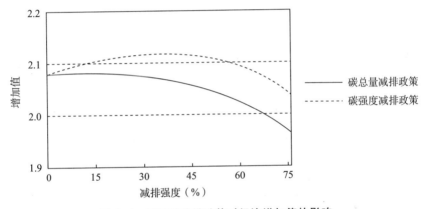

图7-4 不同碳减排政策对经济增加值的影响

制经济增长。其中,碳强度减排政策下的经济总产出总是高于碳总量减排政策下的经济总产出,同时其下降过程较为平缓,说明碳强度减排政策对于经济产出的负向影响明显更弱,这也是大多数发展中国家兼顾经济增长目标下偏向于选择较为宽松的碳强度减排政策的主要原因。

除了经济总产出,从中扣除中间投入之后得到的经济增加值也是重要的经济产出指标,本章模拟了两类减排政策下的经济增加值变化。图7-4的结果显示,在碳总量减排政策影响下,经济增加值随着减排强度的增加而持续下降;与之不同,碳强度减排政策下的经济增加值出现先上升后下降的变化特征,并且碳强度减排政策下经济增加值曲线总是位于碳总量减排政策下经济增加值曲线的上方。因此从经济增加值的角度分析,碳强度减排政策要优于碳总量减排政策。在碳强度减排政策实施的初期,经济增加值上升的原因,主要是能源中间投入成本上升激发了企业调整生产结构和投入结构的动力,即企业通过要素替代部分地实现了要素的优化配置、缓解了资源约束,从而促进了要素利用效率的提高和更多经济增加值的形成。

二、资本与投资视角下的碳减排政策经济效应

资本与投资是碳减排政策影响经济总产出与经济增加值的重要途径,本章对碳总量、碳强度两种减排政策下资本和投资的变化趋势进行模拟,进一步探究碳总量减排政策与碳强度减排政策的经济效应,如图 7-5 和图 7-6 所示。

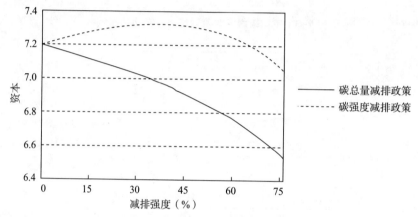

图 7-5　不同碳减排政策对资本的影响

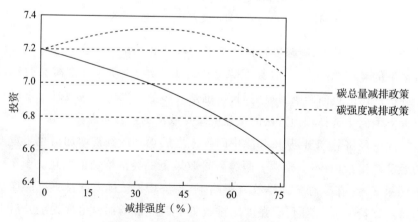

图 7-6　不同碳减排政策对投资的影响

在碳总量与碳强度两种减排政策影响下,资本、投资与经济增加值的变化趋势基本一致。总体而言,碳总量减排政策下的资本与投资持续快速下降,是因为增加值减少阻碍了投资的扩大与资本的累积。此外,随着减排力度的加大,投资品和中间产品的价格上升,市场上对投资品、能源

产品的需求也会减少。

碳强度减排政策使得资本与投资呈现先上升后下降的倒 U 形曲线。在碳强度减排政策实施初期,资本上升主要是清洁型产品需求或能源投资增加所导致的。在减排约束下企业改进生产技术、更新生产设备等,从而不断提高碳生产率,将排放预算向生产率高的主体集中。投资力度的加大又会促进经济的发展,形成"投资→经济增长→投资"的循环,进而实现快速的资本累积。

三、碳减排政策下的消费水平变动

图 7-7 给出了碳减排政策下居民消费水平的变化趋势。结果显示,随着减排强度的不断提升,无论是实施碳总量减排政策还是实施碳强度减排政策,居民消费水平都会逐渐降低,其曲线呈现向右下方倾斜的特征。碳减排政策对于消费的负向作用,在很大程度上可以归因于居民收入水平的下降,即减排政策对经济总产出的不利影响导致收入和消费的减少;并且,居民对于未来经济的预期会促使其调整支出结构,将更多的可支配收入用于投资和储蓄,进而促使消费水平持续下降。

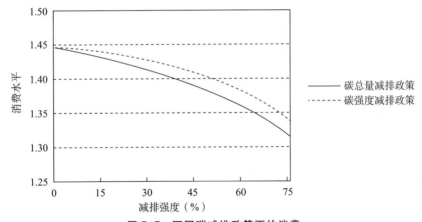

图 7-7 不同碳减排政策下的消费

相比之下,碳强度减排政策对居民消费水平的负向影响要小一些。其原因除在于碳强度减排政策下经济产出较高导致整体消费水平较高之外,还在于较高经济产出对劳动力需求较多,就业状况较好使得收入增长和消费稳定。一般而言,碳减排会产生潜在的就业负效应,促使企业减少雇用员工的数量,导致一定程度的失业问题(陆旸,2011)。然而,当实行碳强度减排政策时,相对较高的经济产出对劳动力需求的"规模效应"十分明显,与清洁劳动力要素对高碳排放能源产品的替代等因素共同实现了"就业红利"。

第五节　基于社会福利与减排成本视角的碳减排政策选择

本章第四节从减排效应与经济效应两个方面对碳总量减排政策与碳强度减排政策进行对比可知：碳总量政策的减排效应略微显著，但对经济产出的负向影响很大；碳强度政策的减排效果虽然不及碳总量政策，但其对经济增长的抑制作用明显更小。因此，在经济增长与碳减排效果的双重目标下，出现碳总量减排政策与碳强度减排政策的两难选择问题。

为了进一步分析不同碳减排的政策效应，综合不同碳减排政策实现经济增长与碳减排双重目标的平衡，本节将基于社会福利与减排成本的视角，比较分析碳总量、碳强度减排政策下的成本收益，深入挖掘碳减排政策的作用机理。

一、基于福利视角的减排政策选择

对碳总量和碳强度两种减排政策下的居民效用进行计算以代表社会福利，结果如图7-8所示。随着碳减排强度的加大，两种减排政策下社会福利的变动均呈现先上升后下降的倒U形减排特征，这表明适度减排会使得整体社会福利上升，但当减排强度达到一定程度后，社会福利开始逐步下降。如本章理论模型部分所示，代表性家庭的效用除了与消费、闲暇存在正向关联，还受到碳存量及其引发的气候变化的负向影响。在碳减排政策实施初期，相对于经济产出而言，减排带来的环境质量改善占据主导地位，碳强度下降的福利增加高于经济产出减少引致的福利损失，因而社会福利总体上呈现上升趋势；随着减排力度的加大，继续降低碳强度导致经济产出快速下降，使得消费减少引致的福利损失超过减排带来的福利增加，致使社会福利水平开始下降。

将两种减排政策进行对比可得，相同减排目标下，实施碳总量减排政策下的社会福利曲线总是位于碳强度减排政策对应的福利曲线上方，即碳总量减排政策下的福利水平更高。由于经济发展的最终目标是提高社会福利，基于这一视角，碳总量减排政策是更优的政策选择。碳强度减排政策是行政命令式的，在碳总量减排政策下的碳排放权交易等属于市场化的调节方式，允许企业之间交易碳排放配额，使得有限的碳配额得到合理配置，实现了帕累托改进并增进了社会福利。

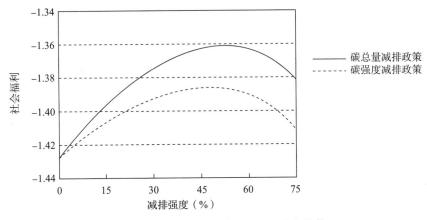

图 7-8 不同碳减排政策下的福利变化趋势

随着经济的发展和人们生活水平的提高,环境质量在社会福利中的地位越来越重要,人们对碳排放和气候变化的关注度越来越高。因此,气候变化对于代表性家庭效用的影响函数 $v(X_t)$ 中碳存量对效用的影响系数 ρ 会逐渐增大。基于此,本章在模拟实施碳总量与碳强度两种减排政策的同时,考虑碳存量对家庭效用影响系数变化的情形下社会福利的变动情况,如图 7-9 和图 7-10 所示。其中,x 轴为效用函数中碳存量的效用系数,y 轴为减排强度,z 轴为社会福利水平。

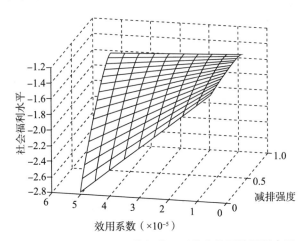

图 7-9 碳总量减排政策与效用系数变化下的福利水平

无论是实施碳总量减排还是碳强度减排政策,当碳存量对代表性家庭效用的影响系数不断变大并达到相同的减排强度目标时,社会福利水平逐渐下降。这表明随着人们对于环境质量重视程度的提高,环境、健康等因素将超过经济增长,在社会福利中的重要性显著增强。在考虑效用函数中

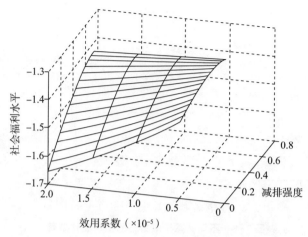

图 7-10　碳强度减排政策与效用系数变化下的福利水平

碳存量影响的基础上,将两种碳减排政策的福利效应进行对比可知:当碳减排力度较小时,碳总量减排政策下的社会福利水平要低于碳强度减排政策下的社会福利水平,当减排力度不断增强时,两类减排政策下的社会福利水平开始接近,同一效用系数和减排强度下碳总量减排政策对应的社会福利水平甚至会超过碳强度减排政策下的社会福利水平。

上述结果可以部分解释发达国家与发展中国家对不同碳减排政策的选择。对于尚未迈入"福利门槛"的发展中国家而言,经济发展十分重要,快速的经济增长对社会福利的贡献很大,碳存量对社会福利的影响较小,碳强度减排政策下的整体社会福利水平较高。经济发达国家居民效用函数中碳存量对效用的影响程度很高,实行碳总量减排政策可以实现更高的社会福利水平。因此,随着经济发展水平的提升,我国应逐步推动碳强度减排政策向碳总量减排政策进行过渡,以保证社会福利最大化目标的实现。

二、基于减排成本的政策选择

除了社会福利,企业的减排成本也是衡量碳减排政策实施难易程度和可操作性的主要指标。本章为衡量碳总量减排政策、碳强度减排政策的减排成本,对理论模型中的影子价格进行测算,得到的结果图 7-11 所示。随着碳减排强度提高,企业的减排成本持续上升,且上升速度不断加快,减排难度逐渐加大,这与大多数文献的研究结论一致。在进行碳减排的过程中,企业通过要素替代减少碳排放量的空间越来越小且减排存在一定的规模效应(涂正革,2009;魏楚,2014),初始的边际减排成本较小,随着碳强度的进一步下降,减排的边际收益降低,企业为减少单位碳排放量所付出的代价增大。

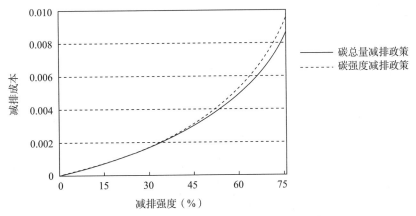

图 7-11　不同碳减排政策下的减排成本变动

对比碳总量、碳强度两种减排政策的边际减排成本可得,当碳减排强度较小时,两条减排成本曲线基本重合;但当碳减排强度超过40%之后,两种政策下的减排成本曲线开始分化,碳总量减排政策下的减排成本曲线位于下方。也就是说与碳强度减排政策相比,为达到相同的减排目标,碳总量减排政策的成本较低、更易实现。一个可能的解释是:由于碳强度减排政策对能源使用和碳排放的抑制作用较小,碳排放累积速度相对较快,在生态系统自降解能力有限和经济发展模式惯性的影响下,碳强度进一步下降的难度加大。

第六节　小　结

本章构建了包含能源消费、碳排放和碳减排政策的动态一般均衡模型,对不同碳减排政策的减排效应与经济效应进行了对比分析。

碳总量减排政策、碳强度减排政策均能够有效降低碳排放水平,实现既定的碳减排目标。同时,碳总量减排政策对企业生产活动的限制更严格,能够更有效地控制能源消费与碳排放,在减排效应方面具有相对优势,而作为相对减排措施的碳强度减排政策的减排力度略有不足。在经济效应方面,减排政策的实施会通过约束能源的使用对经济产出起到抑制作用。其中,与碳总量减排政策相比,碳强度减排政策对于经济增长与经济增加值的负向影响更弱,企业通过要素替代部分实现了要素的优化配置,促进了要素利用效率的提高和更多经济增加值的形成。

在经济增长与碳减排效果的双重目标下,出现碳总量减排政策与碳强度减排政策的两难选择问题。本章基于社会福利与减排成本的视角对不同减排政策的成本收益进行比较,研究表明碳减排政策下的社会福利水平呈现先上升后下降的倒 U 形变动特征,与"自上而下"行政命令式的碳强度减排政策相比,市场化的碳总量减排政策下的社会福利水平相对更高。在减排成本方面,随着碳减排强度提高,企业的减排成本持续快速上升;相比之下,在达到相同的减排目标时,碳总量减排政策比碳强度减排政策的减排成本较低、更易实现。

目前,我国仍以碳强度减排政策为主,而本章研究表明碳总量减排政策能够在提高社会总福利水平的同时,兼顾降低减排成本,因此推动碳强度减排政策向碳总量减排政策转换是进行有效碳减排活动的必然选择。在两种减排政策并行实施、循序渐进的过程中,不同发展水平的地区可以适时适度地对本地区企业实施碳总量、碳强度两种不同的减排目标约束,避免"一刀切"的减排方案。在此基础上,政府应当探索建立符合本地区现实的碳排放权交易机制,针对减排效果好、减排难度小的企业加大财政补贴和税收优惠,引导并发挥其在碳排放权交易市场建设中的主体作用,实现碳强度持续下降与经济稳定增长之间的平衡。

第八章　行业关联视角下碳减排政策的产业升级效应

气候变化是引发极端气候事件、导致水资源分布失衡及生态系统部分功能丧失的主要原因之一，并且会对能源系统、粮食安全和人类健康等社会经济发展的各个方面造成深远影响。联合国政府间气候变化专门委员会（IPCC）第五次评估报告指出，按照目前的温升趋势，至2100年全球表面平均温度相比工业化前将升高约4℃。在这一假设下，世界生态系统恢复能力会遭到严重破坏，气候变化将造成生态系统的高度失衡甚至崩溃。

中国人均资源禀赋较少、气候条件较复杂，生态环境脆弱性逐渐凸显，是易受气候变化不利影响的国家。随着经济和社会的不断发展，气候变化已经成为"新常态"下中国能否实现可持续发展的最大制约因素。应对气候变化带来的不利影响的主要方式就是控制或减少温室气体特别是二氧化碳的排放。作为负责任的大国，中国一直积极参与全球气候治理进程，开展有效的碳减排活动。

与发达国家采取的碳排放绝对量减排政策不同，中国目前采取的是碳强度减排方案。在2009年的哥本哈根气候变化大会上，中国向国际社会承诺，到2020年单位国内生产总值二氧化碳排放量比2005年下降40%～45%，产业结构和能源消费结构实现进一步优化；2015年巴黎气候大会召开前，中国向联合国提交的国家自主贡献目标指出，在2030年左右中国二氧化碳排放达到峰值，并且单位国内生产总值二氧化碳排放比2005年下降60%～65%。

按照目前的减排趋势，中国有望顺利实现碳强度减排目标。但需要指出的是，一方面，在各行业碳减排份额的分配中，中国还缺乏相应的科学规则，对于如何在保证碳强度减排目标实现的同时优化减排路径和减排方案仍缺乏经验；另一方面，碳减排行为必然会对经济增长、社会福利等各个方面产生重要影响，中国碳减排还有着促进经济结构转型升级的责任目标，而产业结构是经济结构的核心体现形式,因此如何合理评价碳减排的经济影响,特别是碳减排导致不同产业的内在关联及内部结构的变动特征(即碳减排引致的产业结构调整效应),对于我国经济的高质量发展具有重要的理论指导价值与政策实践意义。

第一节 碳减排与产业结构变动

在碳减排方案的设计方面,国内外学者进行了大量的研究。本章对文献进行梳理后发现,基于公平因素和成本收益因素的考虑,碳减排份额的分配主要采用三类方法:其一,采用 Shapley 值法和引力模型进行目标分解(Zhang et al., 2014);其二,根据历史排放责任或者"碳排放账户方案",以人均碳排放量相等为原则进行任务分配(国务院发展研究中心课题组,2011;Raupach et al., 2014;李钢和廖建辉,2015;彭水军等,2016);其三,基于数据包络分析模型、零和博弈数据包络分析模型等实现碳减排约束的分担(Gomes and Lins, 2008;Feng et al., 2015;李小胜和宋马林,2015)。以上方法在体现了公平原则的同时,考虑了各地区或各行业的减排能力和发展需求。

为了改进减排方案,一些学者从市场化角度进行减排路径的优化设计。例如,王锋等(2013)指出,在将全国碳强度下降的目标分解到各省份时,需要根据各省份碳强度下降对全国碳强度下降的贡献和推动作用,兼顾效率与公平原则进行合理分配。Zhang et al.(2013)发现,在实现相同减排目标时,与对每一省份分别施加减排约束相比,对全国施加一个总体减排约束并优化分解到各省份,不仅会产生更低的减排成本,还能减少福利损失。现有的关于不同地区或省份之间碳强度减排目标分解的研究较多,但关于不同行业碳减排方案的研究则相对少见,因此本章将主要基于"成本有效性"原则,通过边际减排成本相等的市场化机制,探讨碳强度减排目标下的行业减排路径优化。

在碳减排的政策效应方面,关于碳减排与整体经济增长相互关系的研究较为丰富。Tol(2009)、杨子晖(2010)、Hassler and Krusell(2012)等的研究发现,二氧化碳排放与经济增长存在非线性 Granger 因果关系,测算减排政策导致的气候变化进而对经济增长产生的影响,结果显示不同地区经济增长对气候政策的反应具有很大差异。类似地,汤维祺等(2016)认为碳排放权分配方式决定了减排政策的效果,不同的碳排放权分配方案对短期与长期的经济产出等各方面有着差异化的影响。

与之相对,有关碳减排对产业结构影响的研究相对不足。现有的研究大多关注产业结构调整对碳减排的影响。吴振信等(2012)、郭朝先(2012)的研究均表明,产业结构驱动了碳排放量的增长,特别是第二产业占比上升对碳排放的影响显著为正。王文举和向其凤(2014)、朱永彬和王铮(2014)认为,产业结构调整对于中国实现碳强度减排目标具有积极贡献,产业结构优化能够推动节能减排取得显著成效。Li and Wei(2015)认为,中国产业结构调整对于二氧化碳排放的影响已经出现由负转正的现象。上述研究忽略了一个特征,即产业结构调整具有内生性,因此应关注碳减排政策的产业结构调整效应。

Minihan and Wu(2012)认为碳减排政策可以通过调整产品之间的相对价格,进而影响经济结构。蔡圣华等(2011)分析碳强度减排目标下的产业结构变动,指出在实施减排政策的同时,只有推进能源消费结构调整与消费方式转变才能有效实现产业结构的优化。李秀珍和张云(2013)认为,只有同时考虑节能减排、生产方式转变才能不断改善高碳行业与低碳行业间的比例关系,提高行业部门的碳生产率,使得产业结构逐步实现低碳化。

各行业碳强度减排与产业结构变动之间存在双向影响关系,传统的计量经济模型难以很好地解决内生性问题,动态一般均衡(DGE)模型或动态随机一般均衡(DSGE)模型是研究碳减排政策效应的重要方法(Fischer and Springborn,2011)。将投入产出结构嵌入 DGE 模型或 DSGE 模型,可将总量生产活动扩展至行业生产行为,不仅能够更合理地反映经济现实状况和碳排放主体特征,分析投入产出结构下外生冲击对行业经济的异质性影响(鄢莉莉和吴利学,2017),而且可以针对不同的行业进行差异化的碳减排政策设定,丰富碳减排与经济发展之间关系的研究框架。

目前,采用嵌入投入产出结构的 DGE 模型或 DSGE 模型进行碳减排政策研究的文献还十分少见。Dissou and Karnizova(2016)考察在随机技术冲击下碳减排对整体经济和各产业部门经济的影响后,发现与碳税政策相比,碳总量减排政策下宏观经济变量的波动性更小。经济中的总体波动是由部门冲击所引致的(Horvath,2000),因此碳减排政策应施加于具体部门。周县华和范庆泉(2016)构建了包含碳强度减排和碳总量减排目标约束的分行业一般均衡模型,研究了重点行业的碳强度减排政策对宏观经济的影响,认为碳强度减排使得中国经济产出水平损失的波动性较小。

本章拟构建包含能源消费与碳排放的多行业动态一般均衡模型,基于减排成本、经济增长与社会福利等多重视角,对比如何在实现碳强度减排目标下合理设定减排方案。同时,在我国碳强度减排目标下,从能源要素流动、资源优化配置等方面研究减排政策所导致的产业结构变动效应,运用模拟方法为我国碳强度减排的政策效应提供新的解释,验证我国能否有效实现减排目标与产业结构升级的"双赢"。

第二节 多行业动态一般均衡模型的构建

在 Horvath(2000)、Dissou and Karnizova(2012)的基础上,按照行业能源消费与碳排放的差异化特征,本章构建一个包含代表性家庭、政府部门以及农业、煤炭行业、石油和天然气行业、高耗能工业、低耗能工业、建筑业、生产性服务业、生活性服务业等八个行业生产部门组成的多行业动态一般均衡模型。①

一、代表性家庭

代表性家庭提供资本和劳动力,选择消费和闲暇以实现效用最大化,其效用函数为:

$$\max\left\{E_0\sum_{t=0}^{\infty}\beta^t\left[\ln C_t+\chi\ln(1-L_t)\right]\right\} \quad (8.1)$$

其中,β 为贴现因子,C_t 为总消费,L_t 为加总的劳动时间。

家庭的预算约束为:

$$P_tC_t+Z_tI_t\leqslant W_tL_t+R_tK_t \quad (8.2)$$

---

① 参照国家统计局有关高耗能行业、生产性服务业等的统计分类标准,本章的行业分类为:(1)农业,即农林牧渔产品和服务业;(2)煤炭行业,即煤炭采选业;(3)石油和天然气行业,即石油和天然气开采业;(4)高耗能行业,即石油、炼焦产品和核燃料加工品、化学产品、非金属矿物制品、金属冶炼和压延加工品、电力、热力的生产和供应业;(5)低耗能行业,包括采掘业和制造业中除高耗能行业之外的其他行业;(6)建筑业,即建筑业;(7)生产性服务业,包括交通运输、仓储和邮政、信息传输、软件和信息技术服务、金融、房地产、租赁和商务服务、科学研究和技术服务等行业;(8)生活性服务业,包括批发和零售、住宿和餐饮、水利、环境和公共设施管理、居民服务、修理和其他服务、教育、卫生和社会工作、文化、体育和娱乐、公共管理、社会保障和社会组织等行业。

其中，P_t 为总消费的价格，W_t 为劳动力的工资，I_t、K_t 分别为总投资和总资本，Z_t 和 R_t 分别为投资和资本的价格。

与大多数文献一致，资本的动态累积方程为：

$$K_{t+1} = (1-\delta)K_t + I_t \tag{8.3}$$

其中，δ 为折旧率。

二、消费与投资

家庭的总消费品由农业、煤炭行业、高耗能工业等行业提供的消费品综合而成。由于各行业消费品存在异质性，本章假设各行业消费品之间通过柯布-道格拉斯公式进行加总，其中行业标识为 h，$h=1,2,\cdots,M(M=8)$ 为行业个数或假设经济中一共有 M 个行业。

$$C_t = \prod_{h \in M}(C_t^h)^{\xi_h} \tag{8.4}$$

其中，C_t^h 为家庭购买的第 h 行业的消费品，ξ_h 为不同行业消费品组合的弹性系数。根据式(8.4)的定义，求解可以得到：

$$P_t = \prod_{h \in M}(P_t^h/\xi_h)^{\xi_h} \tag{8.5}$$

其中，P_t^h 为第 h 行业消费品的价格。式(8.5)表明了总消费品价格与各行业消费品价格之间的关系。优化求解式(8.4)可以得到家庭购买的第 h 行业消费品的数量满足：

$$C_t^h = \xi_h C_t P_t / P_t^h \tag{8.6}$$

与总消费类似，总投资也由各行业投资品组合而成：

$$I_t = \prod_{h \in M}(I_t^h)^{\varphi_h} \tag{8.7}$$

其中，I_t^h 为第 h 行业的投资品，φ_h 为不同行业投资组合的弹性系数。在式(8.7)的基础上，进一步可以求得：

$$Z_t = \prod_{h \in M}(P_t^h/\varphi_h)^{\varphi_h} \tag{8.8}$$

$$I_t^h = \varphi_h I_t Z_t / P_t^h \tag{8.9}$$

式(8.8)表明了各行业投资品价格与总投资品价格的关系，式(8.9)是第 h 行业投资品数量的优化选择。

三、企业生产

各生产部门购买中间投入品、能源产品，租用资本和劳动力进行产品生产，各行业生产函数为：

$$Y_t^h = A_t^h (K_t^h)^{\alpha_h} (M_t^h)^{\beta_h} (E_t^h)^{\gamma_h} (L_t^h)^{1-\alpha_h-\beta_h-\gamma_h} \quad (8.10)$$

其中,Y_t^h、A_t^h 分别为第 t 期第 h 行业的产出水平和技术水平,K_t^h、L_t^h 分别为第 h 行业的资本投入和劳动力投入,E_t^h、M_t^h 分别为第 h 行业生产所消耗的能源投入品和中间投入品,α_h、β_h 和 γ_h 分别为第 h 行业资本、中间投入品与能源投入品对应的份额参数。

每一时期,企业都通过选择要素投入实现利润最大化,求解企业利润最大化的一阶条件,可得:

$$\alpha_h \frac{Y_t^h P_t^h}{K_t^h} = R_t \quad (8.11)$$

$$\beta_h \frac{Y_t^h P_t^h}{M_t^h} = Q_t^h \quad (8.12)$$

$$\gamma_h \frac{Y_t^h P_t^h}{E_t^h} = \Pi_t^h \quad (8.13)$$

$$(1 - \alpha_h - \beta_h - \gamma_h) \frac{Y_t^h P_t^h}{L_t^h} = W_t \quad (8.14)$$

其中,Q_t^h、Π_t^h 分别为第 h 行业中间投入品和能源投入品的价格,R_t、W_t 分别为资本的租金和劳动力的工资。由于各行业资本要素和劳动力要素具有较高的同质性,为简化起见,本章假定各行业资本和劳动力的价格一致。

四、中间投入与能源产品

与大多数文献在设定经济增加值生产函数时主要考虑资本和劳动力要素不同,本章重点分析经济总产出的中间投入部分,完整地展现各行业的生产特征。如前所述,第 t 期第 h 行业中间投入分为中间投入品 M_t^h 和能源投入品 E_t^h 两类,其中第 h 行业的两类中间投入又分别由其他行业的产品组合而成。以中间投入品 M_t^h 为例,其组合形式为:

$$M_t^h = \prod_{s \in M_{nonen}} (m_{t,s}^h)^{\chi_{sh}} \quad (8.15)$$

其中,M_{nonen} 为非能源行业的集合,$m_{t,s}^h$ 为第 h 行业购买的第 s 行业非能源中间投入品的数量。进一步可以求得:

$$Q_t^h = \prod_{s \in M_{nonen}} (P_t^s/\chi_{sh})^{\chi_{sh}} \quad (8.16)$$

$$m_{t,s}^h = \chi_{sh} M_t^h Q_t^h / P_t^s \quad (8.17)$$

其中,P_t^s 为第 s 行业非能源中间投入品的价格,χ_{sh} 为第 s 行业产品 $m_{t,s}^h$ 组合

成为 M_t^h 的替代弹性。

与之类似,能源投入品 E_t^h 的组合形式为:

$$E_t^h = \prod_{s \in M_{en}} (e_{t,s}^h)^{\tilde{\chi}_{sh}} \tag{8.18}$$

其中,M_{en} 为能源行业集合,$e_{t,s}^h$ 为第 h 行业购买的第 s 行业能源中间投入品的数量。同样可以求得:

$$\Pi_t^h = \prod_{s \in M_{en}} (P_t^s / \tilde{\chi}_{sh})^{\tilde{\chi}_{sh}} \tag{8.19}$$

$$e_{t,s}^h = \tilde{\chi}_{sh} E_t^h \Pi_t^h / P_t^s \tag{8.20}$$

其中,$\tilde{\chi}_{sh}$ 为 $e_{t,s}^h$ 之间组合的替代弹性。

五、二氧化碳排放与碳强度减排政策

能源中间投入品(煤炭、石油和天然气)的消耗产生二氧化碳排放,设定煤炭产品的二氧化碳排放系数为 θ_{coal},石油和天然气产品的二氧化碳排放系数为 θ_{oil},则第 h 行业的二氧化碳排放量 em_t^h 为:

$$em_t^h = \sum_{s \in M_{en}} e_{t,s}^h \theta_s = e_{t,coal}^h \theta_{coal} + e_{t,oil}^h \theta_{oil} \tag{8.21}$$

碳排放总量 EM_t 为各行业碳排放量 em_t^h 之和:

$$EM_t = \sum_{h=1}^{M} em_t^h \tag{8.22}$$

目前,我国主要实施碳强度减排政策,即以碳强度的下降为主要目标。在式(8.10)的基础上,可以计算得到第 t 期各行业经济增加值:

$$GDP_t^h = P_t^h Y_t^h - Q_t^h M_t^h - \Pi_t^h E_t^h \tag{8.23}$$

整个经济的增加值(GDP_t)为:

$$GDP_t = \sum_{h=1}^{M} GDP_t^h \tag{8.24}$$

基于式(8.21)和式(8.23),可以计算得到第 t 期第 h 行业的碳强度值为:

$$int_t^h = em_t^h / (GDP_t^h / P_t^h) \tag{8.25}$$

同理,基于式(8.22)和式(8.24),可以计算得到第 t 期的总体碳强度值为:

$$int_t = \frac{EM_t}{\sum_{h=1}^{M} (GDP_t^h / P_t^h)} \tag{8.26}$$

假设政府计划将总体碳强度值降至 int_0，一般而言，$int_0 < int_t$。参照 Zhang et al.(2013)的方法，假定各行业碳强度减排的影子价格相等，均为 φ_t，则可以写出碳强度减排的总体约束条件为：

$$\varphi_t(int_t - int_0) = 0 \tag{8.27}$$

设定各行业碳强度均下降相同幅度，同样可以实现总体碳强度为 int_0 的目标，此时各行业的边际减排成本 φ_t^h 往往不相等，碳强度减排的分行业约束条件可以设定为：

$$\varphi_t^h(int_t^h - int_0^h) = 0 \tag{8.28}$$

其中，$int_0^h/int_t^h = int_0/int_t$。

将约束式(8.27)或式(8.28)加入企业利润最大化的目标函数，修改一阶条件和能源价格的表达形式，再进行模型的求解，则可以将碳强度减排政策的影响传导至整个经济。

六、市场出清

在市场出清的条件下，整个经济达到均衡，资本市场和劳动力市场的出清条件分别为：

$$K_t = \sum_{h=1}^{M} K_t^h \tag{8.29}$$

$$L_t = \sum_{h=1}^{M} L_t^h \tag{8.30}$$

第 h 行业商品市场的出清条件为：

$$Y_t^h = C_t^h + I_t^h + \sum_{s \in M_{nonen}} m_{t,h}^s + \sum_{s \in M_{en}} e_{t,h}^s \tag{8.31}$$

最后，设定价格基准为：

$$P_t^1 = 1 \tag{8.32}$$

七、参数校准与模型求解

在模型构建的基础上，本章主要根据国家统计局公布的 2012 年中国投入产出表进行参数校准。将投入产出表与一般均衡模型相结合，可以将产业结构纳入完整经济活动的均衡框架，能够较为精准地考察政策变化对产业结构的动态影响效应。如前所述，为了与理论模型中设定的八个行业相一致，本章将 2012 年中国投入产出表也归并为八个部门，具体校准过程为：

（1）根据投入产出表中基本流量表第Ⅰ象限的数据，可以计算得到中

间产品的投入系数矩阵(χ_{sh})和能源产品的投入系数矩阵($\tilde{\chi}_{sh}$);

(2)根据各行业总产出中中间投入品、能源投入品的占比,可以对生产函数中的中间投入品份额(β_h)与能源投入品份额(γ_h)进行估计;

(3)基于2012年中国投入产出表的最终使用部分,可以计算得到各行业的消费弹性(ξ_h)和投资弹性(ϕ_h)。

在其他参数的校准方面,本章参考 Acemoglu et al.(2012)、Heutel(2012)等相关文献,设定折旧率、效应贴现因子以及各行业的技术参数等。在排放系数的计算中,根据联合国政府间气候变化专门委员会2006年版碳排放系数值以及碳排放计算公式[1],可以计算得到煤炭的二氧化碳排放系数,以及石油、天然气的二氧化碳排放系数;然后根据《中国能源统计年鉴》公布的能源消费总量构成中石油和天然气的占比进行加权,计算得到石油和天然气的二氧化碳排放系数[2]。本章使用 Matlab R2009a 软件实现模型求解与政策模拟。[3]

第三节 不同碳强度减排方案的对比分析

一、不同减排方案的边际减排成本对比

在多行业动态一般均衡模型的基础上,对比两种减排方案的边际减排成本。方案一是总体约束,即设定整个经济总体碳强度值下降一定比例;方案二是分行业约束,即设定各行业的碳强度均下降相同幅度。显然,两种方案达到的碳减排目标应是一致的。

边际减排成本是评价碳减排政策效果的重要依据(Kesicki and Strachan,2011)。如前所述,在总体碳强度减排目标的约束下,可以实现各行业边际减排成本相等,均为 φ_t;当实施各行业碳强度下降相同幅度的方案时,各行业的边际减排成本往往不相等,为 φ_t^h。本章计算并绘制了碳强度下降25%的相同减排目标下两种方案中各行业的边际减排成本图,如图8-1所示。

---

[1] 2006年IPCC国家温室气体清单指南,联合国政府间气候变化专门委员会网站,网址:http://www.ipcc.ch。

[2] 在2012年中国投入产出表42部门和139部门表中,均将"石油和天然气开采产品"作为一个行业,没有拆分,因此本章计算石油和天然气这一综合产品的排放系数。

[3] 受篇幅限制,文中没有列出具体参数的取值,有需要可向作者索取。

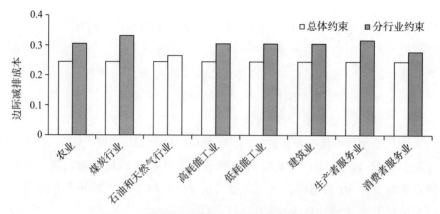

图 8-1 两种碳减排方案下的边际减排成本对比

图 8-1 显示,在分行业碳强度减排目标的约束下,各行业的边际减排成本均高于总体约束下的边际减排成本,这与 Zhang et al.(2013)的观点基本一致。与"强制式"的分行业约束相比,类似于"市场机制"的总体约束减排方案产生了"蘑菇效应"(陈诗一,2011)和"规模效应"(魏楚,2014)。具体而言,位于价值链各节点的不同行业或企业的边际减排成本存在较大差异,在总体碳强度减排目标的约束下实现各行业减排路径的优化,可以使得各行业的减排能力和减排行为相统一,进而使得减排成本最低,并且价值链上不同节点的行业或企业可以充分发挥对整体碳强度减排的作用,达到减排效率最高。

由于行业本身具有异质性等,在面临相同的碳强度减排约束时,不同行业之间的边际减排成本存在一定差异。总体而言,行业的边际减排成本越高,表示该行业的减排难度越大。其中,能源消费量是影响边际减排成本最重要的因素之一。以煤炭行业和高耗能工业为例,两个行业对能源的需求均呈现刚性特征且依赖程度较高,能源消费量和碳排放量较多,在实现同样的碳减排目标时,碳强度下降的难度更大,减排成本也更高。图 8-1 显示,在分行业碳减排目标的约束下,煤炭行业、高耗能工业的边际减排成本均超过 0.3。

与高耗能工业相比,虽然低耗能工业和建筑业的能源消费量较少,但是两个行业的能源投入结构较为稳定。以建筑业对煤炭的消耗为例,根据中国投入产出表计算可得,2007 年煤炭开采和洗选产品在建筑业总中间使用所占的份额为 0.6413%,而 2012 年该份额为 0.6707%。生产模式形成的路径依赖使得低耗能工业和建筑业的能源替代弹性较小,即其他要素对能源的替代性较差。当能源替代品较少时,低耗能工业、建筑业企业只能使用更少的能源以降低碳强度。此外,市场结构和市场运行机制也会对碳强度的边际减排成本产生重要影响。低耗能工业、建筑业的市场集中度相对较高,在市场不同势力的影响下实施严格的分行业碳强度减排方案时,能源要素的调整会受到一定的阻碍,导致两个行业的边际减排成本较高。

服务业的能源消费和能源投入结构较为复杂,特别是生产性服务业企业使用电力等清洁能源的比重较高,减排空间和减排潜力较小,因此在减排量相同的情形下,行业的减排成本很大。与之相对,生活性服务业对能源的消耗具有多样化特征,且能源消费的需求价格弹性较大,使得行业的减排潜力较大。因此,与生产性服务业相比,生活性服务业的边际减排成本相对较小。

二、不同碳减排方案下的经济效应与福利效应

除了减排成本,不同的碳减排方案还会对宏观经济变量产生差异化的影响。为了进一步验证碳强度减排中总体约束方案的有效性,本章绘制了不同碳强度减排的总体约束与分行业约束下经济中总产出、总福利水平的变化趋势,分别如图 8-2 和图 8-3 所示。

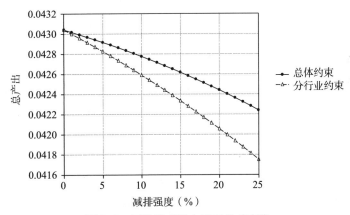

图 8-2 两种碳减排方案下的总产出

图 8-2 和图 8-3 显示,碳强度减排目标约束了企业的生产行为,而企业又无法将碳减排纳入其生产的优化决策,因而碳减排会对经济增长和社会福利产生一定程度的不利影响。将图 8-2 和图 8-3 中不同减排强度下两种减排方案的增长效应与福利效应分别对比可得,与分行业约束相比,总体约束的碳减排方案下经济中的总产出水平和总福利水平均较高。主要原因在于:总体约束下各行业之间可以进行"整体减排",即总约束能

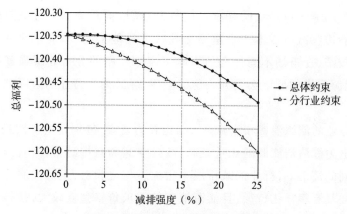

图 8-3 两种碳减排方案下的总福利

够实现减排任务的合理分解;分行业约束属于"独立减排",分行业约束的碳减排方案下无法产生行业间减排的联动效应,且不能实现减排目标下的成本最小化和收益最大化。这一结果进一步验证了总体约束方案的合理性。

总体约束的碳强度减排方案属于适宜且较灵活的环境规制政策,在这一碳减排方案下,各行业不仅可以根据自身特征调整要素投入结构,实现要素的合理使用和优化配置,而且根据环境规制的波特假说,适度的总体约束减排方案还能促使企业采用更高水平和更为清洁的生产技术,即碳减排政策产生的溢出效应会引致企业技术进步的创新补偿效应,在减少污染物排放量的同时实现生产效率的提升。因此,要素配置优化与生产技术效率提升在一定程度上弥补了碳减排约束下的产出下降和消费损失,总体约束方案在实现碳强度减排目标的同时,经济产出水平和社会福利水平相对较高。

与之相对,固定且严格的分行业碳减排方案过度约束了企业的要素投入和能源使用,在实现碳减排目标的过程中,各行业不能有效地化解碳强度减排带来的经济冲击。在分行业碳减排方案下,企业不仅难以对生产要素和生产技术进行充分调整,更不能有效激发高污染和高排放企业开展技术研发和引进清洁技术的内在动力,因而不利于经济产出增长和社会福利增进。此外,由图 8-2 和图 8-3 可得,与总体约束相比,分行业碳强度减排约束方案下经济中总产出和总福利的斜率更大,即产出和福利的下降速度更快,这在一定程度上表明我国各行业的减排承受能力较低,在经济结构和产业结构较为稳定的情形下,各行业产出对于碳减排冲击的调整速度较慢。

因此,在将"共同但有区别责任"原则应用于碳减排目标在各行业之间的分配时,应选择以边际减排成本相等确定碳强度减排任务的总体约束方案为优化路径,即"以价格定数量",而不是选择碳强度减排幅度相同但边际减排成本不同的分行业约束方案。

三、碳减排总体约束下各行业排放量的变动

在实施总体约束的碳强度减排方案时,各行业的能源消费量和碳排放量出现了不同程度的降低,本章分别计算了碳强度下降 5%、10%、15%、20%和 25%五种减排目标下各行业碳排放量的下降幅度,如表 8-1 所示。

表 8-1　不同碳强度减排目标下各行业碳排放量的下降幅度

(单位:%)

减排强度	碳排放量下降幅度				
	5	10	15	20	25
农业	−4.7880	−9.6050	−14.4516	−19.3283	−24.2356
煤炭行业	−9.2047	−17.9578	−26.2650	−34.1312	−41.5608
石油和天然气行业	−9.4867	−18.5415	−27.1551	−35.3186	−43.0239
高耗能工业	−5.0688	−10.1571	−15.2628	−20.3837	−25.5175
低耗能工业	−4.9770	−9.9815	−15.0117	−20.0658	−25.1416
建筑业	−4.7712	−9.5712	−14.4010	−19.2612	−24.1527
生产性服务业	−4.8408	−9.7050	−14.5930	−19.5057	−24.4434
生活性服务业	−4.7291	−9.4936	−14.2943	−19.1316	−24.0059

各行业碳排放量的下降幅度与终端能源的消费数量和消费结构紧密相关。以煤炭行业为例,2012 年煤炭行业中间投入中煤炭消耗的占比为 31.5042%,因此在碳强度减排约束下,煤炭行业、石油和天然气行业对自身产品直接消耗量的减少将使得两类能源行业的供给侧紧缩。此外,在碳强度减排目标下,其他行业对煤炭、石油和天然气等能源消费的下降,也会通过完全消耗系数的传导在需求侧对能源行业产生不同程度的影响。因此在直接效应和间接效应的共同作用下,能源行业碳排放的下降幅度最大。表 8-1 显示,在减排强度为 25%时,煤炭行业、石油和天然气行业碳排放量的下降幅度分别为 41.5608%和 43.0239%。

碳强度减排约束下高耗能工业和低耗能工业的碳排放量的下降幅度也较大。在中国工业化和城镇化的进程中,大规模基础设施建设推动了工

业的快速发展,同时也消耗了大量的资源能源,特别是对煤炭、石油和天然气等传统能源的消耗。据测算,2012年高耗能工业消耗的煤炭占全部行业煤炭总消耗量的77.7356%。因此,虽然高耗能工业的减排成本较高,但由于其能源消费量较大,碳强度减排约束下能源要素投入减少的减排效果依然较为明显。

除了能源要素使用数量,减排效果还与行业的能源消费强度紧密相关。能源消费强度即单位国内生产总值的能源消费量,是反映能源使用效率和生产技术水平的重要指标,能源消费强度较低的行业通过减少能源使用量实现碳减排的效果相对不明显。据测算,2008年农业、建筑业、第三产业的能源消费强度相对较低,稳定在0.4左右(涂正革,2012)。如表8-1所示,在25%的碳强度减排目标下,农业、建筑业、生产性服务业、生活性服务业四个行业的碳排放量的下降幅度较小,分别为24.2356%、24.1527%、24.4434%和24.0059%。

第四节 碳强度减排下的产业结构变动

碳强度减排政策能够使得各行业能源、中间投入等要素的配置结构和投入产出水平发生变化,通过资源配置效应进而引发产业结构变动效应。在第三节碳减排方案对比的基础上,本节重点考察碳强度减排政策所引致的产业结构变动。

一、碳强度减排目标约束下的各产业结构变动特征

一般而言,随着经济发展阶段的变迁,产业结构有着自身的演变规律,而政策因素(如碳强度减排政策),会在一定程度上引导或改变产业结构调整的方向。在总体碳强度减排目标下,本章分别计算了碳强度下降5%、10%、15%、20%和25%下各行业增加值占GDP比重的变动幅度,如表8-2所示。

表8-2 不同碳强度减排目标下的产业结构变动

(单位:%)

减排强度	产业结构变动						
	基准	5	10	15	20	25	变动方向
农业	0	+0.0397	+0.0816	+0.1259	+0.1729	+0.2230	↑
煤炭行业	0	-0.0614	-0.1221	-0.1823	-0.2420	-0.3011	↓

(单位:%)(续表)

减排强度	产业结构变动						变动方向
	基准	5	10	15	20	25	
石油和天然气行业	0	−0.0592	−0.1187	−0.1785	−0.2387	−0.2992	↓
高耗能工业	0	−0.1002	−0.2053	−0.3158	−0.4324	−0.5556	↓
低耗能工业	0	−0.0087	−0.0188	−0.0307	−0.0445	−0.0604	↓
建筑业	0	−0.0025	−0.0054	−0.0088	−0.0128	−0.0175	↓
生产性服务业	0	+0.0463	+0.0930	+0.1400	+0.1874	+0.2351	↑
生活性服务业	0	+0.1458	+0.2958	+0.4504	+0.6101	+0.7757	↑

注:基准情形指的是不施加碳强度减排约束。

总体而言,表8-2显示,在碳强度减排约束下,各行业增加值占GDP比重的变动幅度不大。主要原因在于:2012年之后,中国经济增速开始下降,能源生产和能源消费的速度随之减慢,经济增长与能源消费之间呈现出"脱钩"趋势。例如,2011—2012年能源生产增速和能源消费增速分别由7.1%降至4.4%、7.1%降至3.9%,能源产出弹性系数和能源消费弹性系数则分别由0.76降至0.57、0.76降至0.51,而碳强度减排约束主要通过能源要素这一途径对行业产出和经济增长产生影响。因此,能源与经济之间的"脱钩"在一定程度上减弱了碳强度减排政策对于产业结构调整的传导效应,但各行业增加值占GDP比重呈现了明显的差异化变动特征。

(一)碳强度减排约束下经济中能源行业占比减小

煤炭的不可再生性和对环境的高度破坏性,决定了煤炭在能源消费结构和经济结构中的份额就具有持续下降的内在压力。特别是我国煤炭行业的产能过剩形势十分严峻,截至2014年年底,我国累计新增煤炭产能30亿吨,在建产能超过10亿吨。碳强度减排方案的实施能够对产能过剩的煤炭行业生产活动造成一定的冲击,使得煤炭企业压缩生产规模,因而煤炭行业增加值占GDP比重下降。

石油和天然气等能源开采及加工部门属于高成本、低利润的上游产业,在能源消费结构没有发生根本性转变的情形下,石油和天然气行业在价值链上的位置和产业体系中的地位均处于锁定状态,相对于煤炭行业而言,在碳强度减排约束下,石油和天然气行业占比的下降幅度略小一些。同时,我国石油和天然气能源的利用效率较低,导致石油、天然气单位产出的能源消耗较低,由此在碳强度减排约束下其边际减排成本也较低,能够在一定程度上实现生产规模的缩小。由表8-2可得,在碳强度减排目标为

25%时,煤炭行业、石油和天然气行业两个能源行业增加值占 GDP 比重均呈现下降态势,下降幅度分别为 0.3011% 和 0.2992%。

(二)碳强度减排控制工业结构的"去重工业化"效应明显

由于工业内部各行业均对煤炭、石油等化石能源有着直接或间接的依赖性,而碳强度减排约束下能源等要素、投资品和消费品会在不同产业之间流动,因此碳减排通过工业部门对能源部门的中间需求关联会产生明显的溢出效应。具体而言,碳强度减排一方面可以改善工业中高耗能工业与低耗能工业之间的比例关系,即引发"量"的变化;另一方面可以通过提高能源利用效率来提升工业行业的碳生产率,即引致"质"的变化。

与大多数研究一致,表 8-2 显示,碳减排与第二产业占比存在同向变动关系,其中碳强度减排约束波及程度最高的是能源消费量最大的高耗能行业。一般而言,碳强度减排的实施会导致产业部门中间投入中的能源要素向其他产业转移,通过减少本部门的碳排放量来实现减排目标。由于沉没成本等,工业特别是高耗能工业具有典型的"高碳化"特征,在降低碳强度(即减少单位 GDP 能耗)的约束下,其中间投入结构和能源投入份额无法迅速调整,只能"被动"地接受惩罚,使得产出减少,高耗能工业占 GDP 比重出现明显的下降趋势。表 8-2 显示,当整个经济碳强度减排总体目标为 25%时,各行业中高耗能工业占 GDP 比重的下降幅度最大,为 -0.5556%。因此,碳强度减排能够产生明显的"去重工业化"效应,加快工业内部结构调整和整体产业结构升级。

与高耗能工业相比,低耗能工业、建筑业等第二产业其他行业与煤炭行业、石油和天然气行业的行业关联相对较弱,而且随着资本的累积和设备的升级,低耗能工业和建筑业中电能等清洁能源的消耗量和占比逐渐提高。以建筑业为例,2005—2011 年建筑业的电力消耗量由 233.93 亿千瓦时增加到 571.82 亿千瓦时,年均增速为 20.41%。碳强度减排约束对于低耗能工业和建筑业两个行业中煤炭、石油和天然气等直接能源投入减少的影响十分有限,并且碳强度减排目标还会使得电力生产和供应业等加快提升能源的加工转换效率,以减少能源使用水平下降的影响。因此,在低耗能工业、建筑业的能源消费结构等因素的作用下,碳强度减排约束对这两个行业产出的影响微弱。如表 8-2 所示,当碳强度减排目标为 25%时,低耗能工业、建筑业增加值占 GDP 比重的下降幅度仅为 0.0604% 和 0.0175%。

(三)碳强度减排有效推动农业、服务业的占比增大

农业部门主要的中间投入是劳动力和土地等要素,能源投入占比较

小。例如,2012年农业部门能源消费量仅占经济中能源消费总量的1.8755%,碳强度减排约束对于能源使用的限制以及能源价格的升高等对农业生产活动的负向影响不大。此外,与其他行业不同,农业具有一定程度的碳捕获和碳封存能力,扩大农业生产可以实现对二氧化碳的有效吸收,从而较为容易地降低碳排放量并达到碳强度约束目标。因此,碳强度减排约束将农业减排的压力转化为"富碳农业"发展的动力,对构建碳循环产业链具有积极促进作用,进而导致经济中农业产出占比出现上升趋势。由表8-2可得,当碳强度减排达到25%时,农业占GDP的比重上升0.2230个百分点。

服务业具有中间投入率相对较低、增加值率较高的特征,服务业各行业中要素之间的替代性较强,在碳强度减排约束下,服务业企业易于实现劳动力和资本对于能源的替代。碳强度减排政策会导致能源供给减少和能源价格上升,在一定程度上会使得服务业企业能源中间投入成本上升和产出水平下降;与此同时,服务业企业通过增加劳动力和资本等要素的投入来替代产生高碳排放的能源要素,减缓碳强度减排政策对其生产行为的负向影响,在满足碳强度减排目标的同时实现产出的稳定或增长。

在碳强度减排约束下工业行业要素外流的过程中,为工业部门提供服务、与工业行业具有紧密行业关联的服务业将容易承接工业资源的转移。其中,生产性服务业的资本密集度较高,对劳动力的吸纳能力相对较弱;生活性服务业的劳动密集度较高,对劳动力具有较强的接收能力,其产出增长的速度相对较快。如表8-2所示,当碳强度减排达到25%时,经济中生产性服务业和生活性服务业的比重分别上升0.2351%和0.7757%。

二、碳强度减排约束下产业结构的高度化与合理化特征分析

产业结构的高度化与合理化是产业结构优化的两个重要方面,是体现产业发展中结构效益和优化方向的衡量标准,两者构成产业结构优化问题较为全面的理论框架。本章将参照国内外文献的一般方法,计算产业结构的高度化与合理化指标,进行碳强度减排约束下整体产业结构的优化特征分析。

产业结构高度化实际上就是第一产业向第二产业、第三产业的动态转移过程,在不同的碳强度减排约束下,本章分别计算了服务业占总产出(GDP)的比重、低耗能工业占第二产业的比重,并将其作为产业结构高度化程度的代表指标,如图8-4所示。

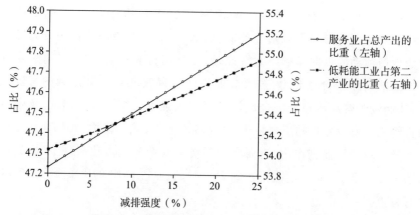

图 8-4 碳强度减排下产业结构的高度化指数

在碳强度减排约束下,第二产业中低耗能工业占比上升的趋势十分明显,如图 8-4 所示,在碳强度减排从 0 增加到 25% 时,低耗能工业占第二产业的比重由 53.8% 增至 55.2%,上升约 1.4 个百分点,这反映出第二产业内部的集约化程度显著提升。此外,高耗能工业行业一般生产中间投入品,而低耗能工业行业大多生产最终产品,低耗能工业占第二产业比重的上升还反映出产品形态的转移过程和产业链中上游向下游的延伸过程。

在实施碳强度减排时,经济结构服务化的倾向,即服务业占 GDP 比重的上升特征也较为突出,图 8-4 显示,碳强度减排每增加 5 个百分点,经济中服务业占比上升 0.14 个百分点左右。服务业具有高增加值、高劳动生产率等特征,是产业结构迈向高端水平的重要体现,以上两个比重指标均表明碳强度减排对产业结构高度化具有积极的促进作用。

产业结构合理化是产业中资源有效利用程度、部门之间协调均衡发展程度的代表指标。产业结构合理化的理论内涵是:以资源配置优化为基础,关注要素资源在产业间的配置效率,可以通过产出结构与要素投入结构的耦合程度大致衡量产业结构合理化程度。

本章参照干春晖等(2011)有关产业结构合理化的测度方法,在泰尔指数的基础上加以改进得到产业结构合理化指数(TL),计算公式为:

$$TL = \sum_{h=1}^{M} \left(\frac{Y_h}{Y}\right) \ln\left(\frac{Y_h}{Y} \bigg/ \frac{L_h}{L}\right) \tag{8.33}$$

其中,Y_h、L_h 分别为第 h 行业的产出和劳动力人数,Y、L 分别为整个经济中的总产出和总劳动力人数。

如式(8.33)所示,产业结构合理化指数是产业均衡度的代表,采用单位劳动力创造的产出是否相等表示产业部门发展的协调程度,能够体现各行业资源配置水平和资源利用水平的差异。产业结构合理化指数为0,表示经济中各产业处于完全协调和绝对均衡的状态,指数值越小,表明产业结构越合理。

基于式(8.33),本章分别采用总产出变量和增加值变量计算不同碳强度减排约束下的产业结构合理化指数,如图8-5所示。当碳强度下降幅度从0增至25%时,采用经济中的总产出、增加值计算的产业结构合理化指数分别从0.0446降至0.0436、从0.0593降至0.0581,两个指数均表明碳强度减排约束下产业结构合理化程度逐步提高。

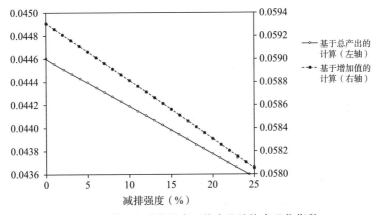

图 8-5　碳强度减排约束下的产业结构合理化指数

对比图8-4和图8-5可得,在碳强度减排约束下,中国产业结构的高度化与合理化程度均得到了显著提升,实现了产业结构的优化。

第五节　小　结

本章将一般均衡模型与投入产出表有机结合,构建了包含能源消费与碳排放的多行业动态一般均衡模型,研究了在实现碳强度减排目标下碳减排方案的合理确定以及碳强度减排政策导致的产业结构变动效应。

(1) 减排方案的对比。在成本方面,总体碳强度减排方案可以实现各行业减排能力和减排行为的统一,各行业边际减排成本较低;分行业碳减排方案会过度约束企业的要素投入和能源使用,各行业的边际减排成本更高。在收益方面,对比两种减排方案下经济中总产出水平和福利总水平可得:"整体减排"的总体约束能够通过减排任务的合理分解来实现要素的优化配置并激发"创新补偿效应",能够产生相对较高的经济增长效应与社会福利效应;"独立减排"的分行业约束不能有效化解碳强度减排所带来的经济冲击效应,无法产生行业间的减排联动效应。因此,总体减排方案相比分行业减排方案更有效。

（2）碳强度减排引致的产业结构变动。测算结果表明,能源行业易受到碳减排的冲击,导致其在经济中的占比减小。碳强度减排通过工业部门对能源部门的中间需求关联产生显著的溢出效应,对工业结构"重型化"的控制效应明显。与之相对,碳强度减排将农业减排的压力转化为"富碳农业"发展的动力,导致经济中农业占比增大。服务业企业通过增加劳动力和资本等要素的投入来替代高碳排放的能源要素,减缓了碳强度减排政策对生产行为的负向影响,实现了稳定增长和占比增大。随着减排强度的加大,中国产业结构呈现出持续优化的特征。

根据本章的研究,政府在确定碳强度减排方案时,应尽可能地避免使用行政命令式的决策方式,而应当基于市场机制的分配方案,根据各行业的边际减排成本确定分层次、差异化的减排方案,针对减排难度较大的高耗能工业和生产性服务业等行业,制定循序渐进的阶段性减排目标和减排任务,实现各行业减排行为、减排能力和减排责任的统一以促进整体减排效果的最大化。

在正确认识碳强度减排政策对产业结构影响机理的基础上,一方面应加快破除要素流动的体制性障碍,发挥市场的导向作用和调节功能,促进能源、劳动力、资本等要素向高增加值和高生产率行业转移;另一方面应尽快引进、提升能源加工和能源转换的技术水平,通过提高能源使用效率而不是减少能源要素使用来实现碳强度减排目标,在实现经济增长与能源消费、与碳排放脱钩的同时,充分释放碳强度减排的多重红利,推动经济结构和产业结构的优化升级,促进社会福利不断提升。

第九章 区域关联视角下碳强度政策的减排效应差异

温室气体特别是二氧化碳排放及其引发的气候变化,不仅是一个环境问题,更与经济增长和社会发展紧密相关。中国自成为世界年度碳排放量第一大国之后,进行碳减排的任务十分紧迫,处在工业化进程中的典型特征还加大了中国碳减排的难度。尽管如此,中国碳减排活动取得了显著成效,与2005年相比,2018年单位国内生产总值二氧化碳排放量下降约45.8%,二氧化碳排放量快速增长的局面基本上得到改善。[①] 然而,随着生态系统的承载能力接近或达到上限,过度依赖资源能源投入的粗放型经济增长模式已经难以为继,如何在完成经济稳增长目标下实现有效的碳减排,依然是促进我国经济社会高质量发展的一个长期且重要的任务。

在中国现行的"自上而下""分类指导"的碳强度减排制度中,主要综合考虑各地方的减排潜力、发展阶段等因素,将总体碳减排目标分解到下一级行政单位,各级地方政府负责落实本地区减排目标。例如,2016年,我国确定"十三五"期间全国碳强度下降18%的目标,将各省份的碳强度控制目标确定为20.5%、19.5%、18%、17%和12%五个层级。[②] 值得注意的是,我国各区域间不是独立的,由于经济生产活动与碳排放紧密相关,各区域间中间产品、能源产品的流动使得隐含碳排放也随之在区域间转移,致使地区碳减排过程充满了不确定性。

具体而言,随着中国区域间经济联系的逐渐增强与影响程度的不断加深,区域经济关联使得各区域碳排放之间也呈现相互影响、相互制约的关系,形成"经济—碳排放"的关系网络。在"牵一发而动全身"的情形下,各地区的碳减排除了会对自身产生影响,还会引发其他地区经济增长、碳排放量的变化,产生溢出效应、反馈效应等,从而提高碳减排效果的不可控

[①] 《中国应对气候变化的政策与行动2019年度报告》,中国生态环境部,2019年11月。
[②] 国务院《"十三五"控制温室气体排放工作方案》,中国政府网,网址:http://www.gov.cn/。

性。因此,在区域经济关联的框架下,厘清"经济—碳排放"的复杂关系以进行碳减排效应的分析,能够合理评价碳减排政策的效果,从而有助于各地区开展有效的、精准的碳减排活动。

此外,虽然中央确定的各地区碳减排分解目标并不是"一刀切"的,但是我国区域间资源要素禀赋、经济发展不平衡的现象仍然十分突出,能源消费结构与产业结构有着很大区别,导致碳减排效果差异显著,相同百分点的碳强度下降在不同地区所产生的经济效应和环境效应存在明显差别。基于经济关联的视角,全面测算各地区在"经济—碳排放"系统中的地位、作用和影响路径,不仅可以解释各地区碳减排效应的异质性,而且能够结合地区发展特征对碳减排政策进行优化,提高各地区碳减排目标与减排潜力的契合度,达到碳减排行为和减排能力的统一,增进碳减排的效果并实现"绿色发展"。

第一节 区域间碳排放关联效应

基于区域间经济关联的视角对碳排放的研究大多集中于国家或区域间的贸易隐含碳、碳泄漏及碳转移等问题,这实际上也是区域间碳排放关联的体现形式。Nansai et al.(2009)、Andrew et al.(2009)、Wiedmann et al.(2010)和 Wiebe et al.(2012)基于国际贸易的视角,采用全球投入产出链接模型、多区域投入产出模型等,对日本、英国等国家与地区和新兴经济体的碳足迹以及进出口隐含碳进行测度,关注进出口在碳转移中的作用。此外,Babiker(2001)考察国际资本流动导致 OECD(Organization for Economic Cooperation and Development,经济合作与发展组织)国家和非 OECD 国家之间碳泄漏的程度,Wright and Kanudia(2014)认为美国区域间地理关联程度与能源技术转移或传递成本紧密相关,这些都会对区域间碳排放产生影响。由上述文献可得,经济与碳排放的关联主要体现在产品、资本和能源的流动中。

在有关中国区域间碳排放问题的研究中,Meng et al.(2013)基于生产网络视角发现,中国区域间碳排放的空间溢出依赖于区域间生产技术、能源使用效率以及地区在供应链中的位置和参与度;肖雁飞等(2014)基于中国区域间行业关联的分析指出,产业转移导致的碳泄漏效应对不同区域碳排放的影响存在显著差异;张友国(2015)在测算国内贸易流的基础上认为,中国大多数省份的国内贸易表现为污染避难所模式或要素禀赋模式,区域间贸易总体上不利于碳减排;Zhao et al.(2016)考察了中国各区域间行业关联引致的碳关联,发现发达地区出现碳输入现象,而资源丰富地区往往对其他地区进行碳输出。区域间的生产联系或行业关联是碳关联的重要载体,是"经济—碳排放"关系网络形成的主要渠道。

现有文献关于区域间碳排放关联的分析和碳排放转移的测算已经较为充分,但是对不同地区碳减排效应模拟的分析不足,特别是关于各地区碳减排效果差异的解释尚有欠缺。本章将从三个方面进行中国区域间碳减排效应的改进研究:

(1)对于中国而言,经济增长、投资驱动的能源消费和碳排放现象十分明显(Fu et al., 2014),应在整体经济框架下构建包含碳减排约束的多区域动态一般均衡模型。在可得数据有限的情形下,区域间投入产出模型是分析政策效应的有效工具(Leeuwen et al., 2016),在动态一般均衡模型中纳入区域间投入产出联系,可以丰富有关碳减排的研究方法。

(2)基于投入产出体系中间产品、能源产品流动的视角,在实现对中国各地区碳减排效应科学模拟的同时,本章结合每个地区的碳排放特征等,构建区域间"经济—碳排放"关联系统,以体现经济增长对碳排放的影响和作用机制(Dinda and Coondoo, 2006;Lean and Smyth, 2010)。

(3)由于经济活动是产生碳排放的核心因素,以经济产出的变动为出发点,从前向关联和后向关联的维度测算各地区生产活动引致的碳排放效应,从内部效应和外部效应的维度描述各地区经济产出导致碳排放变动的运行机制,能够对中国不同地区碳减排效应的差异给出新的解释。

第二节 多区域动态一般均衡模型的构建

一、模型设定

参考 Dissou and Karnizova(2016)、周县华和范庆泉(2016)的做法,本章将区域间投入产出表与一般均衡理论相结合,构建中国多区域动态一般均衡模型,并在其中嵌入各区域的碳强度减排约束。

(一)生产模块

假设经济中存在 M 个地区,各地区均有一个企业部门,企业购买非能源中间产品、能源产品,租用劳动力和资本进行产品生产,各地区中企业的总产出函数可设定为规模报酬不变的柯布-道格拉斯生产函数:

$$X_t^r = A^r (K_t^r)^{\alpha_r} (E_t^r)^{\beta_r} (M_t^r)^{\gamma_r} (N_t^r)^{1-\alpha_r-\beta_r-\gamma_r} \quad (9.1)$$

其中,r 为地区的标识,$r=1,\cdots,M$;X_t^r 为第 t 期第 r 地区企业的总产出;A^r 为第 r 地区企业的全要素生产率;K_t^r 和 N_t^r 分别为第 t 期第 r 地区企业生产过程投入的资本要素和劳动力要素;E_t^r 和 M_t^r 分别为第 r 地区企业投入的能源产品和非能源中间产品,两者同属于中间投入品;α_h、β_h、γ_h 均为份额参数。

根据区域间投入产出表的结构可得,资本要素和劳动力要素对生产活动的贡献主要体现在增加值部分,而中间产品则包含于"中间投入—中间使用"部分。具体而言,每个地区均向自身和其他地区提供能源产品、非能源中间产品,每个地区也接收来自各地区的能源产品、非能源中间产品的输入。因此,可以将第 t 期第 r 地区企业投入的能源产品 E_t^r 写成各地区提供的能源产品的综合形式:

$$E_t^r = \prod_{s=1}^{M} (e_{s,t}^r)^{\chi_{sr}} = (e_{1,t}^r)^{\chi_{1r}} (e_{2,t}^r)^{\chi_{2r}} \cdots (e_{M,t}^r)^{\chi_{Mr}} \quad (9.2)$$

其中,$e_{s,t}^r$ 为第 s 地区向第 r 地区供给的能源产品数量,χ_{sr} 为 $e_{s,t}^r$ 组合为 E_t^r 的份额参数。E_t^r 实际上是一种由各地区能源产品组合而成的综合能源产品。

设第 r 地区能源产品 E_t^r 的价格为 J_t^r,则基于式(9.2)可以求得:

$$J_t^r = \prod_{s=1}^{M} \left(\frac{P_t^s}{\chi_{sr}}\right)^{\chi_{sr}} = \left(\frac{P_t^1}{\chi_{1r}}\right)^{\chi_{1r}} \left(\frac{P_t^2}{\chi_{2r}}\right)^{\chi_{2r}} \cdots \left(\frac{P_t^M}{\chi_{Mr}}\right)^{\chi_{Mr}} \quad (9.3)$$

其中,P_t^s 第 s 地区能源产品的价格。式(9.3)表述了第 r 地区综合能源产品价格与各地区能源产品价格之间的关系。

类似地,第 r 地区的非能源中间产品 M_t^r 也由其他地区的非能源中间投入品组合而成。因此,可以将 M_t^r 与各地区非能源中间产品 $m_{s,t}^r$ 的数量关系写成:

$$M_t^r = \prod_{s=1}^{M} (m_{s,t}^r)^{\tilde{\chi}_{sr}} = (m_{1,t}^r)^{\tilde{\chi}_{1r}} (m_{2,t}^r)^{\tilde{\chi}_{2r}} \cdots (m_{M,t}^r)^{\tilde{\chi}_{Mr}} \quad (9.4)$$

其中,$\tilde{\chi}_{sr}$ 为 $m_{s,t}^r$ 组合为 M_t^r 时的份额参数。

同理,在式(9.4)的基础上,可以求解得到第 r 地区非能源综合中间产品价格 Q_t^r 与各地区非能源中间产品价格的关系为:

$$Q_t^r = \prod_{s=1}^{M} \left(\frac{P_t^s}{\tilde{\chi}_{sr}}\right)^{\tilde{\chi}_{sr}} = \left(\frac{P_t^1}{\tilde{\chi}_{1r}}\right)^{\tilde{\chi}_{1r}} \left(\frac{P_t^2}{\tilde{\chi}_{2r}}\right)^{\tilde{\chi}_{2r}} \cdots \left(\frac{P_t^M}{\tilde{\chi}_{Mr}}\right)^{\tilde{\chi}_{Mr}} \quad (9.5)$$

需要注意的是,根据投入产出表的结构设定,第 s 地区能源产品 $e_{s,t}^r$ 和非能源中间产品 $m_{s,t}^r$ 属于同一地区的中间产品,其价格相等且与当期最终使用、总产出的价格相同,均为 P_t^s。

每个地区企业的目标都是选择要素投入以实现利润最大化,第 r 地区企业的利润目标函数为:

$$\Pi_t^r = P_t^r X_t^r - R_t K_t^r - J_t^r E_t^r - Q_t^r M_t^r - W_t N_t^r \quad (9.6)$$

其中,Π_t^r 为第 t 期第 r 地区企业的利润,R_t 和 W_t 分别为资本要素和劳动力要素的价格,即租金和工资。由于经济中资本、劳动力的同质性程度较高,为简化起见,假定各地区资本要素、劳动力要素的价格分别是统一的。

(二)碳减排约束

能源产品的消耗是二氧化碳的直接来源,为简化起见,与大多数文献一致,本章设定能源产品直接消耗的碳排放系数为 θ,易于得到第 t 期第 r 地区的碳排放量为:

$$\text{EM}_t^r = \theta E_t^r \quad (9.7)$$

我国实施的是以碳强度下降为主要目标的碳减排方案,为了更好地模拟现实中的碳减排目标,先计算 GDP 和碳强度。其中,第 t 期第 r 地区的 GDP 为:

$$\text{GDP}_t^r = (P_t^r X_t^r - J_t^r E_t^r - Q_t^r M_t^r)/P_t^r \quad (9.8)$$

根据碳强度为单位国内生产总值碳排放量的定义,求得第 t 期第 r 地区的碳强度(int_t^r)为:

$$\text{int}_t^r = \text{EM}_t^r / \text{GDP}_t^r \quad (9.9)$$

假定第 r 地区的碳强度目标为 int_0^r,基于 Fischer and Springborn(2011)、Zhang et al.(2013)的设定形式,第 r 地区的碳强度减排约束可以写成:

$$\varphi_t^r(\text{int}_t^r - \text{int}_0^r) = 0 \quad (9.10)$$

其中,φ_t^r 为碳减排的影子价格,int_0^r 小于 int_t^r。

碳减排增大了企业的生产成本,限制了企业的能源使用,进而影响了企业的生产行为。因此,碳减排约束实际上是对企业生产行为的约束,应将碳减排约束嵌入各地区的生产活动。本章将碳强度减排约束加入企业的利润最大化方程,改写式(9.6),得到企业的新利润目标函数为:

$$\overline{\Pi}_t^r = P_t^r X_t^r - R_t K_t^r - J_t^r E_t^r - Q_t^r M_t^r - W_t N_t^r - \varphi_t^r(\text{int}_t^r - \text{int}_0^r) \quad (9.11)$$

求解企业的利润最大化函数,得到碳强度减排约束下的企业行为优化方程,其中资本要素和劳动力要素的优化投入选择为:

$$(1 + \varphi_t^r \text{int}_0^r) \frac{\alpha_r P_t^r X_t^r}{K_t^r} = R_t \quad (9.12)$$

$$(1 + \varphi_t^r \text{int}_0^r) \frac{(1 - \alpha_r - \beta_r - \gamma_r) P_t^r X_t^r}{N_t^r} = W_t \qquad (9.13)$$

能源产品和非能源中间产品的优化投入方程为：

$$(1 + \varphi_t^r \text{int}_0^r) \frac{\beta_r P_t^r X_t^r}{E_t^r} = (1 + \varphi_t^r \text{int}_0^r + \varphi_t^r \sum_{s=1}^{M} \theta \frac{\chi_{sr}}{P_t^s}) J_t^r \qquad (9.14)$$

$$\frac{\gamma_r P_t^r X_t^r}{M_t^r} = Q_t^r \qquad (9.15)$$

（三）代表性家庭

假定经济中存在一个永续生存的代表性家庭，其通过选择消费与劳动供给实现终生效用最大化目标。但是，碳排放累积引发的气候变化会对代表性家庭的生活环境产生不利影响，进而降低其效用，而碳减排能够控制碳排放并减缓气候变化对家庭效用的负向作用。在传统效用函数的基础上，本章设定包含碳排放影响的代表性家庭效用函数为：

$$\max \left\{ E_0 \sum_{t=0}^{\infty} \eta^t \left[\ln C_t + \chi \ln(1 - N_t) - G(T_t) \right] \right\} \qquad (9.16)$$

其中，C_t 为代表性家庭的消费水平，N_t 为代表性家庭的总劳动时间，η 为贴现因子，χ 为消费和闲暇之间的替代参数，T_t 为气候变化程度，$G(T_t)$ 为气候变化对代表性家庭效用的影响函数。

气候变化可以采用碳排放存量水平表征，设生态系统对碳存量的降解系数为 τ，则未被降解而留存在大气中的碳存量与新增的碳排放量构成新的碳存量，第 t 期碳排放累积方程为：

$$T_t = (1 - \tau) T_{t-1} + \text{EM}_t \qquad (9.17)$$

与大多数文献一致，代表性家庭的预算约束为：

$$P_t C_t + Z_t I_t \leq R_t K_t + W_t N_t \qquad (9.18)$$

其中，P_t、Z_t 分别为家庭总消费和总投资的价格，I_t 为代表性家庭的总投资。

综合式（9.16）和式（9.18），加入资本的动态累积方程 $K_{t+1} = (1-\delta) K_t + I_t$，构造代表性家庭效用最大化的拉格朗日函数为：

$$L = \sum_{t=0}^{\infty} \eta^t \Big\{ \ln C_t + \chi \ln(1 - N_t) - G(T_t) +$$

$$\lambda_t \big[R_t K_t + W_t N_t - P_t C_t - Z_t (K_{t+1} - (1 - \delta) K_t) \big] \Big\} \qquad (9.19)$$

其中，λ_t 为影子价格。

求解式（9.19），得到代表性家庭消费与劳动投入的比例关系以及欧拉方程分别为：

$$\frac{1-N_t}{\chi C_t} = \frac{P_t}{W_t} \quad (9.20)$$

$$\lambda_t Z_t = \eta \lambda_{t+1}[R_{t+1} + (1-\delta)Z_{t+1}] \quad (9.21)$$

根据式(9.20)和式(9.21)可得，虽然碳排放及气候变化会作用于代表性家庭的效用，但是不影响家庭的优化选择行为。

考虑到不同地区消费行为和投资活动的异质性，本章采用柯布-道格拉斯函数将各地区的消费和投资进行组合，即

$$C_t = \prod_{r=1}^{M}(C_t^r)^{\xi_r} \quad \text{和} \quad I_t = \prod_{r=1}^{M}(I_t^r)^{\zeta_r} \quad (9.22)$$

其中，ξ_r、ζ_r 分别是各地区消费、投资组合为总消费与总投资的份额参数。

与消费、投资不同，经济中资本要素、劳动力要素通常可以采用直接加总的形式，即

$$K_t = \sum_{r=1}^{M} K_t^r \quad \text{和} \quad N_t = \sum_{r=1}^{M} N_t^r \quad (9.23)$$

最后，将市场出清条件加入模型，设置价格基准，其中第 r 地区的市场出清条件为：

$$Y_t^r = C_t^r + I_t^r + \sum_{s=1}^{M} e_{s,t}^r + \sum_{s=1}^{M} m_{s,t}^r \quad (9.24)$$

二、主要参数校准

（一）中间投入系数矩阵

将区域间投入产出表与一般均衡模型相结合，可以在整体经济的均衡框架中体现区域经济关联特征，基于区域经济关联的视角模拟、分析碳减排的差异化效应。现有的中国区域投入产出数据较少，在参考其他有关中国区域间行业关联文献的基础上，本章主要依据张亚雄和齐舒畅（2012）编制的2007年中国区域间投入产出表进行参数校准。这一投入产出表包含八大经济区域，分别为：东北区域、京津区域、北部沿海区域、东部沿海区域、南部沿海区域、中部区域、西北区域和西南区域。①

---

① 各区域包括的省份情况如下：东北区域包括黑龙江、吉林、辽宁；京津区域包括北京、天津；北部沿海区域包括河北、山东；东部沿海区域包括江苏、上海、浙江；南部沿海区域包括福建、广东、海南；中部区域包括山西、河南、安徽、湖北、湖南、江西；西北区域包括内蒙古、陕西、宁夏、甘肃、青海、新疆；西南区域包括四川、重庆、广西、云南、贵州、西藏。

在参数校准之前,本章还参照 United Nations(1999)投入产出表编制和分析手册所使用的行列合并、拆分方法,对中国区域间投入产出表中的行业进行拆分与合并。其中,根据《中国工业经济统计年鉴》公布的各省份、各行业工业总产值占比,将采选业中的煤炭开采和洗选业、石油和天然气开采业两个一次能源部门拆分后合并为能源行业;将投入产出表中的其他行业合并为非能源行业;两大类行业提供的中间产品分别为能源中间产品、非能源中间产品。经整理后,得到中国区域间能源中间产品投入系数矩阵如表 9-1 所示。

表 9-1 区域间能源中间产品投入系数矩阵

	东北区域	京津区域	北部沿海区域	东部沿海区域	南部沿海区域	中部区域	西北区域	西南区域
东北区域	0.8389	0.1460	0.0356	0.2170	0.2423	0.0873	0.0116	0.0548
京津区域	0.0695	0.6312	0.0269	0.1050	0.0432	0.0216	0.0009	0.0036
北部沿海区域	0.0077	0.0636	0.7288	0.0204	0.0133	0.0236	0.0065	0.0106
东部沿海区域	0.0003	0.0031	0.0011	0.0972	0.0037	0.0070	0.0029	0.0046
南部沿海区域	0.0009	0.0045	0.0014	0.0137	0.4417	0.0037	0.0052	0.0240
中部区域	0.0207	0.0666	0.1578	0.2690	0.0491	0.7461	0.0228	0.0842
西北区域	0.0599	0.0826	0.0464	0.2618	0.1891	0.1006	0.9473	0.1009
西南区域	0.0022	0.0025	0.0020	0.0160	0.0176	0.0102	0.0027	0.7173

由表 9-1 可知,除了东部沿海区域和南部沿海区域,中国其他区域能源产品的"自给自足"特征十分明显,其中西北区域、东北区域和中部区域对自身能源中间产品的投入或消耗系数最大。相比之下,东部沿海区域对本地区能源中间产品的消耗系数最低,仅为 0.0972,而对西北区域、中部区域、东北区域的能源中间产品消耗系数分别为 0.2618、0.2690 和 0.2170,东部沿海区域形成对上述三个区域能源中间产品的"输入型"依赖;南部沿海区域对西北区域和东北区域的依赖程度较高,对其他区域能源中间产品的消耗系数很低。中国能源中间产品的流动总体上呈现"由北向南、自西向东"的趋势,这也将决定区域间碳转移的方向。

同理,可以求得区域间非能源中间产品投入系数矩阵如表 9-2 所示。

表 9-2 区域间非能源中间产品投入系数矩阵

	东北区域	京津区域	北部沿海区域	东部沿海区域	南部沿海区域	中部区域	西北区域	西南区域
东北区域	0.8782	0.0465	0.0231	0.0109	0.0137	0.0144	0.0254	0.0169
京津区域	0.0147	0.6878	0.0432	0.0063	0.0069	0.0073	0.0210	0.0058
北部沿海区域	0.0280	0.1531	0.8243	0.0199	0.0216	0.0470	0.0677	0.0158
东部沿海区域	0.0094	0.0205	0.0160	0.8477	0.0631	0.0515	0.0295	0.0148
南部沿海区域	0.0353	0.0376	0.0219	0.0265	0.7912	0.0432	0.0723	0.0918
中部区域	0.0118	0.0237	0.0415	0.0592	0.0484	0.8024	0.0464	0.0189
西北区域	0.0139	0.0241	0.0211	0.0175	0.0190	0.0214	0.7053	0.0267
西南区域	0.0087	0.0068	0.0088	0.0122	0.0362	0.0129	0.0325	0.8094

与能源中间产品投入系数矩阵不同,中国各地区生产过程中对本地区非能源中间产品的投入系数均高于或接近0.7,其中最高的东北区域达到0.8782,最低的京津区域也有0.6878。在不同区域间非能源中间产品投入系数中,京津区域对北部沿海区域非能源中间产品的消耗系数最大,为0.1531,这是京津区域"外向型"产业布局以及周边地区对其支撑作用的反映。西北区域受到生产能力不足的影响,也在一定程度上依靠部分区域非能源中间产品的输入。此外,各区域对自身中间产品的供给比例较高、对其他区域中间产品的依赖程度很低,这表明中国不同区域间的经济联系仍然不够紧密,中间产品流动对区域间碳溢出的影响有限。

(二)生产参数及碳排放系数

在各地区生产模块参数的校准中,主要依据区域间投入产出表中能源中间产品投入、非能源中间产品投入占总投入的比重,以及增加值部分的固定资产折旧、劳动者报酬占总投入的比重进行份额参数的校准。经计算得到各区域经济总产出中各部分投入的份额参数,如表9-3所示。

表 9-3 各地区生产份额参数

产品或要素	东北区域	京津区域	北部沿海区域	东部沿海区域	南部沿海区域	中部区域	西北区域	西南区域
资本	0.2126	0.1845	0.1891	0.1712	0.1872	0.1992	0.2127	0.2032
劳动力	0.1393	0.1295	0.1073	0.1104	0.1261	0.1601	0.1897	0.1744

（续表）

产品或要素	东北区域	京津区域	北部沿海区域	东部沿海区域	南部沿海区域	中部区域	西北区域	西南区域
能源	0.0343	0.0120	0.0280	0.0143	0.0127	0.0304	0.0607	0.0178
中间产品	0.6138	0.6740	0.6757	0.7041	0.6740	0.6104	0.5369	0.6046

表9-3显示，各地区总产出方程中产品和要素的份额参数可以反映不同地区的生产结构及其差异，主要体现在两个方面：一是发达地区中间产品的份额明显高于欠发达地区，京津区域和其他沿海区域的中间产品份额参数为0.6740～0.7041，而东北区域和其他内陆区域的中间产品份额参数为0.5369～0.6138；二是除西南区域外，发达地区的能源份额低于欠发达地区，这说明发达地区产品生产的能源密集程度总体上弱于欠发达地区，产出的能源弹性较小。

在碳排放系数的计算中，根据联合国政府间气候变化专门委员会（IPCC）2006年版碳排放系数值以及碳排放计算公式[①]，可以得到中国综合能源产品的二氧化碳排放系数θ值为2.5617。参数校准完成后，本章使用Matlab R2014a软件实现模型求解与模拟计算。[②]

第三节　碳减排效应模拟

一、各地区碳减排的环境效应

为便于各区域间的比较，设定各地区碳强度下降的目标一致，即每个地区碳强度分别下降5%～30%。将碳减排约束加入理论模型进行数值模拟，得到碳强度减排目标下各地区碳排放量的下降幅度，如表9-4所示。

表9-4　碳强度减排目标下各地区碳排放量的下降幅度

（单位：%）

减排强度	碳排放量下降幅度					
	5	10	15	20	25	30
东北区域	-5.6232	-11.2253	-16.8031	-22.3531	-27.8714	-33.3537
京津区域	-5.3143	-10.6461	-15.9917	-21.3470	-26.7077	-32.0687

---

① 2006年IPCC国家温室气体清单指南，联合国政府间气候变化专门委员会，网址：http://www.ipcc.ch。

② 有关程序设计、模型求解的相关内容并未列出，如有需要可向作者索取。

(单位:%)(续表)

减排强度	碳排放量下降幅度					
	5	10	15	20	25	30
北部沿海区域	−5.3312	−10.6765	−16.0324	−21.3950	−26.7600	−32.1226
东部沿海区域	−5.1181	−10.2664	−15.4431	−20.6460	−25.8724	−31.1188
南部沿海区域	−5.2275	−10.4750	−15.7402	−21.0204	−26.3123	−31.6121
中部区域	−5.4389	−10.8729	−16.2997	−21.7165	−27.1204	−32.5077
西北区域	−5.7638	−11.4981	−17.1978	−22.8581	−28.4736	−34.0389
西南区域	−5.2305	−10.4816	−15.7508	−21.0351	−26.3311	−31.6348

根据表 9-4 中的模拟结果可得,在相同的碳强度减排目标下,各地区碳排放量的下降幅度存在略微差别。其中,西北区域、东北区域和中部区域碳排放量的降幅相对较大,京津区域和北部沿海区域次之,而西南区域、东部沿海区域和南部沿海区域的碳排放降幅较小。例如,当碳减排强度下降 30% 时,西北区域碳排放减少 34.0389%,比东部沿海区域的 31.1188% 多出 2.9201 个百分点。

能源禀赋特征可以在很大程度上说明区域间碳减排效果的差异。能源禀赋与经济总量共同决定一个地区的能源输入或输出,即能源产品的生产和消费存在地域分离。据测算,中国能源储量和能源需求分区域集中及非均衡空间分布的现象十分突出,中西部地区的能源需求约占全国的 26%,其拥有的能源资源却占到 45% 以上(Chen et al., 2014)。由于能源是产生碳排放的最直接因素,能源分布结构及其供求关系将对各地区的碳减排产生影响。

西北区域、东北区域和中部区域能源储量丰富,是传统的能源生产大区,而经济总量又相对较小,导致其对能源产品的需求有限,这些地区可以输出能源供其他地区使用。与之相对,中国经济最为发达的东部沿海区域和南部沿海区域的能源储量相对匮乏,本地能源产品无法满足生产和生活对能源的大量需求,只能依赖能源产品输入。因此,作为全国范围内能源主要供应方的西北、东北等区域受到碳强度减排约束的影响较大,碳减排对当地能源生产、消耗和输出等多个方面产生影响,而碳强度减排约束对东部沿海和南部沿海等区域能源产品的影响仅限于需求方面,导致其碳排放的下降幅度略低。

除了能源分布结构,能源弹性也是决定区域间碳减排效应差异的重要因子。如理论模型校准部分能源生产份额参数所示,东部沿海区域、南部沿海区域和西南区域产出的能源弹性系数明显小于西北区域、东北区域等。一般而言,能源弹性大小与碳强度下降的空间成反比,能源弹性较小致使沿海发达地区和西南区域碳强度的下降空间相对较小,而欠发达地区碳强度的下降空间较大,这与表9-4的模拟结果也是对应的。

二、各地区碳减排的经济效应

除了影响能源产品使用引致碳排放量变动,碳减排还会约束各地区的生产行为,使得各地区的经济产出减少。本章模拟了每个地区碳强度降低5%~30%情形下各地区GDP的下降幅度①,如表9-5所示。

表9-5 碳强度减排目标下各地区GDP的下降幅度

(单位:%)

减排强度	GDP下降幅度					
	5	10	15	20	25	30
东北区域	-0.6560	-1.3614	-2.1213	-2.9414	-3.8286	-4.7910
京津区域	-0.3309	-0.7179	-1.1667	-1.6838	-2.2769	-2.9552
北部沿海区域	-0.3486	-0.7517	-1.2146	-1.7438	-2.3467	-3.0323
东部沿海区域	-0.1243	-0.2960	-0.5213	-0.8076	-1.1632	-1.5984
南部沿海区域	-0.2395	-0.5278	-0.8709	-1.2755	-1.7497	-2.3030
中部区域	-0.4620	-0.9699	-1.5290	-2.1456	-2.8271	-3.5824
西北区域	-0.8040	-1.6645	-2.5857	-3.5726	-4.6314	-5.7698
西南区域	-0.2427	-0.5352	-0.8834	-1.2940	-1.7749	-2.3356

由表9-5可得,碳强度减排约束下各地区GDP出现了不同程度的下降,大致可以分为三类:西北区域、东北区域和中部区域的下降幅度最大,当碳强度下降30%时,三个区域的GDP分别下降5.7698%、4.7910%和3.5824%;京津区域、北部沿海区域GDP的下降幅度相对小一些;西南区域、南部沿海区域及东部沿海区域GDP的下降幅度最小,其中东部沿海区域GDP在碳强度下降30%时仅减少1.5984%。对比表9-4和表9-5可以发现,各地区GDP变动大小与碳排放变动幅度的排序基本一致,这也反映

---

① 需要说明的是,由于本章设定的是多部门新古典理论模型,模型中没有设置经济增长,在碳强度减排约束下各地区产出水平下降与碳排放下降是同时的。该设定也便于进行不同地区碳减排政策经济效应的对比分析。

出经济产出、能源消费与碳排放之间的关联程度很高。

不同地区的经济发展阶段和产业转移类型主导了碳减排经济效应的差异。在经济发展阶段方面,相对于内陆地区或欠发达地区而言,沿海发达地区的工业化进程快、经济发展水平高、产品和要素的投入量多、经济体量大。根据要素的边际收益递减规律,随着一种要素的消耗量增大,其边际产出逐渐递减,相同单位要素投入对发达地区产出的贡献度低于欠发达地区。因此,在相同比例的碳强度减排约束下,东部沿海、南部沿海等区域要素边际产出减少的幅度较小,导致 GDP 的下降幅度较小。

在产业转移类型方面,与能源产品由欠发达地区向发达地区的流动方向相反,高耗能、高污染的重化工业从东部沿海地区向中西部地区梯度转移并形成污染天堂效应(汤维祺等,2016),促使部分碳排放从经济发达区域转移到资源丰裕区域(Wu et al.,2017),导致重工业密集区与能源富集区重叠。碳排放从沿海地区向内陆地区的"内移"使得部分欠发达地区(如西北区域、东北区域和中部区域)的碳强度升高,碳强度减排约束下能源消费、经济产出受到的冲击较大,从而增大了 GDP 的下降幅度。

三、各地区碳减排的成本分析

不同地区具有差异化的减排成本,在相同减排目标下也会做出不同的减排选择。边际减排成本是衡量各地区减排难易程度和减排潜力的核心指标,能够体现各地区在碳减排方面的异质性特征。理论模型中每个地区碳强度减排约束下的影子价格是边际减排成本的表征变量,本章绘制了碳强度减排约束下各地区边际减排成本曲线,如图 9-1 所示。

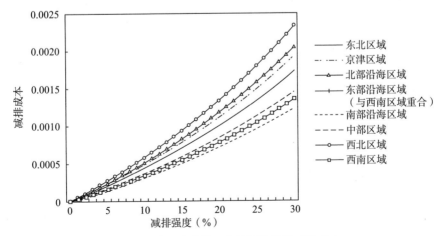

图 9-1 碳强度减排下各地区的边际减排成本

当碳强度减排约束较小时,各区域的减排压力比较小且减排潜力充分大,因此碳减排成本很低。随着碳减排约束的趋紧和减排强度的提升,每个地区的碳减排成本不断上升、减排难度持续增大,边际减排成本曲线均呈现向上倾斜、斜率变大的特征,且曲线开始出现分化。图 9-1 显示,西北区域、北部沿海区域、京津区域、东北区域、中部区域的边际减排成本曲线位于西南区域、东部沿海区域和南部沿海区域的上方,前五个区域减排成本曲线斜率增大的特征更为明显。

边际减排成本曲线的斜率在不同区域间的差异,是由各地区自身的产出结构、生产技术等因素所决定的(吴力波等,2014;Jiang et al., 2015)。欠发达地区产业结构的"重型化"现象比较突出,集中于能源产品、高耗能工业品的生产,碳密集型产品的供求规模稳定或扩张导致其产出结构固化;同时,部分欠发达地区在短期内难以突破资源能源瓶颈的约束,这也使得这些地区依靠压缩能源消费量或调整高排放行业比例方式进行碳减排的难度很大。例如,2015 年经济中工业占比较大的省份主要分布在东北区域、西北区域、中部区域及北部沿海区域,吉林、陕西、青海、内蒙古、江西、河南、河北等省份第二产业增加值占国内生产总值的比重仍接近或超过 50%。

与欠发达地区相比,发达地区主要进行高端装备制造和工业消费品的生产,先进的生产技术优势以及生产要素的集聚特征使得发达地区经济结构中技术密集型产业、要素密集型产业占比较大且逐渐上升,资源密集型产业占比下降,因此通过技术和要素来替代高耗能中间产品、能源产品进而实现碳强度减排目标的方案易于实施。以高技术产业为例,2013 年东部沿海区域高技术产业主营业务收入、研发经费支出占全国的比重分别高达 75.9% 和 78.3%。[①] 高技术制造业、高技术服务业以及新能源产业、节能环保产业在发达地区的高地理集中度,使得这些区域碳减排的潜力增大、柔性增强。

为了进一步解释不同地区碳减排效应的差异,本章将再基于中国区域间投入产出数据,充分采用投入产出方法刻画区域特征,从多维视角分析区域经济关联及其碳排放效应。

---

① 《中国科技统计资料汇编(2015)》,中国科技统计网,网址:http://www.sts.org。

第四节 区域间减排效应差异解释 Ⅰ：前向关联和后向关联

一、"经济—碳排放"的影响力系数与感应度系数的计算

区域间的前向关联与后向关联会使得该地区在"经济—碳排放"系统中的地位和作用显著不同。为了分析关联特征对不同地区碳减排效应的影响，本章在"经济—碳排放"系统中计算新的影响力系数与感应度系数。设 r、s 为地区的标识，为与理论模型中的设置相区别，本部分计算中的地区标识采用下标形式。对第 r 个地区而言，基本的投入产出模型中的行向上关系可以表示为：

$$X_r = \sum_{s=1}^{M} a_{rs} X_s + Y_r \qquad s = 1, 2, \cdots, M \tag{9.25}$$

其中，a_{rs} 为直接消耗系数，X_r 为第 r 地区的总产出，Y_r 为第 r 地区的最终产品。

式（9.25）的一个等价变形为：

$$X_r = \sum_{s=1}^{M} b_{rs} Y_s \tag{9.26}$$

其中，b_{rs} 为完全消耗系数，Y_s 为第 s 地区的最终产品。

设第 r 地区的碳排放系数，即单位总产出的碳排放量为 c_r，计算式为 $c_r = \text{EM}_r / X_r$，其中 EM_r 为第 r 地区的碳排放量。在式（9.26）的基础上整理可得：

$$\text{EM}_r = c_r X_r = c_r \sum_{s=1}^{M} b_{rs} Y_s = \sum_{s=1}^{M} c_r b_{rs} Y_s = \sum_{s=1}^{M} d_{rs} Y_s \tag{9.27}$$

其中，$d_{rs} = c_r b_{rs}$ 为第 s 地区最终产品变动引发的第 r 地区碳排放量的变化，表示区域间"经济—碳排放"的完全关联特征。

对第 s 地区而言，基本的投入产出模型中的列向上关系可以表示为：

$$X_s = \sum_{r=1}^{M} h_{rs} X_r + V_s \qquad r = 1, 2, \cdots, M \tag{9.28}$$

其中，h_{rs} 为直接分配系数，X_s 为第 s 地区的总产出，V_s 为第 s 地区的增加值。

式（9.28）的一个等价变形为：

$$X_s = \sum_{r=1}^{M} V_r k_{rs} \tag{9.29}$$

其中，k_{rs} 为完全消耗系数，V_r 为第 r 地区的增加值。

与式(9.27)类似，在式(9.29)基础上加入第 s 地区的碳排放系数 $c_s =$ EM_s/X_s，得到：

$$\mathrm{EM}_s = c_s X_s = c_s \sum_{r=1}^{M} V_r k_{rs} = \sum_{r=1}^{M} V_r c_s k_{rs} = \sum_{r=1}^{M} V_r o_{rs} \quad (9.30)$$

其中，$o_{rs} = c_s k_{rs}$ 为第 r 地区增加值变动引发的第 s 地区碳排放量的变化。

在碳排放完全消耗系数的基础上，参照中国投入产出学会课题组(2006)的做法，可以计算得到第 m 地区在"经济—碳排放"系统中的影响力系数：

$$\rho_m^Y = \frac{\frac{1}{M} \sum_{r=1}^{M} d_{rm}}{\frac{1}{M^2} \sum_{r=1}^{M} \sum_{s=1}^{M} d_{rs}} \quad (9.31)$$

其中，$r, s = 1, 2, \cdots, M$。

在碳排放完全分配系数的基础上，可以计算得到第 m 地区在"经济—碳排放"体系中的感应度系数：

$$\rho_m^G = \frac{\frac{1}{M} \sum_{s=1}^{M} o_{ms}}{\frac{1}{M^2} \sum_{s=1}^{M} \sum_{r=1}^{M} o_{rs}} \quad (9.32)$$

其中，$r, s = 1, 2, \cdots, M$。

影响力系数基于消耗系数计算得，衡量了经济中最终使用对于碳排放的需求拉动效应，体现了区域间"经济—碳排放"的后向关联特征；感应度系数基于分配系数计算得到，衡量了增加值对碳排放的供给推动效应，体现了区域间"经济—碳排放"的前向关联程度。

二、基于影响力与感应度的地区减排差异解释

本章计算了"经济—碳排放"系统中各地区的影响力系数和感应度系数，以体现区域间的后向关联与前向关联特征，如图9-2所示。

由式(9.31)和式(9.32)可得，影响力系数和感应度系数表示的都是相对程度，以数值1为基准，大于1代表影响力或感应度较高，反之则较低。图9-2显示，影响力系数、感应度系数呈现明显的"低—低"集聚和"高—高"集聚特征，北部沿海区域、京津区域、东部沿海区域和南部沿海区域四

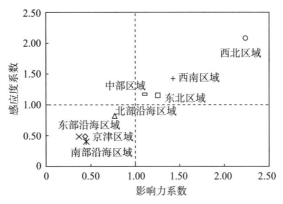

图 9-2 各地区的影响力系数和感应度系数

个相对发达地区的影响力系数和感应度系数均小于 1,其中东部沿海区域的影响力系数最小,仅为 0.3611,南部沿海区域的感应度系数最小,为 0.4073;而西北区域、西南区域、东北区域和中部区域四个欠发达地区的影响力系数、感应度系数都大于 1,其中西北区域的影响力系数和感应度系数分别达到 2.2378 和 2.0881。这表明与发达地区相比,欠发达地区产出变动对各地区碳排放的需求侧拉力和供给侧推力均较强,即欠发达地区在"经济—碳排放"系统中的地位更加突出。

虽然欠发达地区的经济体量相对较小,但是其生产活动对碳排放的影响力系数较大,这主要与投入结构有关。处于工业化进程中期的欠发达地区或中西部地区以高消耗推动快增长的高碳模式十分典型,经济增长和社会发展的诸多领域都对高碳产业结构形成了深度依赖,产生了碳锁定效应。部分学者的研究也发现,中国各地区碳锁定系数基本上呈现"东低西高"的格局,碳锁定系数较大地区以中西部经济欠发达省份为主(梁中,2017)。

以西北区域为例,根据中国区域间投入产出表进行测算,2007 年西北区域经济生产活动所投入的重工业中间产品、采选业中间产品分别占其总中间投入的 40.0957% 和 14.0237%,仅两类高耗能中间产品投入比例之和就达到 54.1194%,导致西北区域在经济影响力较低的情形下碳影响力很大。Yan and Ge(2017)的研究结果也显示,中国大部分内陆地区的经济影响力系数较小但碳排放影响力系数很大,沿海地区的经济影响力系数大且碳排放影响力系数小,这与本章的测算结果近似。

此外,欠发达地区在"经济—碳排放"系统中的高感应度体现了其经济活动对碳排放的强推动效应,这是其进行能源输出的结果。如前所述,西北区域、东北区域、中部区域等大多数省份集中生产能源产品、高耗能产品，作为资源和能源供给方对全国其他地区产品生产提供支撑的同时也成为了碳排放的来源地，因此该类地区的生产活动驱动了全国的碳排放增长。

为了分析区域经济关联效应与碳减排效应的关系，结合表9-4、表9-5与图9-2的结果，本章对各地区的碳减排效应与关联效应进行排序，如表9-6所示。

表9-6 各地区的减排效应与关联效应

地区	减排效应排序		关联效应排序	
	碳排放下降幅度	GDP下降幅度	影响力系数	感应度系数
东北区域	2	2	3	3
京津区域	5	5	7	6
北部沿海区域	4	4	5	5
东部沿海区域	8	8	8	7
南部沿海区域	7	7	6	8
中部区域	3	3	4	4
西北区域	1	1	1	1
西南区域	6	6	2	2

注：1—8分别对应幅度或系数从大到小，1为幅度或系数最大，8为幅度或系数最小。

表9-6显示，除西南区域外，各地区减排效应与关联效应的排序基本上是一致的，影响力系数和感应度系数越大的区域，在碳强度减排约束下碳排放量和GDP的下降幅度越大，佐证了地区在"经济—碳排放"系统中的位置与碳减排效应紧密联系。西南区域关联效应与减排效应的背离，部分上可以归因于其特殊的低碳型经济增长模式。丰富的资源使得西南区域产出变动对碳排放影响力和感应度较高的同时，经济密度低、工业化进程缓慢、特色农业和旅游等低碳产业发展迅速，使得碳强度减排约束对该区域的影响程度有限。例如，2015年贵州、云南、西藏的农业和服务业在经济中的占比超过60%，四川和重庆的农业和服务业在经济中的占比也大于55%，低碳型产业结构缓解了碳减排的冲击效应，也为西南区域实施绿色发展创造了有利条件。

第五节　区域间减排效应差异解释Ⅱ：
内部效应和外部效应

一、"经济—碳排放"乘数效应与溢出效应的计算

除了前向关联与后向关联,区域内和区域间的关联也是体现一个地区在"经济—碳排放"系统中特征的重要视角。参照 Round(1979)、潘文卿和李子奈(2007)的研究,本章进行"经济—碳排放"系统中各地区产出引发碳排放变化的乘数效应、溢出效应等内外部效应的分解。假设 m 为关注的地区,r 为其他地区,则基本的投入产出模型为:

$$\begin{bmatrix} A_{mm} & A_{mr} \\ A_{rm} & A_{rr} \end{bmatrix} \begin{bmatrix} X_m \\ X_r \end{bmatrix} + \begin{bmatrix} Y_m \\ Y_r \end{bmatrix} = \begin{bmatrix} X_m \\ X_r \end{bmatrix} \quad (9.33)$$

其中,A_{mm}、A_{rr} 分别为区域 m 和区域 r 的直接消耗系数矩阵,A_{mr} 和 A_{rm} 为区域间直接消耗系数矩阵,X_m、X_r 分别为区域 m 和区域 r 的总产出,Y_m、Y_r 分别为区域 m 和区域 r 的最终使用。

基于式(9.33),计算得到区域 m 和区域 r 的总产出为:

$$X_m = [I - (I - A_{mm})^{-1} A_{mr} (I - A_{rr})^{-1} A_{rm}]^{-1} (I - A_{mm})^{-1} Y_m +$$
$$[I - (I - A_{mm})^{-1} A_{mr} (I - A_{rr})^{-1} A_{rm}]^{-1} (I - A_{mm})^{-1} A_{mr} (I - A_{rr})^{-1} Y_r$$
$$(9.34)$$

式(9.34)的简写形式为:

$$X_m = F_{mm} L_{mm} Y_m + F_{mm} S_{mr} L_{rr} Y_r \quad (9.35)$$

其中,F_{mm} 为区域 m 对自身的反馈效应,$L_{mm} = (I-A_{mm})^{-1}$ 为区域 m 的列昂惕夫逆矩阵,S_{mr} 为区域 r 对区域 m 的溢出效应,$L_{rr} = (I-A_{rr})^{-1}$ 为区域 r 的列昂惕夫逆矩阵。

类似地,可以求解得到区域 r 的总产出为:

$$X_r = F_{rr} S_{rm} L_{mm} Y_m + F_{rr} L_{rr} Y_r \quad (9.36)$$

其中,F_{rr} 为区域 r 对自身的反馈效应,S_{rm} 为区域 m 对区域 r 的溢出效应。

以区域 m 为例,其产出的变化为三种效应的综合。一是乘数效应:$L_{mm} = (I-A_{mm})^{-1}$,可测度区域内的乘数效应,为区域 m 最终使用变化导致本区域总产出变化;二是来自区域 r 的溢出效应:$S_{mr} = (I-A_{mm})^{-1} A_{mr}$,$S_{mr}$ 与区域 r 的总产出 $L_{rr}Y_r$ 相乘,表示区域 r 最终使用变化对区域 m 总产出变化的影响;三是对自身的反馈效应:$F_{mm} = [I-(I-A_{mm})^{-1} A_{mr} (I-A_{rr})^{-1} A_{rm}]^{-1} = (I-$

$S_{mr}S_{rm})^{-1}$,表示区域 m 总产出变化对区域 r 总产出的影响,再通过区域 r 反馈到区域 m 总产出的变化。

综合式(9.35)和式(9.36),可以将基本的投入产出模型(9.33)综合为三种效应的乘法形式:

$$\begin{bmatrix} X_m \\ X_r \end{bmatrix} = \begin{bmatrix} F_{mm}L_{mm} & F_{mm}S_{mr}L_{rr} \\ F_{rr}S_{rm}L_{mm} & F_{rr}L_{rr} \end{bmatrix} \begin{bmatrix} Y_m \\ Y_r \end{bmatrix}$$

$$= \begin{bmatrix} F_{mm} & 0 \\ 0 & F_{rr} \end{bmatrix} \begin{bmatrix} I & S_{mr} \\ S_{rm} & I \end{bmatrix} \begin{bmatrix} L_{mm} & 0 \\ 0 & L_{rr} \end{bmatrix} \begin{bmatrix} Y_m \\ Y_r \end{bmatrix} \quad (9.37)$$

需要注意的是,乘数效应分析的是最终使用变化带来的影响,而溢出效应与反馈效应分析的是总产出变化的效应。为了将三种效应进行统一,均反映最终使用变化的影响,可以将式(9.37)改写为加法形式:

$$\begin{bmatrix} X_m \\ X_r \end{bmatrix} = \begin{bmatrix} L_{mm}Y_m \\ L_{rr}Y_r \end{bmatrix} + \begin{bmatrix} S_{mr}L_{rr}Y_r \\ S_{rm}L_{mm}Y_m \end{bmatrix} +$$

$$\begin{bmatrix} (F_{mm}-I)L_{mm}Y_m + (F_{mm}-I)S_{mr}L_{rr}Y_r \\ (F_{rr}-I)S_{rm}L_{mm}Y_m + (F_{rr}-I)L_{rr}Y_r \end{bmatrix} \quad (9.38)$$

式(9.38)等号右侧第一行的三项分别测度了区域 m 内乘数效应 L_{mm}、区域间的溢出效应 $S_{mr}L_{rr}$ 和反馈效应 $(F_{mm}-I)L_{mm}+(F_{mm}-I)S_{mr}L_{rr}$。

考虑区域 m 和区域 r 的碳排放,加入两个区域的碳排放系数 $c_m = EM_m/X_m$ 和 $c_r = EM_r/X_r$,构造区域碳排放模型为:

$$\begin{bmatrix} c_m & 0 \\ 0 & c_r \end{bmatrix} \begin{bmatrix} X_m \\ X_r \end{bmatrix} = \begin{bmatrix} c_m & 0 \\ 0 & c_r \end{bmatrix} \left\{ \begin{bmatrix} L_{mm}Y_m \\ L_{rr}Y_r \end{bmatrix} + \begin{bmatrix} S_{mr}L_{rr}Y_r \\ S_{rm}L_{mm}Y_m \end{bmatrix} + \right.$$

$$\left. \begin{bmatrix} (F_{mm}-I)L_{mm}Y_m + (F_{mm}-I)S_{mr}L_{rr}Y_r \\ (F_{rr}-I)S_{rm}L_{mm}Y_m + (F_{rr}-I)L_{rr}Y_r \end{bmatrix} \right\} \quad (9.39)$$

进一步整理得到:

$$\begin{bmatrix} EM_m \\ EM_r \end{bmatrix} = \begin{bmatrix} c_m L_{mm}Y_m \\ c_r L_{rr}Y_r \end{bmatrix} + \begin{bmatrix} c_m S_{mr}L_{rr}Y_r \\ c_r S_{rm}L_{mm}Y_m \end{bmatrix} +$$

$$\begin{bmatrix} c_m[(F_{mm}-I)L_{mm}Y_m + (F_{mm}-I)S_{mr}L_{rr}Y_r] \\ c_r[(F_{rr}-I)S_{rm}L_{mm}Y_m + (F_{rr}-I)L_{rr}Y_r] \end{bmatrix} \quad (9.40)$$

在"经济—碳排放"系统中,区域 m 碳排放量的变动同样可以分解为三类效应,即乘数效应、溢出效应和反馈效应。以区域 m 为例,碳减排通过产出对碳排放的影响分别为:其一,乘数效应是区域 m 减排与产出变动引发的自身碳排放变化,为内部效应;其二,溢出效应则是其他区域 r 减排和产出减少引致的区域 m 碳排放变化,为外部效应;其三,反馈效应是区域 m、区域 r 减排经循环后反馈到区域 m 碳排放变化,为循环效应。最终得到乘数(内部)效应的表达式为 $c_m L_{mm}$,溢出(外部)效应的表达式为 $c_m S_{mr} L_{rr}$,反馈(循环)效应的表达式为 $c_m (F_{mm}-I) L_{mm} + c_m (F_{mm}-I) S_{mr} L_{rr}$。

二、基于乘数效应与溢出效应的区域间减排差异解释

本章再次采用中国区域间投入产出表数据,在"经济—碳排放"系统中测算各地区碳排放量变动的乘数效应、溢出效应和反馈效应的分解结果,总效应为三种效应之和,如表9-7所示。

表9-7 各地区碳排放量变动的分解结果

地区	乘数效应	溢出效应	反馈效应	总效应
东北区域	2.7242	0.6091	0.0128	3.3461
京津区域	1.0654	0.1749	0.0125	1.2529
北部沿海区域	2.2845	0.9156	0.0426	3.2427
东部沿海区域	1.2366	0.3340	0.0130	1.5836
南部沿海区域	1.1368	0.4631	0.0151	1.6149
中部区域	2.3906	0.8814	0.0356	3.3076
西北区域	3.2727	0.7565	0.0270	4.0561
西南区域	2.7484	0.4262	0.0174	3.1921

注:计算结果可能存在进位误差。

由表9-7的结果可得,各地区经济产出对碳排放量影响的效应分解中,乘数效应最大,溢出效应次之,反馈效应最小,其中乘数效应占据显著的主导地位,约占碳排放变动总效应的70%~90%。该结果表明,中国八大区域内各省份或各行业间的经济联系相对紧密,经济生产活动对碳排放的影响呈现区域性特点,而区域间经济活动与碳排放的关系比较微弱,其他区域产品生产对本区域碳排放的引致作用有限,区域间碳溢出的程度不高。

表9-7显示,在碳排放量变动效应的分解结果中,反馈效应占比很小,可以忽略不计。本章重点关注了内部乘数效应与外部溢出效应,并绘制了

各区域乘数效应、溢出效应的分布,以比较不同地区两种效应的相对位置,如图9-3所示。

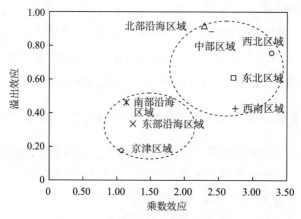

图9-3 各区域的乘数效应与溢出效应

综合表9-7和图9-3可以发现,中国各地区经济产出引发碳排放量变动的乘数效应、溢出效应表现出明显的集聚特征,西北区域、中部区域、东北区域、西南区域、北部沿海区域的乘数效应和溢出效应相对较大,其中西北区域的乘数效应是各地区中最高的,为3.2727,北部沿海区域的溢出效应值达到0.9156;另外三个发达地区(南部沿海区域、东部沿海区域和京津区域)的乘数效应和溢出效应较小,特别是京津区域的乘数效应为1.0654,溢出效应仅为0.1749。

乘数效应即区域内的乘数效应,是指各地区内部经济生产活动相互关联引致的本地区碳排放效应。显然,乘数效应越大的地区,其内部各省份之间的关联越紧密;反之,其内部关联越松散。在乘数效应最大的西北区域、东北区域和西南区域中,受地理分布、交通运输条件等地缘经济因素的制约,以及一定程度的市场分割和地方保护主义的影响,地区开放程度相对不足,由此形成具有高度自给特征的经济区域。

以各地区对自身能源产品的消耗为例,结合参数校准部分如表9-1可得,西北区域、东北区域和西南区域对自身能源产品的直接消耗系数分别为0.9473、0.8389和0.7173,上述地区对本地区能源高程度的直接消耗以及完全消耗使得其生产活动引致自身碳排放量的增长较快,这与三个区域的内部乘数效应较大是对应的。因此,基于乘数效应,碳强度减排约束在欠发达地区"经济—碳排放"系统中对经济产出进而对碳排放量变动的循环累积影响更大。相比之下,京津区域、南部沿海区域和东部沿海区域的开放水平高,区域内各省份与区域内、区域外省份均有着广泛的经济联系,对本地区能源产品的消耗系数小导致区域内行业关联并不突出,乘数效应较小。

与乘数效应不同,溢出效应主要是由区域经济关联所决定,更为精确的描述是,溢出效应取决于国内区际贸易产品中的隐含碳排放。如前所述,西北区域和东北区域是向其他区域供给能源密集型中间产品的主要地区;中部区域、北部沿海区域作为资源大区和工业大区,向京津区域以及国内其他地区提供资源密集型中间产品、化工产品、金属和非金属冶炼加工品等高耗能产品,这些产品中均隐含大量的碳排放。当其他地区经济产出增长时,对西北、东北、中部和北部沿海区域供给的高碳产品需求增加,会通过溢出效应引致这四个区域的碳排放量增长,使其承担更多的生产端碳排放责任。当各地区实施碳强度减排政策时,其他地区产出变动也会通过溢出效应将碳强度减排约束的影响传导和扩散至西北、东北、中部等区域,从而强化这些地区的碳减排效果。

第六节 小　结

本章构建了中国多区域动态一般均衡模型,在其中嵌入各地区的碳强度减排约束,基于区域经济关联的视角进行碳减排效应的模拟分析,得到主要结论为:

在相同的碳强度减排目标下,各地区碳排放量的下降幅度存在略微差别。其中,西北区域、东北区域和中部区域碳排放量的下降幅度最大,京津区域和北部沿海区域次之,而西南区域、东部沿海区域和南部沿海区域碳排放量的下降幅度最小。碳减排还会约束各地区的生产行为,导致经济产出减少。各地区 GDP 变动大小与碳排放量变动幅度的排序基本一致,这也反映出经济产出、能源消费与碳排放之间的关联程度很高。在减排成本方面,欠发达地区进行碳减排的成本更高、难度更大,发达地区进行碳减排的成本相对较低。

为了进一步解释不同地区碳减排效应的差异,本章从前向关联和后向关联、内部效应和外部效应等多维视角描述经济产出引致碳排放量变动的运行机制。影响力系数和感应度系数的计算结果显示,各地区在"经济—碳排放"系统中的位置与碳减排效应存在紧密的联系,欠发达地区产出变动对碳排放的需求侧拉力和供给侧推力均较强；乘数效应与溢出效应的分解结果表明,对于欠发达地区而言,碳强度减排约束基于乘数效应对经济产出进而对碳排放量变动的循环累积影响更大,减排约束通过溢出效应的传导和扩散也强化了欠发达地区的碳减排效果。

根据本章的研究可知,与沿海发达地区相比,内陆欠发达地区在"经济—碳排放"系统中的地位和作用更为突出,欠发达地区内各省份的有效碳减排活动是顺利实现全国碳减排目标的关键。由于西北区域、东北区域和中部区域等在为其他区域提供资源和能源产品的同时,承担了过多的隐含碳排放责任,因此在调整和优化各省份的碳减排目标时,应对能源产品输出大省适当降低碳减排目标,在保证碳减排效果的基础上体现公平,充分调动欠发达地区省份进行碳减排的积极性。

促进产业结构升级和生产模式转变是中国各地区,尤其是欠发达地区应对气候变化、实现绿色发展的根本所在。在承接发达地区大量的产业转移的过程中,欠发达地区应当对转入的产业进行甄别和筛选,注重外来转入产业与本地生产要素禀赋优势、自然地理条件的适宜性,以形成产业集群、实现规模经济和增强发展潜力为标准,避免盲目引进和全盘接收高耗能、高排放的落后产业。另外,我国应加快清洁生产技术、新能源技术由东部发达地区向中西部欠发达地区的转移,提高经济欠发达地区的能源利用效率,推动能源消费、碳排放与经济增长的脱钩,减弱碳强度减排政策对经济发展的负向冲击效应并增进碳减排效应。

第十章　环境保护税政策模拟：如何有效激发企业的污染治理动机

世界各国在工业化进程中，消耗了大量的资源能源，造成了不同程度的环境污染，破坏生态的严重后果使得世界经济社会发展背负沉重的代价，也引起了国际社会的强烈关注。特别是，对于发展中国家而言，日益严重的环境污染问题已成为制约经济社会可持续发展的瓶颈，如何统筹好经济发展和环境治理两大重任，已经上升到关系本国民生以及国际责任的历史高度。

众所周知，环境具有公共品性质，环境污染的社会边际成本高于私人边际成本，呈现负外部性，因而会产生市场失灵现象，必须依靠政府的环境规制政策来解决环境污染问题。按照传统经济学理论，环境规制会以增加企业成本为代价，进而不利于整体经济的增长。2008年国际金融危机之后，世界经济复苏乏力，各国经济下行压力很大，在这一背景下，出于对环境规制负面效应的担忧，各国政府一直为如何实施有效的规制政策（即在不影响经济增长的前提下遏制环境恶化的问题）所困扰。

实际上，企业是资源消耗与环境污染的主要制造者，作为污染环境的主体，企业对污染治理负有不可推卸的责任；并且，企业是宏观经济中的微观主体，是经济增长的重要载体和基本元素。因此，环境规制政策能否实现经济增长与污染治理的双赢，关键在于企业的反应。随着环境规制强度的提升，可能会出现两种情形：一是企业"被动"接受惩罚，环境规制下企业的生产成本上升，生产活动受到约束，产出下降，环境污染得到缓解；二是企业"主动"应对惩罚，激发污染治理动机，在环境保护方面加大研发投入，实现环境技术创新。

环境规制政策的市场化手段一般可以分为两类：一是约束类政策，比如征收排污费或排污税等，使得环境污染的外部效应内部化；二是激励类措施，比如实施清洁生产补贴、清洁技术研发补贴等减少环境污染对企业生产的不利影响。因此，如何采取适宜的环境规制政策及其组合，使环规制成为推动企业进行环境研发治理投入和环境技术创新的动力,解决环境治理和经济增长的两难选择,已经成为世界各国特别是发展中国家经济发展中的关键现实问题。

中国是世界上最大的发展中国家,环境污染问题十分严重,政府的环境规制力度不断加大,2018 年 1 月开始征收环境保护税。同时,中国经济增长的需求较为急迫,截至 2018 年年末中国农村贫困人口仍有 1 660 万人,贫困发生率为 1.7%。① 如何有效激发企业的生产活力和污染治理动机是十分重要的,有关中国环境规制政策效应的模拟分析,不仅可以为发展中国家经济发展提供现实借鉴,还能够为环境规制政策的制定提供有益参考。

第一节 环境规制与企业治理行为

著名的波特假说(Porter, 1991; Porter and Linde, 1995)指出,传统研究中有关企业对环境规制的反应大多从静态角度进行分析,而从动态的视角可以分析企业在面临较高减排成本时,能否激励创新并部分甚至完全抵消遵循环境规制的成本,进而减弱环境规制的不利影响。Lanjouw and Mody(1996)使用美国、日本等多个国家环境污染治理支出与环境专利的数据,验证了环境规制对环境技术创新的正向影响有着 1~2 年的滞后效应。Jaffe and Plamer(1997)提出一种狭义的波特假说,认为灵活的规制政策尤其是经济手段更能够刺激企业进行技术研发和技术创新,比传统的规制形式更加有效。波特假说被认为是环境规制政策下企业治理研究的开端与理论依据。

基于静态和动态两种视角,关于环境规制与绿色技术创新之间的因果关系,学者们对于环境规制增强能否促使企业加大治污资本投入、促进技术创新等问题进行了深入研究。进一步的解释包括:静态条件下环境规制可能增加企业的生产成本并削弱技术创新能力(Gray and Shadbegian, 2003);但改变约束条件,合理的环境规制可以刺激被规制企业进行技术创新,并通过创新补偿效应抵消企业的遵循成本(Hamamoto, 2006)。

然而对波特假说是否成立一直以来存在争议,并且不同学者得出的结论存在较大差异。例如,Cesaroni and Arduini(2001)考察严格的环境

---

① "2018 年全国农村贫困人口减少 1 386 万人",中国政府网,网址:http://www.gov.cn/。

政策是否促进欧洲化学工业的技术进步,但发现没有明确的证据支持环境规制对技术创新存在正向激励作用。Lanoie et al.(2001)利用加拿大制造业的数据,研究发现环境规制对生产率的即期影响为负,但长期动态影响为正。Alpay et al.(2002)在研究环境规制对美国和墨西哥食品工业的研究却得出相反的结论。在上述研究的基础上,Acemoglu et al.(2012)指出,环境规制政策组合对于技术进步的间接促进作用,还与经济中不同部门之间要素的替代性有较大关系,不同行业中环境规制政策效应存在明显差异。

此后,一些学者将环境规制政策对企业治污投入的影响归纳为"倒逼效应"和"挤出效应"两大类。其中,支持"倒逼效应"的学者发现,使用企业治污投入或企业专利申请数据的研究表明,环境规制增加了企业的环境治理支出,促进了企业的环境技术进步,并提高了企业的环境治理水平(Brunnermeier and Cohen, 2003; Johnstone et al., 2010; Yang et al., 2012);支持"挤出效应"的学者则认为,环境规制挤出了企业生产性投资,不利于企业的生产活动,因而导致企业生产率下降(Wagner, 2007; Chintrakarn, 2008; Lanoie et al., 2008; Kemp and Pontoglio, 2011; Kneller and Manderson, 2012; Greenstone et al., 2012)。

在近期的研究中,很多学者还关注不同阶段环境规制影响企业行为的动态路径。Leiter et al.(2011)发现,虽然适度的环境规制能够增加企业投资,但其影响会逐渐减弱,特别是当企业遵守环境规制的成本太高时,环境规制对企业投资会产生消极的影响。还有学者关注不同国家之间环境规制政策的传导效应及其溢出机制(Marconi, 2009),特别是不同的环境规制政策工具、政策组合、政策匹配对企业污染治理投入的影响,发现相关影响也存在较大差异(Requate, 2005; Lanoie et al., 2011; Testa et al., 2011; 包群等,2013;Teng et al., 2014)。

实际上,多数文献集中研究不同强度环境规制政策对企业行为的差异化影响,并没有分析不同环境规制政策组合的经济增长效应与污染治理效应,特别是对于如何在保证经济增长和污染减排目标的前提下激发企业的内在污染治理动机的关注更为不足(范庆泉等,2016)。因此,研究不同情形下环境规制政策通过何种途径、何种方式可以实现最好的经济增长与环境治理目标,不但具有重要的理论价值,而且具有丰富的现实意义。

第二节 环境规制下企业污染治理动机的理论框架构建

参照 Bovenberg and Goulder(1996)的模型,本章将政府针对污染的征税和治污补贴政策加入理论模型,构建包括能源消费、污染累积、企业污染治理动机以及政府两类环境规制政策的理论模型,并且在新古典理论的鞍点路径上,研究如何运用动态环境规制政策以提高企业污染治理动机和促进经济增长的作用机制。

一、理论框架构建

(一)家庭部门

在新古典理论模型框架下,假设经济中存在一个以追求终生效用最大化为目标的代表性家庭,则家庭部门效用最大化的目标函数为:

$$\max \left\{ \sum_{t=0}^{\infty} \beta^t \frac{C_t^{1-\sigma} - 1}{1 - \sigma} \right\} \tag{10.1}$$

其中,β 为贴现因子,C_t 为第 t 期代表性家庭的消费水平,σ 为代表性家庭消费的跨期替代弹性系数。

代表性家庭的预算约束为:

$$C_t + I_t = r_t K_t + \Pi_t \tag{10.2}$$

其中,I_t 为第 t 期代表性家庭的投资,K_t 为总资本,r_t 为资本回报率,Π_t 为第 t 期企业的利润水平。

与大多数文献一致,本章设定总资本动态累积方程为:

$$K_{t+1} = (1 - \delta) K_t + I_t \tag{10.3}$$

其中,δ 为折旧率。

(二)企业部门与污染物排放

假设企业生产过程需要投入两种要素,一种是物质资本,另一种是能源,可以设定企业部门的生产函数为:

$$Y_t = D_t A_t K_{y,t}^{\alpha} E_t^{1-\alpha} \tag{10.4}$$

其中,Y_t 为第 t 期企业的产出水平,A_t 为第 t 期企业的全要素生产率,$K_{y,t}$ 为第 t 期企业投入的物质资本要素,E_t 为第 t 期投入的能源要素,α 为物质资本要素的产出弹性,$1-\alpha$ 为能源要素的产出弹性。显然,企业生产过程满足规模报酬不变的特征。与其他文献中生产函数不同的是,本章在式(10.4)中加入一项新的函数 D_t。设定 D_t 为环境污染导致的生产效率损失函数,一般可以表示为环境污染存量 X_t 的增函数。

能源资本消耗过程产生污染排放物,污染物排放函数可以设定为:

$$\mathrm{EM}_t = E_t^\rho / \Psi(K_{c,t}) \tag{10.5}$$

其中,EM_t 表示第 t 期企业消耗能源所产生的污染排放物;$K_{c,t}$ 表示第 t 期企业进行污染治理所投入的资本,即治污资本投入水平,是企业污染治理动机的体现,资本投入水平越高,在一定程度上表示企业的污染治理动机越强;ρ 为参数;$\Psi(\cdot)$ 为 $K_{c,t}$ 的增函数。

在生态系统中,污染排放物不断累积而形成环境污染。类似于资本的累积方程,环境污染的累积方程可以表示为:

$$X_{t+1} = (1-\eta)X_t + \mathrm{EM}_t \tag{10.6}$$

其中,X_t 表示第 t 期污染排放物的存量,即环境污染水平;η 为分解系数或者分解因子,满足 $0<\eta<1$,η 越大表示环境分解污染物的能力越强。

(三) 环境规制政策

在环境规制政策体系中,本章假设政府实施两类环境规制政策,分别是针对企业污染物排放进行征税、针对企业污染减排给予补贴。两类环境规制政策可以在企业的利润最大化函数中具体设置,基本形式为:

$$\Pi_t = Y_t - r_t K_{y,t} - r_t(1-s_t)K_{c,t} - P_t^e E_t - \tau_t \mathrm{EM}_t \tag{10.7}$$

其中,P_t^e 为能源要素的价格,τ_t 为第 t 期政府针对污染物排放量征收的环境保护税率,s_t 为第 t 期政府针对企业治污资本投入给予的补贴率。

为了进行均衡求解,本章还需要分别给出总资本的等式与产品市场的出清条件:

$$K_t = K_{y,t} + K_{c,t} \tag{10.8}$$

$$C_t + I_t = Y_t \tag{10.9}$$

二、动态规制政策的设定

鞍点路径上福利最大化目标是初始时期到第 T_1 时期的期间内效用贴现之和,即

$$\sum_{t=0}^{T_1} \beta^t \left[(C_t^{1-\sigma} - 1)/(1-\sigma) \right] \tag{10.10}$$

本章对从初始时期到第 T_1 期各期的环境保护税率和补贴率进行优化求解,得出鞍点路径上福利最大化目标下的动态环境保护税率曲线和动态补贴率曲线,如图 10-1 所示。

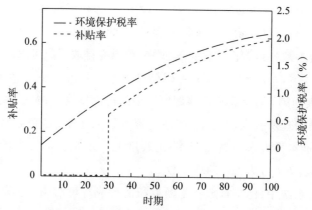

图 10-1 鞍点路径上福利最大化目标下的环境保护税率与补贴率

由图 10-1 可得,为了有效改善环境状况、实现福利最大化的目标,环境规制政策强度逐渐提升,在现实经济中,环境污染是伴随着经济发展在增长路径上产生的。在经济发展初期,存在轻微的环境污染,此时征收较低的环境保护税率就可以实现对环境污染的有效管控。随着污染的累积,环境污染存量持续上升,环境污染引发的效率损失将对经济发展产生高度的不利影响,为有效应对环境污染,环境保护税率应逐步提升。图 10-1 显示,从第 1 期开始,政府针对企业污染物排放所征收的环境保护税率一直呈现上升趋势。

与环境保护税率的变动特征不同,在初始阶段,由于环境保护税率较低(即政府惩罚性环境规制强度不高),其对企业生产活动的影响有限,环境保护税政策并没有激发企业进行环境污染治理的动机。因此,如图 10-1 所示,第 1—30 期政府对环境污染治理的最优补贴率为 0。此后,环境保护税率的提升使得企业生产成本提高,并逐渐激发企业的环境治理意愿,在这一条件下,政府的治污补贴开始发挥作用,补贴率的提高可以进一步激励企业的污染治理动机。

实际上,各国环境规制政策体系的演变大致遵循"先污染,后治理"的路径,一般是从政府不对环境污染采取任何管制措施的"无政策"到惩罚性的"环境税费政策",再到惩罚性和激励性并存的"环境税费政策与治污补贴政策"。在符合世界各国环境治理政策体系演进和完善的基础上,按照依次递进的关系,本章进行三类环境保护税政策的设定,分别模拟三类政策下的经济增长效应与污染治理效应:

政策 1:无环境规制政策;
政策 2:仅环境保护税政策;
政策 3:环境保护税政策与治污补贴政策组合。

三、模型求解

本章基于 Ljungqvist and Sargent(2004)提出的射击(Shooting)方法求解鞍点路径,方法与第六章中的求解方法类似。先设定一个足够长的时期 T 以满足在该期间内经济发展总是可以达到稳态,再给出初始资本水平 K_1、政府实施的环境保护税率序列 $\{\tau_t\}$ 和补贴率序列 $\{s_t\}$,并设定一个较大范围的资本区间 $[\underline{K}, \overline{K}]$,使得第 2 期的资本水平 K_2 总位于这一区间内。

1. 初步求解

假设 $K_2 = (\underline{K} + \overline{K})/2$,根据 K_1、K_2 可以计算出 $K_{y,1}$、$K_{c,1}$、$K_{y,2}$、$K_{c,2}$、Y_1、Y_2、EM_1、EM_2、r_1、r_2,根据 K_1、K_2 可以计算出 I_1,然后计算得到 C_1。

2. 进一步求解

根据求得的 C_1 计算出 C_2,再根据求得的 C_2 和 Y_2 计算出 I_2,进一步计算出 K_3。

3. 序列求解

在已知 K_{t+1}、$C_t(t \geq 2)$ 的情形下,迭代计算得到 $\{Y_{t+1}, C_{t+1}, K_{y,t+1}, K_{c,t+1}, EM_{t+1}, X_{t+1}, r_{t+1}\}$ 以及 $\{K_{t+2}, C_{t+2}\}$,类似地可以得到第 1 期至第 T 期所有变量值的序列 $\{K_t, C_t\}$。

4. 求解判断

鞍点路径上资本变量 K_2 与真实值 K_2^* 存在以下关系:若 $K_2 > K_2^*$,则经济体将过多地进行资本积累,经济趋向于发散而无法达到稳态,最终 $C_t < 0$;若 $K_2 < K_2^*$,则经济体会因消费过度、资本积累不足而同样无法实现稳态均衡,最终 $K_t < 0$。

5. 重复迭代

若 $C_t < 0$ 则取 $\overline{K} = K_2$,$K_t < 0$ 则取 $\underline{K} = K_2$,回到第一步重新计算鞍点路径,当 $|\overline{K} - \underline{K}| < 10^{-10}$ 时停止迭代,至此求解得出鞍点路径上每一点处各变量的均衡值 $\{K_t, C_t, Y_t, EM_t, X_t, K_{y,t}, K_{c,t}, r_t\}$。

第三节 环境保护税政策效应与企业污染治理动机的模拟

本章将分别模拟实施上述三类政策的经济产出水平、环境污染水平以及企业治污资本投入的变动,其中治污资本投入是企业主动参与污染治理和环境规制的行为,可以作为企业内在污染治理动机的体现。

一、无环境规制政策的基准情形

在模型中暂时设定无环境规制政策是一种可用于环境规制政策效应对比的基准情形。在基准情形下,如理论模型所述,由于环境的自降解能力有限,污染物出现不断累积的特征,本章绘制了无环境规制政策的基准情形下环境污染存量(即环境污染水平)的曲线。如图10-2所示,在鞍点路径上,环境污染存量逐渐上升,至第45期左右达到稳态,然后环境污染状况保持稳态水平不变。

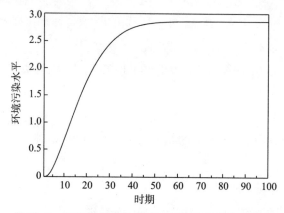

图10-2 无环境规制政策下环境污染水平变动趋势

在产出方面,能源消费能够有效促进经济增长,并且能源消费带来的正向经济增长效应高于环境污染引致的负向产出损失,因此自初始时期开始的一定时期内,经济产出水平仍然会保持上升态势。但是,随着经济的持续增长,能源要素投入的边际收益递减,环境污染水平上升所引发的生产效率损失会不断显现,经济增长中要素投入的正效应和环境污染的负效应之差持续缩小。图10-3中无环境规制政策下经济产出水平曲线显示,经济总产出水平在第30期左右就过早地达到稳态,经济增长开始停滞。

根据经济学理论可得,由于环境具有公共品属性,企业不会将污染物排放的社会成本纳入自身的生产成本,进而导致过度排放污染物进而对均衡产出产生不利影响。当无环境规制政策时,环境污染的负外部性不能得到有效纠正,这一点在企业治污资本投入方面体现得十分明显。本章计算了无环境规制政策时,鞍点路径上和稳态下企业治理污染的资本投入水平$K_{s,t}$,其每期的数值均为0,即无环境规制政策下企业并不投入任何治污资

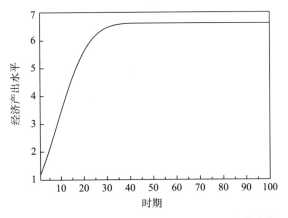

图 10-3　无环境规制政策下经济产出水平变动趋势

本。因此,在不实施任何环境规制政策的基准情形下,企业没有任何进行污染治理的动机,这一点与环境污染负外部性的理论较为符合。

二、环境保护税政策的效应模拟

(一) 环境保护税政策的污染治理效应

需要说明的是,在政府对污染物排放不征税的情形下,无论政府的治污补贴率取值高低,企业都不具有污染治理动机。也就是说,政府征收污染排放税是企业治理污染的先决条件。只有在这一条件下,政府对治污给予补贴才能进一步提高企业的污染治理动机,因此本章先分析环境税政策。

当政府对环境污染征收环境保护税时,该政策能够使企业污染物排放所产生的社会成本被纳入企业内部的生产成本,实现外部效应内部化,进而能够在一定程度上约束企业的能源使用和污染物排放行为,降低环境污染水平。本章绘制了无环境规制政策、政府实施环境保护税政策两类情形下环境污染水平曲线,如图 10-4 所示。

图 10-4 显示,与无环境规制政策的基准情形相比,政府实施环境保护税政策并没有改变环境污染存量增加的趋势。但不同的是,当政府征收环境保护税时,不但整条鞍点路径上环境污染存量上升的速度更加缓慢,而且污染存量水平一直低于基准情形下的污染水平。更为重要的是,环境保护税政策使得环境污染水平在第 40 期左右达到峰值后开始呈现下降趋势,环境保护税政策引致的环境污染物减少量已经超过能源使用带来的新增污染物排放量,实现"负累积",这充分表明环境保护税政策能有效激发污染治理效应。

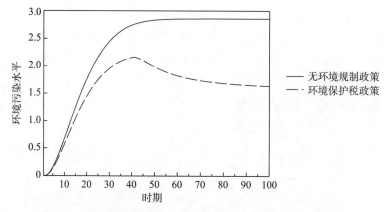

图 10-4　无环境规制政策与环境保护税政策下的环境污染水平

（二）环境保护税政策的经济增长效应

政府征收的环境保护税在降低环境污染水平的同时,还能减弱环境污染对生产率的负向影响,提高企业产出水平,这体现为环境保护税政策的正外部性。根据这一思路,本章绘制了无环境规制政策和环境保护税政策两种情形下经济产出水平曲线以对比分析环境保护税政策经济增长效应,如图 10-5 所示。

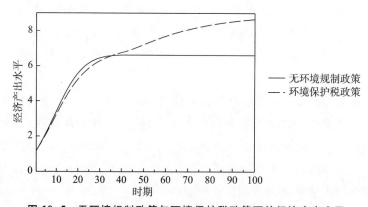

图 10-5　无环境规制政策与环境保护税政策下的经济产出水平

图 10-5 显示,与无环境规制政策相比,鞍点路径上第 1—30 期,环境保护税政策在一定程度上抑制了企业的生产活动,使得经济产出水平略低于基准情形下的经济产出水平。这主要是由于环境保护税政策增加了企业的生产成本,使得企业减少了能源要素的投入,进而不利于经济产出水平的快速提升。但是在第 30 期以后,实施环境保护税政策下的经济产出水平开始超过无环境规制政策下的经济产出水平,并且一直延续到第 100 期。

随着环境保护税的收益相对于成本的不断上升,环境保护税对经济增长的不利影响也随之减弱。如图10-5所示,在经历了环境保护税政策的"阵痛期"之后,环境保护税带来的收益将超过成本,这表明环境保护税能够有效缓解污染对生产的负外部性影响,并发挥对经济增长的促进作用,环境保护税的经济增长红利逐渐显现。此时,政府将有动力继续提高环境保护税,以获取更大的政策效益与经济增长红利。

综合上述分析可得,环境保护税政策的实施,一方面抑制了环境污染水平的快速上升,减弱了环境污染对企业产出的不利影响;另一方面约束了要素的过度投入,减缓了要素边际收益递减的速度,进而使得经济产出水平保持了强劲的增长态势,与无环境规制政策下经济产出水平之间的缺口或"剪刀差"不断扩大。这些发现表明,环境保护税政策增强了经济可持续增长的动力,实现了经济增长效应与污染治理效应的双赢。

(三)环境保护税政策的企业内在激励效应

如前所述,由于环境污染的公共属性,企业在利润最大化的优化决策中不会考虑污染所带来的负外部性,因而没有进行环境污染治理的动机。但是当环境保护税政策将环境污染的外部成本纳入企业内部的生产成本时,如何进行污染物排放的成本收益分析、参与环境治理并降低污染物排放水平就成为企业优化决策的一项重要内容。

当政府实施的环境保护税政策强度较低时,企业继续加大能源投入带来的产出增长高于污染治理带来的产出改善;或者说,企业被动接受惩罚的成本较低,而增加治污资本投入以减少污染物排放的成本较高。因此,在利润最大化的目标下,企业将选择不进行治污资本投入,如图10-6所示,第1—40期,企业治污资本投入量一直为0,与基准情形类似。在这一阶段,环境保护税政策并没有激发企业的污染治理动机。

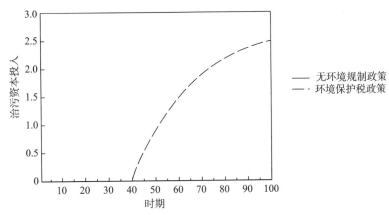

图10-6 无环境规制政策与环境保护税政策下治污资本投入

在企业内部,随着污染存量的上升,环境污染对企业生产的负向影响程度不断加深,同时能源要素投入的边际收益开始下降,企业加大能源消费带来的污染成本增加、产出收益减少。在企业外部,政府的环境规制政策强度不断提高,企业被动接受惩罚的成本随之快速上升。在内部和外部两方面的作用下,企业不得不考虑进行治污资本投入以缓解污染对其生产行为的不利影响,由此环境保护税开始激发企业的污染治理动机。

图10-6的模拟结果显示,随着环境保护税强度的提高,自第40期开始,企业不断加大治污资本投入并一直延续到第100期。进一步对比图10-6和图10-4可得,第40—100期企业治污资本投入的上升与污染存量水平的下降形成鲜明对比,这表明企业增大治污资本投入也是第40—100期环境污染存量持续减少的重要原因。

第四节 环境规制政策组合效应的评价与比较

一、环境规制政策组合的设定依据

环境保护税在限制污染物排放的同时也会产生一些不利影响,特别是在鞍点路径上的初始阶段,较高的环境保护税率将会减少投资活动,使得产出更多地转向消费,不利于经济增长中资本的累积,会造成经济产出增长乏力,甚至会导致经济停滞不前。反之,较低的环境保护税率类似于排污收费制度,无法激发企业的污染治理动机。因此,在环境污染问题十分突出的情形下,为了使环境质量得到明显改善,政府在实施环境保护税的同时还应加大减排补贴力度,促使企业提高治污投入水平。

政府在征收环境保护税后,获得的环境保护税收入应该返还到经济,其中对企业治污投入进行补贴是激发企业内在污染治理动机、促使企业污染物排放水平下降的一种重要方式。在实施环境保护税的初始时期,税收扭曲效应占据主导地位,同时资本边际回报率较高,环境保护税会限制生产要素的投入规模,导致经济产出损失。此时,如果将环境保护税收入的全部或者部分以减排补贴的形式转移给企业,一方面可以缓解环境保护税对企业产出水平的不利影响,有利于提高企业的产出水平;另一方面可以尽早地促进企业进行污染减排,进而降低环境污染水平。显然,政府减排补贴在激发企业污染治理动机、促进经济增长等方面具有重要作用。

二、环境规制政策组合的效应分析

本章进一步模拟"环境保护税与治污补贴"政策组合的效应。与前述两种情形一致,本章重点分析政策组合的经济增长效应和污染治理效应,以及政策组合下企业污染治理动机。为此,本章绘制了"无政策规制""仅环境保护税""环境保护税与治污补贴"三类政策情形下的环境污染水平、经济产出水平和企业治污资本投入水平的图形,分别如图10-7至图10-9所示。

污染减排效应方面,如图10-7所示,与"仅环境保护税"的情形相比,"环境保护税与治污补贴"政策组合下的环境污染存量在第30期左右到达一个较低的峰值,不仅比"仅环境保护税"情形提前约10期达到峰值,而且峰值下降10%左右,这充分表明环境政策组合具有更好的污染治理效应,鞍点路径上的环境污染水平一直处于很低水平,环境污染得到有效控制。因此,"环境保护税与治污补贴"政策组合在环境治理方面优于"仅环境保护税"政策。

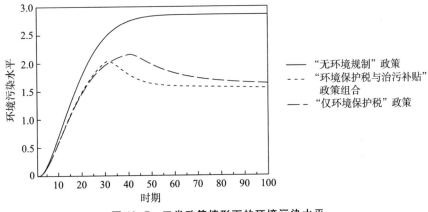

图 10-7　三类政策情形下的环境污染水平

在经济增长效应方面,"环境保护税与治污补贴"政策组合显然也优于"仅环境保护税"政策,由图10-8可得,整条鞍点路径上以及稳态水平下,每一期政策组合下的经济产出水平均高于"仅环境保护税"政策的经济产出水平,第100期政策组合下的经济产出水平比无环境规制政策下高40%左右,比"仅环境保护税"政策下约高20%。原因有以下三点:第一,与仅具有惩罚作用的环境保护税政策相比,"环境保护税与治污补贴"政策组合具有惩罚和补偿的双重功能,政府将征收的环境保护税所得收入返还给企业,不但等价于增加了企业的收益,而且在一定程度上相当于补偿了企业的治污成本,这是环境规制政策组合对经济产出的直接促进作用;第二,结合图10-7和图10-8可得,环境规制政策组合下的污染水平更低,其带来的产出效率损失更小,环境规制政策组合通过降低污染水平对经济产出产生间接的推动作用;第三,政府补贴不仅会减弱环境污染对产出的不利影响,还会降低企业污染型生产要素使用的边际成本,提高企业对生产要素的投入需求,进而产生规模效应。综上可得,环境规制政策组合下经济产出水平更高。

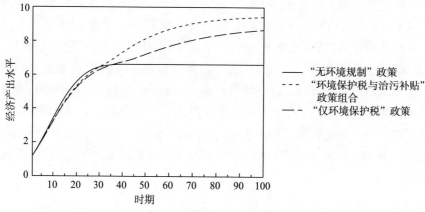

图 10-8 三类政策情形下的经济产出水平

与"仅环境保护税"政策相比,"环境保护税与治污补贴"政策组合对企业污染治理动机的激励效应更为显著。图 10-9 显示,当实施环境规制政策组合时,企业于第 30 期开始进行环境治污资本投入,比仅实施环境保护税下的治污资本投入早开始约 10 期,并且在第 100 期时,环境规制政策组合下企业治污资本投入约为"仅环境保护税"下治污资本投入的 2 倍。总体而言,政府污染减排补贴政策解决了单独实施环境保护税政策下企业污染治理动机不足的问题,鞍点路径上各个时期企业的治污资本投入水平都得到大幅提高。因此,政府减排补贴政策能够有效提高企业进行污染治理动机。

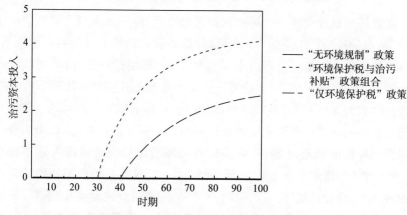

图 10-9 三类政策情形下的治污资本投入

如前所述,"环境保护税与治污补贴"政策组合下企业会以更低的成本开展环境污染治理,污染水平下降对产出的负向影响更小,产出增长、污染下降和企业治理三者之间实现了协同改善与良性循环。综上所述,环境规制政策组合不但实现了更大的经济增长效应与污染治理效应,而且更有效地激发了企业内在的污染治理动机,是最佳的环境规制政策选择。

第五节 小 结

本章构建了包括能源消费、污染累积、企业污染治理动机以及政府环境保护税与治污补贴两类环境规制政策的理论模型,求解得出新古典理论模型鞍点路径上的均衡解,模拟了"无环境规制"政策、"仅环境保护税"政策和"环境保护税与治污补贴"政策组合三种情形下的经济增长效应、污染治理效应以及企业的污染治理动机。结果显示,当无环境规制政策时,鞍点路径上环境污染存量和经济产出水平在维持一段时间的上升趋势后分别达到稳态,由于环境具有公共品属性,企业不会将污染物排放的社会成本纳入自身的生产成本,没有进行污染治理的动机。

单一的环境保护税政策能够约束企业的污染物排放行为,同时降低环境污染对企业生产率的负向影响,进而提高经济产出水平。重要的是,随着环境污染对企业生产的负向影响程度不断加深与能源要素投入的边际收益开始下降,环境保护税率不断上升使得企业被动接受惩罚的成本随之快速增加,并开始激发企业的污染治理动机,促使企业不断加大治污资本投入。

与环境保护税政策相比,"环境保护税与治污补贴"政策组合具有更好的污染治理效应和经济增长效应,企业会以更低的成本进行环境污染治理,污染水平下降对经济产出的负向影响更小。相对于环境保护税政策,"环境保护税与治污补贴"政策组合对企业污染治理动机的激励效应更为显著,产出增长、污染下降与企业治理三者之间实现了良性循环,因此"环境保护税与治污补贴"政策组合是最佳的环境规制政策选择。

根据本章的研究可知,政府应综合运用环境保护税、治污补贴等多种惩罚性和激励性措施,从"内部激励"和"外部约束"两个方面真正激发企业参与环境污染治理的内在动力。除了环境规制政策,发展中国家的环境治理还可以充分考虑借鉴发达国家的市场化手段,在现有的环境治理政策体系基础上,考虑在发展中国家推行"排污量存储政策"的可行性,也可以考虑采用政府绿色采购等方式进一步激发企业的污染治理动机,提高企业的清洁生产技术水平,最终实现环境质量改善与保持经济可持续增长的双重红利。

  当前我国抑制环境污染加剧、改善环境污染状况的任务仍然十分艰巨,同时保证经济稳定增长和促进社会福利提升的需求也非常紧迫。随着我国环境规制体系的不断完善,特别是环境保护税开征后,政府应在深入了解环境规制政策运行机制的基础上,及时跟踪与评价不同阶段、不同地区环境保护税政策以及治污补贴政策在产出增长、污染控制中的效果,促进环境规制政策的有效执行与修订,保持政策组合的有效性以实现环境污染治理的精准性与经济增长的持续性。

第十一章　财政政策优化：如何实现产业转型与环境质量改善的红利

改革开放以来，中国在公共资本累积中投入了大量的财政支出并取得了巨大成效。以基础设施建设为例，据测算，1978—2014年我国人均基础设施存量增速为10.7%，基础设施投资对经济增长的平均贡献率达到9.3%（胡李鹏等，2016）。近年来，基础设施资本存量在社会总资本存量中的比重持续上升，对经济增长和产业发展的贡献不断增大。然而，作为另一类"公共资本"的生态环境，质量却不断降低。2018年我国217个地级及以上城市的空气质量超标，占全部城市的比例高达64.2%，生态环境质量"一般"及以下的县域面积占全国国土面积的55.3%。① 公共资本建设的显著成绩与环境质量的大幅下降形成了鲜明对比，资本驱动型发展模式还引致了产业结构重型化等问题。

与公共物质资本类似，生态环境作为公共自然资本，同样是公共资本和公共资源的组成部分。更为重要的是，在当前我国产业转型升级任务加重、资源能源约束趋紧的情形下，优良生态环境的稀缺性日益凸显，其在宏观经济增长和社会福利增进中的地位越发突出。生态环境具有典型的正外部性特征，在促进环境污染水平下降和生态环境质量改善的过程中，政府都发挥着十分关键且不可替代的作用。因此，为了从根本上解决经济发展与环境保护"顾此失彼"的问题，推动经济增长质量提升和产业结构优化，依赖于政府调控手段的深化改革及其对公共资源的合理分配。

财政收支是政府优化配置资源的主要方式，无论是税制改革还是支出优化，财政都体现出公共性特征。为了发挥财政在国家治理中的基础和支柱作用，我国正积极推动财政体制改革进入全面深化阶段。在收入端，推进环境保护"费改税"，将生态环境破坏的社会成本内生化至企业的生产成本，可以发挥绿色税制功能；在支出端，随着服务型政府建设的推进和官员

---

① 《2018中国生态环境状况公报》，中国生态环境部网站，网址：http://www.mee.gov.cn。

绩效考核机制的完善,财政支出的重心由经济建设转向公共服务,体现在生产性财政支出偏向程度降低,投资性财政支出占比下降且服务性和消费性财政支出占比上升(胡永刚和郭新强,2012)。由此可见,财政收支结构与经济结构、生态环境的联系得以强化。

以财政收支结构优化为出发点,推进生态环境质量改善是践行绿色发展理念的体现,也是推动我国产业发展提质增效的途径。在经济内生增长动力不足、结构性矛盾突出和环境承载能力接近上限的背景下,如何处理好经济生产与能源消费、环境污染之间的紧张关系,实现产业转型升级与环境质量提高的双赢目标,对政府调控方式改进提出了紧迫的现实需求。在理论层面,"既要金山银山,又要绿水青山",就必须结合我国经济发展的现实状况,在科学评价财政收支结构变化影响效应的基础上,研究产业结构优化、生态环境质量改善等多重目标下的经济协调发展机制,为我国经济社会的高质量发展提供参考。

第一节 财政收支结构变化的经济与环境效应

国内外学者关于财政收支结构变化影响的研究主要集中在经济效应方面,如税收和财政支出对经济产出、投资、居民消费的影响等(Perotti,1999;Giavazzi et al.,2000;Alesina et al.,2002;李永友和沈坤荣,2007;方福前和孙文凯,2014;邓明和魏后凯,2015)。在财政收支结构对经济增长的影响方面,Kneller et al.(1999)发现扭曲性税收不利于经济增长,非扭曲性税收不会对经济增长产生抑制作用,生产性财政支出能够促进经济增长;而廖楚晖和余可(2006)、钞小静和任保平(2007)、Barro and Redlick(2011)认为不同类型的生产性财政支出对经济增长的作用存在明显差别。上述研究大多关注财政收入或支出的某一部分,分析财政收支结构对经济产出影响的较少。

财政收支是驱动产业结构变化的重要因素之一,但从产业层面分析财政收支结构变化效应的国外文献还相对欠缺(Aghion et al.,2014)。Greenstone(2002)、Martin et al.(2014)发现,环境规制或征税力度的加大会对能源使用产生负向冲击,进而影响污染型企业的生产制造活动并引发产业结构变动。在财政收支变化的产业结构效应方面,国内的研究较为丰富。严成樑等(2016)考察了生产性、福利性财政支出影响产业结构变迁的机理;安苑和宋凌云(2016)验证了财政结构性调整在产业结构高度化中的作用;

王文甫等(2017)检验了偏向投资的政府财政支出结构与经济结构失衡之间的关系;张杰和杨连星(2013)分析了财政政策与产业结构的匹配程度和冲突性等问题。

除了财政收支的经济效应,有关财政的公共性职能(如财政在公共资本累积、公共资源分配中作用)的关献也十分丰富,尤其是在生态环境质量影响因素的相关研究中,基于财政收支结构角度的分析逐渐成为热点。大多数学者发现财政收入端的环境保护税率提高对于环境质量具有提升作用,但是也有学者认为仅依靠税收调节来改善环境质量是不充分的(Metcalf, 2003;Fodha, 2010),需要与财政支出相配合。Halkos and Paizanos(2013)、冯海波和方元子(2014)分析财政支出对环境质量影响的直接效应和以经济产出为途径的间接效应,指出财政支出对部分污染物的减少有效,但对整体环境质量的改善作用并不显著。

针对财政支出在环境质量改善中的无效性,Lopez et al. (2011)通过实证分析得出结论,仅增大政府财政支出而不改变支出结构并不能实现环境质量的改善,只有财政支出结构向社会公共品倾斜才能有效减少环境污染。类似地,王艺明等(2014)、余长林和杨惠珍(2016)的研究也表明,财政支出增长效应会提高环境污染水平,财政支出结构效应有利于降低环境污染水平。卢洪友等(2015)分析不同制度情形下财政支出结构变动对消费性环境污染的正向和负向两种效应。因此,对于财政收支结构在环境质量改善中的作用及途径的研究尚未达成共识,还存在一定的研究空间。

财政收支结构调整的目标不是唯一的,并且经济、福利、产业与环境之间存在紧密关联,开展多目标下财政收支结构变动效应的研究及其优化选择十分必要。关于税收或财政支出的水平及结构变动能否实现经济增长与社会福利最大化的双重目标,以及能否实现就业增加与环境污染下降的双重红利等方面的研究已经较为常见(Grossman and Krueger, 1995;Jones and Manuelli, 1995;Barman and Gupta, 2010;陆旸,2011),然而需要注意的是,清洁型产业发展或者产业结构升级不但是环境污染水平下降的途径,而且与环境质量改善相辅相成(Cassou and Hamilton, 2004)。产业结构转型和生态环境质量改善两个目标是统一的,国内外文献对这两个目标的关注度有限。

在综合现有研究的基础上,本章将财政收支结构、产业结构和生态环境质量纳入统一的理论框架,并加入公共资本、能源要素等,兼顾经济增长和社会福利增进目标,按照"财政收支+公共资本"→"产业结构+环境质量"的逻辑顺序展开研究,检验财政收支结构调整能否同时取得推动产业结构转型与促进环境质量改善的效果。另外,本章还刻画当前中国经济发展过程中环境污染影响程度加深、政府环境规制政策强度提高等现实情形,在环境因素变化的视角下对比分析财政收支结构影响效应。

第二节 模型构建与参数校准

一、模型构建

(一) 企业部门

为了体现企业生产的异质性特征,揭示不同类型企业生产活动对生态环境的差异化影响,本章设定模型中存在污染型和清洁型两类企业。其中,污染型企业的生产函数为:

$$Y_{p,t} = A_p K_{l,t}^{\alpha_1} K_{p,t}^{\alpha_2} L_{p,t}^{\alpha_3} E_t^{1-\alpha_1-\alpha_2-\alpha_3} \tag{11.1}$$

其中,下标 p 为污染型企业的标识,$Y_{p,t}$、A_p 分别为污染型企业的产出水平和技术水平。污染型企业通过租借私人资本 $K_{p,t}$、雇用劳动力 $L_{p,t}$、使用公共资本 $K_{l,t}$、投入能源 E_t 进行产品生产,α_1、α_2 和 α_3 均为份额参数。鉴于公共资本与私人资本的区别以及两类资本在企业生产活动中的不同作用,本章在函数设置中进行了区分。由于污染型企业生产活动对煤炭、石油等能源产品的依赖程度较高,本章单独列出能源投入。

污染型企业的利润函数为:

$$\pi_{p,t} = (1 - \tau_{p,t}) P_{p,t} Y_{p,t} - r_t K_{p,t} - w_t L_{p,t} - P_{e,t} E_t \tag{11.2}$$

其中,$\pi_{p,t}$ 为第 t 期污染型企业的利润水平,$P_{p,t}$、$P_{e,t}$ 分别为污染型企业产品和能源产品的价格水平,r_t、w_t 分别为私人资本的利息和劳动力的工资。$\tau_{p,t}$ 为政府向污染型企业征税的一般税率,为体现环境保护税的思想,参考 Guo and Harrison(2001)的做法,本章在污染型企业的税率设置中加入政府对环境污染的规制因素,构建污染型企业的动态税率表达式为:

$$\tau_{p,t} = \eta \left[\frac{\xi Y_{p,t} + (1-\xi) Y_{c,t}}{(1-\xi) Y_{c,t}} \right]^{\psi} \tag{11.3}$$

在式(11.3)中,η 表示未考虑政府对污染型企业进行环境规制的税率水平,等号右侧除 η 之外的其他部分为环境加权因子。$Y_{c,t}$ 表示清洁型企业的产出水平。ξ 衡量相对于清洁型企业,污染型企业对生态环境的污染或损害程度,ξ 的取值范围为[0,1]且 ξ 应大于0.5,ξ 值越大代表损害程度越高,政府对污染型企业征税的税率也随之提高。ψ 为环境规制强度参数,ψ

值越大,表示政府对污染型企业的环境规制程度越高。对于污染型企业而言,包含环境因素的动态税率设置符合我国税制改革的方向,也体现了财政收入优化的特征。

在式(11.2)和式(11.3)的基础上,可以求解得到污染型企业利润最大化的一阶条件为:

$$r_t = \left\{1 - \tau_{p,t}\left[1 + \frac{\psi\xi}{\xi + (1-\xi)\mathrm{str}_t}\right]\right\}\alpha_2 P_{p,t}\frac{Y_{p,t}}{K_{p,t}} \quad (11.4)$$

$$w_t = \left\{1 - \tau_{p,t}\left[1 + \frac{\psi\xi}{\xi + (1-\xi)\mathrm{str}_t}\right]\right\}\alpha_3 P_{p,t}\frac{Y_{p,t}}{L_{p,t}} \quad (11.5)$$

$$P_{e,t} = \left\{1 - \tau_{p,t}\left[1 + \frac{\psi\xi}{\xi + (1-\xi)\mathrm{str}_t}\right]\right\}(1 - \alpha_1 - \alpha_2 - \alpha_3)P_{p,t}\frac{Y_{p,t}}{E_t}$$
$$(11.6)$$

其中,str_t 是清洁型企业产出 $Y_{c,t}$ 与污染型企业产出 $Y_{p,t}$ 之比($\mathrm{str}_t = Y_{c,t}/Y_{p,t}$),可以作为产业结构的表征。

与污染型企业类似,本章设置清洁型企业的生产函数为:

$$Y_{c,t} = A_c K_{I,t}^{\beta_1} K_{c,t}^{\beta_2} L_{c,t}^{1-\beta_1-\beta_2} \quad (11.7)$$

其中,下标 c 为清洁型企业的标识,A_c 为清洁型企业的全要素生产率,$K_{I,t}$、$K_{c,t}$ 分别为清洁型企业生产中使用的公共资本、私人资本,$L_{c,t}$ 为企业生产中的劳动力投入,β_1、β_2 均为份额参数。

清洁型企业的利润函数为:

$$\pi_{c,t} = (1-\tau_c)P_{c,t}Y_{c,t} - r_t K_{c,t} - w_t L_{c,t} \quad (11.8)$$

其中,$\pi_{c,t}$、$P_{c,t}$ 分别为第 t 期清洁型企业的利润水平和产品价格,τ_c 为政府向清洁型企业征税的一般税率。

将清洁型企业利润最大化函数求导,得到

$$r_t = (1-\tau_c)\beta_2 P_{c,t}\frac{Y_{c,t}}{K_{c,t}} \quad (11.9)$$

$$w_t = (1-\tau_c)(1-\beta_1-\beta_2)P_{c,t}\frac{Y_{c,t}}{L_{c,t}} \quad (11.10)$$

(二)能源生产部门

假定能源生产部门通过开采煤炭、石油和天然气等一次能源供污染型企业使用,其生产函数可设置为:

$$E_t = A_e K_{e,t}^v L_{e,t}^{1-v} \quad (11.11)$$

其中，$K_{e,t}$、$L_{e,t}$ 分别为能源生产部门投入的资本和劳动力要素，A_e 为能源生产部门的技术水平，v 为份额参数。

能源生产部门的利润函数为：

$$\pi_{e,t} = (1 - \tau_e) P_{e,t} E_t - r_t K_{e,t} - w_t L_{e,t} \qquad (11.12)$$

其中，$\pi_{e,t}$ 为能源生产部门的利润水平，τ_e、$P_{e,t}$ 分别为能源生产部门的税率和价格水平。将能源生产部门的利润最大化函数求导，得到一阶条件为：

$$r_t = (1 - \tau_e) v P_{e,t} \frac{E_t}{K_{e,t}} \qquad (11.13)$$

$$w_t = (1 - \tau_e)(1 - v) P_{e,t} \frac{E_t}{L_{e,t}} \qquad (11.14)$$

（三）生态环境

生态环境质量与经济生产活动存在紧密关系，参照 Campiglio(2014) 的方法，本章假定环境质量主要受到污染型企业、清洁型企业产出的影响，设置环境质量动态变化方程为：

$$R_{t+1} - R_t = \chi R_t \left\{ 1 - \frac{R_t [\xi Y_{p,t} + (1 - \xi) Y_{c,t}]}{B} \right\} \qquad (11.15)$$

其中，R_t 为第 t 期的生态环境质量，R_t 数值越大表示环境质量越高；χ 为生态系统的自我修复能力；B 为生态环境系统的承载能力，当生产活动对环境的污染超过环境的承载能力时，环境质量就会下降。与式(11.3)至式(11.6)一致，ξ 为污染型企业对生态环境的损害程度参数。

（四）代表性家庭

生态环境质量已经成为影响中国居民效用的重要因素，基于这一现实情形，在传统的居民效用函数包括消费和闲暇两个变量的基础上，本章将环境质量也纳入居民效用函数，得到代表性家庭效用最大化的目标函数为：

$$\max \left\{ \sum_{t=1}^{\infty} \gamma^t \left[\frac{R_t^\kappa C_t^{1-\omega}(1 - L_t)^\omega]^{1-\sigma}}{1 - \sigma} \right] \right\} \qquad (11.16)$$

其中，γ 为效用贴现因子；C_t 为代表性家庭的总消费；L_t 为家庭的总劳动供给，$L_t = L_{p,t} + L_{c,t} + L_{e,t}$；$1 - L_t$ 为闲暇；σ 为代表性家庭消费的跨期替代弹性系数；κ 为生态环境质量在家庭效用中的重要程度；ω 为代表性家庭在消费、闲暇之间的偏好程度。

与大多数文献一致,本章设定私人资本的动态累积方程为:

$$K_{t+1} = (1-\delta_K)K_t + I_t \quad (11.17)$$

其中,δ_K 为私人资本的折旧率;K_t 为经济中的私人总资本存量,等于污染型企业、清洁型企业和能源生产部门的资本之和,即 $K_t = K_{p,t} + K_{c,t} + K_{e,t}$;$I_t$ 为私人总投资水平。

代表性家庭的预算约束为:

$$P_t C_t + Q_t I_t \leq w_t L_t + r_t K_t + \pi_{p,t} + \pi_{c,t} + \pi_{e,t} \quad (11.18)$$

其中,P_t、Q_t 分别为总消费、私人总投资的价格水平。

在预算约束下,以终生福利最大化为目标,可以构造代表性家庭最优化问题的拉格朗日函数为:

$$L = \sum_{t=1}^{\infty} \gamma^t \left\{ \frac{\left[R_t^\kappa C_t^\omega (1-L)^{1-\omega} \right]^{1-\sigma}}{1-\sigma} + \lambda_t \left[w_t L_t + r_t K_{p,t} + \pi_{p,t} + \pi_{c,t} + \pi_{e,t} - P_t C_t + Q_t (1-\delta_K) K_{p,t} - Q_t K_{p,t+1} \right] \right\} \quad (11.19)$$

其中,λ_t 为影子价格。

求解式(11.19),得到家庭效用最大化的优化选择方程为:

$$\frac{\omega(1-L_t)}{(1-\omega)C_t} = \frac{P_t}{w_t} \quad (11.20)$$

$$Q_t \lambda_t = \gamma \lambda_{t+1} \left[r_{t+1} + (1-\delta_K) Q_{t+1} \right] \quad (11.21)$$

(五)消费与投资的异质性

基于代表性家庭对污染型产品、清洁型产品的消费,考虑到两类产品的异质性,本章将总消费表示为:

$$C_t = C_{p,t}^\rho C_{c,t}^{1-\rho} \quad (11.22)$$

其中,$C_{p,t}$、$C_{c,t}$ 分别为第 t 期家庭对污染型产品和清洁型产品的消费量,ρ 为污染型产品消费在总消费中的份额参数。

进一步求得总消费价格水平与两类产品价格水平之间的关系为:

$$P_t = \left(\frac{P_{p,t}}{\rho} \right)^\rho \left(\frac{P_{c,t}}{1-\rho} \right)^{1-\rho} \quad (11.23)$$

此外,代表性家庭对污染型、清洁型两类产品的消费数量满足:

$$C_{p,t} = \rho \frac{P_t C_t}{P_{p,t}} \quad (11.24)$$

$$C_{c,t} = (1-\rho) \frac{P_t C_t}{P_{c,t}} \quad (11.25)$$

参照总消费的表述形式，总投资的组合形式可以写为：

$$I_t = I_{p,t}^{\varphi_1} I_{c,t}^{\varphi_2} I_{e,t}^{1-\varphi_1-\varphi_2} \qquad (11.26)$$

其中，$I_{p,t}$、$I_{c,t}$ 和 $I_{e,t}$ 分别为污染型企业、清洁型企业和能源生产企业的私人投资水平，φ_1 和 φ_2 分别为污染型企业投资、清洁型企业投资在总投资中的份额参数。

同理，可以求得总投资价格水平与各类产品价格的关系式为：

$$Q_t = \left(\frac{P_{p,t}}{\varphi_1}\right)^{\varphi_1} \left(\frac{P_{c,t}}{\varphi_2}\right)^{\varphi_2} \left(\frac{P_{e,t}}{1-\varphi_1-\varphi_2}\right)^{1-\varphi_1-\varphi_2} \qquad (11.27)$$

不同类型企业投资与总投资的关系分别为：

$$I_{p,t} = \varphi_1 \frac{Q_t I_t}{P_{p,t}} \qquad (11.28)$$

$$I_{c,t} = \varphi_2 \frac{Q_t I_t}{P_{c,t}} \qquad (11.29)$$

$$I_{e,t} = (1-\varphi_1-\varphi_2) \frac{Q_t I_t}{P_{e,t}} \qquad (11.30)$$

（六）政府部门

政府一方面通过对污染型企业、清洁型企业和能源生产企业征税以获得收入，另一方面进行公共资本投资、政府消费等，由此本章设定政府的预算平衡方程为：

$$\tau_{p,t} P_{p,t} Y_{p,t} + \tau_c P_{c,t} Y_{c,t} + \tau_e P_{e,t} E_t = G_t = G_t^I + G_t^C \qquad (11.31)$$

其中，G_t 为政府的总支出，G_t^I、G_t^C 分别为生产性财政支出和非生产性财政支出。

假设生产性、非生产性两类财政支出占财政总支出的比例分别为 v_I 和 v_C 且 $v_I+v_C=1$，则有

$$G_t^I = v_I G_t \qquad 和 \qquad G_t^C = v_C G_t \qquad (11.32)$$

参数 v_I 和 v_C 的变化反映了财政支出结构的变化，当 v_C 变大时，表示财政支出中非生产性财政支出占比增大，消费性和服务性财政支出偏向增强。

不失一般性，本章设定生产性政府财政支出用于购买污染型、清洁型两类产品，非生产性政府财政支出仅用于购买清洁型产品，则两类政府财政支出可分别表示为：

$$G_t^I = P_{p,t} G_{p,t}^I + P_{c,t} G_{c,t}^I \qquad (11.33)$$

$$G_t^C = P_{c,t} G_{c,t}^C \tag{11.34}$$

其中,$G_{p,t}^I$、$G_{c,t}^I$分别为生产性财政支出购买的污染型产品和清洁型产品数量,$G_{c,t}^C$为非生产性财政支出购买的清洁型产品数量。

为简便起见,假定生产性财政支出全部用于公共资本投资,得到公共资本的动态累积方程为:

$$K_{I,t+1} = (1 - \delta_I) K_{I,t} + G_{p,t}^I + G_{c,t}^I \tag{11.35}$$

其中,δ_I为公共资本的折旧率。

(七) 市场出清

为便于求解模型,还要在模型中加入市场出清条件,分别为:

$$Y_{p,t} = C_{p,t} + I_{p,t} + G_{p,t}^I \tag{11.36}$$

$$Y_{c,t} = C_{c,t} + I_{c,t} + G_{c,t}^I + G_{c,t}^C \tag{11.37}$$

二、参数校准

(一) 污染型企业和清洁型企业的划分

基于世界投入产出数据库(WIOD)环境账户中国相关数据,以联合国制定的国际标准产业分类(ISIC Rev.4)为基准,确定我国污染型企业与清洁型企业所属的行业。具体而言,首先选取各行业氮氧化物及硫化物排放量作为环境污染变量,除以行业增加值计算得到各行业单位产出的污染物排放量——污染物排放强度,作为行业划分的主要标准;然后基于中位数划分原则,并考虑每年各行业所属类别的稳定性,最终确定12个污染型行业和15个清洁型行业①。

(二) 企业与家庭部分参数估算

在生产函数参数方面,参考金戈(2016)的做法,结合计量经济模型的估计结果,本章设定污染型企业公共资本、私人资本的产出弹性分别为0.1

---

① 污染型行业包括:木材和木材制品业;其他团体、社会和个人服务;橡胶和塑料制品业;建筑业;纺织品制造业;采矿业;纸制品制造、印刷与出版业;基本金属制造业;化学原料及化学制品业;焦炭和精炼石油产业;非金属矿物制品业;农林牧渔业。清洁型行业包括:房地产业;金融业;批发业;零售业;电气设备、电子和光学产品制造业;公共行政、国防和社会保障;教育;租赁和商业服务业;皮革和相关产品制造业;其他制造业;卫生和社会工作;机械设备制造业;交通运输设备制造业;住宿和餐饮业;食品、饮料和烟草制品业。需要说明的是,上述行业是根据国际标准产业分类(ISIC Rev.4)划分的,为便于其他参数的校准,本章还将划分后的行业与中国国民经济行业分类(GB/T4754—2011)中的行业进行了对应。

和 0.5,劳动力的产出弹性为 0.28,能源的产出弹性为 0.12;在清洁型行业中,设定公共资本的产出弹性为 0.15,私人资本的产出弹性为 0.45,劳动力的产出弹性为 0.4。在企业生产活动对生态环境的影响方面,借鉴 Heutel (2012)等文献中有关生态环境自降解因子的研究结果,本章确定相对于清洁型企业,污染型企业产出对生态环境质量的损害程度系数 ξ 为 0.91。

在代表性家庭消费函数参数校准中,本章基于世界投入产出数据库(WIOD)分国别投入产出表中国各行业最终使用部分消费支出数据,计算得到中国污染型产品消费占总消费的比重 ρ 约为 0.37;在各类投资占总投资的份额参数校准中,基于中经网统计数据库全国宏观年度库中固定资产投资额数据进行测算,得到污染型企业、清洁型企业和能源生产企业投资占总投资的比重分别为 0.3、0.66 和 0.04。

(三)政府部门参数校准

在财政支出结构参数方面,本章根据《中国财政年鉴(2016)》以及国家统计局和财政部公布的财政收支数据,估算得到生产性财政支出占总财政支出的比重 v_I 约为 0.6,非生产性财政支出占总财政支出的比重 v_C 约为 0.4。为全面体现财政支出结构变动的效应,在数值模拟中,本章设定非生产性财政支出占比的变动范围为 0.2~0.8。

在污染型产品和清洁型产品之间分配财政支出,以非生产性财政支出为例。该类支出主要用于公共行政、国防、教育、卫生、社会保障和社会工作等方面,分析 WIOD 最终使用部分的数据可得,中国政府消费的产品基本上来自公共行政、国防和社会保障行业,租赁和商业服务业,金融业等清洁型行业,因此本章近似设定非生产性财政支出全部用于购买清洁型产品或服务。此外,本章还参照金戈(2016)对基础设施综合折旧率的取值,确定公共资本的折旧率 δ_I 为 9.21%。

本章使用 Matlab R2009a 软件进行程序设计,实现模型求解和计算。

第三节 财政收支结构变化效应

一、财政支出和财政收入结构变化

财政收支结构变化不仅通过需求侧和供给侧直接影响经济增长,而且通过影响企业生产行为作用于环境质量和社会福利。本章以财政支出端的结构变化为出发点,模拟非生产性财政支出占总财政支出的比重上升的经济效应和环境效应等;同时,如理论模型所示,本章在财政收入端设定政府对不同企业进行征税,特别是在污染型企业的动态税率中加入经济产出和环境质量等因素。因此,当非生产性财政支出占比改变时,其影响会传导至税收环节,财政收入结构也会随之发生变化,使得财政收支两端的结构发生变化。在我国财政支出结构由"生产性财政"向"非生产性财政"转轨的过程中,这一设定遵循了我国新预算法修订的思路,体现了"以支定收"基础上的预算平衡(徐阳光,2015),也反映了我国财政体系改革的趋势。

在理论模型的基础上,本章首先模拟了财政支出结构变化与财政收入结构变化之间的关系。如图 11-1 所示,当非生产性财政支出占总财政支出的比例(v_c)变化时,污染型企业税收占总税收(即财政收入)的比例逐渐减小。财政收入结构的变动,主要是源于财政支出中的消费性和服务性支出占比增大,对环境质量产生传导效应以及对污染型产品的需求萎缩等,导致污染型企业的产出和税收减少。并且,财政收入结构向清洁型企业的倾斜,是政府通过财政支出结构调整来引导市场供求结构变化,进而实现资源优化配置的结果,也显现出财政收入结构优化和可持续性增强的特征。

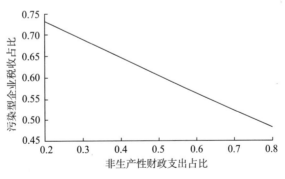

图 11-1 财政收支结构变化

二、财政收支结构变化的产出增长与产业转型效应

在财政收支结构变化的经济效应方面,本章模拟了非生产性财政支出占比(v_c)与不同类型企业的产出水平、经济总产出水平以及整体产业结构之间的关系,如图 11-2 至图 11-5 所示。

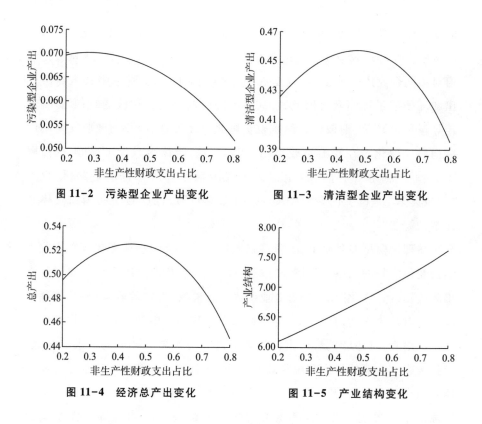

图 11-2 污染型企业产出变化

图 11-3 清洁型企业产出变化

图 11-4 经济总产出变化

图 11-5 产业结构变化

(一)污染型企业与清洁型企业产出变化

根据图 11-2 可得,非生产性财政支出占比增大对污染型企业产出基本上呈现负向影响,这主要是由需求结构变化所导致的。如前所述,政府的生产性财政支出对污染型产品有一定的需求,而非生产性财政支出主要用于清洁型产品的购买,非生产性财政支出占比的增大直接导致清洁型产品需求的增加和污染型产品需求的减少。在需求结构变化的影响下,污染型产品的相对价格下降,促使污染型企业缩减生产规模和减少产品供给量。

当非生产性财政支出占比较小时,财政支出结构调整引发污染型企业产出的下降幅度较小。原因在于,污染型企业产出减少使得其对生态环境的影响减弱,也自动减弱政府对污染型企业的环境规制强度和生产约束,财政收入中来自污染型企业税收的比例降低,部分缓解污染型产品需求减少的冲击效应,稳定污染型企业的产出水平。但是,当非生产性财政支出占比增大到一定程度时,对于污染型企业而言,与产品需求减少的负向效应相比,环境规制强度减弱的正向效应越来越弱,污染型企业产出的下降速度加快。

图 11-3 显示,对于清洁型企业而言,非生产性财政支出占比与清洁型企业产出呈现倒 U 形关系。财政收支结构变化对清洁型企业产出的促进作用是显而易见的,消费性和服务性财政支出占比增大为清洁型企业创造新需求的同时,污染型企业产出减少也成为清洁型企业产出增长的机遇。例如,污染型企业的资源或要素(如劳动力和资本)等流向清洁型企业,扩大了清洁型企业生产的可能性边界;政府对污染型企业加大的环境规制强度,使得清洁型企业生产结构的比较优势得以发挥(原毅军和谢荣辉,2014)。

当财政支出中的非生产性财政支出占比过大时,不仅清洁型产品在政府消费中的增长空间是有限的,而且随着政府消费性财政支出过度和生产性财政支出不足的程度加深,财政支出结构的异化会加剧公共资本的稀缺和政府生产性职能的缺失。此外,政府对清洁型产品需求的大幅增加导致产品价格的上升幅度加大,这会对清洁型产品的私人消费产生相当程度的挤出效应;加之财政收入中来自清洁型企业的占比持续增大,造成清洁型产品的市场需求增长乏力,因而不利于清洁型企业产出的增长。

(二)经济增长与产业转型以及两者的平衡

将非生产性财政支出占比对污染型企业产出和清洁型企业产出的影响相结合,可以得到财政收支结构变化下经济总产出水平变化。如图 11-4 所示,与清洁型企业产出的变化特征类似,经济总产出也呈现先上升后下降的特征。除了需求结构,财政收支结构影响经济产出的另一条重要途径是公共资本,与非生产性财政支出占比增大相对应,政府用于生产性财政支出或公共资本投资支出的比例降低,公共资本形成的速度变缓甚至下降,从而对企业的生产能力产生制约作用。在非生产财政支出占比由低到高变迁的过程中,政府通过增加清洁型企业产品需求进而对其生产扩张的间接激励作用递减,而在公共资本不足的直接约束下,污染型企业与清洁型企业产出减少的压力递增,两种效应的大小决定经济产出的变化趋势。当财政收支结构变化激发产品需求的消费性功能与促进公共资本累积的生产性功能充分发挥时,政府得以实现经济产出最大化。

财政收支结构变化下的产业结构调整(即清洁型企业产出与污染型企业产出之间比例关系变化)的轨迹如图 11-5 所示,偏向消费性和服务性支出的财政支出结构始终能够促进产业结构轻型化。财政收支能够从生和消费等多个方面引导产业结构变迁。在生产层面,政府通过差异化的税率设定等方式进行资源配置,引导要素流向清洁型企业,提出清洁型企业的生产能力;在消费层面,政府通过调整非生产性财政支出增加自身对清洁型产品需求的同时,改变市场中清洁型产品和污染型产品的消费结构,进而影响两类产品的投资结构,以需求结构升级带动生产结构转型。

综合图 11-4 与图 11-5 可得,非生产性财政支出占比与经济总产出之间存在倒 U 形关系,对产业结构具有正向影响,因此在实现产业结构转型的过程中,存在较高经济产出水平对应的适宜的财政收支结构。换言之,在适度区间内调整财政收支,可以实现"稳增长"与"调结构"的平衡,但在进一步推动产业结构升级时,财政收支在实现经济产出增长与产业结构转型双重目标时可能存在冲突,即产业结构调整的"阵痛"。

三、财政收支结构变化的环境质量改善和福利增进效应

除了经济效应,财政收支结构变化引致的环境效应和福利效应能够更准确地表达财政的公共性特征,本章模拟了非生产性财政支出占比(v_c)变化时生态环境质量和社会福利水平的变动趋势,如图 11-6 和图 11-7 所示。

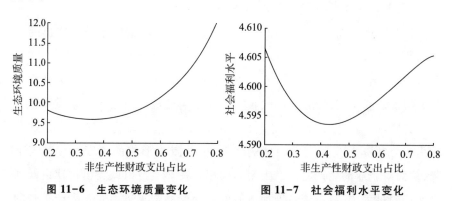

图 11-6　生态环境质量变化　　　图 11-7　社会福利水平变化

图 11-6 显示,随着非生产性财政支出占比增大,生态环境质量先小幅下降后迅速上升。由于经济产出与产业结构是财政收支结构影响环境质量的关键节点,对应而言,财政收支结构对环境质量的影响是规模效应和结构效应叠加的结果。其中,规模效应是指经济生产活动的能源消费和污染物排放对生态环境质量的负面影响,结构效应则是指产业结构转型对生态环境质量的提升作用。

在非生产性财政支出占比较小时,财政收支结构变化对于经济产出的

扩张作用显著,"财政收支结构→产出增长→环境质量"这一影响渠道的效果十分突出,规模效应大于结构效应,因此生态环境质量出现短暂下降。随着财政收支结构对产业转型的作用的持续推进,"财政收支结构→产业结构转型→环境质量"成为主要的影响渠道,结构效应逐渐占据主导地位,环境质量得以改善。特别是在非生产性财政支出占比很大时,经济产出水平下降和产业结构优化使得规模效应与结构效应的贡献均增大,生态环境质量加速提升。此外,在财政收入端污染型企业的税率中加入环境因素,也约束了企业的生产行为,有助于环境质量的优化。

增进社会福利是财政收支的核心目标,本章模拟了财政收支结构变化时社会福利的变化特征,如图11-7所示,随着非生产性财政支出占比的增大,社会福利水平呈现典型的U形趋势。政府消费性和服务性支出增加,本身就是政府服务社会功能转变的体现,能够有效地提高社会福利水平。然而,在非生产财政支出占比较小时,不但污染型企业产出水平高、环境质量低,而且经济中过多的资本累积会抑制消费的增长,导致福利水平下降。在非生产性财政支出占比增大的过程中,高质量的生态环境增进社会福利的积极作用超过了经济产出降低及消费水平下降的不利影响,并且在产业结构转型的过程中家庭消费结构也得到升级,对社会福利水平做出了贡献。

第四节　环境因素变化下的财政收支结构效应

在新常态时期,环境污染对我国企业生产活动和居民生活质量的影响程度不断加深,为破解环境保护约束,政府保护环境的力度持续加大,环境污染治理支出、生态保护补偿和环境保护税征收都与财政收支结构的变化紧密相关。特别是我国仍处于工业化中后期阶段,环境因素还将对经济社会的各个方面产生深远影响。因此,在多维框架下考察环境污染程度、环境规制强度与财政收支结构共同变化对经济、环境和福利的影响效应十分必要。

一、环境污染程度与财政收支结构变化

考虑到污染型企业的环境损害程度(ζ)的变化对财政收支结构效应的影响,本章对比了低环境污染损害程度($\zeta=0.90$)与高环境污染损害程度($\zeta=0.92$)两种情形下,非生产性财政支出占比变化时经济中主要变量的变动特征,如图11-8至图11-11所示。

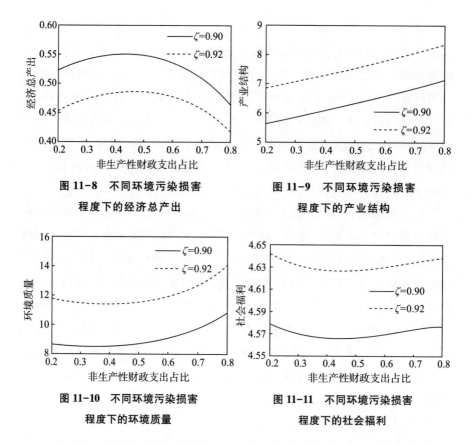

图 11-8 不同环境污染损害程度下的经济总产出

图 11-9 不同环境污染损害程度下的产业结构

图 11-10 不同环境污染损害程度下的环境质量

图 11-11 不同环境污染损害程度下的社会福利

由图 11-8 可知,污染型企业对生态环境的污染或损害程度由低变高时,非生产性财政支出占比增大,经济总产出曲线出现下移的特征,污染损害程度会强化财政收支结构对经济产出的作用,这是由污染型企业的边际生产成本与边际收益的相对变化所决定的。

一方面,如理论模型所示,政府对污染型企业征税的税率与该类企业对环境的污染损害程度正相关,污染损害程度的增大,实际上成为污染型企业边际生产成本上升的反映,且污染损害程度越大,边际生产成本曲线上升的速度越快。

另一方面,如前所述,生产性财政支出占比减小等因素促使污染型产品的需求减少且价格下降,致使污染型企业产品的边际收益降低。随着污染型企业边际成本与边际收益之间的"剪刀差"不断扩大,污染型企业在成本上升的压力下选择减少产品生产,其规模萎缩导致经济总产出水平下降。在环境污染程度变化的情形下,通过财政收入影响污染型企业的成本,通过财政支出改变污染型企业的收益,引致企业的成本收益结构和生产行为改变,形成财政收支结构作用于经济产出的双向机制。

在产业结构方面,图 11-9 显示,与低环境污染损害程度相比,高环境污染损害程度下产业结构随财政收支结构变化的曲线位于上方,经济中清洁型企业产出的相对份额更高。环境污染损害程度增大引发的污染型企业税率上升,与财政支出结构变化共同加大对污染型企业生产的约束,限制其生产活动。相对而言,污染型企业对生态环境损害程度增大对清洁型企业的影响十分微弱,并未对清洁型企业的生产活动产生显著影响。由此,清洁型企业产出与污染型企业产出的差距扩大,财政收支结构变化下产业结构的高度化特征更为明显。

图 11-8 和图 11-9 表明,高环境污染损害程度对应于较低水平的经济总产出和较高水平的产业结构,结合本章第三节的分析可得,财政收支结构影响环境质量的负向规模效应更弱、正向结构效应更强,生态环境质量、社会福利也应处于更高水平,图 11-10 和图 11-11 验证了这一结论。因此,在污染型企业对生态环境的损害程度加大时,政府根据其对环境质量的影响程度设置动态税率等财政收入结构调整,提高财政支出中非生产性财政支出占比,能够实现产业结构转型、环境质量提升和社会福利增进的多重红利。

二、环境规制强度与财政收支结构变化

一般而言,当污染型企业对生态环境的损害程度增大时,政府对该类企业的环境规制强度也会随之提高,本章模拟了政府环境规制强度(ψ)与非生产性财政支出占比(v_c)增大时经济总产出、产业结构、环境质量、社会福利水平等的变化轨迹,如图 11-12 至图 11-15 所示。

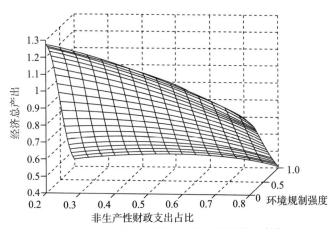

图 11-12 环境规制强度变化下的经济总产出

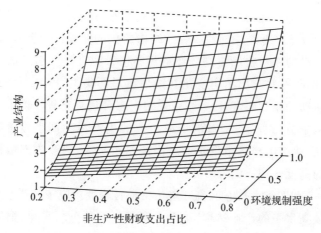

图 11-13　环境规制强度变化下的产业结构

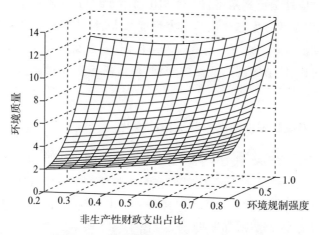

图 11-14　环境规制强度变化下的环境质量

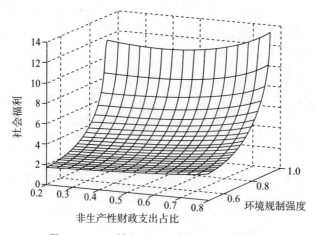

图 11-15　环境规制强度变化下的社会福利

如图 11-12 所示,环境规制强度增大与财政收支结构变化都会使得经济总产出水平下降,其中环境规制是污染型企业调整生产方式的外部冲击,通过严格的环境污染惩罚措施,增加企业成本负担并降低其盈利水平。当面临环境规制时,污染型企业将增加的成本通过提高产品价格等方式转嫁给消费者,减少对污染型产品的消费需求,也使得污染型企业产出水平下降,进而影响经济总产出。与此同时,图 11-12 显示,当环境规制强度增大时,总产出水平的下降速度递增,这表明污染型企业调整生产的难度较大,一定程度地被动接受环境规制的遵循成本(Jorgenson and Wilcoxen,1990),并且污染型企业对成本上涨的承受力是有限的。在进行财政收支结构变化时,环境规制强度的增大也应处于适度的范围内,避免过度环境规制对经济发展和产出增长造成严重的负向冲击。

政府环境规制在倒逼产业结构转型、促进环境质量提升中的有效性在图 11-13 和图 11-14 中得到检验。与环境污染损害程度增大类似,环境规制程度增大近似等价于提高污染型企业的税率并强化财政收入端的结构变化,从而增大不同类型企业之间要素流动和转移的程度,清洁型企业对污染型企业的产出替代效应使得产业转型加快。在生态环境质量方面,环境规制除了对环境质量产生直接优化作用,还放大了财政收支结构在经济产出减少、产业结构转型中的作用,将减弱的规模效应和增强的结构效应传导至环境质量的改善。

根据图 11-15 的结果可得,政府通过加强环境规制能够有效提升社会福利水平,且与财政收支结构相比,环境规制的效果更为显著,不论非生产性财政支出占比的高低,当环境规制程度增大时,社会福利都可以实现有效改善,尤其是高强度环境规制下的社会福利水平呈现加速上升状态。在财政收支结构变化的基础上,环境规制既能够以直接改善环境质量的方式促进福利增进,又可以推动消费结构优化间接提高社会福利水平。此外,当环境规制程度由低变高时,生态环境质量的边际效用增大,社会福利对生态环境质量变化的敏感性提高;与之对应的是,环境规制在社会福利增进中的作用更加突出。

第五节 小　结

本章构建了包含财政收支结构、产业结构和生态环境质量的动态一般均衡模型,模拟了财政收支结构变化在实现产业结构转型和环境质量改善中的作用,并在环境因素变化的情形下对财政收支结构影响效应进行了对比分析。

在财政支出结构由生产性财政支出向消费性和服务性财政支出偏向、财政收入来源由污染型企业向清洁型企业倾斜的影响下,政府通过增加清洁型企业产品需求对生产扩张的激励作用递减,财政支出的生产性功能减弱导致公共资本累积不足的约束凸显,对经济产出水平产生倒 U 形影响;但是,偏向于非生产性财政支出的财政结构始终能够推动产业结构转型,促进产业结构的轻型化。经济产出与产业结构是财政收支结构影响环境质量进而作用于社会福利的主要途径,随着财政收支结构变化引发的规模效应减弱与结构效应增强,生态环境质量和社会福利水平均呈现 U 形变化的特征。

环境污染程度、环境规制强度与财政收支结构的变化紧密相关,在多维框架下考察环境因素变化与财政收支结构变化的共同效应十分必要。污染型企业对环境的损害程度增大或者政府的环境规制强度提高都能够放大财政收支结构变化的影响效果,加大污染型企业产出水平下降的压力和加快产业结构转型,可以更大程度地改善生态环境质量并提升社会福利。与财政收支结构相比,环境规制对社会福利水平的影响更为显著,高强度环境规制下社会福利对环境质量变化的敏感度变大,环境规制在福利增进中的作用增强。

根据本章的研究可知,在遵循财政支出的公共性原则、以社会福利增进和公共资本(即环境)质量提升为标准确定财政支出结构的同时,还应关注经济产出稳定、产业结构转型目标下财政支出结构的适宜区间,发挥财政支出在福利增进与经济增长中的平衡作用。在财政收入端,应适度加大对污染型、高耗能企业的规制强度和征税力度,制定更严格的公共资源保护标准,实现以政府调节撬动市场力量的效果,充分发挥政府与市场的资源配置功能。由于财政收支结构是财政体制的反映,在财政收支结构调整过程中应选择存量调整和增量调整相结合、以增量调整为主的方式,循序渐进地化解结构性矛盾,减弱财政改革对经济的冲击效应,形成稳定与可持续的经济增长和社会发展路径。

第十二章　碳市场的建设：重点行业减排下的碳泄漏问题

温室气体,特别是二氧化碳的排放及累积,对世界经济增长和社会发展造成了极为不利的影响。2017年,中国碳排放量约占全球碳排放总量的28%,位居世界第一,世界碳减排进程与中国碳减排状况之间存在紧密关联。① 由于现阶段中国经济增长方式没有发生根本转变,未来一段时间内能源使用高投入和低效率的现象仍将持续,为了有效应对气候变化,面临巨大碳减排压力的中国在采取多项行政措施、改革财税手段进行碳强度减排的同时,积极探索碳减排的市场调节方式,特别是碳排放权交易市场的建立与运行机制。

碳排放权交易不但能够通过价格信号引导稀缺的碳资源配置,而且相对于其他减排方式具有更低的减排成本和更高的运行效率,是进行碳减排特别是碳绝对量减排的重要途径。目前,中国不仅广泛参与《京都议定书》规定的三种碳排放权交易机制之一的清洁发展机制,而且积极推进国内试点碳排放权交易市场(简称"碳市场")的建设。截至2019年6月30日,北京、天津、上海等七个试点碳市场累计成交二氧化碳排放配额现货约为3.3亿吨,累计成交额约为71.1亿元。②

中国政府已经启动运行全国碳排放权交易体系,且在全国碳市场的建设中,除发电行业外,将逐步涵盖石化、化工、钢铁、有色等重点排放行业。上述行业多属于高耗能工业和能源行业,仅将重点行业企业纳入碳排放权交易的范围,是建设全国统一碳市场过程中的初期目标、控制重点和关键步骤,但是在针对重点行业拟定碳排放权交易方案并进行碳减排约束时,是否会通过能源、资本等要素的流动引致非减排约束行业的碳排放增长,

---

① 《"全球碳项目"报告:2017年全球碳排放强劲反弹》,中国碳排放权交易网,网址:http://www.tanjiaoyi.com/。

② 《中国应对气候变化的政策与行动2019年度报告》,中国生态环境部,2019年11月。

即通过污染排放的转移而产生行业间碳泄漏问题引发人们的密切关注。

碳泄漏最初指的是一个国家实施较严格的碳减排政策导致该国以外非减排国家温室气体排放量增加的现象(Felder and Rutherford,1993)。碳泄漏应用于不同的行业或企业时,代表不同行业碳减排政策的差异导致行业间二氧化碳排放转移的现象。碳泄漏会增加碳排放权交易的成本,并且降低碳减排政策的效果,是碳减排方案制定中应规避的核心问题之一。各试点地区由于运行情况不同,在碳排放核算、交易方式、监管体制等方面存在较大差异。在全国统一的碳排放权交易市场上合理考察重点行业碳排放权交易和碳减排所引致的碳泄漏现象,不仅可以为国内碳排放权交易市场的构建提供政策参考,而且对于规范碳排放权交易市场的运行机制、实现深度减排具有重要的现实意义。

第一节 碳排放权交易与碳泄漏

关于碳排放权交易的相关特征与交易机制的研究文献已经较多。例如,陈晓红等(2013)建立了碳排放权交易的广义自回归条件异方差模型,研究了美国芝加哥碳排放权交易体系的价格形成机制及影响因素。再如,Philip and Shi(2015)、Richstein et al.(2015)对欧盟碳排放配额以及市场稳定储备方案进行了分析;Liu et al.(2015)考察了国际市场上配额分配的不准确性、交易机制的不完善等因素阻碍碳排放权交易市场的发展。关于中国的碳排放权交易方面,大多数文献集中讨论了各个碳排放权交易试点的情况,并就如何将碳排放权交易机制从试点推广到全国进行了研究(Wu et al.,2014)。关于碳排放权交易减排的政策影响方面,张云等(2011)采用边际减排曲线,分析得出碳排放权交易通过降低国内减排成本获得出口收益;吴兴弈等(2014)通过模拟,发现长期内统一碳排放权交易市场的建立可以改善环境质量,但对总产出和碳排放权交易价格的影响并不显著。此外,Tang et al.(2015)、Cheng et al.(2015)采用两区域或多主体的动态CGE模型,分析了碳排放权交易机制的经济成本损失和经济增长贡献等。

在碳排放权交易的过程中,由于各国或各地区间实施非对称减排政策,一直以来许多学者基于一般均衡模型,从多个角度对国际碳排放权交易中的碳转移或碳泄漏问题展开充分研究。Chen(2009)采用传导受限模型,认为在一个地区的限额交易项目中,高配额价格会导致高碳泄漏现象。Karp(2012)分别使用局部均衡模型和一般均衡模型对碳泄漏问题进行测度,认为不同产品要素的相对价格差异及其变动对碳泄漏程度具有重要影响。Aichele(2013)根据不同情形下的减排政策实验,发现贸易自由化、双边贸易的成本等与碳泄漏程度高度相关。Paroussos et al.(2015)基于多国、多产业之间的路径溢出,认为碳泄漏程度与各产业部门的能源消费强度、产品之间的贸易弹性高度相关。

关于中国碳泄漏问题,傅京燕和张春军(2014)研究发现,我国低碳制造业并没有成为发达国家的"污染避难所",而高碳制造业中却存在污染产业向我国转移的问题;张文城和彭水军(2014)从不对称减排、国际贸易与能源密集型产业转移等多个视角对碳泄漏的影响因素进行了分析。由于产业转移和行业关联是碳泄漏的重要途径,因此投入产出模型成为研究碳泄漏问题的重要方法。刘红光等(2012)基于中国非竞争型投入产出表,分析发现中国对外贸易导致的碳泄漏约占碳排放总量的1/4;肖雁飞等(2014)基于中国区域投入产出模型,考察区域产业转移带来的碳转移和碳泄漏效应。

现有的研究在以下两个方面还存在拓展空间:(1)将投入产出数据与一般均衡模型充分结合并在其中合理嵌入碳减排政策,这是研究碳排放权交易与碳减排政策的重要工具;(2)基于行业关联的视角,刻画中国碳排放权交易框架下碳减排政策的影响路径及传导机制。本章将构建包含全国统一碳排放权交易市场的多行业动态一般均衡模型,分析高耗能工业和能源行业等重点行业碳减排是否会导致行业间碳泄漏等问题。本章其余部分的结构安排如下:第二节是基于投入产出关联的理论模型构建;在理论模型的基础上,第三节和第四节分别模拟研究了重点行业碳减排下碳排放量的变动以及重点行业碳减排政策在各行业间的投入产出传导效应;第五节是小结。

第二节 基于投入产出关联的理论模型构建

一、基本框架与机理分析

投入产出表包含了国民经济各行业的生产过程和产品分配特征,是在整体经济框架下考察行业关联效应的重要工具。在Kim and Kim(2006)、Fischer and Springborn(2011)的动态一般均衡模型的基础上,参照Caron(2012)的处理方法,本章将2012年中国投入产出表中的行业进行简单归类,按照投入产出表中列示的产品生产过程、产品分配流向,构建包含农业、高耗能工业、低耗能工业、建筑业、服务业、能源行业六部门的多行业动态一般均衡模型①,并加入碳排放权交易下的重点行业减排约束,基于投入产出关联分析重点行业碳减排方案在不同行业间的传导效应。模型生产部分的基本框架与重点行业碳减排行为的特征描述如图12-1所示。

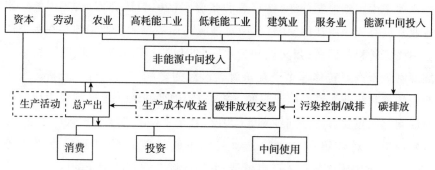

图 12-1 投入产出关联下的碳排放权交易与行业碳减排

在图12-1中,针对部分重点行业(如高耗能工业、能源行业)规定减排量,首先影响的是这些行业企业的生产活动。在碳排放权交易约束下,对于上述行业中碳排放量高于规定排放额的企业而言,由于它们必须在碳市场上购买更多的碳排放权,这将显著增加其生产成本,进而约束其生产活动,并会使得企业所生产产品的价格上升,其生产过程所使用的劳动力要素和资本要素流动至其他企业或行业,产生的"价格效应"与"要素流动效应"传导至其他行业或者企业的生产活动,从而影响这些行业或企业的碳排放。

与之相对,在碳排放权交易约束下,对于高耗能工业、能源行业中碳排放量低于规定排放额的企业而言,由于它们还有剩余的碳排放权没有使用,其可以在碳市场上出售未使用的碳排放权并获得经济收益,收益增加在有利于生产活动的同时,使得企业所生产产品的成本相对较低,不仅其

---

① 根据国家统计局公布的关于高耗能行业等统计分类标准,本章将2012年中国投入产出表中的行业归类为:农业,包括农林牧渔产品和服务业;能源行业,包括煤炭采选产品、石油和天然气采选产品两大类产生污染物排放的能源产品;高耗能工业,包括石油、炼焦产品和核燃料加工品、化学产品、非金属矿物制品、金属冶炼和压延加工品、电力、热力的生产和供应业;低耗能工业,包括采掘业和制造业中除高耗能行业、能源行业之外的其他行业;建筑业;服务业,包括交通运输、仓储和邮政,信息传输、软件和信息技术服务,金融,房地产,租赁和商务服务,科学研究和技术服务业,批发和零售,住宿和餐饮,水利、环境和公共设施管理,居民服务、修理和其他服务,教育,卫生和社会工作,文化、体育和娱乐,公共管理、社会保障和社会组织行业。

他行业对该类企业产品的需求增加,而且高收益与低成本促使要素流入该类企业,上述影响还通过行业关联对其他行业的生产活动、碳排放产生影响。

因此,高耗能工业、能源行业等重点行业碳减排影响自身及其他行业碳排放的传导路径可以归纳为:碳排放权交易约束→生产成本/收益变动→价格变动与要素流动→关联行业生产→碳排放。

二、生产和分配过程

(一)生产函数

各生产部门购买中间投入品、能源产品,租用资本和劳动力进行产品生产,各行业的生产函数为:

$$Y_t^h = A^h (M_t^h)^{\alpha_h} (E_t^h)^{\beta_h} (K_t^h)^{\gamma_h} (L_t^h)^{1-\alpha_h-\beta_h-\gamma_h} \tag{12.1}$$

其中,h 为行业的标识,$h=1,\cdots,6$,分别对应农业、高耗能工业、低耗能工业、建筑业、服务业和能源行业;Y_t^h 为第 t 期第 h 行业的总产出;A^h 为第 h 行业的技术水平;M_t^h 和 E_t^h 分别为第 t 期第 h 行业生产过程消耗的中间投入品、能源投入品;K_t^h 和 L_t^h 分别为第 h 行业的资本要素和劳动力要素投入;α_h、β_h、γ_h 分别为第 h 行业中间产品、能源产品与资本要素的份额参数。

每个行业企业进行生产时,都是通过优化来选择要素投入,以实现利润最大化的。通过求解每个行业的利润最大化函数,如式(12.2)所示,可以得到要素投入与其价格关系的一阶条件。

$$L_t^h = P_t^h Y_t^h - Q_t^h M_t^h - \Pi_t^h E_t^h - r_t K_t^h - w_t L_t^h \tag{12.2}$$

其中,P_t^h 为第 h 行业产品的价格;Q_t^h 和 Π_t^h 分别为第 t 期第 h 行业中间投入品、能源投入品的价格;r_t 和 w_t 分别为资本要素和劳动力要素的价格,即资本的租金、劳动力的工资。不失一般性,由于不同行业中资本要素、劳动力要素的同质性较高,本章假定整个经济中资本要素和劳动力要素的价格是统一的。

(二)中间投入

一般而言,各行业的增加值生产函数往往只考虑了资本和劳动力两种要素投入;而实际上,投入产出表的中间投入部分完整地反映了各行业之间的关联特征,并且本章设定的总产出生产函数包含了中间投入品 M_t^h。本章将重点基于总产出的中间投入部分进行建模和分析,以完整并合理地表述各行业的生产行为。

以第 t 期第 h 行业的中间投入品 M_t^h 为例,其分别由其他行业的产品组

合而成。基于投入产出表的结构,为了数据处理的方便,本章设 M_t^h 的组合形式为:

$$M_t^h = \prod_{s \in G} (m_{t,s}^h)^{\chi_{sh}} \quad (12.3)$$

其中,G 为非能源行业的集合,$m_{t,s}^h$ 为第 t 期第 h 行业投入的第 s 行业非能源中间产品的数量,χ_{sh} 为第 s 行业中间产品 $m_{t,s}^h$ 组合成为 M_t^h 的替代弹性。

基于式(12.3),可以求得

$$m_{t,s}^h = \frac{\chi_{sh} M_t^h Q_t^h}{P_t^s} \quad (12.4)$$

其中,P_t^s 第 s 行业非能源中间投入品的价格。式(12.4)给出了第 h 行业中间投入品来源的优化选择,即对第 s 行业中间产品 $m_{t,s}^h$ 的需求量。

综合式(12.3)和式(12.4),能够解出 M_t^h 的价格为:

$$Q_t^h = \prod_{s \in G} \left(\frac{P_t^s}{\chi_{sh}}\right)^{\chi_{sh}} \quad (12.5)$$

(三)能源、资本和劳动力投入

如前所述,每个行业在生产过程中还需要投入能源要素、资本要素和劳动力要素,其中第 h 行业投入的三种要素数量分别为 E_t^h、K_t^h 和 L_t^h。

(四)产出的分配

第 t 期第 h 行业产品生产出来之后,将用于消费、投资和其他行业的中间投入等,实现总投入与总产出的平衡,其中非能源行业、能源行业产出分配方程分别为:

$$Y_t^h = C_t^h + I_t^h + \sum_s m_{t,s}^s \quad h = 1, \cdots, 5, \ s = 1, \cdots, 6 \quad (12.6)$$

$$Y_t^h = C_t^h + I_t^h + \sum_s E_{t,h}^s \quad h = 6, \ s = 1, \cdots, 6 \quad (12.7)$$

其中,C_t^h、I_t^h 分别为第 h 行业用于消费和投资的产品数量。

三、碳排放权交易约束下的重点行业碳减排政策

由于煤炭、石油和天然气等能源产品的消耗直接产生二氧化碳,电力等能源的消耗则通过上述两种能源产品间接引致二氧化碳排放。为简化起见,借鉴 Dissou and Karnizova(2012)的方法,本章设定能源中间投入品仅包括煤炭、石油和天然气。假设能源产品的二氧化碳排放系数为 θ,则第 h 行业的二氧化碳排放量 em_t^h 为:

$$\mathrm{em}_t^h = \theta E_t^h \tag{12.8}$$

整个经济中碳排放总量 EM_t 为各行业碳排放量 em_t^h 之和：

$$\mathrm{EM}_t = \sum_h \mathrm{em}_t^h \tag{12.9}$$

(一) 碳排放权交易与总体碳减排政策

碳排放权交易的出发点在于：各行业消耗的能源数量、能源类型以及能源使用技术水平存在较大差异，因而不同行业在降低污染物排放水平方面具有不同的边际减排成本，而边际减排成本的差异成为各行业不同企业间碳排放权交易的基础。如图12-2所示，位于两类行业中的企业具有不同的边际减排成本 MC_1 和 MC_2，在统一的碳市场中，碳排放权交易价格具有一致性，均为 P^*，在统一价格 P^* 和额定排放量 Q^* 下，具有较低边际减排成本 MC_1 的企业可以将剩余的碳排放额度 ($Q^* - Q_1$) 进行出售；与之相对，具有较高边际减排成本 MC_2 的企业则必须在碳市场上购买排放额度 ($Q_2 - Q^*$)，从而实现碳排放资源的优化配置。

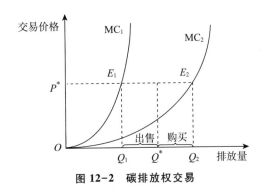

图12-2 碳排放权交易

在总体碳减排约束下，政府计划将整体碳排放量降至 EM_0，且 $\mathrm{EM}_0 < \mathrm{EM}_t$，假定各行业碳减排的影子价格相等（即碳排放权交易价格统一为 φ_t），得到碳市场上总体碳减排约束为：

$$\varphi_t(\mathrm{EM}_t - \mathrm{EM}_0) = 0 \tag{12.10}$$

(二) 重点行业碳减排政策

除了总体碳减排外，如前所述，可以将部分行业纳入碳排放权交易方案，即对部分行业实施碳减排。对于第 t 期第 h 行业，在 em_0^h 的碳减排目标下，分行业碳减排约束条件可以表示为：

$$\varphi_t^h(\mathrm{em}_t^h - \mathrm{em}_0^h) = 0 \tag{12.11}$$

将类似式(12.11)的约束加入减排行业利润最大化的目标函数中，重新求解一阶条件,可以将重点行业碳减排政策的影响传导至整个经济。基于中国碳排放权交易市场的规划,本章选取碳排放量最大的高耗能工业($h=2$)、能源行业($h=6$)进行碳减排约束的设定。

四、数据来源

在动态一般均衡模型的程序设计中,需要给定全部参数值和部分变量的初始值。本章的数据主要来自 2012 年中国投入产出表《中国统计年鉴》和《中国能源统计年鉴》,即程序设计所使用的变量初始值数据来源为:

（1）总产出变量(Y_t^h)、中间投入品(M_t^h)、能源投入品(E_t^h)的数据来自 2012 年中国投入产出表的中间投入部分,其中能源投入品还参考了《中国能源统计年鉴》中能源消费总量和构成的数据;

（2）资本变量(K_t^h)、劳动力变量(L_t^h)的数据来自《中国统计年鉴》等;

（3）消费变量(C_t^h)、投资变量(I_t^h)的数据来自 2012 年中国投入产出表的最终需求部分;

（4）在价格方面,模型求解时只要设定价格基准即可,不失一般性,本章设定第一个行业(农业)产品的价格为基准价格,即 $P_t^1 = 1$。

五、参数校准

本章主要采用两种方式确定模型中的参数,一种是直接参考使用国内外文献中的参数取值,另一种是基于 2012 年中国投入产出表等数据计算参数,以较为合理地反映我国近期的经济结构与行业关联。

（一）生产函数中的份额参数

如本章理论模型所示,各行业生产函数形式采用的是柯布-道格拉斯生产函数,主要参数为中间产品或要素投入占总产出的份额。在获得总产出及各类投入、要素的数据后,很容易计算第 h 行业中间产品、能源产品、资本要素与总产出的比值,即份额参数 α_h、β_h、γ_h,如表 12-1 所示。

表 12-1　各行业生产函数的份额参数

份额参数	农业	高耗能工业	低耗能工业	建筑业	服务业	能源行业
中间产品(α_h)	0.3730	0.6784	0.7773	0.7342	0.4630	0.3580
能源产品(β_h)	0.0001	0.1175	0.0056	0.0003	0.0005	0.1074
资本(γ_h)	0.0935	0.1389	0.1245	0.1035	0.2931	0.3288
劳动力($1-\alpha_h-\beta_h-\gamma_h$)	0.5334	0.0653	0.0926	0.1620	0.2434	0.2057

(二) 中间投入部分的参数

在中间投入部分,需要校准的主要参数为中间产品投入系数矩阵。根据投入产出表的结构,本章模型设定了每个行业的中间投入品 M_t^h 由 $m_{t,s}^h$ 通过参数 χ_{sh} 组合而成,该类参数可以依据 2012 年中国投入产出表的基本流量表第 I 象限中间投入与中间使用部分的数据,通过计算各行业投入的其他行业中间产品所占比例得到,计算结果如表 12-2 所示。

表 12-2 非能源中间产品投入系数矩阵

行业	农业	高耗能工业	低耗能工业	建筑业	服务业	能源行业
农业	0.3325	0.0179	0.1049	0.0107	0.0222	0.0013
高耗能工业	0.2685	0.6426	0.2405	0.5749	0.1512	0.3480
低耗能工业	0.2778	0.2003	0.5019	0.1810	0.2568	0.3559
建筑业	0.0002	0.0023	0.0019	0.0367	0.0168	0.0062
服务业	0.1210	0.1368	0.1507	0.1967	0.5531	0.2886

目前国内外文献大多采用联合国政府间气候变化专门委员会(IPCC)公布的计算方法估算二氧化碳排放系数和二氧化碳排放量。由于投入产出表的行业分类较粗,仅有煤炭采选产品、石油和天然气开采产品,这就需要在 IPCC 公布的碳排放系数基础上进行加权处理再计算。本章参考陈诗一(2009)的计算结果,即原煤、原油和天然气的二氧化碳排放系数分别为 2.763、2.145 和 1.642,再根据《中国能源统计年鉴》中三类能源消费量占能源消费总量的比重数据进行加权平均,得出能源行业的综合二氧化碳排放系数为 2.5617。在参数校准之后求解理论模型,得到模型的稳态均衡解,然后在稳态的基础上进行静态的比较分析。

第三节 重点行业减排下碳排放量的变动

一、重点行业减排下的整体减排效应

如前所述,按照碳排放量的多少和全国碳市场第一阶段纳入的行业分类,本章确定高耗能工业和能源行业为碳市场上的重点减排行业,并设定这两个行业的二氧化碳排放量下降 1%～30%;在此基础上,基于本章第二

节构建的多行业动态一般均衡模型,进行碳排放权交易和碳减排政策的模拟。① 本章绘制了重点行业减排方案下,经济中总体碳排放量和交易价格的变动曲线,如图12-3和图12-4所示。

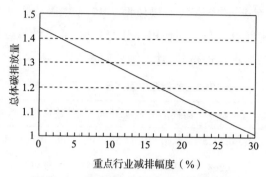

图12-3　碳减排下总体碳排放量的变动

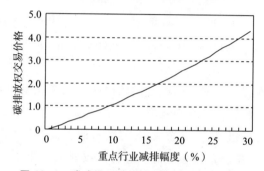

图12-4　碳减排下碳排放权交易价格的变动

由图12-3可得,重点行业碳减排有效发挥了对整体减排的作用,当重点行业碳减排幅度为30%时,带动整个经济中总体碳排放量的下降幅度超过30%。由图12-4可得,随着重点行业减排量的增大,碳排放资源的稀缺性逐渐显现,反映稀缺程度与减排成本的碳排放权交易价格持续上升,符合碳市场的一般特征。例如,2013年9月2日至10月18日,深圳排放权交易所的碳价由68元迅速上升到117.81元并到达峰值,在履约期临近的情形下,许多企业的配额出现大幅缺口,碳排放权交易价格迅速攀升。②

---

①　本章依据我国在哥本哈根会议上公布的2020年减排目标以及在巴黎气候变化大会前确定的2030年减排目标,设定重点行业碳减排幅度约为30%。在此基础上,基于稳态或者基准情形下设定碳排放下降1%～30%,步长为1%,即相对于没有碳排放约束而言,分别施加碳排放下降1%、2%……30%一共30个约束,得到30个值,进而绘制曲线。由于本章主要进行静态的比较分析,因此模拟结果并不是某一年的结果,而是不同情形下的比较结果。

②　深圳排放权交易所网站,网址:http://www.cerx.cn/。

二、重点行业减排下的分行业碳排放特征

为了分析重点行业减排对自身和非减排行业碳排放量的影响,本章绘制了各行业碳排放量曲线,如图 12-5 所示。

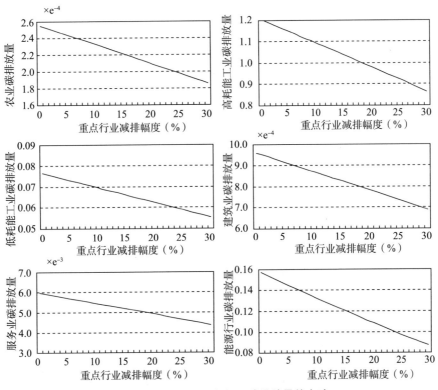

图 12-5 碳减排下各行业碳排放量的变动

由图 12-5 可得,各行业碳排放量均出现一定程度的下降,没有出现碳排放量上升的行业,这表明高耗能工业和能源行业两个重点行业的碳减排并未引致行业间的碳泄漏效应,而是呈现"扩散效应"和"乘数效应"。在碳减排方案的影响下,高耗能工业和能源行业中企业污染物排放的社会成本被加入企业的私人成本,生产成本上升会引发价格体系变动,进而将重点行业减排对高耗能工业产出的不利影响和能源产品消耗的缩减效应扩散至整个经济系统,促使各行业碳排放水平得以下降。

图 12-5 还显示,由于边际减排成本不同,各行业之间的碳减排量存在显著差异。各行业边际减排成本取决于能源消费类型、能源利用效率以及污染治理技术水平等多种因素,但更为重要的是各行业的生产过程和生产模式对高耗能工业品、能源产品投入所形成的路径依赖。在减排政策直接

作用的高耗能工业、能源行业和与之高度关联的建筑业中,碳排放量的下降幅度较大;与之相对,在低耗能工业、服务业等能源消费较少和能源依赖程度较低的行业中,碳排放量的下降幅度相对较小。重点行业碳减排方案的效果及其在各行业间作用的差异取决于价格体系和投入产出结构两个方面。

第四节 重点行业碳减排政策在各行业间的传导效应

一、重点行业碳减排下的价格体系变动

在碳排放权交易框架下,碳排放资源具有了商品属性和经济价值,而碳价格的变动可以引导各行业将碳减排成本作为优化决策的重要约束,将外部成本内部化于自身的生产过程。因此,在全国统一碳市场中重点行业碳减排方案的作用下,价格作为这一市场中资源优化配置的重要信号,是减排政策对整个经济影响的传导效应的首要路径和关键环节。本章计算了重点行业碳减排下各行业产品价格的变动幅度,如表12-3所示。

表12-3 重点行业碳减排下各行业产品价格的变动

(单位:%)

减排幅度	农业	高耗能工业	低耗能工业	建筑业	服务业	能源行业
5	-0.3146	0.7807	0.1434	0.2432	-0.0729	0.4301
10	-0.6465	1.6138	0.2954	0.5013	-0.1500	0.8874
15	-0.9977	2.5060	0.4571	0.7761	-0.2319	1.3753
20	-1.3704	3.4650	0.6297	1.0696	-0.3190	1.8976
25	-1.7675	4.5005	0.8145	1.3845	-0.4120	2.4591
30	-2.1922	5.6241	1.0134	1.7237	-0.5118	3.0656

如前所述,在碳减排政策的影响下,高耗能工业和能源行业需要为碳排放支付成本,即购买排放权,这实际上是为其高排放的负外部性所付出的成本。高耗能工业产品和能源产品的生产成本上升,因此在供给侧这两类行业产品的价格也随之上升。表12-3的结果显示,当重点行业碳减排幅度为30%时,高耗能工业、能源行业产品的价格分别上涨5.6241%和3.0656%,价格上升的幅度较大。

如果重点行业减排导致高耗能工业产品、能源产品的价格上升,其他行业对这两类产品的需求下降,进而推动产品价格再次出现下降态势,就会产生高耗能工业产品、能源产品消耗增加的"回弹效应",引致行业间的碳泄漏。实际上,根据模型的模拟结果可得,重点行业碳减排方案下高耗能工业和能源行业产品的价格均呈现上升态势,这也在一定程度上对未发生行业间的碳泄漏现象的结论给出了第一个佐证。

低耗能工业、建筑业产品生产过程对高耗能工业产品、能源产品的消耗量较大,高耗能工业产品、能源产品价格的上涨推动低耗能工业、建筑业投入要素使用成本的增加。与此同时,低耗能工业产品、建筑业产品对高耗能工业产品、能源产品需求的交叉价格弹性较小,需求的刚性特征使得低耗能工业、建筑业企业只能在一定程度上采用其他中间产品来替代高耗能工业产品、能源产品,因此低耗能工业产品、建筑业产品的价格也出现上升趋势。尽管替代效应并不十分显著,但在一定程度上还是减弱了高耗能工业产品、能源产品价格上升对低耗能工业、建筑业生产的冲击效应。由表 12-3 可得,当重点行业碳减排幅度达到 30% 时,低耗能工业、建筑业产品价格分别上涨 1.0134% 和 1.7237%,价格上升幅度远小于高耗能工业产品和能源产品。

农业和服务业采用高耗能工业、能源行业两个重点减排行业的产品作为中间投入品的数量较少、需求价格弹性较大。当高耗能工业产品、能源产品的价格上升时,一方面,农业和服务业企业易于使用其他行业产品作为两类产品的替代,产生"要素替代效应";另一方面,农业和服务业产品具有低碳密度的特点,属于清洁消费品,在重点行业碳减排约束下,市场上对农业和服务业产品的需求也会逐步增长,因而清洁型产品可以实现对污染型产品的替代,产生"产品替代效应"。表 12-3 显示,当实施重点行业碳减排方案时,上述两类替代效应使得农业和服务业产品的价格不升反降。其中,当重点行业碳减排幅度为 30% 时,农业、服务业产品价格分别下降 2.1922% 和 0.5118%。

二、重点行业碳减排下的投入产出结构变动

在价格杠杆的作用下,各行业都会通过高耗能产品使用调整、能源要素投入减少等方式进行中间投入结构的调整,有效控制高耗能产品和能源产品的使用以减弱碳减排对行业生产的不利影响。本章测算了重点行业碳减排下各行业中间投入品的变动幅度,如表 12-4 所示。

表 12-4 重点行业碳减排下各行业中间投入品的变动

(单位:%)

减排幅度	农业	高耗能工业	低耗能工业	建筑业	服务业	能源行业
A:各行业非能源中间投入品的变动						
5	-0.5866	-1.2389	-0.8415	-1.2335	-0.5781	-4.6855
10	-1.2071	-2.5262	-1.7222	-2.5127	-1.1932	-9.3834
15	-1.8652	-3.8668	-2.6461	-3.8420	-1.8491	-14.0944
20	-2.5651	-5.2662	-3.6178	-5.2268	-2.5506	-18.8195
25	-3.3116	-6.7310	-4.6430	-6.6733	-3.3029	-23.5598
30	-4.1106	-8.2690	-5.7284	-8.1889	-4.1127	-28.3165
B:各行业能源中间投入品的变动						
5	-4.3717	-4.5914	-4.4937	-4.6510	-4.3265	-8.1213
10	-8.7960	-9.2172	-9.0298	-9.3313	-8.7095	-15.9806
15	-13.2746	-13.8781	-13.6097	-14.0417	-13.1506	-23.5708
20	-17.8089	-18.5753	-18.2344	-18.7830	-17.6514	-30.8844
25	-22.4004	-23.3097	-22.9052	-23.5562	-22.2136	-37.9133
30	-27.0510	-28.0826	-27.6237	-28.3622	-26.8391	-44.6488

表 12-4 显示,在重点行业碳减排的影响下,各行业中间投入品均出现不同程度的下降,特别是各行业对高耗能产品和能源产品的中间需求均未出现上升,这是各行业间未发生碳泄漏现象的第二个佐证。

实施重点行业(高耗能工业、能源行业)碳减排会导致行业产品的价格上升,高耗能工业、能源行业对自身产品的消耗量很大,因而在碳减排政策的作用下,两类行业受到的冲击最大,对中间投入品的调整程度也很高。如表 12-4 所示,当重点行业碳减排幅度达到 30% 时,高耗能工业、能源行业使用非能源中间投入品的下降幅度分别达到 8.2690% 和 28.3165%,两类行业中间投入中能源产品的下降幅度分别为 28.0826% 和 44.6488%,其降幅在各行业中,中间投入减少的幅度基本上是最大的。

与高耗能工业相比,能源行业中间投入的变动幅度更大,这表明碳减排约束对能源行业是一种"硬约束"。在碳减排的影响下,能源行业的减排空间较小,只能以减少中间投入和缩减生产规模的方式被动减排;能源消费量最大的高耗能工业只能使用更少的能源来降低碳排放水平以实现碳减排约束目标。据测算,2012 年高耗能工业消耗的能源中间产品约占各行业能源总中间使用的 86.1037%,高耗能工业对能源使用量减少的影响程度及其传导效应较强,进而对能源行业生产活动产生不利影响。

各行业非能源中间投入品和能源投入品的变动幅度并不相同,这主要是各行业与高耗能工业、能源行业的行业关联差异所导致的。为此,本章计算了各行业对重点减排行业产品的直接消耗系数和完全消耗系数,如表12-5所示。

表 12-5 各行业对高耗能产品和能源产品的消耗系数

	系数	农业	高耗能工业	低耗能工业	建筑业	服务业	能源行业
直接消耗	高耗能产品	0.1113	0.4359	0.1869	0.4221	0.0700	0.1246
	能源产品	0.0001	0.1175	0.0056	0.0003	0.0005	0.1074
完全消耗	高耗能产品	0.3973	1.1207	0.7753	1.0797	0.3406	0.4490
	能源产品	0.0548	0.2834	0.1146	0.1465	0.0481	0.1822

表12-5中消耗系数的结果显示,对高耗能产品消耗较多的行业是高耗能工业、低耗能工业、建筑业,对能源产品消耗较多的行业是高耗能工业、低耗能工业、能源行业,这些行业与重点减排行业具有紧密的行业关联,在碳减排政策作用下中间投入品的下降幅度也相对较大(见表12-4)。以建筑业为例,该行业对高耗能产品、能源产品的完全消耗系数分别为1.0797和0.1465,当重点行业碳减排幅度为30%时,建筑业非能源中间投入品和能源中间投入品的下降幅度分别达到8.1889%和28.3622%,高于除高耗能工业、能源行业之外的其他行业。

低耗能工业与高耗能工业、能源行业均存在高度的行业关联,特别是低耗能工业对高耗能产品的直接消耗系数和完全消耗系数分别为0.1869、0.7753,这在一定程度上表明我国工业纵向产业链结构中的下游低耗能工业对上游高耗能工业的依赖程度较高,也是我国工业化进程已进入后期阶段的体现。因此,在重点行业减排的影响下,低耗能工业非能源中间投入品和能源中间投入品的下降幅度均较大,如表12-4所示,重点行业碳减排幅度每增加5个百分点,低耗能工业非能源中间投入品、能源中间投入品的下降幅度分别增加1个百分点和4.5个百分点左右。

与高耗能工业、能源行业关联程度最低的农业、服务业的中间投入品的变动幅度最小。以服务业为例,结合表12-4和表12-5可知,该行业对高耗能产品的直接消耗系数为0.07,对能源产品的直接消耗系数为0.0005;当实施重点行业碳减排时,服务业非能源中间投入品、能源中间投入品的下降幅度是各行业中最低的。这一现象主要是农业、服务业本身的投入产出结构所决定的。

农业、服务业都具有中间投入率低、增加值率高的典型特征。2012年,农业、服务业的增加值率分别为58.5529%和53.6496%,其中间投入占比较小,使得重点行业碳减排冲击对于这两个行业的影响十分有限。不仅如此,在总中间投入中,农业、服务业对自身的投入占有很大比例。2012年,农业、服务业的总中间投入中来自本行业中间投入的占比分别为33.2426%和55.2515%,呈现出中间投入结构稳定的特征,进一步减弱了其他行业投入调整对本行业产出的影响。此外,农业、服务业中间产品、要素之间的替代性较强,当面临碳强度减排约束时,这两个行业内部易实现用其他劳动力或资本要素替代高耗能产品、能源产品和其他中间产品。

总体而言,重点行业碳减排对各行业中间投入结构的影响,还与各行业的影响力和感应度有关。其中,某一行业的影响力是指该行业产出变动对其他行业生产的波及程度,感应度是指该行业对其他行业生产变动的反应程度。本章计算了各行业的影响力系数与感应度系数,如图12-6所示。

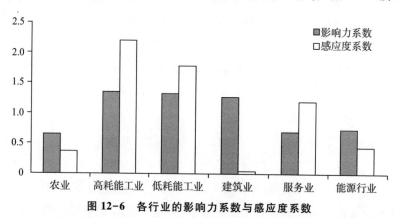

图12-6 各行业的影响力系数与感应度系数

图12-6显示,各行业中高耗能工业的影响力系数和感应度系数均是最高的,分别达到1.3457和2.1961;低耗能工业的影响力和感应度仅次于高耗能工业,其影响力系数、感应度系数分别为1.3180和1.7726。碳减排分别导致高耗能工业产出下降,同时通过自身的影响力及感应度产生直接影响效应。与高耗能工业的行业关联紧密、影响力和感应度较强的低耗能工业,将高耗能工业的冲击传导或波及至各行业,使得各行业中间投入品出现差异化下降的特征。此外,建筑业和能源行业的影响力系数也较高,这两个行业也是重点行业碳减排效应在各行业之间传导的重要环节。

第五节 小　结

本章将投入产出数据与一般均衡模型充分结合，基于行业关联的视角，研究中国碳排放权交易框架下碳减排政策的影响路径及政策的传导机制，分析了高耗能工业和能源行业两个重点行业碳减排是否会引致行业间的碳泄漏问题。模拟结果显示，重点行业碳减排并未引致行业间的碳泄漏效应，而是呈现"扩散效应"和"乘数效应"，不仅有效发挥了对整体减排的作用，并且使得各行业的碳排放量均出现了一定程度的下降。由于边际减排成本不同等，各行业之间的碳减排量存在显著差异。重点行业碳减排的效果及其在各行业间作用的差异取决于价格体系和投入产出结构两个方面。

在碳减排方案的影响下，高耗能工业和能源行业的生产成本上升，引发价格体系变动，进而将重点行业减排对高耗能工业产出的不利影响和能源产品消耗的缩减效应传导至整个经济系统。其中，低耗能工业、建筑业对高耗能产品、能源产品的消耗量较大，价格上升幅度相对较大。在价格杠杆的作用下，各行业都会通过高能耗产品使用调整、能源要素投入减少等方式进行中间投入结构的调整，有效控制高耗能产品和能源产品的使用，以减弱碳减排对各行业生产的不利影响。模拟结果显示，在碳减排政策的冲击下，高耗能工业、能源行业、低耗能工业、建筑业对中间投入的调整程度最高。

在建设全国统一碳市场的过程中，政府应明确减排的重点行业，特别是高影响力和高感应度的高耗能工业。对高耗能工业的碳减排约束不仅能够降低减排成本，通过"以点带面""由点及面"的方式提高减排效率，而且对于促进各行业实现对高耗能产品和能源产品的替代、推动产业结构和能源消费结构调整具有积极作用。因此，重点行业在碳减排时应密切关注行业产品价格、中间投入品结构等方面的变动，确保重点行业在碳减排中的关键节点作用和传导路径顺畅，保证碳减排效果。

在碳减排的过程中，我国政府目前实施的是"自上而下"的任务分解方式，而真正实现有效减排需要更多地依据行业自身的边际减排成本等特征，通过"自下而上"的方式汇集成总体减排目标。具体而言，政府应致力于构建区域间、行业间的碳减排协同机制，有效整合减排资源、资金投入、清洁技术；同时，注重开发基于市场的碳减排政策工具，依靠市场机制实现碳排放权、碳减排资源的合理分配，将减排压力与减排动力相结合以实现碳减排目标。

第十三章 碳排放责任优化：系数优化下共同责任的合理分担

随着全球气候变暖进程的加剧，生态环境问题成为人们关注的焦点。人类生产活动所产生的大量碳排放是导致海平面上升、生物多样性遭到破坏、极端天气灾害频发等一系列气候问题的重要原因，气候变化已经成为当前国际社会面临的重大全球性问题，也逐渐成为构建人类命运共同体所面临的突出问题。控制和减少碳排放是应对气候变化的关键，而明确碳排放的责任归属主体是实现有效碳减排的前提。建立一个公正合理的碳排放责任分担机制，是有效推进国际碳减排和应对气候变化国际合作的当务之急。

关于碳排放责任主体的认定，大致经历了从生产端到消费端再到双方共同承担责任三个阶段。1992年《联合国气候变化框架公约》首先确定以领地排放为核算标准的生产者原则。生产者原则能够较清晰地核算生产者的直接碳排放量，在实际操作中也有很强的可行性。然而，单方面强调生产者的责任，会导致发达国家通过产业转移或扩大进口的方式推卸其作为受益方本应承担的碳排放责任，这对以出口为导向的欠发达国家而言显然是有失公平的。因此，部分学者在"生态足迹"理论的基础上提出碳排放的消费者原则（Wiedmann，2009）。消费者原则认为生产源于消费动机，为满足消费动机而产生的碳排放应由消费国承担。消费者原则可以改善由领地责任原则带来的"碳泄漏"问题，但缺乏对生产端的约束会导致生产者为追逐利润最大化而过度排放碳，可能会进一步加剧生态危机。

实际上，早在1997年，《京都议定书》就提出共同但有区别责任的原则，即碳排放责任应当由生产者和消费者共同承担。这是目前国际社会认可的较为公平的原则，也应是各国碳排放责任认定与国际气候治理的基本依据。共同但有区别责任的原则不是将碳排放责任简单地分配到生产端或消费端，而是通过一个责任分担系数，在生产端和消费端之间寻求一个平衡点,将二者动态有机地联系起来,既能够充分地调动双方的积极性以将碳排放量降到最低,又可以准确地测算各自应承担的碳排放责任,兼顾公平性和有效性。

碳排放不仅仅是环境问题,更是发展问题,与经济增长和社会福利紧密相关。共同但有区别责任原则聚焦于全球资源公共性与经济增长外部性之间的相关关系,既能满足发展中国家在经济发展过程中提出的公平性诉求,同时又能兼顾发达国家的利益,最终实现减少碳排放和经济发展的目标,对于建立绿色低碳循环发展的经济体系具有重要的现实意义。那么,如何推动共同但有区别责任原则的落实,就需要科学地制订共同责任的分配方案。

第一节 碳排放责任

目前对碳排放责任的研究主要聚焦于碳排放主体方面。如前所述,基于生产端进行碳排放核算是一种最简单直接的方法,但缺乏对主体历史排放责任的考量(彭水军等,2016)。基于受益原则,一些学者提出碳排放责任不应由直接产生污染的生产者承担,而应转移给污染的驱动方(即消费者),并分别测算了碳排放主体在消费者和生产者原则下应承担的责任(Ferng,2003;Pan et al.,2008)。此后,很多学者将碳排放责任的研究转移至消费端(Munksgaard and Pedersen,2001;樊纲等,2010;Eichner and Pethig,2015;Liu et al.,2015)。

相较于生产端,基于消费端的碳排放责任测算在公平性方面具有显著的合理性,但存在重复计算问题。消费者原则削弱了生产者进行碳减排的直接动力,同时也缺乏足够的激励措施鼓励消费者主动购买低碳产品(赵定涛和杨树,2013)。Peters(2008)的研究也表明,仅从生产者或消费者视角分配碳排放责任难以达到最佳分配效果。为了尽可能公平地分配生产需求和消费需求引致的碳排放份额,Kondo et al.(1998)、Gallego and Lenzen(2005)提出了基于生产端和消费端责任分担原则的碳排放国家责任核算方案。

从不同视角出发对伴随生产环节而产生的碳排放责任进行考量,Rodrigues et al.(2006)提出了环境责任概念并测算了国际贸易中的全部碳转移。赵定涛和杨树(2013)基于产业链上下游共同分担责任的思想,对产业链中不同环节的碳排放责任进行分配,指出国际贸易中的出口国和进口国应共担产品生产过程中的碳排放责任。徐盈之和吕璐（2014）比较了"生产者负担""消费者负担""生产者和消费者共担"三种碳排放责任分配方案，建立了优化的碳减排责任分配模型，认为"生产者和消费者共担"无论是在公平性还是在优化减排效果方面都具有显著的优势。

有关中国碳排放责任问题的研究。黄敏（2012）基于非竞争性投入产出模型，测算并比较了中国生产、消费和进出口环节的碳排放，发现生产与消费过程的碳排放均呈增长趋势，且生产端碳排放高于消费端碳排放。徐盈之和张赟（2013）关注区域间贸易产生的碳泄漏问题，运用区域间投入产出模型，从生产端、消费端和两者共担责任角度定量测算了中国不同区域、不同行业的碳排放责任。彭水军等（2015）通过对中国生产侧和消费侧碳排放量的测算，发现"发达国家消费与中国污染"问题显著，国内最终需求的大规模增长和生产部门投入结构的变化是导致中国碳排放量迅速增加的主要原因。

早期关于碳排放共同责任的研究主要基于单区域投入产出模型框架。这类模型没有区分中间产品来源地，不能建立各国、各部门之间的行业关联和贸易关联的具体模型，因此无法分析全球生产网络体系中的反馈性出口效应和间接贸易效应的影响（彭水军等，2016）。并且，单区域投入产出模型假设进口产品的生产技术与进口国一致，这往往会影响估计结果的准确性（Andrew et al., 2009）。多区域投入产出（Multi-Regional Input-Output，MRIO）模型克服了上述缺陷，在碳排放问题的研究中得到更为广泛的应用（Wiedmann et al., 2011）。国内外学者运用多区域投入产出模型，基于共同但有区别责任的原则，分别测算中国各省份或世界各主要经济体应承担的碳排放责任，并比较不同主体碳排放责任的差异（周新，2010；史亚东，2012；Zhang，2015；彭水军等，2016）。

综合上述文献可得，基于多区域投入产出模型对碳排放责任测算的研究主要从整体角度比较碳排放共同责任的测算方法，研究维度较为单一，且碳排放责任分担系数的设定过于主观。此外，经济增长与碳排放的关系越来越紧密，目前的研究缺乏对经济增长与碳排放量变化之间关系的分析。本章拟优化现有的测算方法，改进碳排放责任分担系数的计算公式，设定更合理的分担系数，并分析代表性经济体经济增长和碳排放变化之间的关系，提出完善共同责任测算方法和责任分担体系的建议。

本章其余部分的结构安排为：第二节说明了碳排放责任的测算方法与

数据来源;第三节依据碳排放责任的传统测算方法,计算了 15 个代表性国家的碳排放量,分析了生产端责任、消费端责任与共同责任的测量结果的差异;第四节优化了碳排放共同责任的分担系数,并与传统共同责任方法测算的碳排放量进行了对比分析;第五节描述了不同国家经济增长与碳排放之间的关系;第六节是小结。

第二节 碳排放责任的测算方法与数据来源

一、碳排放的测算方法

基于多区域投入产出(MRIO)模型可以进行多种形式碳排放的测量,MRIO 模型的基本表达式为:

$$\begin{bmatrix} x_1 \\ x_2 \\ \vdots \\ x_N \end{bmatrix} = \begin{bmatrix} a_{11} & a_{12} & \cdots & a_{1N} \\ a_{21} & a_{22} & \cdots & a_{2N} \\ \vdots & \vdots & \ddots & \vdots \\ a_{N1} & a_{N2} & \cdots & a_{NN} \end{bmatrix} \begin{bmatrix} x_1 \\ x_2 \\ \vdots \\ x_N \end{bmatrix} + \begin{bmatrix} y_{11} + y_{12} + \cdots + y_{1N} \\ y_{21} + y_{22} + \cdots + y_{2N} \\ \vdots \\ y_{N1} + y_{N2} + \cdots + y_{NN} \end{bmatrix} \quad (13.1)$$

其中,x_i 为第 i 国家的总产出;a_{ij} 为直接消耗系数,即在生产活动中,第 j 国家每生产单位产品要消耗的第 i 国家产品的数量。

将式(13.1)表示成矩阵形式 $X=(I-A)^{-1}Y$。其中,X 为总产出向量;A 为直接消耗系数矩阵;令 $L=(I-A)^{-1}$,则 L 表示 MRIO 模型中的列昂惕夫逆矩阵;Y 为最终需求向量。

(一)"生产端责任"碳排放量的测算

基于"生产端责任"原则测算的碳排放量指的是某一国家的生产活动所产生的碳排放总量。第 i 国家的生产端责任 CEP_i 为:

$$CEP_i = f_i x_i \quad (13.2)$$

其中,f_i 为第 i 国家的碳排放强度,x_i 为第 i 国家的总产出。

(二)"消费端责任"碳排放量的测算

基于"消费端责任"原则测算碳排放量重点关注某一国家的最终需求引发的国内和国外的碳排放总量(Peters, 2008)。第 i 国家的消费端责任 CEC_i 为:

$$CEC_i = F \times L \times Y_{*i} \quad (13.3)$$

其中，$F = (f_1, f_2, \cdots, f_N)$ 为碳排放强度向量，$Y_{*i} = (y_{1i}, y_{2i}, \cdots, y_{Ni})'$ 为第 i 国家的最终需求向量。

(三)"共同责任"碳排放量的测算

Kondo et al.(1998)、Ferng(2003)和 Peters(2008)等提出的"共同责任"碳排放量是对以"生产端责任"为原则和以"消费端责任"为原则求得的碳排放量的某种加权，权重均为 0.5。

以多区域投入产出模型为基础，在产品供应链下，Gallego and Lenzen (2005)从上游和下游两个角度分析了产业部门之间的关联性并提出了环境责任分配方案。本章将该方案扩展到国家层面，分析代表性国家的碳排放量，第 i 国家生产产品需要承担的碳排放责任为：

$$P_i = F \times L^{(\alpha)} \times \text{diag}[(B\#E)i + D] \tag{13.4}$$

其中，

$$L^{(\alpha)} = (I - \alpha\#A)^{-1} = \begin{bmatrix} 1 - \alpha_{11}a_{11} & -\alpha_{12}a_{12} & \cdots & -\alpha_{1N}a_{1N} \\ -\alpha_{21}a_{21} & 1 - \alpha_{22}a_{22} & \cdots & -\alpha_{2N}a_{2N} \\ \vdots & \vdots & \ddots & \vdots \\ -\alpha_{N1}a_{N1} & -\alpha_{N2}a_{N2} & \cdots & 1 - \alpha_{NN}a_{NN} \end{bmatrix}^{-1}$$

$$B = \boldsymbol{\sigma} - \alpha = \begin{bmatrix} 1 - \alpha_{11} & 1 - \alpha_{12} & \cdots & 1 - \alpha_{1N} \\ 1 - \alpha_{21} & 1 - \alpha_{22} & \cdots & 1 - \alpha_{2N} \\ \vdots & \vdots & \ddots & \vdots \\ 1 - \alpha_{N1} & 1 - \alpha_{N2} & \cdots & 1 - \alpha_{NN} \end{bmatrix}$$

$$D = (i - \beta)\#Y_{*i} = \begin{bmatrix} (1 - \beta_1)y_{1i} \\ (1 - \beta_2)y_{2i} \\ \vdots \\ (1 - \beta_N)y_{Ni} \end{bmatrix}$$

$$E = A \times \text{diag}(L \times y_{\times i}) = \begin{bmatrix} a_{11}\sum_{k=1}^{N}l_{1k}y_{ki} & a_{12}\sum_{k=1}^{N}l_{2k}y_{ki} & \cdots & a_{1N}\sum_{k=1}^{N}l_{Nk}y_{ki} \\ a_{21}\sum_{k=1}^{N}l_{1k}y_{ki} & a_{22}\sum_{k=1}^{N}l_{2k}y_{ki} & \cdots & a_{2N}\sum_{k=1}^{N}l_{Nk}y_{ki} \\ \vdots & \vdots & \ddots & \vdots \\ a_{N1}\sum_{k=1}^{N}l_{1k}y_{ki} & a_{N2}\sum_{k=1}^{N}l_{2k}y_{ki} & \cdots & a_{NN}\sum_{k=1}^{N}l_{Nk}y_{ki} \end{bmatrix}$$

$i = (1, 1, \cdots, 1)'$，"#"表示两个同型矩阵相同位置的元素求乘积，α、β 分别

为生产端和消费端的责任分担系数矩阵。

第 i 国家消费最终产品而需要承担的碳排放责任为：

$$C_i = F \times L^{(\alpha)} \times \mathrm{diag}(G) \tag{13.5}$$

其中，

$$G = \beta \# Y_{*i} = \begin{bmatrix} \beta_1 \, y_{1i} \\ \beta_2 \, y_{2i} \\ \vdots \\ \beta_N \, y_{Ni} \end{bmatrix}$$

第 i 国家同时作为生产者和消费者而需要承担的综合排放责任为：

$$R_i^{(\alpha,\beta)} = \sum_{k \in N} \{P_k\}_i + \sum_{k \in N} \{C_i\}_k \tag{13.6}$$

其中，$\{P_k\}_i$ 为 P_k 向量的第 i 个元素，$\{C_i\}_k$ 为 C_i 向量的第 k 个元素。

Lenzen et al.(2007)将一个部门的增加值占整个经济的比重作为其责任分担系数，增加值占比越大，该部门需要承担环境责任越大。本章将 Lenzen et al.(2007)提出的责任分担系数应用于国家层面，将一个国家的增加值占世界经济的比重作为其责任分担系数，得到：

$$\begin{cases} 1 - \alpha_{ij} = \dfrac{v_i}{x_i - x_{ii}} & i \neq j \\ \alpha_{ij} = 1 & i = j \\ 1 - \beta_i = \dfrac{v_i}{x_i - x_{ii}} & \forall i \end{cases} \tag{13.7}$$

其中，α_{ij} 和 β_i 分别为生产端和消费端的责任分担系数，v_i 为第 i 国家的增加值，x_{ii} 为第 i 国家生产所消耗的本国中间产品数量。

二、数据的来源与处理

本章采用的碳排放量数据来自世界发展指标(WDI)数据库，采用的区域间投入产出表来自世界投入产出数据库(WIOD)[①]。WIOD 中列出了 40 个重要的经济体，包括欧盟的 27 个国家以及欧盟以外的 13 个经济体，其他经济体划归 ROW(Rest of the World)区域。在 1998—2011 年的世界投入产出表中，每个经济体(国家或地区)包括 35 个部门；在 2012—2014 年的世界投入产出表中，每个经济体包括 56 个部门。本章在处理数据时将每个经济体中的所有部门合并，即对碳排放进行国家层面的整体分析。

---

① 世界投入产出数据库，网址：http://www.wiod.org/home。

第三节 生产端责任、消费端责任与传统共同责任的碳排放

一、生产端责任碳排放量的测算结果及分析

基于式(13.2),本章测算了 15 个代表性经济体生产端责任的碳排放量,如表 13-1 所示。

表 13-1 代表性经济体生产端责任的碳排放量

国家	1998 年	2000 年	2002 年	2004 年	2006 年	2008 年	2010 年	2012 年	2014 年
中国	3 202.73	3 258.78	3 502.09	4 946.09	5 909.58	6 617.10	8 234.15	9 092.93	9 600.63
	(17.95)	(17.62)	(18.63)	(23.85)	(27.12)	(29.18)	(34.25)	(36.47)	(37.96)
澳大利亚	300.04	307.89	320.08	324.87	345.10	360.01	355.88	350.27	353.16
	(1.68)	(1.66)	(1.70)	(1.57)	(1.58)	(1.59)	(1.48)	(1.40)	(1.40)
加拿大	492.81	516.71	504.08	537.20	523.91	518.95	477.21	457.23	438.74
	(2.76)	(2.79)	(2.68)	(2.59)	(2.40)	(2.29)	(1.98)	(1.83)	(1.73)
德国	810.76	783.84	778.38	765.08	756.14	712.35	694.37	673.14	701.30
	(4.55)	(4.24)	(4.14)	(3.69)	(3.47)	(3.14)	(2.89)	(2.70)	(2.77)
法国	361.13	345.49	357.47	365.73	357.43	346.79	332.21	309.05	311.08
	(2.02)	(1.87)	(1.90)	(1.76)	(1.64)	(1.53)	(1.38)	(1.24)	(1.23)
英国	510.28	520.99	506.69	516.15	518.66	491.30	463.81	426.55	424.13
	(2.86)	(2.82)	(2.70)	(2.49)	(2.38)	(2.17)	(1.93)	(1.71)	(1.68)
日本	1 115.18	1 174.83	1 175.43	1 210.94	1 168.80	1 138.92	1 107.09	1 160.80	1 185.74
	(6.25)	(6.35)	(6.25)	(5.84)	(5.36)	(5.02)	(4.60)	(4.66)	(4.69)
美国	5 247.26	5 537.20	5 514.13	5 614.06	5 535.90	5 434.70	5 250.12	4 923.88	4 944.13
	(29.42)	(29.94)	(29.33)	(27.08)	(25.40)	(23.96)	(21.84)	(19.75)	(19.55)
韩国	327.85	409.02	431.68	442.87	429.97	442.43	506.25	500.42	513.17
	(1.84)	(2.21)	(2.30)	(2.14)	(1.97)	(1.95)	(2.11)	(2.01)	(2.03)
土耳其	195.03	211.15	198.82	217.86	251.80	267.83	282.92	294.06	287.26
	(1.09)	(1.14)	(1.06)	(1.05)	(1.16)	(1.18)	(1.18)	(1.18)	(1.14)
墨西哥	363.18	373.46	384.43	403.72	434.81	463.56	433.29	468.62	486.87
	(2.04)	(2.02)	(2.05)	(1.95)	(2.00)	(2.04)	(1.80)	(1.88)	(1.93)
印度尼西亚	199.87	249.37	289.58	311.46	317.37	383.79	402.35	550.24	405.81
	(1.12)	(1.35)	(1.54)	(1.50)	(1.46)	(1.69)	(1.67)	(2.21)	(1.60)

（续表）

国家	1998年	2000年	2002年	2004年	2006年	2008年	2010年	2012年	2014年
俄罗斯	1 410.51	1 431.84	1 409.47	1 486.27	1 503.79	1 573.53	1 529.27	1 680.43	1 577.36
	(7.91)	(7.74)	(7.50)	(7.17)	(6.90)	(6.94)	(6.36)	(6.74)	(6.24)
印度	918.09	1 005.21	1 013.40	1 108.76	1 245.49	1 489.87	1 645.14	1 836.77	1 953.14
	(5.15)	(5.44)	(5.39)	(5.35)	(5.72)	(6.57)	(6.84)	(7.37)	(7.72)
巴西	305.12	318.65	319.77	321.64	331.35	369.09	403.24	448.23	514.74
	(1.71)	(1.72)	(1.70)	(1.55)	(1.52)	(1.63)	(1.68)	(1.80)	(2.04)

注：表中数据表示一国生产端责任的碳排放量，单位为百万吨(Mt)；括号内数据表示该国生产端碳排放量占世界碳排放量的比重，单位为百分号(%)。

由表13-1可得，1998—2014年，澳大利亚、加拿大、德国、日本和美国等发达国家的生产端责任碳排放量几乎没有变化甚至有所下降，除了经济增长速度较低导致碳排放量增长缓慢，这也体现了发达国家绿色生产模式的优越性。例如，上述国家在促进经济产出增长的同时，大力发展清洁生产技术，技术进步使得产品生产所产生的碳排放量稳定甚至下降。与之相对，新兴经济体和金砖国家的生产端责任碳排放量均呈现持续增长的特征。发展中国家的生产技术相对落后，生产了大量碳密度较高且易污染环境的产品，导致其碳排放量快速上升。

以美国和中国为例。1998—2014年，美国的生产端责任碳排放量从5 247.26Mt减少到4 944.13Mt，在世界碳排放总量中的占比从29.42%下降到19.55%；而中国的碳排放量从3 202.73Mt快速增加到9 600.63Mt，在世界碳排放总量中的占比从17.95%上升到37.96%。中国成为生产端碳排放量增幅最大的国家，并且2006年以后中国在世界碳排放量的占比也是最高的。在中国粗放的"要素驱动型"经济发展模式下，重工业产品及化工产品等高污染、高排放产品的生产消耗了大量的资源能源，导致碳排放量居高不下。基于《中国统计年鉴》中的数据计算可得，1998—2014年，我国煤炭消费量由96 554.46万吨增加到279 328.74万吨，增长近2倍，石油、天然气消费量分别从28 326.27万吨、2 451.31万吨增加到74 090.24万吨、24 270.94万吨，能源消费量的快速增长是导致我国碳排放量上升的主要原因。

二、消费端责任碳排放量的测算结果及分析

基于式(13.3)，本章测算了15个代表性经济体消费端责任的碳排放量，如表13-2所示。

表 13-2 代表性经济体消费端责任的碳排放量

国家	1998 年	2000 年	2002 年	2004 年	2006 年	2008 年	2010 年	2012 年	2014 年
中国	2 785.15	2 811.45	3 012.99	4 018.05	4 606.80	5 356.01	6 924.97	8 100.58	8 664.89
	(15.61)	(15.20)	(16.03)	(19.38)	(21.14)	(23.62)	(28.80)	(32.49)	(34.26)
澳大利亚	306.68	302.57	322.99	349.87	369.62	385.04	396.86	395.08	386.71
	(1.72)	(1.64)	(1.72)	(1.69)	(1.70)	(1.70)	(1.65)	(1.58)	(1.53)
加拿大	446.01	454.55	452.45	510.62	538.60	544.26	534.42	506.10	480.95
	(2.50)	(2.46)	(2.41)	(2.46)	(2.47)	(2.40)	(2.22)	(2.03)	(1.90)
德国	931.81	926.48	843.38	887.78	877.58	839.85	818.83	751.23	761.31
	(5.22)	(5.01)	(4.49)	(4.28)	(4.03)	(3.70)	(3.41)	(3.01)	(3.01)
法国	449.48	443.98	445.88	492.13	489.62	490.88	488.68	422.76	417.37
	(2.52)	(2.40)	(2.37)	(2.37)	(2.25)	(2.16)	(2.03)	(1.70)	(1.65)
英国	581.73	600.55	597.07	643.36	652.36	609.81	571.72	529.29	534.80
	(3.26)	(3.25)	(3.18)	(3.10)	(2.99)	(2.69)	(2.38)	(2.12)	(2.11)
日本	1 266.75	1 350.47	1 311.56	1 399.22	1 366.28	1 314.62	1 307.06	1 369.93	1 341.16
	(7.10)	(7.30)	(6.98)	(6.75)	(6.27)	(5.80)	(5.44)	(5.50)	(5.30)
美国	5 540.88	5 917.16	5 926.79	6 174.62	6 201.55	5 951.10	5 758.58	5 338.26	5 356.21
	(31.06)	(32.00)	(31.53)	(29.78)	(28.46)	(26.24)	(23.95)	(21.41)	(21.18)
韩国	292.05	397.30	426.26	439.31	464.70	455.79	494.60	483.32	493.43
	(1.64)	(2.15)	(2.27)	(2.12)	(2.13)	(2.01)	(2.06)	(1.94)	(1.95)
土耳其	200.55	225.65	201.06	236.10	280.99	293.94	311.92	308.32	296.91
	(1.12)	(1.22)	(1.07)	(1.14)	(1.29)	(1.30)	(1.30)	(1.24)	(1.17)
墨西哥	355.12	378.41	390.90	411.22	450.21	475.72	445.68	457.78	474.40
	(1.99)	(2.05)	(2.08)	(1.98)	(2.07)	(2.10)	(1.85)	(1.84)	(1.88)
印度尼西亚	151.37	203.56	247.53	273.33	287.05	358.26	392.87	529.39	405.16
	(0.85)	(1.10)	(1.32)	(1.32)	(1.32)	(1.58)	(1.63)	(2.12)	(1.60)
俄罗斯	1 141.10	1 012.42	1 139.57	1 173.80	1 254.25	1 382.74	1 356.56	1 477.37	1 439.02
	(6.40)	(5.47)	(6.06)	(5.66)	(5.76)	(6.10)	(5.64)	(5.93)	(5.69)
印度	866.47	928.25	942.21	1 022.55	1 151.27	1 390.93	1 547.77	1 791.53	1 892.61
	(4.86)	(5.02)	(5.01)	(4.93)	(5.28)	(6.13)	(6.44)	(7.19)	(7.48)
巴西	324.28	328.22	313.12	313.33	342.13	399.67	450.68	499.37	563.58
	(1.82)	(1.77)	(1.67)	(1.51)	(1.57)	(1.76)	(1.87)	(2.00)	(2.23)

注:表中数据表示某一国家消费端责任的碳排放量,单位为百万吨(Mt);括号内数据为该国消费端责任碳排放量占世界碳排放量的比重,单位为百分号(%)。

表 13-2 显示,在消费端责任碳排放量的测算结果中,以德国、法国和英国为代表的发达国家消费端碳排放量逐渐减少,新兴经济体和金砖国家的消费端碳排放量快速增加,这在一定程度上是不同国家所处经济发展阶段的反映。根据环境库兹涅茨曲线理论可得,当经济发展到一定阶段(即

人均国内生产总值达到较高水平)后,发达国家认识到环境对经济增长和社会发展的重要性,逐渐树立环保观念,从而在要素消耗的各个阶段进行控制,积极采取财税政策和规制措施应对气候变化以减少消费端的碳排放量。印度尼西亚、印度、巴西、中国等新兴经济体国家和金砖国家正处于工业化的中后期阶段,高耗能、高污染型产品的生产规模较大,同时这些产品作为中间产品被投入其他产品生产过程的比例也较高,因而上述国家消费端责任的碳排放量呈现快速增加的特征。

与表 13-1 的数据对比可得,发达国家消费端责任的碳排放量要高于生产端责任的碳排放量,这一结果与大多数文献的结果是一致的。发达国家将碳密度较高的产品通过国际贸易从发展中国家进口,实现了"产品输入",减弱了自身作为生产者的碳排放责任;与此同时,产品进口伴随着的"碳输入"使得发达国家应承担更多的消费者碳排放责任。土耳其、巴西等部分发展中国家消费端责任的碳排放量也略高于生产端责任的碳排放量,这些国家的地理、自然资源因素可以部分解释这一现象。例如,土耳其的资源禀赋不足,制造业相对不发达;巴西虽然农牧业发达但需要大量进口缺乏的机电产品、化工产品和纺织品等,进口依赖型的经济增长特征引致大量的碳输入,使得消费端责任的碳排放量增加。

墨西哥、印度尼西亚等其他新兴经济体以及中国、俄罗斯等金砖国家,生产端责任的碳排放量要高于消费端责任的碳排放量。一方面,在国际贸易中,新兴经济体和金砖国家参与全球价值链的主要方式是加工贸易,进行大量的中间产品加工、组装和制造活动,为发达国家提供最终消费品,因此其消费端责任的碳排放量低于生产端责任的碳排放量;另一方面,一些新兴经济体和金砖国家消费端责任的碳排放量主要是由本国对国内产品和对国外产品的需求所引致的,其生产端责任的碳排放量在一定程度上来自发达国家和其他发展中国家对本国产品的需求。新兴经济体和金砖国家国内有效需求不足、长期贸易顺差等,也是其消费端责任碳排放量远低于生产端责任碳排放量的体现。

需要说明的是,尽管消费端责任的碳排放量低于生产端责任的碳排放量,大多数发展中国家的消费端责任碳排放量也增长较快。以中国为例,1998—2014 年中国消费端责任碳排放量从 2 785.15Mt 增至 8 664.89Mt,在世界碳排放总量中的占比由 15.61% 升至 34.26%,中国成为世界上消费端碳排放量及其占比最高的国家。中国经济的快速发展实现了产品的多样化,国内市场规模的扩张和消费层次的提高,促使中国消费端责任碳排放量快速增长。

三、传统共同责任碳排放量的测算结果及分析

本章根据式(13.6)和式(13.7),基于传统共同责任测算了15个经济体的碳排放量,如表13-3所示。

表13-3 代表性经济体传统共同责任的碳排放量

国家	1998年	2000年	2002年	2004年	2006年	2008年	2010年	2012年	2014年
中国	3 155.00	3 183.26	3 413.70	4 711.31	5 568.96	6 315.51	7 955.36	8 857.32	9 399.41
	(17.74)	(17.31)	(18.27)	(22.90)	(25.83)	(28.15)	(33.36)	(35.91)	(37.55)
澳大利亚	299.41	304.37	317.81	327.95	347.91	361.40	362.50	354.03	354.60
	(1.68)	(1.66)	(1.70)	(1.59)	(1.61)	(1.61)	(1.52)	(1.44)	(1.42)
加拿大	469.98	489.91	482.04	522.93	519.48	515.22	479.87	455.67	435.02
	(2.64)	(2.66)	(2.58)	(2.54)	(2.41)	(2.30)	(2.01)	(1.85)	(1.74)
德国	831.66	807.69	789.17	787.51	774.70	725.69	709.40	678.67	705.24
	(4.68)	(4.39)	(4.22)	(3.83)	(3.59)	(3.23)	(2.97)	(2.75)	(2.82)
法国	374.08	360.93	370.65	386.81	380.91	371.44	355.44	325.86	326.23
	(2.10)	(1.96)	(1.98)	(1.88)	(1.77)	(1.66)	(1.49)	(1.32)	(1.30)
英国	518.87	532.31	519.79	537.45	542.33	510.20	479.19	438.01	437.40
	(2.92)	(2.89)	(2.78)	(2.61)	(2.52)	(2.27)	(2.01)	(1.78)	(1.75)
日本	1 136.92	1 200.75	1 195.17	1 246.48	1 203.66	1 161.71	1 136.76	1 184.40	1 196.64
	(6.39)	(6.53)	(6.40)	(6.06)	(5.58)	(5.18)	(4.77)	(4.80)	(4.78)
美国	5 306.24	5 608.85	5 589.09	5 721.20	5 658.89	5 520.21	5 344.23	4 988.67	5 005.67
	(29.84)	(30.50)	(29.91)	(27.81)	(26.24)	(24.61)	(22.41)	(20.23)	(20.00)
韩国	309.76	391.75	417.61	427.21	421.05	414.66	473.38	462.98	481.24
	(1.74)	(2.13)	(2.23)	(2.08)	(1.95)	(1.85)	(1.98)	(1.88)	(1.92)
土耳其	195.66	212.67	197.48	218.96	254.54	270.52	286.60	290.64	282.79
	(1.10)	(1.16)	(1.06)	(1.06)	(1.18)	(1.21)	(1.20)	(1.18)	(1.13)
墨西哥	355.04	366.60	380.11	400.77	434.22	462.56	430.86	461.46	479.20
	(2.00)	(1.99)	(2.03)	(1.95)	(2.01)	(2.06)	(1.81)	(1.87)	(1.91)
印度尼西亚	188.56	238.97	280.19	300.66	308.07	374.10	398.40	539.61	399.54
	(1.06)	(1.30)	(1.50)	(1.46)	(1.43)	(1.67)	(1.67)	(2.19)	(1.60)
俄罗斯	1 373.36	1 363.44	1 358.39	1 433.96	1 446.14	1 530.81	1 494.15	1 637.54	1 524.20
	(7.72)	(7.41)	(7.27)	(6.97)	(6.71)	(6.82)	(6.26)	(6.64)	(6.09)
印度	910.11	989.72	996.48	1 086.80	1 216.65	1 458.99	1 619.41	1 804.19	1 921.16
	(5.12)	(5.38)	(5.33)	(5.28)	(5.64)	(6.50)	(6.79)	(7.31)	(7.68)
巴西	307.28	318.97	316.86	317.99	331.24	371.07	408.68	452.12	516.93
	(1.73)	(1.73)	(1.70)	(1.55)	(1.54)	(1.65)	(1.71)	(1.83)	(2.07)

注:表中数据为一国传统共同责任的碳排放量,单位为百万吨(Mt);括号内数据为该国共同责任碳排放量占世界碳排放量的比重,单位为百分号(%)。

综合表 13-1 至表 13-3 可得,总体而言,美国、日本、英国等发达国家传统共同责任的碳排放量高于生产端责任的碳排放量、低于消费端责任的碳排放量;而中国、俄罗斯、印度等金砖国家和新兴经济体传统共同责任碳排放的特征与发达国家恰好相反,即共同责任的碳排放量低于生产端责任的碳排放量但高于消费端责任的碳排放量。不同类型经济体的产业结构和贸易结构差异是上述现象的决定因素。

发达国家经济中服务业的占比较大,工业生产所需要的大量中间产品从发展中国家进口,原本应在本国进行的部分生产活动转移到国外,相当程度的本国需求通过进口得以满足,从而减弱其作为生产者的责任,应增加其作为消费者的责任。与之不同,发展中国家经济中工业的占比较大,其生产的高碳产品不仅供给本国需求,还出口到其他国家,在世界生产网络中更多地扮演生产者而非消费者的角色,导致其生产端责任偏高而消费端责任偏低。

与大多数金砖国家和新兴经济体类似,中国的传统共同责任碳排放量低于生产端责任碳排放量且高于消费端责任碳排放量,这是责任优化的体现。需要指出的是,表 13-3 的结果显示,1998—2014 年中国的传统共同责任碳排放量从 3 155.00Mt 快速增至 9 399.41Mt,在世界碳排放总量中的占比由 17.74% 升至 37.55%,绝对量和占比都是所有国家中最高的。因此,虽然采用传统共同责任方案测算碳排放量可以减轻发展中国家生产端的碳排放责任,减少国际间的碳转移和碳泄漏等,但中国的碳减排压力依然很大。

第四节 共同责任分担系数的优化与测算

一、共同责任分担系数的优化

如前所述,在测算基于传统共同责任的碳排放量时,Lenzen et al. (2007)采用增加值在整个经济的占比定义生产端和消费端的责任分担系数 α 和 β,但这仅仅是从增加值视角进行的系数设定。实际上,责任分担系数是共同责任测算的核心,不仅要考虑生产的整个过程,还要考虑碳排放的特征,以充分优化责任分担系数。本章主要从产品和碳排放两个角度进行优化。

(一）产品视角下责任分担系数优化

基于产品视角进行责任系数的优化，能够更好地体现国家间的生产关系，更精确地分配碳排放责任。本章采用一个国家生产的中间产品在该国家生产的中间产品与其他国家为该国家提供的中间产品之和中的占比作为生产端的责任分担系数 α，将一个国家生产的最终产品在该国家生产的最终产品与其他国家为该国家提供的最终产品之和中的占比作为消费端的责任分担系数 β，表达式为：

$$\begin{cases} \alpha_{ij} = \dfrac{\sum_j x_{ij}}{\sum_j x_{ij} + \sum_j x_{ji}} & i \neq j \\ \alpha_{ij} = 1 & i = j \\ \beta_i = \dfrac{\sum_j y_{ij}}{\sum_j y_{ij} + \sum_j y_{ji}} & \forall i \end{cases} \quad (13.8)$$

其中，x_{ij} 为第 j 国家生产所消耗的第 i 国家中间产品的数量，y_{ij} 为第 j 国家消耗的第 i 国家最终产品的数量。

(二）碳排放视角下责任分担系数优化

除了产品视角，还要考虑各国实际碳排放的特征。基于碳排放视角进行责任分担系数的优化，可以合理地体现各个国家的碳排放特征和国家之间的碳转移特征。本章将一个国家生产中间产品引致的碳排放量在该国家生产中间产品的碳排放量与其他国家为该国家提供中间产品引致的排放量之和中的占比作为生产端的责任分担系数 α，采用一个国家生产最终产品引致的碳排放量在该国家生产最终产品的碳排放量与其他国家为该国家提供最终产品引致的碳排放量之和中的占比作为消费端的责任分担系数 β，表达式为：

$$\begin{cases} \alpha_{ij} = \dfrac{\sum_j c_{ij}}{\sum_j c_{ij} + \sum_j c_{ji}} & i \neq j \\ \alpha_{ij} = 1 & i = j \\ \beta_{ij} = \dfrac{\sum_j m_{ij}}{\sum_j m_{ij} + \sum_j m_{ji}} & \forall i \end{cases} \quad (13.9)$$

其中，c_{ij} 表示第 j 国家生产中间产品需要投入的第 i 国家中间产品所引致的碳排放量，m_{ij} 为第 j 国家对第 i 国家最终产品的需求所引致的碳排放量。

二、责任分担系数优化后测算的碳排放量结果及分析

（一）产品视角下责任分担系数优化后的碳排放量结果及分析

基于式（13.6）和式（13.8），本章测算了 15 个代表性经济体在产品视角下责任分担系数优化后的碳排放量，如表 13-4 所示。

表 13-4　产品视角下责任分担系数优化后的代表性经济体共同责任碳排放量

国家	1998 年	2000 年	2002 年	2004 年	2006 年	2008 年	2010 年	2012 年	2014 年
中国	2 990.94	3 024.63	3 244.09	4 457.10	5 225.97	5 945.32	7 541.04	8 515.68	9 053.22
	(-164.06)	(-158.63)	(-169.61)	(-254.21)	(-342.99)	(-370.20)	(-414.32)	(-341.64)	(-346.19)
澳大利亚	301.67	302.55	318.51	333.45	352.36	367.23	373.34	366.34	364.42
	(2.26)	(-1.82)	(0.70)	(5.50)	(4.45)	(5.82)	(10.84)	(12.32)	(9.82)
加拿大	473.20	490.18	481.58	526.85	532.32	531.08	504.45	479.11	458.25
	(3.23)	(0.27)	(-0.46)	(3.92)	(12.84)	(15.86)	(24.58)	(23.44)	(23.23)
德国	865.57	846.14	805.16	819.22	808.76	767.41	749.39	705.91	725.65
	(33.92)	(38.46)	(15.99)	(31.72)	(34.07)	(41.72)	(39.99)	(27.24)	(20.41)
法国	401.70	388.06	395.89	420.20	412.30	406.47	393.59	355.18	354.96
	(27.62)	(27.13)	(25.24)	(33.38)	(31.39)	(35.03)	(38.15)	(29.32)	(28.73)
英国	541.31	553.38	544.48	569.57	573.44	538.84	508.63	465.12	467.59
	(22.44)	(21.07)	(24.69)	(32.12)	(31.11)	(28.64)	(29.44)	(27.11)	(30.19)
日本	1 182.35	1 248.03	1 230.77	1 287.31	1 243.97	1 201.95	1 188.79	1 241.51	1 242.42
	(45.44)	(47.28)	(35.60)	(40.83)	(40.31)	(40.24)	(52.04)	(57.12)	(45.78)
美国	5 362.87	5 676.07	5 676.06	5 834.59	5 793.35	5 622.31	5 453.62	5 077.43	5 101.04
	(56.62)	(67.22)	(86.97)	(113.39)	(134.46)	(102.10)	(109.39)	(88.76)	(95.37)
韩国	310.65	400.67	426.45	438.84	441.81	441.60	498.66	487.01	498.37
	(0.90)	(8.92)	(8.84)	(11.63)	(20.75)	(26.94)	(25.27)	(24.04)	(17.13)
土耳其	196.64	216.08	198.48	224.14	262.03	276.47	293.90	295.54	287.44
	(0.98)	(3.41)	(1.00)	(5.18)	(7.48)	(5.95)	(7.30)	(4.90)	(4.65)
墨西哥	359.11	375.72	387.01	406.86	441.39	468.26	439.11	463.16	480.35
	(4.07)	(9.12)	(6.91)	(6.09)	(7.17)	(5.70)	(8.25)	(1.70)	(1.15)
印度尼西亚	176.77	226.51	267.66	289.52	298.24	366.14	393.89	532.68	399.64
	(-11.78)	(-12.46)	(-12.53)	(-11.14)	(-9.82)	(-7.96)	(-4.50)	(-6.93)	(0.09)
俄罗斯	1 280.84	1 235.59	1 270.68	1 331.90	1 366.29	1 465.14	1 431.90	1 568.95	1 484.78
	(-92.53)	(-127.85)	(-87.71)	(-102.06)	(-79.85)	(-65.67)	(-62.25)	(-68.58)	(-39.43)

(续表)

国家	1998年	2000年	2002年	2004年	2006年	2008年	2010年	2012年	2014年
印度	890.31	963.15	972.64	1 058.42	1 187.94	1 428.42	1 587.36	1 792.87	1 903.62
	(−19.80)	(−26.56)	(−23.85)	(−28.38)	(−28.71)	(−30.57)	(−32.05)	(−11.32)	(−17.55)
巴西	312.75	320.73	314.33	314.63	332.52	378.32	421.56	466.52	531.80
	(5.47)	(1.76)	(−2.53)	(−3.35)	(1.28)	(7.25)	(12.88)	(14.41)	(14.87)

注：表中数据为一国产品视角下责任分担系数优化后的共同责任碳排放量，单位为百万吨(Mt)；括号内数据为该国基于产品视角下责任分担系数优化后的共同责任碳排放量与传统共同责任碳排放量的差值，单位为百万吨(Mt)。

对比表13-4与表13-3可知，1998—2014年15个代表性经济体产品视角下责任分担系数优化后的共同责任碳排放量与传统共同责任碳排放量的结果较为相似。不同之处在于，在优化产品视角下责任分担系数后，美国、法国、日本等发达国家的共同责任碳排放量比传统共同责任碳排放量更高，其中美国共同责任碳排放量的增幅最大，2014年美国产品视角下责任分担系数优化后的共同责任碳排放量(5 101.04Mt)比传统共同责任碳排放量(5 005.67Mt)增加95.37Mt。与之不同，在产品视角下责任分担系数优化后测算的共同责任碳排放量方面，土耳其、墨西哥等部分新兴经济体较为稳定，中国、俄罗斯、巴西、印度等金砖国家有所下降，其中中国的降幅最大，2014年中国产品视角下责任分担系数优化后的共同责任碳排放量(9 053.22Mt)比传统共同责任碳排放量(9 399.41Mt)减少346.19Mt。

在产品视角下责任分担系数优化后，发达国家的共同责任碳排放量增加，新兴经济体和金砖国家的共同责任碳排放量稳定或减少，这在一定程度上更加准确地反映了各个国家应承担的实际碳排放责任。产品视角下责任分担系数优化的合理性在于：第一，在产品类别中分别考虑用于生产的中间产品和用于消费的最终产品，置于生产端责任和消费端责任的分配中，全面考察了一国国内生产和消费的特征；第二，通过计算一个国家生产的产品在该国生产的产品与其他国家为该国提供的产品之和中的占比，明确该国与其他国家之间产品的流入和流出联系，在国际视角下体现了一国的生产和消费结构。

对于在国际生产网络中更多作为生产者且更少作为消费者的国家而言，产品视角下责任分担系数优化会降低其生产端责任的权重。以中国为例，中国在参与国际分工的过程中，劳动密集型的比较优势使得其产品生产活动长期位于全球价值链的加工制造等低端环节，进料加工和来料加工贸易在出口中的占比较大,"本国生产,国外消费"的现象突出,产品视角下责任分担系数优化后的共同责任核算方案显著降低了中国的碳排放责任,与中国在世界经济体系中的地位及发挥的作用更为一致。

(二)碳排放视角下责任分担系数优化后的碳排放量结果及分析

根据式(13.6)和式(13.9),本章测算的15个代表性经济体在碳排放视角下责任分担系数优化后的共同责任碳排放量,如表13-5所示。

表13-5 碳排放视角下责任分担系数优化后的代表性经济体共同责任碳排放量

国家	1998年	2000年	2002年	2004年	2006年	2008年	2010年	2012年	2014年
中国	2 994.60	3 029.20	3 249.49	4 471.15	5 242.99	5 959.23	7 556.06	8 523.39	9 059.34
	(−160.40)	(−154.06)	(−164.21)	(−240.16)	(−325.97)	(−356.29)	(−399.30)	(−333.92)	(−340.07)
澳大利亚	301.65	302.75	318.60	333.08	352.01	366.75	372.34	365.89	364.13
	(2.23)	(−1.62)	(0.79)	(5.13)	(4.10)	(5.35)	(9.84)	(11.86)	(9.53)
加拿大	475.48	492.28	483.20	527.22	531.54	530.42	503.25	478.01	457.31
	(5.51)	(2.37)	(1.16)	(4.29)	(12.05)	(15.20)	(23.37)	(22.34)	(22.29)
德国	861.47	839.76	801.51	813.11	802.90	762.07	745.38	702.49	723.37
	(29.81)	(32.07)	(12.34)	(25.61)	(28.20)	(36.38)	(35.98)	(23.82)	(18.13)
法国	399.72	386.16	394.13	418.34	410.98	405.25	392.56	354.59	354.21
	(25.63)	(25.22)	(23.48)	(31.53)	(30.08)	(33.81)	(37.12)	(28.73)	(27.98)
英国	540.63	553.01	543.68	568.29	572.36	538.33	508.20	465.10	467.47
	(21.75)	(20.71)	(23.89)	(30.84)	(30.03)	(28.13)	(29.01)	(27.09)	(30.07)
日本	1 179.84	1 245.70	1 228.72	1 284.01	1 240.65	1 199.16	1 186.20	1 239.60	1 240.98
	(42.92)	(44.95)	(33.54)	(37.53)	(36.99)	(37.45)	(49.44)	(55.2)	(44.34)
美国	5 360.15	5 675.16	5 674.76	5 832.10	5 790.88	5 620.91	5 452.70	5 077.53	5 101.00
	(53.91)	(66.31)	(85.66)	(110.90)	(131.99)	(100.70)	(108.47)	(88.86)	(95.33)
韩国	310.44	400.06	425.75	437.08	439.30	440.20	497.04	485.84	497.38
	(0.69)	(8.31)	(8.13)	(9.87)	(18.25)	(25.54)	(23.66)	(22.86)	(16.14)
土耳其	196.64	215.96	198.41	223.89	261.70	276.46	293.89	295.82	287.65
	(0.98)	(3.29)	(0.92)	(4.93)	(7.16)	(5.94)	(7.29)	(5.18)	(4.86)
墨西哥	360.11	376.34	387.32	407.17	441.58	468.87	439.61	464.40	481.71
	(5.07)	(9.74)	(7.21)	(6.40)	(7.36)	(6.30)	(8.75)	(2.94)	(2.51)
印度尼西亚	178.80	227.65	268.42	290.28	298.67	366.71	393.98	533.14	399.75
	(−9.76)	(−11.32)	(−11.77)	(−10.38)	(−9.40)	(−7.39)	(−4.42)	(−6.47)	(0.21)
俄罗斯	1 287.14	1 245.38	1 276.71	1 338.10	1 371.12	1 469.40	1 434.69	1 572.75	1 487.73
	(−86.23)	(−118.06)	(−81.68)	(−95.86)	(−75.03)	(−61.41)	(−59.46)	(−64.79)	(−36.47)
印度	890.82	963.72	973.17	1 059.11	1 189.32	1 429.93	1 588.34	1 794.03	1 904.61
	(−19.29)	(−26.00)	(−23.31)	(−27.69)	(−27.33)	(−29.06)	(−31.06)	(−10.16)	(−16.56)

(续表)

国家	1998年	2000年	2002年	2004年	2006年	2008年	2010年	2012年	2014年
巴西	312.81	320.89	314.48	314.75	332.46	378.20	421.49	466.31	531.64
	(5.53)	(1.92)	(−2.38)	(−3.23)	(1.22)	(7.13)	(12.81)	(14.20)	(14.71)

注：表中数据为一国基于碳排放视角下责任分担系数优化后的共同责任碳排放量，单位为百万吨(Mt)；括号内数据为该国碳排放视角下责任分担系数优化后的共同责任碳排放量与传统共同责任碳排放量的差值，单位为百万吨(Mt)。

结合表13-5和表13-3可得，1998—2014年，碳排放视角下责任分担系数优化后测算的各国共同责任碳排放量与传统共同责任碳排放量近似。与表13-4类似，在碳排放视角下责任分担系数优化后，美国、日本等发达国家的共同责任碳排放量有所上升，土耳其、墨西哥等部分新兴经济体的共同责任碳排放量维持稳定，中国、俄罗斯等金砖国家的共同责任碳排放量明显下降，增幅最大和降幅最大的经济体分别为美国和中国。例如，与传统共同责任相比，2006年美国碳排放视角下责任分担系数优化后的共同责任碳排放量增加了131.99Mt，2010年中国碳排放视角下责任分担系数优化后的共同责任碳排放量则减少了399.30 Mt。

与产品视角下责任分担系数的优化类似，从碳排放视角直接反映了各个国家碳排放的共同责任。一方面，对中间产品、最终产品生产过程中隐含的碳排放加以区分，分别用于生产端责任、消费端责任的碳排放量测算，实现了对本国产品生产过程中隐含的碳排放责任的合理划分；另一方面，根据一个国家与其他国家的中间产品、最终产品的流入和流出关系，对于不同产品流动过程中伴随的碳排放进行充分考虑，识别了本国与其他国家之间碳排放的输入和输出联系，在一定程度上减弱了碳泄漏对各国碳排放责任测算的不利影响。

在碳排放视角下责任分担系数优化后，对碳转移问题进行修正，提高发达国家的共同责任碳排放量增加，与之对应，中国等金砖国家的共同责任碳排放量减少，这从表13-5的结果中得到了充分反映。土耳其、墨西哥等部分新兴经济体碳排放视角下责任分担系数优化后的共同责任碳排放量保持稳定，主要原因在于其经济结构、发展阶段处于发达国家和金砖国家之间，社会生产和社会需求较为一致，对外贸易维持动态平衡，因而碳排放量的输入和输出程度相当。

第五节 经济增长与碳排放关系的国际比较

经济增长是产生碳排放的主要成因,对比各国经济增长速度与碳排放增长速度,不但可以体现各国生产模式和碳排放特征的差异,而且可以部分反映一国经济与环境的协调发展程度。本章计算了1998—2014年15个代表性经济体的总产出以及采用不同方法测算得到的碳排放量平均增速,如表13-6所示。

表13-6 代表性经济体1998—2014年总产出和碳排放量的增长率

(单位:%)

国家	总产出增长率	生产端碳排放量增长率	消费端碳排放量增长率	传统共同责任碳排放量增长率	产品优化共同责任碳排放量增长率	优化共同责任碳排放量增长率
中国	16.79	7.10	7.35	7.06	7.17	7.16
澳大利亚	8.38	1.02	1.46	1.06	1.19	1.18
加拿大	7.01	-0.72	0.47	-0.48	0.20	-0.24
德国	4.01	-0.90	-1.26	-1.03	-1.10	-1.09
法国	4.30	-0.93	-0.46	-0.85	-0.77	-0.75
英国	4.44	-1.15	-0.52	-1.06	-0.91	-0.90
日本	1.19	0.38	0.36	0.32	0.31	0.32
韩国	9.56	2.84	3.33	2.79	3.00	2.99
美国	4.22	-0.37	-0.21	-0.36	-0.31	-0.31
土耳其	7.69	2.45	2.48	2.33	2.40	2.41
墨西哥	6.27	1.85	1.83	1.89	1.83	1.83
印度尼西亚	13.93	4.53	6.35	4.81	5.23	5.16
俄罗斯	11.58	0.70	1.46	0.65	0.93	0.91
印度	10.32	4.83	5.00	4.78	4.86	4.86
巴西	7.05	3.32	3.51	3.30	3.37	3.37

表13-6显示,1998—2014年德国、英国、法国、美国等发达国家的总产出平均增长率稳定在4%左右,但这些国家的碳排放量均出现一定程度的下降,与经济产出增长形成鲜明的对比;并且,无论是基于生产端责任、消

费端责任还是基于共同责任,发达国家几乎都出现碳排放量负增长的现象。中国、印度、巴西和印度尼西亚等金砖国家和新兴经济体,在经济产出实现快速增长的同时,碳排放量也呈现快速增长的趋势。其中,与大部分金砖国家相比,墨西哥、土耳其等部分新兴经济体有着相对较低的总产出增长率和碳排放量增长率。这表明在清洁生产技术、清洁型产品消费结构等多个方面,金砖国家和新兴经济体与发达国家相比还存在较大差距。

由表13-6可知,对于大多数国家而言,基于共同责任测算得到的碳排放量增长率普遍介于生产端责任碳排放量增长率和消费端责任碳排放量增长率之间,因此共同责任碳排放量增长率整合了一个国家的生产与消费、内需与外需两个方面,综合反映了该国的碳排放量变动特征。为了进一步对共同责任碳排放量的变动特征进行国际比较,本章选取产品视角下责任分担系数和碳排放视角下责任分担优化后的共同责任碳排放量增长率,并结合经济产出增长率绘制了图13-1和图13-2。

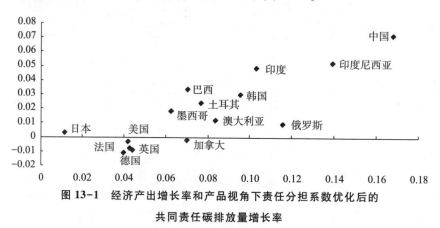

图13-1 经济产出增长率和产品视角下责任分担系数优化后的共同责任碳排放量增长率

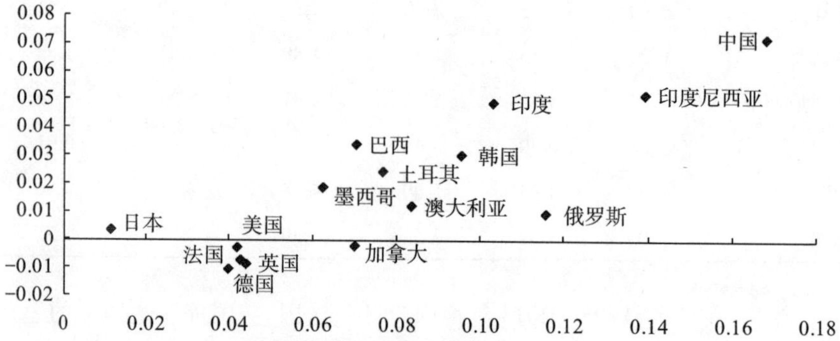

图13-2 经济产出增长率和碳排放视角下责任分担系数优化后的共同责任碳排放量增长率

图 13-1 和图 13-2 显示，各国经济增速与碳排放量增速之间存在明显的正相关关系，即经济增速越高的国家，其碳排放量增速也越高。在 15 个代表性经济体中，中国的经济产出增长率和碳排放量增长率均大幅领先于其他国家，在自然资源充裕、劳动力成本低等比较优势的作用下，中国加快推进工业化进程，实现了经济快速增长。据测算，1998—2014 年中国第二产业对 GDP 的平均贡献率为 52.26%，其中工业对 GDP 的平均贡献率为 45.97%。[①] 第二产业特别是工业是中国国民经济体系中的重要部门和支柱产业，工业产品的生产过程往往伴随着大量的碳排放。

与中国形成鲜明对比的是，美国、英国、日本等发达国家的碳排放量增长率位于零附近，如图 13-1 和图 13-2 中左下部分散点。其中，英国、法国和德国三国的经济结构、地缘政治以及历史文化发展进程都存在较强的相似性，它们的经济产出增长和碳排放量增长特征也较为相似。发达国家碳排放量增长率较低甚至出现负增长既是国内生产技术先进和产业结构优化的体现，也是其将污染型产品的生产活动向国外转移的反映。与中国及其他金砖国家和新兴经济体不同，俄罗斯在保持较高经济产出增长率的同时，将碳排放量控制在较低的增长范围内，这主要是由俄罗斯独特的自然资源禀赋和经济结构所决定的。除了初级采掘业发达、拥有世界上最大的矿产和能源资源可供出口，俄罗斯的工业基础雄厚，特别是核工业、航天工业等高技术产业在经济中占有举足轻重的地位，而这些行业的碳排放量均比较小。此外，俄罗斯的制造业相对不发达，还需要大量进口高碳型的化工产品、金属制品和纺织服装类产品等，在上述因素的影响下，俄罗斯实现了经济产出高增长与碳排放量低增长的良性循环。

第六节 小 结

本章在世界多区域投入产出模型的基础上，测算了 15 个代表性经济体的生产端责任、消费端责任和共同责任的碳排放量，然后基于产品视角和碳排放视角对共同责任测算方法中的责任分担系数进行了优化，重新测算了共同责任碳排放量。

大部分发达国家在传统共同责任下测算的碳排放量高于其生产端责任碳排放量并低于消费端责任碳排放量；而发展中国家与之相反，部分金

[①] 中经网统计数据库和作者计算。

砖国家和新兴经济体的共同责任碳排放量低于生产端责任排放量并高于消费端责任排放量。其主要原因在于，发达国家拥有先进的生产技术和超前的环保理念，还通过国际贸易从发展中国家进口碳密度较高的产品，减弱了自身作为生产者的碳排放责任。发展中国家在世界生产体系中则更多地扮演生产者的角色，导致其生产端责任的碳排放量偏高。

从产品视角和碳排放视角分别优化责任分担系数后，重新测算的各个国家共同责任碳排放量结果与传统共同责任碳排放量结果十分相似。不同之处在于，与传统共同责任碳排放量相比，美国、日本、英国等发达国家的碳排放量有所增加，土耳其、墨西哥等新兴经济体的碳排放责任维持稳定，而中国和俄罗斯等金砖国家的碳排放量明显减少。将用于生产的中间产品和用于消费的最终产品以及两者引致的碳排放量加以区分，分别置于生产端责任和消费端责任，全面体现了一国生产和消费的结构特征，明确了各个国家之间产品视角及碳排放视角下碳排放的流入和流出联系，实现了对共同责任碳排放量的优化测算。

根据本章的研究可得，在基于共同责任分配各个国家应承担的碳排放责任时，应对责任分担系数进行充分优化，不仅要考虑国家间的生产关系和生产体系结构，还要全面考虑国家间的碳排放特征和碳转移特征。在世界生产体系中承担过多生产者责任的中国及其他发展中国家应在自身生产结构和贸易结构的基础上，适当降低生产端责任。高耗能、高污染的重工业品依赖进口的发达国家也应依据责任与贡献相匹配的原则，适度提高自身的消费端责任。最后，在共同责任测算方法优化的基础上，各国应根据自身经济发展的阶段特征，按照共同但有区别责任原则完善碳排放责任核算体系，构建低碳、环保、绿色的经济产出增长体系，实现经济与环境的协调发展。

第十四章　多层次协同治理方案与政策协调体系

第一节　在经济高质量发展中形成环境治理的有利因素

一、结构调整与环境质量

在宏观结构层面,产业结构、区域结构、能源消费结构都是影响生态环境质量及气候变化的重要因素。其中,包含重工业、建筑业等的第二产业是环境污染的重要来源,产业高度结构化有助于减少污染物排放,并符合经济结构变迁的一般规律;在区域协调发展和环境协调治理的进程中,防止环境污染的跨区域转移、减少输入性环境污染和碳排放十分重要;能源消费结构是指化石能源、新能源等不同能源类型的投入比例,新能源的广泛使用和比例增大将减少环境污染物、碳排放的规模,实现环境质量的提升。因此,在中国经济结构调整和变迁的过程中,以产业结构、区域结构和能源消费结构三方面为抓手进行调整,是改善环境质量的有效措施。在"调结构"的过程中,实现环境质量改善的具体途径如图14-1所示。

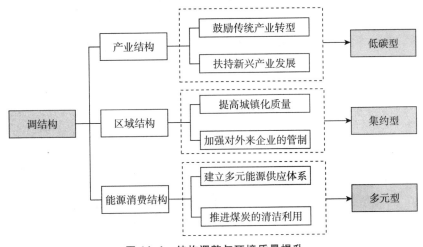

图14-1　结构调整与环境质量提升

（一）产业结构

产业结构调整的一个重要方面是加快推动传统产业转型。我国正处于工业化的中后期阶段，未来一段时间内仍须依靠传统工业拉动经济增长。工业特别是制造业是实体经济的重要组成部分，是服务业等其他行业发展的基础，"去工业化"和"产业空心化"等都是不可取的。努力推进产业结构调整，并不是让污染型企业关门停产，而是引导制造业、重工业等行业内企业由能源消费型向技术驱动型的方向转变，遵循"技术优先、效率优先"的原则，重点提高工业企业的生产技术和生产效率，逐步改善当前"高投入、高能耗、高污染"的局面，从而推动传统产业的可持续发展。

针对无法实现转型升级且能够被新技术替代的落后产能，可以有序地从市场中淘汰，为清洁型、环保型产业发展留出足够的市场空间。同时，努力扶持新兴产业发展，重点支持新能源产业、低碳产业等低耗能、低排放行业的规模扩张，与传统产业升级共同构成推动产业结构向节能环保方向转型的双引擎。在需求侧和供给侧，应鼓励企业面向市场需求开展技术攻关，以市场需求为源动力引导供给侧研发的有效投入，优先设计符合我国环境和能源现状的节能环保型产品，在供需两侧均实现清洁化和低碳化。

（二）区域结构

我国各地区的资源要素禀赋和经济发展模式存在很大差异，发展不平衡、不充分的现象十分突出，区域间商品流动的同时伴随着环境污染物、碳排放的输入和输出，区域结构由此成为影响环境治理成效的重要因素。例如，从沿海地区和内陆地区的角度分析，沿海地区的经济发展以要素和技术投入为主，对环境的损害较小；相反，内陆地区多依靠大量的资源投入获得经济增长，环境污染问题较为突出。从南方地区和北方地区的角度分析，我国经济结构和产业结构中存在"南轻北重"的格局，即南方地区的第三产业较为发达，北方地区经济中重工业占比较大；且部分南方地区的环境管制较严格，而一些北方地区的环境治理力度较小。多种因素交织导致区域间环境治理效应的差异显著。

在落实环境治理任务时，我国应结合区域结构因素，在强化环境规制的基础上因地制宜地拟用区域经济发展政策和环境治理方案。一方面，在推进城镇化时，我国应注重提高城镇化的质量。传统的城镇化过程中，人口由农村向城市的转移导致了人口的规模化集聚，在推动城市规模变大和经济产出水平提高的同时也扩大了环境污染物的排放规模，带来了较为严重的环境污染问题，形成了城市的环境压力。在城镇化程度较高的地区应重点优化区域结构,在城市"中心—外围"之间实现要素的合理配置和劳动力的自由流动,建设集约型、智慧型、清洁型城市。也就是说,提高城镇化质量是减弱城镇化的负向环境效应、助力各地区环境污染治理的途径。

另一方面,大部分地区特别是中西部地区应该强化对外来企业的污染物排放管制,避免污染避难所效应或污染天堂效应的出现。我国东部、中西部和东北部地区经济增长呈现梯度发展模式,环境规制严格地区的污染型企业导致迁移至环境规制薄弱的地区,从而使得工业污染物的排放随之实现了空间上转移。由于经济发展阶段以及生态环境治理状况的不同,各地区会对环境污染采取不同强度的环境规制措施、制定不同程度的环境污染约束目标。各地方政府应在加强本地区环境治理的同时,加大对迁入的污染型企业的管制力度,对迁入企业在治污设备投入、污染物排放去除率、减排目标承诺等方面提出更多的要求,从而有效保护本地区的生态环境。

(三) 能源消费结构

长期以来,我国能源消费以煤炭为主,煤炭使用量占一次能源生产和消费的比例接近或超过60%,"以煤为主"的能源消费或使用结构也是我国环境污染物和碳排放量居高不下的主要原因之一。因此,在未来能源的生产和消费结构调整中,应建立多元能源供应体系,逐步推行"能源替代"战略,扩大清洁能源的使用范围。各地区应根据自身的资源禀赋和自然环境优势,开发风能、水能、太阳能等清洁能源和可再生能源,建立能源基地以满足自身及周边地区的能源需求。例如,内蒙古和新疆等地区太阳能资源丰富,可重点推广太阳能的应用;东部沿海地区则可以充分发挥风电技术优势,提高风电能源使用比例,逐渐降低对传统化石能源的依赖度。

对于不具备开发新能源或清洁能源条件的地区,应着重推进煤炭的清洁利用。其中,对于部分将煤炭作为主要能源的地区而言,大幅缩减煤炭使用规模不符合比较优势原则,降低煤炭投入比例将显著增加企业的生产成本,过度去煤炭化还会在整体层面上抑制地区经济的发展,加剧经济增长与环境质量改善之间的矛盾。上述地区可以依托丰富的煤炭资源开发煤炭清洁利用技术,如清洁燃煤技术、烟气净化处理技术等;或者推广煤炭能源转化技术,如煤气化技术、煤液化技术等。与之对应,这些地区还应重点发展煤炭洗选加工业,以及基于煤炭的煤水、煤油混合燃料加工业等,提高煤炭能源的使用效率和利用程度,从而减少煤炭大量消耗对生态环境的破坏,从源头上实现环境净化。

二、环境治理中的产学研结合与应用

技术创新是实现环境治理、完成减排任务的根本途径。技术创新过程具有高风险、不确定性等特征,仅依靠企业自身的力量难以很好地完成,产学研则为降低技术创新的风险和成本、减小企业的技术创新压力提供了便捷的途径。产学研结合指的是企业、高等院校、科研机构共同开展技术研发和技术创新工作。高等院校和科研机构在技术创新、创新成果、研发能力等方面具有明显的优势,有能力与企业协作完成各项技术创新任务。同时,企业直接面向市场,充分了解市场需求,熟悉何种类型的技术进步能够有效实现产品质量提升和环境质量改善。因此,高等院校、科研机构需要通过企业了解市场需求,企业也需要高等院校和科研机构提供技术支持。企业、高等院校、科研机构各司其职、优势互补,能够做到技术创新的无缝对接,从而实现多方共赢。传统的环境产学研结合体系缺乏统一的目标和导向,导致环境技术应用受限,真正实现产学研结合目标的关键在于如何更好地满足市场需求,即建立"需求驱动型"的环境技术创新模式。

在环境产学研结合体系中,企业、高等院校和科研机构三方的主要任务如图14-2所示。

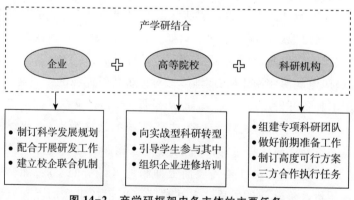

图14-2 产学研框架内各主体的主要任务

企业的具体任务包括:第一,根据企业当前的生产经营情况、环境污染物排放状况,制订科学、明确的发展规划,针对企业转型发展面临的技术困难、预期达到的环境技术要求给出清晰细致的说明,便于高等院校师生、科研机构人员开展定向、精准的研究工作;第二,在人员、资金等方面配合高等院校及科研机构的环境技术研发工作,指派企业内部技术人员参与研发项目,提供专项资金,营造良好的合作研究环境等。特别是在长期、艰巨的环境技术研发过程中,企业与高等院校、科研机构之间应通力合作开展前沿技术攻坚和高端人才培养等工作。

根据企业环境技术研发的要求,为了与企业相配合以顺利完成任务,高等院校在一定程度上应由理论型研究向应用型研究转型,将"实验室科研"转变为"实战型科研"。高等院校教师和研究人员参与产学研合作或者将自身的研究成果用于企业环境技术的提升,不仅能够有效提高科研水平,而且可以为学生提供更多的实践机会、更好的工作机会和更广阔的发展空间。为了成功完成真正有市场应用价值的环境技术研究,科研机构也应选派高科技人才组建科研团队专项负责企业的环境技术创新工作,深入企业并与各层次人员进行充分交流,包括实地考察企业、系统了解企业当前的环境技术应用情况、掌握企业环境设备和物资存量等基本信息。在此基础上,高等院校和科研机构应结合企业的生产能力、减排潜力等现实情况,根据企业的环境技术要求设计可行性方案,明确环境技术研发过程中的重点和难点,实现富有成效的环境产学研结合。

三、对外开放与环境治理

伴随着中国对外开放程度的提高,充分利用外资调节经济与环境的关系,树立气候变化的全球环境治理意识,并通过国际合作实现能源的供求平衡,已经成为开放条件下改善环境质量的重要渠道。在吸引外资、全球治理和国际合作三个方面开展环境治理和应对气候变化的路径如图14-3所示。

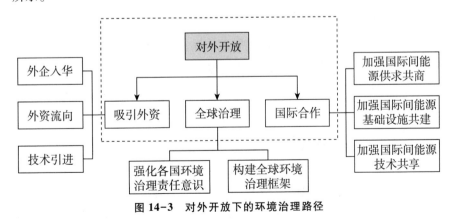

图14-3 对外开放下的环境治理路径

(一)吸引外资

政府可以有选择性地引进外资以优化外资结构,如充分引入高新技术产业、新能源产业、环保产业、低碳产业等环境友好型外资企业等,进一步发挥外资对环境保护的正向影响。一方面,外资企业的加入能够为国内清洁产业和低碳产业的发展提供经验,实现互利共赢;另一方面,外资企业的进入会加剧国内清洁型产品市场、低碳市场的竞争,对本土企业的转型形成压力,加快其开展研发活动和技术创新的速度。在技术引进层面,部分国家(如日本、德国等)在清洁产业和低碳产业发展方面位居世界前列,吸引这些来源国的企业来华投资或加强合作,是获得国际前沿清洁生产技术、先进低碳技术的有效途径。需要注意的是,在引入外资和技术的基础上,我国还应充分结合自身的产业结构、技术能力和环境现状等诸多因素,通过消化、吸收、再创新等方式在部分节能减排技术、清洁生产技术、能效提升技术方面迅速形成后发优势,实现环境技术的跨越式发展。

(二)全球治理

随着全球气候变暖趋势日益明显,加强环境治理、减少温室气体排放已经成为各国的共同使命。为此,各国必须强化环境治理和应对气候变化责任意识。全球环境治理涉及诸多国家,不同国家的利益诉求不尽相同,其对于环境治理的重视程度也存在较大差异。充分认识到环境治理和应对气候变化的重要性,强化各国对于环境治理的共同责任,是开展全球环境治理工作的前提条件。发达国家经历了更长的经济增长历程,对世界资源能源的历史消耗量、污染物和二氧化碳的累积排放量远远超过发展中国家,在应对气候变化等全球问题上理应主动承担更多的责任,并积极向发展中国家、新兴经济体提供资金援助和技术支持,形成南北合作的良好格局。发展中国家有着促进经济增长和改善社会福利的强烈诉求,但是也不能推卸减排责任,应在能力范围内制定自主贡献减排目标,明确自身在全球环境治理体系中的定位,共同构建全球环境治理新框架。

(三)国际合作

本着"共商、共建、共享"的原则,我国应积极寻求国际能源合作,在缓解国内能源供求矛盾的基础上实现互利共赢。深化国际能源合作特别是新能源、清洁能源的开发利用,是缓解国内能源供求矛盾和环境压力的重要途径。在建设国际能源市场的过程中,加强国际间能源基础设施共建是关键环节。我国能源及环境行业的企业应抓住"一带一路"倡议框架下的良好合作机会,积极与沿线国家共同开展能源基础设施建设工作,主动参与"国际能源互联网"的建设,保障国际、国内能源市场的供求稳定。在"硬条件"的保障下,我国还应加强国际能源技术的分享,实现能源技术开发应用"软实力"的提升。在尊重和保护各国知识产权的基础上,积极寻求与其他国家的能源技术(包括低碳生产技术、节能减排技术等)合作,探索企业清洁生产技术的共享渠道,充分发挥各国新能源技术应用和推广中的环境示范效应。

第二节 构建多层次协同的环境治理体系

秉承"自上而下"和"自下而上"相结合的环境治理理念,加快构建包括政府、企业、公众以及社会组织在内的多层次协同的环境治理体系,明确各方的责任与义务,是有效整合全社会力量、实现全方位环境治理的主要方式。企业实行工业污染物前端、中端、后端全过程治理,政府充分发挥监管职能,公众提高环境保护的积极性并凝聚社会组织的力量,将发挥环境治理的集合效应。在环境污染协同治理体系中,政府、企业、公众和社会组织的主要任务和各主体之间的关系如图14-4所示。

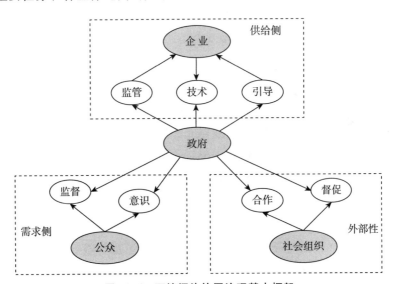

图 14-4 环境污染协同治理基本框架

由图 14-4 可得,在环境污染协同治理体系中,政府、企业、公众和社会组织是行为主体。其中,政府是环境治理任务的组织者,其顶层设计和政策制定是实施环境治理的保障;企业处于环境污染供给侧,尤其以高污染、高耗能企业为代表,减少其排放的二氧化硫、氮氧化物等工业污染物以及二氧化碳等温室气体是环境治理和应对气候变化的主要内容;公众处于环境质量需求侧,公众对环境污染的关注和监督反映了其对优良生态环境的需求;为了减弱环境污染对经济社会发展的负外部性,社会组织将起到督促的作用。

政府在环境协同治理框架中扮演协调者的角色。在环境污染供给侧,政府负责监管企业的污染物排放行为,引导企业向绿色生产转型,并通过财政补贴和税收优惠等方式鼓励企业实现环境技术创新和科学减排;在环境治理需求侧,政府通过加大宣传等方式提高公众的环境保护意识,向公众介绍气候变化的不利影响,并鼓励公众监督环境污染现象。社会组织可以弥补政府人员和力量不足的限制,在更多层面上对企业污染物排放行为进行监督,并在政府与公众之间发挥桥梁作用。

一、"自上而下"和"自下而上"相结合

长期以来,我国形成了政府主导的"自上而下"的环境治理体系,突出强调政府的环境保护责任,主要依靠中央和各级地方政府针对环境污染实施规制以实现环境质量的改善。在具体实施的过程中,"自上而下"的环境治理模式要求政府主动、严格地监管企业的污染物排放行为,督促污染型企业通过改进生产技术、调整要素配置等途径降低二氧化硫、氮氧化物排放量。与"自上而下"的环境治理思路不同,"自下而上"的环境治理模式侧重于公众、社会组织的环境质量诉求对政府环境治理工作的反向推动,是"自上而下"的环境治理模式的有效补充。

以公众参与环境治理为例。随着人们生活水平的不断提高,公众对美好生活的向往并不局限于衣食住行等基本需求,还包括对生态环境质量的需求。例如,当某一地区出现持续性雾霾天气等环境问题时,当地居民考虑到环境污染对自身健康的损害,往往会通过多种渠道向政府表达提升环境质量的愿望。政府也会根据公众对环境治理的诉求,为保证公众对环境质量的知情权,及时公布包括细颗粒物、空气质量指数等在内的环境质量信息,结合本地区的环境污染状况采取相应措施,以提高公众对环境质量的满意度。

图14-5描述了"自上而下"和"自下而上"两种模式相结合的环境治理内容。如图14-5所示,在"自上而下"和"自下而上"两种环境治理体系中,政府对环境污染进行治理,包括阻断污染源头、监管污染过程以及控制污染规模。两种治理模式的不同之处在于,政府进行环境治理的动力来源和压力传导路径存在差异。"自上而下"的环境治理模式强调地方政府出

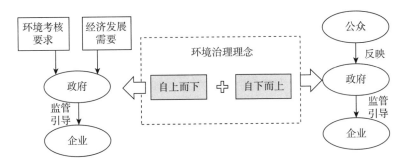

图 14-5 "自上而下"和"自下而上"的结合的环境治理内容

于环境考核要求、经济发展需要或人们健康的考虑主动治理环境污染,淡化甚至忽略公众和社会组织的力量,环境治理压力由中央向地方层层传导;"自下而上"的环境治理模式突出地方政府为满足公众对优质生态环境的诉求,从而对环境污染实施严格规制,环境治理压力由公众传导至政府。因此,仅依靠传统的"自上而下"环境治理模式,无法充分发挥公众、社会组织等多方的力量,影响了环境治理的效果。

环境治理模式的确定显著影响环境治理的效率,厘清政府、公众、企业、社会组织之间的关系,形成"自上而下"和"自下而上"的良性互动,并充分发挥各主体在环境治理中的作用,可以大幅提高环境质量。当前,在强化各级政府环境治理责任的同时,应兼顾经济增长和环境质量改善的双重目标,合理制定、优化环境保护约束目标。此外,还应密切关注社会公众对环境污染方面的反映,及时核查污染问题,阻断或管控污染源并实时反馈环境治理成效,以达到环境协同治理效果。

二、强化前端、中端、后端全过程治理

环境污染主要源自二氧化硫、氮氧化物等工业污染物的大规模排放,通常政府治理环境的重点是对污染型企业实行监管,督促企业减少污染物排放,这属于环境污染的后端治理或末端治理。在传统后端治理的基础上,加强环境污染全过程治理是实现全面污染防治的重要方式。实行环境污染全过程治理,首要步骤是梳理工业污染物排放过程。工业污染物排放需要经历产生、去除和排放三个阶段,控制工业污染物规模同样要从这三个阶段着手,据此可以将环境污染全过程治理分为前端治理、中端治理、后端治理三个阶段,各阶段的主要治理任务如图 14-6 所示。

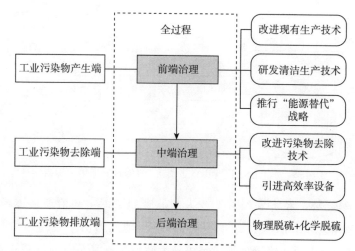

图 14-6　全过程环境治理的主要任务

（一）前端治理

前端治理是指从源头控制工业污染物的产生，这是从根本上解决环境污染问题的方式。在技术层面，政府应当引导企业改进现有生产技术、缩短生产链条，尽可能提高生产效率以降低工业污染物产生规模；或者研发、引进前沿的清洁技术，实现低排放或零排放的清洁生产。在能源使用层面，引导重工业企业实行"能源替代"战略，即增大低碳清洁能源投入比例，逐步摆脱以化石能源为主导的能源消费模式。此外，在前端治理中还要考虑经济增长和企业生产行为的惯性，避免结构调整造成过多的转换成本和经济损失。综合来看，从前端改善生产技术、提高生产效率符合经济高质量发展的要求，也是实现可持续发展的有效途径。

（二）中端治理

中端即工业污染物去除端，侧重于污染物产生与排放之间的处理环节，中端治理的一种常见方式是提高二氧化硫去除率以减少其排放量。为加强中端治理，应针对不同工业污染物的去除过程和方式，研究适用于各类企业各种污染物的去除模式，如改进现有的二氧化硫去除技术、延长中端去除链条、细化二氧化硫去除流程等，提高污染物去除效率以达到较好的环境治理效果。此外，"利其器"方能"善其事"，应逐步增加投资用于购买、引入先进的污染物去除设备，并配备专业人员熟悉操作新设备，从而实现短时间内提高二氧化硫等工业污染物去除量的目标。相比于前端治理，中端治理更易于操作和实施，但是污染物去除效果可能会低于前端治理。

(三) 后端治理

从后端或末端治理环境污染即在污染物排放之前采取一定的措施,或者处理已经产生的污染物,是较传统和应用较广泛的环境治理方式。在前端治理和中端治理的基础上,后端治理主要是在二氧化硫、氮氧化物等工业污染排放物"出口"处进行再次处理。比如二氧化硫的具体处理方式主要包括物理方法和化学方法两类,其中化学脱硫方法更为高效。后端治理是环境污染治理的最后环节,应根据前端治理和中端治理的成效,合理选择切实可行且适度的后端处理污染物的方法,提高末端治理效率。相比于前端治理和中端治理,后端治理对企业生产活动的影响较小,但治理效果可能存在一定的不足。

三、环境治理主体的任务

如前所述,环境污染协同治理体系涉及政府、企业、公众、社会组织等多个主体,各主体在环境治理体系中是紧密联系又相互独立的个体,其所处的位置不同,职责分工也存在差异。本部分以政府、企业、公众为例,对各主体在环境治理中的任务加以说明。

(一) 政府的主要任务

政府在环境治理中发挥着督促、引导等作用,应从全局出发制定环境污染治理总体目标,并合理分配污染治理任务,协调各关联地区、上下游企业的环境治理工作,保证环境治理全面、严格和有序地进行,如图14-7所示。

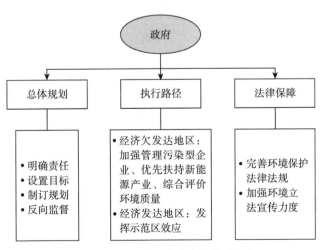

图14-7 环境治理中政府的主要任务

在理顺政府、企业、公众及社会组织之间的关系后，应明确各方在环境治理体系中承担的责任，并建立正向和反向的监督机制，定时收集各方关于环境治理的意见和建议，努力满足公众对环境质量的要求。对于地方政府而言，应制定显性、直接的环境保护约束目标并通过写入政府工作报告等方式向社会公布，明确政府生态环境保护部门、应对气候变化部门的环境责任，将环境污染物减排目标完成情况纳入政绩考核体系。当然，地方政府应根据本地区各类污染型企业的数量、工业企业的污染物排放水平、生态环境破坏程度等情况，制订辖区内详细的环境治理规划，适时适度地开展本地区的环境治理工作。

对于东部沿海地区，经济发展与环境污染之间的"脱钩"现象已经显现，而且其经济实力能够保障环境治理工作的顺利进行；与之相对，中西部地区经济发展阶段相对滞后，经济增长与环境质量改善之间的矛盾突出。为了加强中西部地区的环境规制，当地政府应系统采取惩罚型和激励型并行的环境规制措施，在严格管控污染型企业高排放的同时，大力引导企业向清洁生产方向转型，并加大激励力度保障低碳产业、新能源产业的发展。此外，建立实时或动态的环境质量综合评价体系，包括环境治理情况、企业污染情况等，有助于政府准确把握环境质量，有效阻止污染源扩散，提高环境治理效率。

在体系建设之外，还应修订完善各项环境法律法规，做好环境治理保障工作。强调环境立法的强制性，利用法制手段解决环境治理体系复杂、部门职责不清、管理存在时滞等问题，做到环境治理有法可依、有法必依。在健全并完善现有的环境保护法律法规的同时，补充制定关于碳排放的法规，利用法律的权威性约束企业的排污行为和碳排放行为；以此为基础，加强对《环境保护法》和《大气污染防治法》等法律法规的宣传，增进公众、企业对于环境法规的了解，同时为政府的执法行为提供有力保障。

（二）企业的主要任务

企业是执行环境污染协同治理任务的关键主体，各种类型的企业可以从不同方面开展环境污染治理工作，如图14-8所示。

对于污染型企业而言，首先应强化工业污染物排放全过程管理，从工业污染物的产生、去除到排放的各个阶段做好污染物防控和去除工作，具体包括改进生产技术、创新二氧化硫去除技术、提高污染物过滤程度等；其次是推广"生态+工业"理念，具体做法如尝试在企业内部或企业之间发展循环经济，即在保证生产质量的前提下，提倡部分工业废料的循环再利用

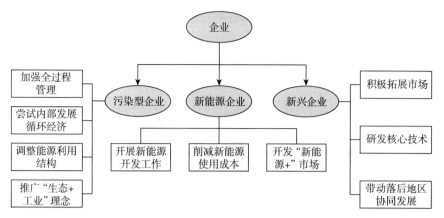

图 14-8 环境治理中企业的主要任务

以减少污染物排放。对于无法实现降解或循环利用的材料,应做好污染物的定点排放和集中处理等,尽可能降低其对生态环境的损害。

能源使用是污染物排放和二氧化碳产生的重要来源,在更大范围内使用新能源将有助于环境的改善。新能源种类丰富,但是部分新能源存在持续性和稳定性差、受环境因素影响明显等特点,在加大新能源开发的基础上,企业应更注重提高新能源的适用性及持续性,尽早建成能源多元化供应体系。目前,价格也是大多数企业不使用新能源的原因之一,在新能源研发技术方面应加大投入、提高新能源研发效率,大幅削减成本以促进新能源迅速推广,并努力开发"新能源+"市场,如新能源汽车、新能源电池等,通过拓展新能源的应用范围,发挥新能源产业在环境质量改善中的作用。

新兴产业主要指包括节能环保产业、生物产业、新材料产业等在内的七大战略性新兴产业,也包括新能源产业和新能源汽车产业。加速发展新兴产业有利于减少污染物和碳的排放,而且符合我国产业结构升级的方向。由于发展较晚,新兴产业在我国具有广阔的市场空间,行业内企业应致力于研发核心技术和关键技术,尽早尽快占领相关市场,形成先行者优势。另外,部分新兴产业对区域资源禀赋的要求较低,经济欠发达地区可以尽快建立适合本地区的新兴产业链条或重点发展某个新兴产业,打开区域间新兴产业协作发展、环境质量协同改善的良好局面。

(三)公众的主要任务

公众是环境污染协同治理任务的重要参与者,在环境污染治理过程中发挥着不可替代的作用。生态环境质量与人们的身体健康、生活质量密切相关,环境是影响居民效用(即社会福利)的因素之一。公众既是环境污染的受害者,又是环境治理的受益者。在充分赋予公众追求优质生态环境权利的基础上,为公众在协同治理体系中合理定位,建立"自下而上"、畅通无阻的环境信息反馈渠道,积极提取有价值的信息是十分必要的。在环境治理框架中,公众的主要任务如图14-9所示。

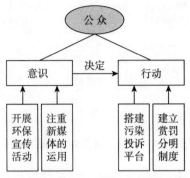

图14-9　环境治理中公众的主要任务

提高公众的环境保护意识,将有助于规范公众的自身行为并产生正外部性。例如,普通市民的垃圾分类投放能够推进污染物的高效处理,企业经营者按照规定处理污染物后再排放有利于环境质量改善等。因此,加大环境保护和节能减排的宣传力度,使公众了解更多的环境保护知识,使其真正意识到环境治理人人有责是十分必要的。在宣传对象方面,可以有针对性地开展环境保护宣传活动、定期举办环境知识相关讲座、组织环境保护公益活动、开展节能环保趣味竞赛等,增强青少年、重点行业从业人员保护环境的责任意识;在社区、机关单位普及日常节能减排常识,倡导低碳出行理念。在宣传方式上注重传统媒体与新媒体工具的结合运用,充分利用报纸、网络、手机等媒介,高频率、多版面、多频道发布环境保护公益广告,使公众了解环境污染治理的紧迫性,引导公众共同创建绿色家园。

公众对优质生态环境的诉求能够反向推动政府加大环境污染治理力度,因此充分调动公众的力量,鼓励公众积极反映、举报环境污染事件,是准确把握环境污染现状、实现精准环境治理的必要环节。为了确保公众了解的信息能够迅速、准确得以上报,政府有必要为公众搭建环境污染投诉平台、专门设置公众投诉电话、成立社区环境治理工作小组等,为公众的污染监督行为提供便利。对于公众的环境污染投诉,可以在核实污染事件的基础上给予一定的奖励以提高公众对污染事件进行监督的积极性,对于违规经营企业进行适度的处罚以进一步提高公众对于政府环境治理行为的满意度。

第三节 深化政府的环境治理改革

一、能源领域相关改革

在环境治理的过程中,除了推广清洁能源的使用,还应借助能源体制改革的力量推动能源消费结构转变和环境质量提升。为此,政府应构建清洁能源使用的价值补偿机制和成本分担机制。价值补偿机制是针对绿色转型中的企业采取的补助措施,如利用政府的转移支付和社会资金帮助转型企业适应并扩大清洁生产。成本分担机制是对价值补偿机制的补充,目标在于协调政府、企业、社会之间的利益关系,推动清洁能源的生产和使用。

以利益分配机制的建立和完善为例,能源产业链条涉及诸多主体,协调各主体的利益关系是实现能源有效利用的重要前提。例如,西部地区能源储量较大,而东部地区对能源的消费需求较大,协调东部地区与西部地区间的能源供求矛盾是亟待解决的问题。政府应建立能源协调机制,通过价格机制调配东部、西部能源基础产品的供应和消费,完善能源系统的内部结构,建立能源产业链条利益协调机制,明确各地区间企业的利益分配比例,同时根据能源生产和消费的比例,对输入型和输出型碳排放等进行测算,依托能源产业链条建立权责明晰的环境责任体系。

能源体制的完善还有利于控制二氧化碳等温室气体的排放量,推动应对气候变化工作的有效开展。当前,我国能源市场存在机制不健全、市场化改革不充分、行业监管不到位等问题。为了解决上述问题,政府应在能源价格形成机制、能源市场化改革、能源交易市场建设和能源行业监管四个方面深化改革,如图 14-10 所示。

(一)完善能源价格形成机制

出于能源安全等方面的考虑,我国政府在能源价格形成机制中发挥主导作用。然而,政府管制下的能源市场存在价格扭曲、分配不均、供给能力较差、利用效率较低等问题。事实上,能源与其他商品一样,具有商品属性。政府应还原能源的商品属性,充分发挥市场机制在能源供求中的调节作用,将能源的定价权循序渐进地还给市场。因此,能源价格形成机制改革应逐步弱化政府管制力度、不断强化市场功能。

长期以来,在政府管制和国有企业垄断的双重作用下,能源的价格刚

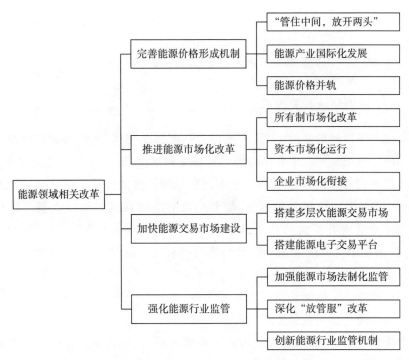

图 14-10　能源领域改革的具体措施

性导致能源供求不平衡的现象突出,表现为经济高速发展阶段出现能源供给不足、经济平稳运行阶段出现能源供给过剩,并且能源相对较高的价格还会显著增加企业的生产成本,不利于企业释放活力。在能源价格形成机制改革方面,应逐步取消能源商用价格和民用价格双轨制,将能源价格并轨且统一交由市场决定,实现准市场化或市场化定价。此外,能源价格市场化是国际能源产业发展的主流趋势,政府应促进基础能源产业发展的国际化,完成国际和国内能源市场的有效衔接,在国际能源市场定价机制的基础上,根据我国实际情况稳步推进能源价格形成机制改革。

（二）推进能源市场化改革

未来的能源市场化改革应继续遵循"管住中间,放开两头"的思路。"管住中间"是指逐步放松政府对能源的价格控制,打破国有企业的能源垄断地位,重点关注中间管网的高效集中输送;"放开两头"是指构建多元竞争体系,鼓励中小型能源生产企业优先发展,形成上游多主体供应、下游充分竞争的格局,改变能源生产企业发展失衡现状,营造公平有序的能源市场环境。具体改革应从能源所有制市场化改革、能源行业资本市场化运转、能源生产企业市场化衔接三个方面展开。

如前所述,我国能源的供求平衡、市场定价制度尚不完善,为了保证能源市场的长期稳定发展,政府应着力推进能源所有制的市场化改革。在经济发达地区或具备能源禀赋优势的地区建立能源市场化改革试点,逐步推行能源混合所有制,引入多方主体进入能源市场,构建适度竞争的能源市场体系,满足能源消费型企业和普通公众对能源的需求。

政府对能源的高度管制以及国有企业对能源的高度控制,导致能源资本市场运行的灵活性较差,民间资本难以进入能源市场,对新能源产业和可再生能源产业的发展造成一定的负向影响。因此,在推进能源行业的资本市场化运行方面,应适当放宽能源行业准入限制,鼓励民间资本进入、盘活能源资本存量;与此同时,还应一定程度地保持大型国有企业在能源市场上的影响力,保证国家能源安全。

能源生产企业并不是独立的个体,而是能源产业链条各个环节的参与主体,协调好各企业的关系,明确各企业在能源产业链条和生产网络中的作用并准确定位,是能源市场化改革的重要内容。在推进能源产业的市场化衔接方面,做好能源市场上游、中游、下游的衔接工作,深化能源相关产业的纵向合作,保障能源初级产品的供应,创新能源开发、利用、共享技术,满足能源的差异化消费需求,在供给和需求两侧持续推进能源市场化改革。

(三) 加快能源交易市场建设

能源交易市场是我国实现能源市场化的重要载体,也是国内能源市场与国际市场接轨的桥梁。相关政府部门应搭建多层次的能源交易市场,分煤、电、油、气四大类分别开展交易市场建设工作,根据不同能源的自然垄断程度和交易特点设置异质性的交易规则与交易平台,以满足不同投资者的需求。在建设能源交易市场的过程中,可参考上海国际能源交易中心的成功经验,细化能源产品类型、交易规则等。设立专项能源交易市场能够保证建设速度,各市场既相互联系又独立运行,有助于提高能源市场资金运作的灵活性,为能源交易营造公平环境。

在建设实体市场的同时,还可以利用现代技术搭建能源电子交易平台。对于能源交易市场而言,电子交易平台具有全球性、实效性和经济性等特点,能够很大程度地推动国内能源市场与国际能源市场的接轨,增加交易方式并拓展交易范围,引导国内能源交易市场朝着国际化方向发展。电子交易平台还能够帮助市场管理者迅速了解国内外能源市场状态,广泛借鉴国外能源交易的经验,完善国内能源交易市场的各项运行机制。

（四）强化能源行业监管

为了保障能源市场化改革和能源交易平台建设的顺利进行，监管部门应强化对能源行业的管理。政府应加强能源市场法制化管理，明确规定能源管理体制和能源市场运作程序等内容，适应并服务于生态文明建设的需要，有效监管能源市场上的违规行为。以此为基础，做好能源立法与能源改革的深入对接，依据相关法规条例制定监管措施，使得各项能源法规条例的执行能够释放改革红利，确保能源市场化改革取得成效。

继续深化能源领域的"放管服"改革，明确界定政府的监管范围，将政府职责以外的事项交予市场调节。政府应从宏观上把握能源市场情况，在保证能源市场正常运转的前提下，逐步下放行政审批管理权，并优化政府服务、缩短审批流程，为能源生产企业提供便利。在监管方式上，政府应鼓励在能源行业实行或规范"双随机，一公开"监管制度，即在监管过程中随机抽取调查的能源生产企业对象，随机指定监管机构和工作人员进行检查，并及时将检查结果向社会公开，在实现监管区域全覆盖的同时，尽可能地减少能源行业监管成本、提高监管效率，做到精确监管、有效监管。

二、环境管理体制改革

在能源体制改革的基础上，政府应加大力度进行环境治理体系改革，形成改革的叠加效应和放大效应。政府的环境污染治理工作可以考虑从管理体制、政策优化、立法监管和市场调节四个方面深入改革，具体任务如图14-11所示。其中，加快环境管理体制的改革应当成为环境治理体系改革的首要步骤，同时也是实施环境规制其他方面改革的基础。

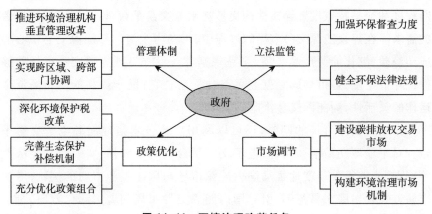

图14-11　环境治理改革任务

(一) 强化环境治理机构的垂直管理

我国已经全面推进环境保护机构改革,由原来的环境治理地方政府负责制向"自上而下"垂直管理转变。顾名思义,垂直管理是指在环境保护监管体系中,省级环保部门负责本省环境保护工作的同时管理地市级环保部门,地市级环保部门服务于本市环境治理的同时管理区县级环保部门。垂直管理体系将环境治理权移交由上级环境监管部门,有效解决了生态环境部门多头管理,以及地方政府以牺牲环境为代价换取经济增长的问题,有助于提高环境治理水平。

在垂直管理制度改革和实施的过程中,应明确上级环境监管部门的环境治理主体地位,同时实行多部门合作机制,其他同级地方政府部门应配合环境监管部门开展环境执法工作,即实现上级环保部门环境执法的独立性、本级环保部门与其他部门共同完成环境治理任务的联合性相统一。垂直管理改革和实施中值得注意的一个问题是:基层环境监管力量薄弱,难以做好环境执法工作,省级、市级、县级应分批次、不定期地派驻环境监管人员以强化环境治理能力。

(二) 推动环境治理的跨区域协调

环境污染物排放后,会随着大气、水流以及运输等发生转移,进而对其他地区的环境产生影响。因此,环境污染不仅仅会出现在一个地区内部,还时常会出现跨区域污染和污染转移的情况。例如,某一河流水域上游被污染后,会严重损害下游地区的水质,因此强调环境治理的跨区域、跨部门协调是十分必要的。

我们应树立环境污染治理全局观,在环境治理中既要考虑时间的延续性又要注重区域的整体性。从时间层面分析,环境保护是一项长期性、持久性的任务;从区域层面分析,保护环境事关所有关联地区,从整体视角治理环境是真正实现"绿水青山"的保障。为此,在实行垂直管理后,上一级生态环境保护部门应充分发挥协调作用,建立环境治理跨区域联盟,促使环境污染地区与周边地区共同开展环境治理工作,共享环境治理成果。

三、环境规制政策优化

(一) 深化环境保护税体系改革

虽然我国已于2018年1月开征环境保护税,但环境保护税征收体系不够健全、惩罚措施执行力度不足等现象较为突出。为充分发挥环境保护税的税收职能,发挥这一重要惩罚性措施在环境治理中的有效性,我国应持

续深化环境保护税改革,具体措施如下:

第一,适时考虑扩大环境保护税的征收范围,增加环境保护税的征收对象。现有环境保护税主要针对大中型企业,而对部分小微企业或个体企业的信息了解不足,应及时补充缺失的纳税人信息,避免大中型企业通过生产分包等方式转移环境污染责任;第二,增加环境保护税征收税种,除了对与环境污染直接相关的污染源征税,应尝试新增或结合其他税种(如生态税、碳税等)征收,保证环境治理的全面性,避免重复征税;第三,细化环境保护税征收标准,严格区分主要污染物和一般污染物,根据其对环境污染程度的不同,适当考虑地区经济发展水平的差异,制定不同的税率标准并优化税率结构,实现环境治理的公平性与效率性的统一;第四,制定累进的环境保护税惩罚措施,对污染物排放规模远超限额的企业进一步提高税率,保证环境治理的强约束性;第五,将征收的环境保护税用于支持环境治理工作,及时公开资金使用情况,实现环境资金专款专用的透明化。

需要注意的是,征收环境保护税并不完全是一种惩罚性的治理措施,其目标之一是通过将环境污染的外部成本内部化,在限制工业污染物排放规模的同时倒逼企业改进治污技术,转向更加清洁、安全、高效的生产方式,达到企业可持续发展、经济结构不断优化与环境质量稳步提升的多重目标。根据环境规制的波特假说,在污染治理前期,创新补偿效应并未得到释放,企业需要付出高额的减排经济成本。为了缓解企业技术创新的经济压力,地方政府和生态环境部门应通过财政拨款或者利用环境保护税专项资金,为企业提供治污技术补贴和清洁生产补贴,助力企业完成转型升级。

(二) 完善生态保护补偿机制

我国已于 2019 年 11 月出台《生态综合补偿试点方案》(发改振兴〔2019〕1793 号),加快完善生态保护补偿机制是健全环境规制体系的重要环节。在资金来源方面,以政府为主导建立生态保护补偿专项基金,基金主要由环境治理的财政拨款、对污染物排放征收的环境保护税及其他资金构成,同时吸引社会资本和公益基金加入。在此基础上进行环境治理资金的市场化操作,如构建生态保护补偿投融资机制等,保证充足的生态建设资金供应。在技术方面,进一步深入研究生态环境的量化评价方法,提高自然资源价值和生态环境价值的估算精度,准确评估环境污染损失额等,保证生态保护补偿机制实施的科学性。在协调生态保护补偿资金在各地区的分配比例时,应适度向经济欠发达地区、环境污染严重的地区倾斜,体现生态保护补偿的合理性。

环境系统复杂庞大,单独依靠某项政策难以达到环境治理的理想效果。为此,除了深化环境保护税改革、完善生态保护补偿机制,政府还应统筹多项环境治理制度,包括生态文明考核制度、自然环境承载力监控预警制度等,构建环境治理政策组合框架,形成多项政策互动机制。例如,地方生态环境保护部门根据本地区的自然资源和环境状况,结合污染型企业的年度排污规模、对环境的损害程度等指标,利用大数据、云计算等现代技术建立环境污染监控预警系统,定期监控企业污染状况,进行科学预测并及时发出预警信号等,对于重大环境污染防患于未然。

四、环境监管与立法改革

(一)加强环保督察力度

环境治理部门可以从增加监督频率和提高规制强度两个方面加大环境保护督察力度。在增加监督频率方面,地方政府环境监管部门成立环保督察专项小组,实行分时段、分社区考察制度,定期走访各污染型企业,监督其生产活动,检查污染物处理系统,并将调查情况向上级反馈;社区负责人审理公众投诉,并向专项小组汇报,按照有关要求对公众举报的违规企业进行核查,保证环境监督的透明度和及时性。

在提高规制强度方面,区别于以往的刚性惩罚制度,可以尝试实行弹性惩罚与累计惩罚相结合的机制。弹性惩罚机制是指根据企业对环境的破坏程度、污染物排放水平等因素,对企业实行不同等级的惩罚措施;累计惩罚机制是指根据企业的违规生产次数,实行累加式惩罚,即企业违规排放污染物的次数增多则接受的惩罚力度加大。此外,针对部分高污染型企业,可以借助更多渠道将对其处罚决定公之于众,加大力度杜绝企业过度污染、超高排放的行为。

(二)健全环保法规,完善配套制度

相比于其他环境治理政策,法律法规具有强制性和威慑力,是实现环境保护目标的重要依托。强化环保法规的刚性约束,依靠法律的约束力提高公众和企业的环境保护意识,可以为环境治理营造良好的制度环境。在健全环境保护法律法规时,应在法律体系中细化有关工业污染防治的规定,研究制定详尽的工业污染处罚条例,限制工业污染物排放规模。与此同时,还应完善包括《中华人民共和国循环经济促进法》《中华人民共和国节约能源法》和《中华人民共和国森林法》等在内的多项法规条例,建立系统化、全覆盖的环境保护法律体系。

五、充分发挥市场的调节作用

（一）加快建设碳排放权交易市场，促进低碳产业发展

充分发挥市场的调节作用有助于控制碳排放、降低碳强度，政府应加快建设并完善碳排放权交易市场。对碳排放权交易市场的功能要有清晰的定位，即明确碳市场需要实现的具体减排目标，并根据各地区碳市场的规模设定差异化的减排区间，或者根据碳市场的成熟度科学制定短期和中长期减排目标。借鉴各个试点碳市场的运行经验，统一碳市场的标准和规范，适时新增设试点市场，为加速建设全国统一碳排放权交易市场创造条件。另外，可以依托碳排放权交易市场带动碳金融市场发展，探索碳金融业务，发挥碳市场的辐射带动作用。

除了建设碳市场，推进低碳产业发展也是降低碳排放和碳强度的有效措施，包括引导传统高耗能、高排放企业适度调整能源消费结构，重点支持产业绿色转型发展等。为了推进低碳产业发展，政府在为企业提供低碳技术补贴或税收优惠时，应评估企业的低碳技术研发和创新活动，且对低碳研发成果转化和技术应用予以再激励。在宏观层面，可以建设专门的低碳产业基地、园区推动并形成低碳产业集聚以发挥低碳经济效应。

（二）构建环境治理市场机制，发挥市场调节作用

政府与市场是相辅相成的，而且相对于政府的直接管制，市场调控具有更大的灵活性，应充分发挥市场在环境资源配置中的决定性作用，着力构建环境治理市场机制。建立完备的现代产权体系是构建环境治理市场机制的前提。完备的现代产权体系包括产权主体的清晰界定、产业交易机制的完善以及产权保护制度的建立等，其中明确自然资源、生态环境的产权归属至关重要。在明晰产权后，应重点建立资源资产化管理制度以及资源有偿使用制度，规范交易行为，保证自然资源的合法、高效、合理利用。在完备的现代产权体系保障下，积极开展排污权、取水权等交易活动，发挥市场在环境治理中的调节作用，持续推进生态环境质量提升与经济社会高质量发展。

参考文献

安苑、宋凌云:《财政结构性调整如何影响产业结构》,《财经研究》,2016 年第 2 期。

包群、陈媛媛、宋立刚:《外商投资与东道国环境污染:存在倒 U 型关系吗》,《世界经济》,2010 年第 1 期。

包群、邵敏、杨大利:《环境管制抑制了污染排放吗》,《经济研究》,2013 年第 12 期。

钞小静、任保平:《中国公共支出结构对经济增长影响的实证分析:1978—2004》,《经济评论》,2007 年第 5 期。

蔡昉、都阳、王美艳:《经济发展方式转变与节能减排内在动力》,《经济研究》,2008 年第 6 期。

蔡圣华、牟敦国、方梦祥:《二氧化碳强度减排目标下我国产业结构优化的驱动力研究》,《中国管理科学》,2011 年第 4 期。

陈红敏:《包含工业生产过程碳排放的产业部门隐含碳研究》,《中国人口·资源与环境》,2009 年第 3 期。

陈诗一:《能源消耗、二氧化碳排放与中国工业的可持续发展》,《经济研究》,2009 年第 4 期。

陈诗一:《边际减排成本与中国环境税改革》,《中国社会科学》,2011 年第 3 期。

陈诗一、陈登科:《雾霾污染、政府治理与经济高质量发展》,《经济研究》,2018 年第 2 期。

陈晓红、胡维、王陟昀:《自愿碳减排交易市场价格影响因素实证研究:以美国芝加哥气候交易所(CCX)为例》,《中国管理科学》,2013 年第 4 期。

邓明、魏后凯:《公共支出结构偏向的经济波动效应研究:兼论新常态下的公共支出结构调整》,《经济管理》,2015 年第 9 期。

邓玉萍、许和连:《外商直接投资、地方政府竞争与环境污染:基于财政分权视角的经验研究》,《中国人口·资源与环境》,2013 年第 7 期。

丁继红、年艳:《经济增长与环境污染关系剖析:以江苏省为例》,《南开经济研究》,2010 年第 2 期。

董直庆、蔡啸、王林辉:《技术进步方向、城市用地规模和环境质量》,《经济研究》,2014 年第 10 期。

樊纲、苏铭、曹静:《最终消费与碳减排责任的经济学分析》,《经济研究》,2010 年第

1期。

傅京燕、张春军:《国际贸易、碳泄漏与制造业 CO_2 排放》,《中国人口·资源与环境》,2014年第3期。

符淼、黄灼明:《我国经济发展阶段和环境污染的库兹涅茨关系》,《中国工业经济》,2008年第6期。

范庆泉、周县华、刘净然:《碳强度的双重红利:环境质量改善与经济持续增长》,《中国人口·资源与环境》,2015年第6期。

范庆泉、周县华、张同斌:《动态环境税外部性、污染累积路径与长期经济增长:兼论环境税的开征时点选择问题》,《经济研究》,2016年第8期。

方福前、孙文凯:《政府支出结构、居民消费与社会总消费:基于中国2007—2012年省级面板数据分析》,《经济学家》,2014年第10期。

冯海波、方元子:《地方财政支出的环境效应分析:来自中国城市的经验考察》,《财贸经济》,2014年第2期。

郭朝先:《中国碳排放因素分解:基于LMDI分解技术》,《中国人口·资源与环境》,2010年第12期。

郭朝先:《产业结构变动对中国碳排放的影响》,《中国人口·资源与环境》,2012年第7期。

高宏霞、杨林、付海东:《中国各省经济增长与环境污染关系的研究与预测:基于环境库兹涅茨曲线的实证分析》,《经济学动态》,2012年第1期。

高巍:《经济关联网络视角下制造业碳排放影响因素及板块差异性研究》,东北财经大学硕士学位论文,2018年。

干春晖、郑若谷、余典范:《中国产业结构变迁对经济增长和波动的影响》,《经济研究》,2011年第5期。

国务院发展研究中心课题组:《二氧化碳国别排放账户:应对气候变化和实现绿色增长的治理框架》,《经济研究》,2011年第12期。

胡李鹏、樊纲、徐建国:《中国基础设施存量的再测算》,《经济研究》,2016年第8期。

胡永刚、郭新强:《内生增长、政府生产性支出与中国居民消费》,《经济研究》,2012年第9期。

洪大用:《经济增长、环境保护与生态现代化:以环境社会学为视角》,《中国社会科学》,2012年第9期。

韩超、张伟广、冯展斌:《环境规制如何"去"资源错配:基于中国首次约束性污染控制的分析》,《中国工业经济》,2017年第4期。

郝寿义、曹清峰:《后工业化初级阶段与新时代中国经济转型》,《经济学动态》,2019年第9期。

黄敏:《中国消费碳排放的测度及影响因素研究》,《财贸经济》,2012年第3期。

金戈:《中国基础设施与非基础设施资本存量及其产出弹性估算》,《经济研究》,2016年第5期。

阚大学、吕连菊:《要素市场扭曲加剧了环境污染吗?基于省级工业行业空间面板动态数据的分析》,《财贸经济》,2016年第5期。

梁中:《"产业碳锁定"的内涵、成因及其"解锁"政策:基于中国欠发达区域情景视角》,《科学学研究》,2017年第1期。

林伯强、孙传旺:《如何在保障中国经济增长前提下完成碳减排目标》,《中国社会科学》,2011年第1期。

林伯强、姚昕、刘希颖:《节能和碳排放约束下的中国能源结构战略调整》,《中国社会科学》,2010年第1期。

李成、马文涛、王彬:《学习效应、通胀目标变动与通胀预期形成》,《经济研究》,2011年第10期。

李钢、廖建辉:《基于碳资本存量的碳排放权分配方案》,《中国社会科学》,2015年第7期。

李薇、董艳艳、卢晗、黄奎、王振宇:《"十三五"规划碳减排目标下碳排放权交易机制的博弈分析》,《中国环境科学》,2016年第9期。

李小胜、宋马林:《"十二五"时期中国碳排放额度分配评估:基于效率视角的比较分析》,《中国工业经济》,2015年第9期。

李新运、吴学锰、马俏俏:《我国行业碳排放量测算及影响因素的结构分解分析》,《统计研究》,2014年第1期。

李秀珍、张云:《环境资源约束下中国产业结构低碳化研究:基于中国2015年减排目标预测》,《中央财经大学学报》,2013年第10期。

李永友、沈坤荣:《财政支出结构、相对贫困与经济增长》,《管理世界》,2007年第11期。

李子豪、刘辉煌:《FDI对环境的影响存在门槛效应吗?基于中国220个城市的检验》,《财贸经济》,2012年第9期。

李子豪、毛军:《地方政府税收竞争、产业结构调整与中国区域绿色发展》,《财贸经济》,2018年第12期。

陆铭、冯皓:《集聚与减排:城市规模差距影响工业污染强度的经验研究》,《世界经济》,2014年第7期。

陆旸:《中国的绿色政策与就业:存在双重红利吗》,《经济研究》,2011年第7期。

刘华军、刘传明:《环境污染空间溢出的网络结构及其解释:基于1997—2013年中国省际数据的经验考察》,《经济与管理评论》,2017年第1期。

刘华军、刘传明、杨骞:《环境污染的空间溢出及其来源:基于网络分析视角的实证研究》,《经济学家》,2015年第10期。

刘红光、刘卫东、唐志鹏:《非竞争型投入产出表在碳泄漏问题中的应用》,《系统工程理论与实践》,2012年第7期。

刘军:《整体网分析》,上海:格致出版社,2014年。

刘琳:《中国碳减排政策环境效应与经济效应的对比分析》,东北财经大学硕士学位论文,2017年。

刘淑琳、王贤彬、黄亮雄:《经济增长目标驱动投资吗? 基于2001—2016年地级市样本的理论分析与实证检验》,《金融研究》,2019年第8期。

廖楚晖、余可:《地方政府公共支出结构与经济增长:基于中国省际面板数据的实证分析》,《财贸经济》,2006年第11期。

卢洪友、杜亦譞、祁毓:《中国财政支出结构与消费型环境污染:理论模型与实证检验》,《中国人口·资源与环境》,2015年第10期。

毛其淋、盛斌:《对外经济开放、区域市场整合与全要素生产率》,《经济学(季刊)》,2011年第1期。

孟庆雷、刘钻扩、李成豪:《FDI对中国工业生态效益的影响》,《中国人口·资源与环境》,2016年第4期。

马丽梅、张晓:《中国雾霾污染的空间效应及经济、能源结构影响》,《中国工业经济》,2014年第4期。

潘安:《对外贸易、区域间贸易与碳排放转移:基于中国地区投入产出表的研究》,《财经研究》,2017年第11期。

潘彬、金雯雯:《货币政策对民间借贷利率的作用机制与实施效果》,《经济研究》,2017年第8期。

潘慧峰、王鑫、张书宇:《雾霾污染的持续性及空间溢出效应分析:来自京津冀地区的证据》,《中国软科学》,2015年第12期。

潘文卿、李子奈:《中国沿海与内陆间经济影响的反馈与溢出效应》,《经济研究》,2007年第5期。

彭水军、张文城、卫瑞:《碳排放权的国家责任核算方案》,《经济研究》,2016年第3期。

彭水军、张文城、孙传旺:《中国生产侧和消费侧碳排放量测算及影响因素研究》,《经济研究》,2015年第1期。

齐志新、陈文颖:《结构调整还是技术进步?改革开放后我国能源效率提高的因素分析》,《上海经济研究》,2006年第6期。

祁毓、卢洪友、张宁川:《环境规制能实现"降污"和"增效"的双赢吗? 来自环保重点城市"达标"与"非达标"准实验的证据》,《财贸经济》,2016年第9期。

任松彦、戴瀚程、汪鹏、赵黛青、增井利彦:《碳排放权交易政策的经济影响:以广东省为例》,《气候变化研究进展》,2015年第1期。

盛斌、吕越:《外国直接投资对中国环境的影响:来自工业行业面板数据的实证研究》,《中国社会科学》,2012年第5期。

邵帅、李欣、曹建华、杨莉莉:《中国雾霾污染治理的经济政策选择:基于空间溢出效应的视角》,《经济研究》,2016年第9期。

邵帅、张曦、赵兴荣:《中国制造业碳排放的经验分解与达峰路径:广义迪氏指数分解和动态情景分析》,《中国工业经济》,2017年第3期。

孙传旺、刘希颖、林静:《碳强度约束下中国全要素生产率测算与收敛性研究》,《金融研究》,2010年第6期。

孙立成、蒋玲玲、张济建:《产业间碳排放转移结构分解及演变特征研究》,《商业研究》,2018年第2期。

史青:《外商直接投资、环境规制与环境污染:基于政府廉洁度的视角》,《财贸经济》,2013年第1期。

史亚东:《各国二氧化碳排放责任的实证研究》,《统计研究》,2012年第7期。

谌莹、张捷:《碳排放、绿色全要素生产率和经济增长》,《数量经济技术经济研究》,2016年第8期。

唐晓华、刘相锋:《能源强度与中国制造业产业结构优化实证》,《中国人口·资源与环境》,2016年第10期。

汤铃、武佳倩、戴伟、余乐安:《碳排放权交易机制对中国经济与环境的影响》,《系统工程学报》,2014年第5期。

汤维祺、钱浩祺、吴力波:《内生增长下排放权分配及增长效应》,《中国社会科学》,2016年第1期。

汤维祺、吴力波、钱浩祺:《从"污染天堂"到绿色增长——区域间高耗能产业转移的调控机制研究》,《经济研究》,2016年第6期。

涂正革:《工业二氧化硫排放的影子价格:一个新的分析框架》,《经济学(季刊)》,2009年第4期。

涂正革、肖耿:《环境保护约束下的中国工业增长模式研究》,《世界经济》,2009年第1期。

涂正革:《中国的碳减排路径与战略选择:基于八大行业部门碳排放量的指数分解分析》,《中国社会科学》,2012年第3期。

王安静、冯宗宪、孟渤:《中国30省份的碳排放测算以及碳转移研究》,《数量经济技术经济研究》,2017年第8期。

王栋、潘文卿、刘庆、高旭东:《中国产业 CO_2 排放的因素分解:基于 LMDI 模型》,《系统工程理论与实践》,2012年第6期。

王锋、冯根福:《优化能源结构对实现中国碳强度目标的贡献潜力评估》,《中国工业经济》,2011年第4期。

王锋、冯根福、吴丽华:《中国经济增长中碳强度下降的省区贡献分解》,《经济研究》,2013年第8期。

王金南、蔡博峰、严刚、曹东、周颖:《排放强度承诺下的 CO_2 排放总量控制研究》,《中国环境科学》,2010年第11期。

王文甫、李雨晴、王赟龙:《财政支出有偏性对经济结构失衡的长期与短期效应分析》,《财经论丛》,2017年第2期。

王文举、向其凤:《中国产业结构调整及其节能减排潜力评估》,《中国工业经济》,2014年第1期。

王文普:《环境规制、空间溢出与地区产业竞争力》,《中国人口·资源与环境》,2013年第8期。

王晓硕、宇超逸:《空间集聚对中国工业污染排放强度的影响》,《中国环境科学》,2017年第4期。

王艺明、张佩、邓可斌:《财政支出结构与环境污染:碳排放的视角》,《财政研究》,2014年第9期。

王岳平、葛岳静:《我国产业结构的投入产出关联特征分析》,《管理世界》,2007年第2期。

吴力波、钱浩祺、汤维祺:《基于动态边际减排成本模拟的碳排放权交易与碳税选择机制》,《经济研究》,2014年第9期。

吴伟平、何乔:《"倒逼"抑或"倒退":环境规制减排效应的门槛特征与空间溢出》,《经济管理》,2017年第2期。

吴兴弈、刘纪显、杨翱:《模拟统一碳排放市场的建立对我国经济的影响:基于DSGE模型》,《南方经济》,2014年第9期。

吴振信、谢晓晶、王书平:《经济增长、产业结构对碳排放的影响分析:基于中国的省际面板数据》,《中国管理科学》,2012年第3期。

魏楚:《中国城市CO_2边际减排成本及其影响因素》,《世界经济》,2014年第7期。

魏后凯、王颂吉:《中国"过度去工业化"现象剖析与理论反思》,《中国工业经济》,2019年第1期。

许和连、邓玉萍:《外商直接投资导致了中国的环境污染吗?基于中国省际面板数据的空间计量研究》,《管理世界》,2012年第2期。

谢炳庚、陈永林、李晓青:《耦合协调模型在"美丽中国"建设评价中的运用》,《经济地理》,2016年第7期。

徐阳光:《如何实现"以支定收":新〈预算法〉理财观解读》,《税务研究》,2015年第1期。

徐盈之、吕璐:《基于投入产出分析的我国碳减排责任分配优化研究》,《东南大学学报(哲学社会科学版)》,2014年第3期。

徐盈之、吴海明:《环境保护约束下区域协调发展水平综合效率的实证研究》,《中国工业经济》,2010年第8期。

徐盈之、徐康宁、胡永舜:《中国制造业碳排放的驱动因素及脱钩效应》,《统计研究》,2011年第7期。

徐盈之、张赟:《中国区域碳减排责任及碳减排潜力研究》,《财贸研究》,2013年第2期。

徐志伟、李蕊含:《污染企业的生存之道:"污而不倒"现象的考察与反思》,《财经研究》,2019年第7期。

肖雁飞、万子捷、刘红光:《我国区域产业转移中"碳排放转移"及"碳泄漏"实证研究:基于2002年、2007年区域间投入产出模型的分析》,《财经研究》,2014年第2期。

严成樑、吴应军、杨龙见:《财政支出与产业结构变迁》,《经济科学》,2016年第1期。

鄢莉莉、吴利学:《投入产出结构、行业异质性与中国经济波动》,《世界经济》,2017年第8期。

于斌斌、金刚、程中华:《环境规制的经济效应:"减排"还是"增效"》,《统计研究》,2019年第2期。

余长林、杨惠珍:《分权体制下中国地方政府支出对环境污染的影响:基于中国287个城市数据的实证分析》,《财政研究》,2016年第7期。

余泳泽、潘妍:《中国经济高速增长与服务业结构升级滞后并存之谜:基于地方经济增长目标约束视角的解释》,《经济研究》,2019年第3期。

杨翱、刘纪显、吴兴弈:《基于DSGE模型的碳减排目标和碳排放政策效应研究》,《资源科学》,2014年第7期。

杨洁、毕军、张海燕、李凤英、周鲸波、刘蓓蓓:《中国环境污染事故发生与经济发展的动态关系》,《中国环境科学》,2010年第4期。

杨顺顺:《中国工业部门碳排放转移评价及预测研究》,《中国工业经济》,2015年第6期。

杨子晖:《"经济增长"与"二氧化碳排放"关系的非线性研究:基于发展中国家的非线性Granger因果检验》,《世界经济》,2010年第10期。

原毅军、谢荣辉:《环境规制的产业结构调整效应研究:基于中国省际面板数据的实证检验》,《中国工业经济》,2014年第8期。

原毅军、谢荣辉:《产业集聚、技术创新与环境污染的内在联系》,《科学学研究》,2015年第9期。

袁鹏、程施:《中国工业环境效率的库兹涅茨曲线检验》,《中国工业经济》,2011年第2期。

张成、朱乾龙、于同申:《环境污染与经济增长的关系》,《统计研究》,2011年第1期。

张翠菊、张宗益:《中国省域产业结构升级影响因素的空间计量分析》,《统计研究》,2015年第10期。

张军、章元:《对中国资本存量K的再估计》,《经济研究》,2003年第7期。

张建辉、靳涛:《经济自由与可持续经济增长:中国的检验(1978—2008)》,《中国工业经济》,2011年第4期。

张杰、杨连星:《现阶段中国财政政策对经济结构调整"锁定"效应的分析》,《江苏社会科学》,2013年第3期。

张少军、李善同:《省际贸易对中国经济增长的贡献研究》,《数量经济技术经济研究》,2017年第2期。

张同斌、高巍、马晴晴:《中国制造业碳排放的网络特征测度及其差异化影响效应研究》,《中国人口·资源与环境》,2019年第2期。

张同斌、李金凯、程立燕:《经济结构、增长方式与环境污染的内在关联研究:基于时变参数向量自回归模型的实证分析》,《中国环境科学》,2016(b)年第7期。

张同斌、李金凯、高铁梅:《技术差距变动、研发资源驱动与技术进步效应》,《中国人口·资源与环境》,2016(a)年第1期。

张同斌、刘琳:《中国碳减排政策效应的模拟分析与对比研究——兼论如何平衡经济增长与碳强度下降的双重目标》,《中国环境科学》,2017 年第 9 期。

张同斌:《提高环境规制强度能否"利当前"并"惠长远"》,《财贸经济》,2017 年第 3 期。

张为付、李逢春、胡雅蓓:《中国 CO_2 排放的省际转移与减排责任度量研究》,《中国工业经济》,2014 年第 3 期。

张文城、彭水军:《不对称减排、国际贸易与能源密集型产业转移:碳泄漏的研究动态及展望》,《国际贸易问题》,2014 年第 7 期。

张宇、蒋殿春:《FDI、政府监管与中国水污染:基于产业结构与技术进步分解指标的实证检验》,《经济学(季刊)》,2014 年第 2 期。

张云、杨来科、赵捧莲:《国际碳排放权交易利益分配与出口规模研究:基于 MACs 的理论与实证分析》,《财经研究》,2011 年第 4 期。

张友国:《碳强度与总量约束的绩效比较:基于 CGE 模型的分析》,《世界经济》,2013 年第 7 期。

张友国:《碳排放视角下的区域间贸易模式:污染避难所与要素禀赋》,《中国工业经济》,2015 年第 8 期。

张友国、郑玉歆:《碳强度约束的宏观效应和结构效应》,《中国工业经济》,2014 年第 6 期。

张亚雄、齐舒畅:《2002—2007 年中国区域间投入产出表》,北京:中国统计出版社,2012 年。

朱永彬、王铮:《中国产业结构优化路径与碳排放趋势预测》,《地理科学进展》,2014 年第 12 期。

赵定涛、杨树:《共同责任视角下贸易碳排放分摊机制》,《中国人口·资源与环境》,2013 年第 11 期。

赵新华、李斌、李玉双:《环境管制下 FDI、经济增长与环境污染关系的实证研究》,《中国科技论坛》,2011 年第 3 期。

周良民:《经济重心、区域差距与协调发展》,《中国社会科学》,2000 年第 2 期。

周新:《国际贸易中的隐含碳排放核算及贸易调整后的国家温室气体排放》,《管理评论》,2010 年第 6 期。

周县华、范庆泉:《碳强度减排目标的实现机制与行业减排路径的优化设计》,《世界经济》,2016 年第 7 期。

郑思齐、万广华、孙伟增、罗党论:《公众诉求与城市环境治理》,《管理世界》,2013 年第 6 期。

中国投入产出学会课题组:《我国目前产业关联度分析:2002 年投入产出表系列分析报告之一》,《统计研究》,2006 年第 11 期。

Acemoglu D., Aghion P., Bursztyn L., "The Environment and Directed Technical Change", *The American Economic Review*, 2012, 102(1):131-166.

Aghion P., Hémous D., Kharroubi E., "Cyclical Fiscal Policy, Credit Constraints, and Industry Growth", *Journal of Monetary Economics*, 2014, 62(March):41-58.

Aichele R., "Carbon Leakage with Structural Gravity", Competition Policy & Regulation in a Global Economic Order Conference, 2013.

Alesina A., Ardagna S., Perotti R., Schiantarelli F., "Fiscal Policy, Profits, and Investment", *The American Economic Review*, 2002, 92(3): 571-589.

Alpay E., Buccola S., Kerkvlie J., "Productivity Growth and Environmental Regulation in Mexican and U.S. Food Manufacturing", *American Journal of Agricultural Economics*, 2002, 84(4): 887-901.

Andrew R., Peters G. P., Lennox J., "Approximation and Regional Aggregation in Multi-regional Input-output Analysis for National Carbon Footprint Accounting", *Economic Systems Research*, 2009, 21(3): 311-335.

Ang B. W., "Decomposition Analysis for Policymaking in Energy: Which is the Preferred Method", *Energy Policy*, 2004, 32(9): 1131-1139.

Ang B. W., Zhang F. Q., Choi K. H., "Factorizing Changes in Energy and Environmental Indicators through Decomposition", *Energy*, 1998, 23(6): 489-495.

Asghari M., "Does FDI Promote MENA Region's Environment Quality? Pollution Halo or Pollution Haven Hypothesis", *International Journal*, 2013, 1(6): 92-100.

Azomahou T., Laisney F., Van P. N., "Economic Development and CO_2 Emissions: A Nonparametric Panel Approach", ZEW Discussion Papers, 2006.

Babiker M. H., "Subglobal Climate-change Actions and Carbon Leakage: The Implication of International Capital Flows", *Energy Economics*, 2001, 23(2): 121-139.

Barbera A. J., McConnell V. D., "The Impact of Environmental Regulation on Industry Productivity: Direct and Indirect Effects", *Journal of Environmental Economics and Management*, 1990, 18(1): 50-65.

Barman T. R., Gupta M. R., "Public Expenditure, Environment, and Economic Growth", *Journal of Public Economic Theory*, 2010, 12(6): 1109-1134.

Barrage L., "Optimal Dynamic Carbon Taxes in a Climate Economy Model with Distortionary Fiscal Policy", The Cowles Conference on Macroeconomics and Climate Change, 2012.

Barro R. J., Redlick C. J., "Macroeconomics Effects from Government Purchases and Taxes", *The Quarterly Journal of Economics*, 2011, 126(1): 51-102.

Beck N., Katz J. N., "What to do (and not to do) with Time-series Cross-section Data", *American Political Science Review*, 1995, 89(3): 634-647.

Becker R. A., "Local Environmental Regulation and Plant-level Productivity", *Ecological Economics*, 2011, 70(12): 2516-2522.

Bilgen S., "Structure and Environmental Impact of Global Energy Consumption", *Renewable & Sustainable Energy Reviews*, 2014, 38(5): 890-902.

Bovenberg A. L., Goulder L. H., "Optimal Environmental Taxation in the Presence of Other Taxes: General Equilibrium Analyses", *The American Economic Review*, 1996, 86(4):

985-1000.

Boyd G. A., McClelland J. D., "The Impact of Environmental Constraints on Productivity Improvement in Integrated Paper Plants", *Journal of Environmental Economics and Management*, 1999, 38(2): 121-142.

Brunnermeier S. B., Cohen M. A., "Determinants of Environmental Innovation in US Manufacturing Industries", *Journal of Environmental Economics and Management*, 2003, 45(2): 278-293.

Bu M., Wagner M., "Racing to the Bottom and Racing to the Top: The Crucial Role of Firm Characteristics in Foreign Direct Investment Choices", *Journal of International Business Studies*, 2016, 47(9): 1032-1057.

Campiglio E., "The Structural Shift to Green Services: A Two-sector Growth Model with Public Capital and Open-access Resources", *Structural Change & Economic Dynamics*, 2014, 30: 148-161.

Caron J., "Estimating Carbon Leakage and the Efficiency of Border Adjustments in General Equilibrium: Does Sectoral Aggregation Matter", *Energy Economics*, 2012, 34(2): S111-S126.

Cassou S. P., Hamilton S. F., "The Transition from Dirty to Clean Industries: Optimal Fiscal Policy and the Environmental Kuznets Curve", *Journal of Environmental Economics and Management*, 2004, 48(3): 1050-1077.

Catik A. N., Karacuka M., Huyuguzel G., "Air Pollution and Income Relationship in Turkish Provinces: A Spatial Approach", *Marmara University Working Paper*, 2016.

Cesaroni F., Arduini R., "Environmental Technologies in the European Chemical Industry", *LEM Working Papers*, 2001.

Chirinko R. S., Wilson D. J., "Tax Competition among U.S. States: Racing to the Bottom or Riding on a Seesaw", *Journal of Public Economics*, 2017, 155(November): 147-163.

Chen Q. X., Kang C. Q., Ming H., Wang Z. Y., Xia Q., Xu G. X., "Assessing the Low-carbon Effects of Inter-regional Energy Delivery in China's Electricity Sector", *Renewable and Sustainable Energy Reviews*, 2014, 32(April): 671-683.

Chen Y., "Does a Regional Greenhouse Gas Policy Make Sense? A Case Study of Carbon Leakage and Emissions Spillover", *Energy Economics*, 2009, 31(5): 667-675.

Cheng B., Dai H., Wang P., Zhao D., Masui T., "Impacts of Carbon Trading Scheme on Air Pollutant Emissions in Guangdong Province of China", *Energy for Sustainable Development*, 2015, 27: 174-185.

Chintrakarn P., "Environmental Regulation and U.S. States' Technical Inefficiency", *Economics Letters*, 2008, 100(3): 363-365.

Chung S., "Environmental Regulation and the Pattern of Outward FDI: An Empirical Assessment of the Pollution Haven Hypothesis", *Southern Methodist University Working Papers, 2012.

Copel B. R., Taylor M. S., "North-south Trade and the Environment", *The Quarterly Journal of Economics*, 1994, 109(3): 755-787.

Costantini V., Mazzanti M., Montini A., "Environmental Performance, Innovation and Spillovers: Evidence from Regional NAMEA", *Ecological Economics*, 2013, 89: 101-141.

Currie J., Walker R., "Traffic Congestion and Infant Health: Evidence from E-ZPass", NBER Working Paper, No. 15413, 2009.

Dinda S., Coondoo D., "Income and Emission: A Panel-data Based Cointegration Analysis", *Ecological Economics*, 2006, 57(2): 167-181.

Dissou Y., Karnizova L., "Emissions Cap or Emissions Tax? A Multi-sector Business Cycle Analysis", Department of Economics in University of Ottawa Working Paper Series, 2012.

Dudek D., Golub A., "Intensity Targets: Pathway or Roadblock to Preventing Climate Change while Enhancing Economic Growth", *Climate Policy*, 2003, 3(S2): S21-S28.

Eichner T., Pethig R., "Unilateral Climate Policy with Production-based and Consumption-based Carbon Emission Taxes", *Environmental and Resource Economics*, 2015, 61(2): 141-163.

Eskeland G. S., Harrison A. E., "Moving to Greener Pastures? Multinationals and the Pollution Haven Hypothesis", *Journal of Development Economics*, 2003, 70(1): 1-23.

Farzanegan M. R., Mennel T., "Fiscal Decentralization and Pollution: Institutions Matter", Joint Discussion Paper Series in Economics, 2012.

Feichtinger G., Hartl R. F., Kort P. M., Veliov V. M., "Environmental Policy, the Porter Hypothesis and the Composition of Capital: Effects of Learning and Technological Progress", *Journal of Environmental Economics and Management*, 2005, 50(2): 434-446.

Felder S., Rutherford T. F., "Unilateral CO_2 Reductions and Carbon Leakage: The Consequences of International Trade in Oil and Basic Materials", *Journal of Environmental Economics and Management*, 1993, 25(2): 162-176.

Feng C., Chu F., Ding J., Bi G., Liang L., "Carbon Emissions Abatement Allocation and Compensation Schemes Based on DEA", *Omega*, 2015, 53: 78-89.

Ferng J. J., "Allocating the Responsibility of CO_2 Over-emissions from the Perspectives of Benefit Principle and Ecological Deficit", *Ecological Economics*, 2003, 46(1): 121-141.

Fischer C., "Combining Rate-based and Cap-and-trade Emissions Policies", *Climate Policy*, 2003, 3(S2): S89-S103.

Fischer C., Springborn M., "Emissions Targets and the Real Business Cycle: Intensity Targets versus Caps or Taxes", *Journal of Environmental Economics and Management*, 2011, 62(3): 352-366.

Fodha M., "Could Environmental Public Policy be Harmful for the Environment", *Louvain*

Economic Review, 2010, 76(4): 371-390.

Frank A., "Urban Air Quality in Larger Conurbations in the European Union", *Environmental Modeling and Software*, 2001, 16(4): 399-414.

Freeman L. C., "Centrality in Social Networks Conceptual Clarification", *Social Networks*, 1978, 1(3): 215-239.

Fu F., Ma L. W., Li Z., Polenske K. R., "The Implications of China's Investment-driven Economy on its Energy Consumption and Carbon Emissions", *Energy Conversion and Management*, 2014, 85: 573-580.

Gallego B., Lenzen M., "A Consistent Input-output Formulation of Shared Producer and Consumer Responsibility", *Economic Systems Research*, 2005, 17(4): 365-391.

Giavazzi F., Jappelli T., Pagano M., "Searching for Non-linear Effects of Fiscal Policy: Evidence from Industrial and Developing Countries", *European Economic Review*, 2000, 44(7): 1259-1289.

Girvan M., Newman M. E. J., "Community Structure in Social and Biological Networks", *Proceedings of the National Academy of Sciences*, 2002, 99(12): 7821-7826.

Gomes E. G., Lins M. E., "Modelling Undesirable Outputs with Zero Sum Gains Data Envelopment Analysis Models", *Journal of the Operational Research Society*, 2008, 59(5): 616-623.

Gonázlez A., Teräsvirta T., Dijk D., "Panel Smooth Translation Regression Models", SSE/EFI Working Paper Series in Economics and Finance, 2005.

Gray W. B., Shadbegian R. J., "Plant Vintage, Technology and Environmental Regulation", *Journal of Environmental Economics and Management*, 2003, 46(3): 384-402.

Gray W. B., Shadbegian R. J., "Optimal Pollution Abatement: Whose Benefits Matter, and How Much", *Journal of Environmental Economics and Management*, 2004, 47(3): 510-534.

Greenstone M., "The Impacts of Environmental Regulations on Industrial Activity: Evidence from the 1970 and 1977 Clean Air Act Amendments and the Census of Manufactures", *Journal of Political Economy*, 2002, 110(6): 1175-1219.

Greenstone M., List J. A., Syverson C., "The Effects of Environmental Regulation on the Competitiveness of U.S. Manufacturing", NBER Working Paper, 2012.

Grossman G. M., Krueger A. B., "Economic Growth and the Environment", *The Quarterly Journal of Economics*, 1995, 110(2): 353-377.

Guo J., Zhang Z., Meng L., "China's Provincial CO_2 Emissions Embodied in International and Interprovincial Trade", *Energy Policy*, 2012, 42: 486-497.

Guo J. T., Harrison S. G., "Tax Policy and Stability in a Model with SectorSpecific Externalities", *Review of Economic Dynamics*, 2001, 4(1): 75-89.

Haggett P., Chorley R. J., *Network Analysis in Geography*, London: Edward Arnold,

1969.

Hamamoto M., "Environmental Regulation and the Productivity of Japanese Manufacturing Industries", *Resource and Energy Economics*, 2006, 28(4): 299-312.

Halkos G. E., Paizanos E. A., "The Effect of Government Expenditure on the Environment: An Empirical Investigation", *Ecological Economics*, 2013, 91(1): 48-56.

Hassler J., Krusell P., "Economics and Climate Change: Integrated Assessment in a Multi-region World", *Journal of the European Economic Association*, 2012, 10(5): 974-1000.

Hastie T., Tibshirani R., "VaryingCoefficient Models", *Journal of the Royal Statistical Society*, 1993, 55(4): 757-796.

Helland E., Whitford A. B., "Pollution Incidence and Political Jurisdiction: Evidence from the TRI", *Journal of Environmental Economics and Management*, 2003, 46(3): 403-424.

Heutel G., "How should Environmental Policy Respond to Business Cycles? Optimal Policy under Persistent Productivity Shocks", *Review of Economic Dynamics*, 2012, 15(2): 244-264.

Horvath M., "Sectoral Shocks and Aggregate Fluctuations", *Journal of Monetary Economics*, 2000, 45(1): 69-106.

Hosseini H. M., Kaneko S., "Can Environmental Quality Spread through Institutions", *Energy Policy*, 2013, 56(2): 312-321.

Jaffe A. B., Palmer K., "Environmental Regulation and Innovation: A Panel Data Study", *The Review of Economics and Statistics*, 1997, 79(4): 610-619.

Jalil A., Feridun M., "The Impact of Growth, Energy and Financial Development on the Environment in China: A Cointegration Analysis", *Energy Economics*, 2011, 33(22): 284-291.

Jiang Y. K., Cai W. J., Wan L. Y., Wang C., "An Index Decomposition Analysis of China's Interregional Embodied Carbon Flows", *Journal of Cleaner Production*, 2015, 88(1): 289-296.

Johnstone N., Hascic I., Popp D., "Renewable Energy Policies and Technological Innovation: Evidence Based on Patent Counts", *Environmental and Resource Economics*, 2010, 45(1): 133-155.

Jones L. E., Manuelli R. E., "A Positive Model of Growth and Pollution Controls", NBER Working Paper, 1995.

Jorge M. L., Madueño J. H., Martínez D. M., Sancho M. P. L., "Competitiveness and Environmental Performance in Spanish Small and Medium Enterprises: Is there a Direct Link", *Journal of Cleaner Production*, 2015, 101: 26-37.

Jorgenson D. W., Wilcoxen P. J., "Environmental Regulation and U.S. Economic Growth", *RAND Journal of Economics*, 1990, 21(2): 314-340.

Kahn M. E., "Domestic Pollution Havens: Evidence from Cancer Deaths in Border Counties", *Journal of Urban Economics*, 2003, 56(1): 51-69.

Karp L., "Carbon Leakage in General and Partial Equilibrium", University of California, Berkeley Working Paper, 2012.

Kemp R., Pontoglio S., "The Innovation Effects of Environmental Policy Instruments: A Typical Case of the Blind Men and the Elephant", *Ecological Economics*, 2011, 72(1): 28-36.

Kesicki F., Strachan N., "Marginal Abatement Cost Curves: Confronting Theory and Practice", *Environmental Science & Policy*, 2011, 14(8), 1195-1204.

Kim K., Kim Y., "How Important is the Intermediate Input Channel in Explaining Sectoral Employment Co-movement over the Business Cycle", *Review of Economic Dynamics*, 2006, 9(4): 659-682.

Kneller R., Bleaney M. F., Gemmell N., "Fiscal Policy and Growth: Evidence from OECD Countries", *Journal of Public Economics*, 1999, 74(2): 171-190.

Kneller R., Manderson E., "Environmental Regulations and Innovation Activity in UK Manufacturing Industries", *Resource and Energy Economics*, 2012, 34(2): 211-235.

Kondo Y., Moriguchi Y., Shimizu H., "CO_2 Emissions in Japan: Influences of Imports and Exports", *Applied Energy*, 1998, 59(2-3): 163-174.

Konisky D. M., "Assessing U.S. State Susceptibility to Environmental Regulatory Competition", *State Politics and Policy Quarterly*, 2009, 9(4): 404-428.

Lanjouw J. O., Mody A., "Innovation and the International Diffusion of Environmentally Responsive Technology", *Research Policy*, 1996, 25(4): 549-571.

Lanoie P., Lucchetti J. L., Johnstone N., Ambec S., "Environmental Policy, Innovation and Performance: New Insights on the Porter Hypothesis", *Journal of Economics and Management Strategy*, 2011, 20(3): 803-842.

Lanoie P., Patry M., Lajeunesse R., "Environmental Regulation and Productivity: New Findings on the Porter Hypothesis", Cirano Working Paper, 2001.

Lanoie P., Patry M., Lajeunesse R., "Environmental Regulation and Productivity: Testing the Porter Hypothesis", *Journal of Productivity Analysis*, 2008, 30(2): 121-128.

Lean H. H., Smyth R., "CO_2 Emissions, Electricity Consumption and Output in ASEAN", *Applied Energy*, 2010, 87(6): 1858-1864.

Leiter A. M., Parolini A., Winner H., "Environmental Regulation and Investment: Evidence from European Industry Data", *Ecological Economics*, 2011, 70(4): 759-770.

Leeuwen E. V., Ishikawa Y., Nijkamp P., "Microsimulation and Interregional Input-output Modelling as Tools for Multi-level Policy Analysis", *Environment and Planning C: Government and Policy*, 2016, 34(1): 135-150.

Lenzen M., "Primary Energy and Greenhouse Gases Embodied in Australian Final Consumption: An Input-output Analysis", *Energy Policy*, 1998, 26(6): 495-506.

Lenzen M., Murray J., Sack F., Wiedmann T., "Shared Producer and Consumer Responsibility: Theory and Practice", *Ecological Economics*, 2007, 61(1): 27-42.

Leoncini R., Montresor S., "Network Analysis of Eight Technological Systems", *International Review of Applied Economics*, 2000, 14(2): 213-234.

Leoncini R., Montresor S., *Technological Systems and Intersectoral Innovation Flows*, London: Edward Elgal Publishing Limited, 2003.

Levinson A., "Technology, International Trade, and Pollution from US Manufacturing", *The American Economic Review*, 2009, 99(5): 2177-2192.

Li H. N., Wei Y. M., "Is it Possible for China to Reduce its Total CO_2 Emissions", *Energy*, 2015, 83(1): 438-446.

Liang F. H., "Does Foreign Direct Investment Harm the Host Country's Environment? Evidence from China", SSRN Working Paper, 2008.

Lise W., "Decomposition of CO_2 Emissions over 1980-2003 in Turkey", *Energy Policy*, 2006, 34(14): 1841-1852.

Liu L., Chen C., Zhao Y., Zhao E., "China's Carbon Emissions Trading: Overview, Challenges and Future", *Renewable and Sustainable Energy Reviews*, 2015, 49(September): 254-266.

Liu L. C., Fan Y., Wu G., Wei Y. M., "Using LMDI Method to Analyze the Change of China's Industrial CO_2 Emissions from Final Fuel Use: An Empirical Analysis", *Energy Policy*, 2007, 35(11): 5892-5900.

Ljungqvist L., Sargent T. J., *Recursive Macroeconomic Theory*, Cambridge: MIT Press, 2004.

Lopez R., Galinato G. I., Islam A., "Fiscal Spending and the Environment: Theory and Empirics", *Journal of Environmental Economics and Management*, 2011, 62(2): 180-198.

Maddison D., "Environmental Kuznets Curves: A Spatial Econometric Approach", *Journal of Environmental Economics and Management*, 2006, 51(2): 218-230.

Mahony T. O., Zhou P., Sweeney J., "The Driving Forces of Change in Energy-related CO_2 Emissions in Ireland: A Multi-sectoral Decomposition from 1990 to 2007", *Energy Policy*, 2012, 44(5): 256-267.

Marconi D., "Trade, Technical Progress and the Environment: The Role of a Unilateral Green Tax on Consumption", *Asia-Pacific Journal of Accounting and Economics*, 2009, 16(3): 297-316.

Martin R., Preux L. B. D., Wagner U. J., "The Impact of a Carbon Tax on Manufacturing: Evidence from Microdata", *Journal of Public Economics*, 2014, 117: 1-14.

Mcpherson M. A., Nieswiadomy M. L., "Environmental Kuznets Curve: Threatened Species and Spatial Effects", *Ecological Economics*, 2005, 55(3): 395-407.

Meng B., Xue J. J., Feng K. S., Guan D. B., Fu X., "China's Inter-regional Spillover of Carbon Emissions and Domestic Supply Chains", *Energy Policy*, 2013, 61: 1305-1321.

Metcalf G. E., "Environmental Levies and Distortionary Taxation: Pigou, Taxation and Pollution", *Journal of Public Economics*, 2003, 87(2): 313-322.

Millimet D. L., Roy J., "Empirical Tests of the Pollution Haven Hypothesis When Environmental Regulation is Endogenous", *Journal of Applied Econometrics*, 2016, 11(4): 623-645.

Minihan E. S., Wu Z. P., "Economic Structure and Strategies for Greenhouse Gas Mitigation", *Energy Economics*, 2012, 34(1): 350-357.

Mizobuchi K., Kakamu K., "Simulation Studies on the CO_2 Emission Reduction Efficiency in Spatial Econometrics: A Case of Japan", *Economics Bulletin*, 2007, 18(4): 1-9.

Montresor S., Marzetti G. V., "Applying Social Network Analysis to Input-output Based Innovation Matrices: An Illustrative Application to Six OECD Technological Systems for the Middle 1990s", *Economic Systems Research*, 2009, 21(2): 129-149.

Munksgaard J., Pedersen K. A., "CO_2 Accounts for Open Emissions: Producers or Consumer Responsibility", *Energy Policy*, 2001, 29(4): 327-334.

Nansai K., Kagawa S., Kondo Y., Suh S., Inaba R., Nakajima K., "Improving the Completeness of Product Carbon Footprints Using a Global Link Input-output Model: The Case of Japan", *Economic Systems Research*, 2009, 21(3): 267-290.

Nnaji C. E., Unachukwu G. O., Nnaji M., "Demographic Variables, Energy Intensity, Environmental Degradation and Economic Growth Nexus in the Nigerian Economy", *Journal of Environmental Science Computer Science & Engineering & Technology*, 2014, 333(9): 1742-1751.

Pan J., Phillips J., Chen Y., "China's Balance of Emissions Embodied in Trade: Approaches to Measurement and Allocating International Responsibility", *Oxford Review of Economic Policy*, 2008, 24(2): 354-376.

Panayotou T., "Empirical Tests and Policy Analysis of Environmental Degradation at Different Stages of Economic Development", World Employment Program Research Working Paper, 1993.

Paroussos L., Fragkos P., Capros P., Fragkiadakis K., "Assessment of Carbon Leakage through the Industry Channel: The EU Perspective", *Technological Forecasting & Social Change*, 2015, 90: 204-219.

Perotti R., "Fiscal Policy in Good Times and Bad", *The Quarterly Journal of Economics*, 1999, 114(4): 1399-1436.

Peters G. P., "From Production-based to Consumption-based National Emission Inventories", *Ecological Economics*, 2008, 65(1): 13-23.

Philip D., Shi Y., "Impact of Allowance Submissions in European Carbon Emission Markets", *International Review of Financial Analysis*, 2015, 40: 27-37.

Popp D., Newell R., "Where does Energy R&D Comefrom? Examining Crowding out from Energy R&D", *Energy Economics*, 2012, 51(1): 46-71.

Porter M. E., "America's Green Strategy", *Scientific American*, 1991, 264(4): 1-168.

Porter M. E., Linde C. V. D., "Toward a New Conception of the Environment Competitiveness Relationship", *Journal of Economic Perspectives*, 1995, 9(4): 97-118.

Poon J., Casas I., He C., "The Impact of Energy, Transport, and Trade on Air Pollution in China", *Eurasian Geography & Economics*, 2006, 47(5): 568-584.

Raupach M. R., Davis S. J., Peters G. P., Andrew R. M., Canadell J. G., Ciais P., Friedlingstein P., Jotzo F., Vuuren D. P. V., Quéré C. L., "Sharing a Quota on Cumulative Carbon Emissions", *Nature Climate Change*, 2014, 4(10): 873-879.

Requate T., "Dynamic Incentives by Environmental Policy Instruments: A Survey", *Ecological Economics*, 2005, 54(2): 175-195.

Richstein J. C., Chappin E. J. L., Vries L. J., "The Market (in-) Stability Reserve for EU Carbon Emission Trading: Why it might Fail and how to Improve it", *Utilities Policy*, 2015, 35: 1-18.

Rodrigues J., Domingos T., Giljum S., Schneider F., "Designing an Indicator of Environmental Responsibility", *Ecological Economics*, 2006, 59(3): 256-266.

Romer P., "Endogenous Technological Change", *Journal of Political Economy*, 1990, 98(5): 71-102.

Round J. I., "Compensating Feedbacks in Interregional Input-output Models", *Journal of Regional Science*, 1979, 19(2): 145-155.

Shi X., Zhang Y., "Empirical Study on Energy Consumption Structure Change and its Environmental Benefits", *Henan Science*, 2010, 28(8): 1024-1029.

Sigman H., "Transboundary Spillovers and Decentralization of Environmental Policies", *Journal of Environmental Economics and Management*, 2005, 50(1): 82-101.

Sinn H. W., "The Green Paradox", *Green Paradox*, 2012, 10(3): 10-13.

Soytas U., Sari R., Ewing B. T., "Energy Consumption, Income, and Carbon Emissions in the United States", *Ecological Economics*, 2007, 62(3): 482-489.

Stern D. I., Common M. S., Barbier E. B., "Economic Growth and Environmental Degradation: The Environmental Kuznets Curve and Sustainable Development", *World Development*, 1996, 24(7): 1151-1160.

Stern D. I., "The Rise and Fall of the Environmental Kuznets Curve", *World Development*, 2004, 32(8): 1419-1439.

Tang J., "Testing the Pollution Haven Effect: Does the Type of FDI Matter", *Environmental and Resource Economics*, 2015, 60(4): 549-578.

Tang L., Wu J., Yu L., Bao Q., "Carbon Emissions Trading Scheme Exploration in China:

A Multi-agent-based Model", *Energy Policy*, 2015, 81: 152-169.

Teng M. J., Wu S. Y., Chou S. J. H., "Environmental Commitment and Economic Performance: Short-term Pain for Long-term Gain", *Environmental Policy and Governance*, 2014, 24(1): 16-27.

Testa F., Iraldo F., Frey M., "The Effect of Environmental Regulation on Firms' Competitive Performance: The Case of the Building & Construction Sector in some EU Regions", *Journal of Environmental Management*, 2011, 92(9): 2136-2144.

Tol R. S. J., "The Economic Effects of Climate Change", *Journal of Economic Perspectives*, 2009, 23(2): 29-51.

Tombe T., Winter J., "Environmental Policy and Misallocation: The Productivity Effect of Intensity Standards", *Journal of Environmental Economics and Management*, 2015, 72(1): 137-163.

United Nations, "Handbook of Input-output Table Compilation and Analysis", Handbook of National Accounting, 1999.

Wan Y., Dong S., "Study on Interactive Coupling Mechanism of Industrial Structure and Environmental Quality: A Case Study of Gansu Province", *Areal Research & Development*, 2012, 31(5): 116-122.

Wagner M., "On the Relationship between Environmental Management, Environmental Innovation and Patenting: Evidence from German Manufacturing Firms", *Research Policy*, 2007, 36(10): 1587-1602.

Wagner U. J., Timmins C. D., "Agglomeration Effects in Foreign Direct Investment and the Pollution Haven Hypothesis", *Environmental and Resource Economics*, 2009, 43(2): 231-256.

Wang K., Wang C., Chen J., "Analysis of the Economic Impact of Different Chinese Climate Policy Options Based on a CGE Model Incorporating Endogenous Technological Change", *Energy Policy*, 2009, 37(8): 2930-2940.

Wang Y., Kang L. Y., Wu X. Q., Xiao Y., "Estimating the Environmental Kuznets Curve for Ecological Footprint at the Global Level: A Spatial Econometric Approach", *Ecological Indicators*, 2013, 34(6): 15-21.

Wiebe K. S., Bruckner M., Giljum S., Lutz C., Polzin C., "Carbon and Materials Embodied in the International Trade of Emerging Economies", *Journal of Industrial Ecology*, 2012, 16(4): 636-646.

Wiedmann T., "A Review of Recent Multi-region Input-output Models Used for Consumption-based Emission and Resource Accounting", *Ecological Economics*, 2009, 69(2): 211-222.

Wiedmann T., Wilting H. C., Lenzen M., Lutter S., Palm V., "Quo Vadis MRIO? Methodological, Data and Institutional Requirements for Multi-region Input-output Analysis",

Ecological Economics, 2011, 70(11): 1937-1945.

Wiedmann T., Wood R., Minx J. C., Lenzen M., Guan D. B., Harris R., "A Carbon Footprint Time Series of the UK: Results from a Multi-region Input-output Model", *Economic Systems Research*, 2010, 22(1): 19-42.

Wright E., Kanudia A., "Low Carbon Standard and Transmission Investment Analysis in the New Multi-region US Power Sector Model FACETS", *Energy Economics*, 2014, 46(November): 136-150.

Wu L., Qian H., Li J., "Advancing the Experiment to Reality: Perspectives on Shanghai Pilot Carbon Emissions Trading Scheme", *Energy Policy*, 2014, 75(December): 22-30.

Wu S. M., Lei Y. L., Li S. T., "Provincial Carbon Footprints and Interprovincial Transfer of Embodied CO_2 Emissions in China", *Natural Hazards*, 2017, 85(1): 537-558.

Yan X., Ge J. P., "The Economy Carbon Nexus in China: A Multi-regional Input-output Analysis of the Influence of Sectoral and Regional Development", *Energies*, 2017, 10: 1-28.

Yang C. H., Tseng Y. H., Chen C. P., "Environmental Regulations, Induced R&D, and Productivity: Evidence from Taiwan Manufacturing Industries", *Resource and Energy Economics*, 2012, 34(4): 514-532.

Zeng D. Z., Zhao L., "Pollution Havens and Industrial Agglomeration", *Journal of Environmental Economics and Management*, 2009, 58(2): 141-153.

Zhang D., Rausch S., Karplus V. J., Zhang X., "Quantifying Regional Economic Impacts of CO_2 Intensity Targets in China", *Energy Economics*, 2013, 40(2): 687-701.

Zhang Y., "Provincial Responsibility for Carbon Emissions in China under Different Principles", *Energy Policy*, 2015, 86(November): 142-153.

Zhao Y. H., Liu Y., Wang S., Zhang Z. H., Li J. C., "Inter-regional Linkage Analysis of Industrial CO_2 Emissions in China: An Application of a Hypothetical Extraction Method", *Ecological Indicators*, 2016, 61(2): 428-437.

Zhang Y. J., Wang A. D., Da Y. B., "Regional Allocation of Carbon Emission Quotas in China: Evidence from the Shapley Value Method", *Energy Policy*, 2014(November), 74: 454-464.

Zivin J. G., Neidell M., "Environment, Health, and Human Capital", NBER Working Paper, No. 18935, 2013.